LES
ŒUVRES
COMPLETES
DE
VOLTAIRE

31B

THE VOLTAIRE FOUNDATION

TAYLOR INSTITUTION

OXFORD

1994

THE
COMPLETE
WORKS
OF
VOLTAIRE

31B

THE VOLTAIRE FOUNDATION
TAYLOR INSTITUTION
OXFORD

1994

ISBN 0 7294 0427 7

Voltaire Foundation
99 Banbury Road
Oxford OX2 7RB

The publications of the
Voltaire Foundation are printed
on durable acid-free paper

A catalogue record for this book is available
from the British Library

PRINTED IN ENGLAND

AT THE ALDEN PRESS

OXFORD

under the sponsorship of
sous le haut patronage de

L'ACADÉMIE FRANÇAISE

L'ACADÉMIE ROYALE DE LANGUE ET DE
LITTÉRATURE FRANÇAISES DE BELGIQUE

THE AMERICAN COUNCIL OF LEARNED SOCIETIES

THE BRITISH ACADEMY

L'UNION ACADÉMIQUE INTERNATIONALE

prepared with the kind co-operation of
réalisée avec le concours gracieux de

THE NATIONAL LIBRARY OF RUSSIA
ST PETERSBURG

1749

II

This volume is dedicated
to the memory of
LARISSA LAZAREVNA ALBINA
1929-1993
Keeper of Voltaire's library
National Library of Russia
St Petersburg

TABLE OF CONTENTS

TABLE OF CONTENTS

TABLE OF CONTENTS

TABLE OF CONTENTS

LIST OF ILLUSTRATIONS

LIST OF ABBREVIATIONS

Académie 18   Dictionnaire de l'Académie française, 1718
André   Richelieu, *Testament politique*, éd. L. André, 1947
Arsenal   Bibliothèque de l'Arsenal, Paris
Barbier   *Chronique de la régence*, 1857-1885
Bengesco   *Voltaire: bibliographie de ses œuvres*, 1882-1890
Best.   *Voltaire's correspondence*, 1953-1965
Beuchot   *Œuvres de Voltaire*, 1829-1840
BL   British Library, London
Bn   Bibliothèque nationale, Paris
BnC   *Catalogue général des livres imprimés de la Bibliothèque nationale: auteurs*, tome 214, Voltaire, 1978
Bn F   Bn, Manuscrits français
Bn N   Bn, Nouvelles acquisitions françaises
Bpu   Bibliothèque publique et universitaire, Geneva
Br   Bibliothèque royale, Brussels
BV   *Bibliothèque de Voltaire: catalogue des livres*, 1961
CLT   Grimm, *Correspondance littéraire*, 1877-1882
CN   *Corpus des notes marginales de Voltaire*, 1979-
D   Voltaire, *Correspondence and related documents*, V 85-135, 1968-1977
Desnoiresterres   *Voltaire et la société française*, 1867-1882
Encyclopédie   Encyclopédie ou dictionnaire raisonné des sciences, des arts et des métiers, 1751-1772
Essai   Voltaire, *Essai sur les mœurs*, 1990
G. P.   Graffigny Papers, Yale University Library
Graffigny   *Correspondance*, 1985-
ImV   Institut et musée Voltaire, Geneva
Leigh   Rousseau, *Correspondance complète*, 1965-
Kehl   *Œuvres complètes de Voltaire*, 1784-1789
M   *Œuvres complètes de Voltaire*, 1877-1885

Mémoires de Trévoux   *Mémoires pour servir à l'histoire des sciences et des beaux-arts*, 1701-1767

OH   Voltaire, *Œuvres historiques*, 1957

Registres   H. C. Lancaster, 'The Comédie française, 1701-1774', 1951

Rhl   *Revue d'histoire littéraire de la France*

Sommervogel   Backer, *Bibliothèque de la Compagnie de Jésus*, 1890-1932

St Petersburg   National Library of Russia, St Petersburg

Stockholm   Kungliga Biblioteket, Stockholm

Studies   *Studies on Voltaire and the eighteenth century*

Taylor   Taylor Institution, Oxford

Trapnell   'Survey and analysis of Voltaire's collective editions', 1970

Trévoux   *Dictionnaire universel françois et latin*, 1743

Uppsala   Universitetsbiblioteket, Uppsala

V   *Œuvres complètes de Voltaire | Complete works of Voltaire*, 1968- [the present edition]

KEY TO THE CRITICAL APPARATUS

The critical apparatus, printed at the foot of the page, gives variant readings from those manuscripts and editions listed on pages 36-57, 188, 207-209, 240-46, 270-76, 302, 335-46, 489-90 below. Each variant consists of some or all of the following elements:

– The number of the text line or lines to which the variant relates; headings, character names and stage directions bear the number of the preceding text line, plus a, b, c, etc.; marginal notes, that of the line against which they start, plus the letter m.

– The sigla of the sources of the variant, as given on p.59, 210, 246, 276, 347-48 and 491. Simple numbers, or numbers followed by letters, generally stand for separate editions of the work in question; letters followed by numbers are normally collections of one sort or another, w being reserved for collected editions of Voltaire's works and T for collected editions of his theatre; an asterisk after the siglum indicates a specific copy of the edition, usually containing manuscript corrections.

– Editorial explanation or comment.

– A colon, indicating the start of the variant; any editorial remarks after the colon are enclosed within square brackets.

– The text of the variant itself, preceded and followed, if appropriate, by one or more words from the base text, to indicate its position.

Several signs and typographic conventions are employed:

– Sans serif type is used for punctuation added by the editor:
  sans serif   .   ,   ˰
  normal   .   ,

– Angle brackets ⟨ ⟩ encompass deleted matter.

– Beta β stands for the base text.

– The paragraph sign ¶ indicates the start of a new paragraph.

– The forward arrow → means 'followed by', in the case of manuscript corrections subsequently adopted in print.

– Up ↑ and down ↓ arrows precede text added above or below the line, with ⁺ to terminate the addition, where necessary.

– A superior ⱽ precedes text in Voltaire's hand, ᵂ indicating that of Wagnière.

– A pair of slashes // indicates the end of a paragraph or other section of text.

Thus, 'il ⟨allait⟩ ᵂ↑⟨courait⟩⁺ donc ⱽ↓β' indicates that 'allait' was deleted, that Wagnière added 'courait' over the line, that 'courait' was deleted and that Voltaire inserted the reading of the base text below the line. The notation 'w75G* (→κ)' indicates that a manuscript correction to the *encadrée* edition was followed in the Kehl editions.

ACKNOWLEDGEMENTS

The preparation of the *Complete works of Voltaire* depends heavily upon the expert help of the staff of numerous research libraries in Europe and North America. We wish to thank them for their generous and patient assistance.

Some have borne a greater burden than others, in particular the staff of the Bibliothèque nationale, the Bibliothèque de l'Arsenal and the Bibliothèque de la Comédie-Française, Paris; the Institut et musée Voltaire, Geneva; the Taylor Institution Library, Oxford; and the National Library of Russia, St Petersburg. To them we are especially grateful.

Other libraries that have supplied information or material for this volume include: Österreichische Nationalbibliothek Wien; Bibliothèque royale Albert Ier, Brussels; University of Toronto Library; Bibliothèque municipale, Bordeaux; Bibliothèque municipale, Lyon; Bibliothèque municipale, La Rochelle; Bibliothèque de la Sorbonne, Paris; Bibliothèque municipale, Rouen; University of Aberdeen Library; British Library, London; Queen Mary and Westfield College, London; Bodleian Library, Oxford; Universiteits Bibliotheek, Leiden; Kungliga Biblioteket, Stockholm; Universitetsbiblioteket, Uppsala; Stadt- und Universitätsbibliothek, Bern; Bibliothèque publique et universitaire, Geneva; Zentralbibliothek, Luzern; Zentralbibliothek, Solothurn; Pierpont Morgan Library, New York.

We have also benefited from the help and advice of many colleagues and friends, notably the late Larissa Albina, St Petersburg; Jean Sgard, Grenoble; Diego Venturino, Paris; and Charles Wirz, Geneva.

Nanine

édition critique

par

Marie-Rose de Labriolle

et

Colin Duckworth

INTRODUCTION

1. *Sources et composition*

Le phénomène Paméla surgit en France en 1741, avec la traduction du roman vite devenu célèbre de Samuel Richardson.[1] Qui en est responsable? Autrefois on prétendait que c'est Prévost, mais le traducteur-éclair est sans doute François-Alexandre Aubert de La Chesnaye Des Bois. Ainsi naît en France la vogue et la vague de la sensibilité richardsonienne[2] dont Voltaire paraît un agent invraisemblable. Il n'en est cependant pas moins vrai, que non seulement *Nanine* mais le théâtre entier de Voltaire a pour thème de base, tout comme les romans de Richardson, les épreuves et les infortunes de la vertu.[3]

Ce qui est étonnant, vu le caractère non-dramatique du genre épistolaire, c'est que le roman de *Pamela* soit devenu une source d'inspiration pour les auteurs dramatiques en France jusqu'à la fin du dix-huitième siècle. Certes, c'est un Anglais, James Dance

[1] Les deux premiers volumes de *Pamela or virtue rewarded* (London 1741) parurent sans nom d'auteur en novembre 1740. Richardson se révéla être l'auteur du roman en 1741 quand il en publia la suite, qui raconte l'histoire de Paméla après son mariage. La première traduction française, *Paméla, ou la vertu récompensée*, date également de 1741.

[2] Aubert de La Chesnaye Des Bois constate que pour être à la mode à Paris il fallait posséder un exemplaire de *Paméla* (voir Paul Dottin, *Samuel Richardson, 1689-1761: imprimeur de Londres, auteur de 'Pamela', 'Clarisse' et 'Grandison'*, Paris 1931, p.118). Cela fait évidemment partie de l'anglomanie généralisée qui constitue une influence importante sur l'évolution de la sensibilité en France. Daniel Mornet, qui a examiné 500 bibliothèques du dix-huitième siècle en France, a compté '1698 volumes de romans anglais contre 497 de romans français' (*Le Romantisme en France au XVIIIe siècle*, Paris 1912, p.21).

[3] Voir Ronald S. Ridgway, *Voltaire and sensibility* (Montreal, London 1973), p.214.

3

(autrement dit, James Love), qui, parmi les premiers, montre les possibilités théâtrales de *Pamela*, en offrant au public londonien son adaptation au théâtre de Goodman's Fields, le 9 novembre 1741. Le rôle de Jack Smatter y était tenu par David Garrick, qui trois semaines plus tôt avait remporté des débuts spectaculaires dans le rôle de Richard III. Cette adaptation connut vingt-quatre représentations.[4]

Les versions dramatiques françaises seront moins heureuses. Louis de Boissy, toujours à l'affût de l'actualité, présente au Théâtre-Italien le 4 mars 1743, alors que l'engouement du public pour la vertueuse Paméla est à son comble, une parodie intitulée *Paméla en France, ou la vertu mieux éprouvée* (Paris 1745), dans laquelle on trouve une Paméla coquette bien différente de sa cousine anglaise. On la voit évadée en France avec une 'comtesse' française qui est en fait un marquis vicieux. La pièce, agrémentée de musique et de danses, n'aura que treize représentations et, selon Clément et La Porte, plaît surtout par le divertissement qui en fait le dénouement.[5]

G. E. Lessing traitera de 'pièces plutôt fades'[6] non seulement celle de Boissy mais aussi la *Paméla* de Nivelle de La Chaussée. Ce dernier reconnut dans l'ouvrage de Richardson les éléments essentiels du genre qu'il venait d'innover avec *Le Préjugé à la mode* (1735), *L'Ecole des amis* (1737), et *Mélanide* (1741). L'action de la pièce se déroule 'au comté de Lincoln, dans le Château de Milord', et s'ouvre au moment où l'héroïne est séquestrée par 'La Jewks'. Le public se montrait bien moins enthousiaste que les acteurs, jugeant que la pièce manquait d'action, que tout y paraissait factice et invraisemblable. Elle n'eut qu'une seule représentation, le 6 décembre 1743, au grand plaisir de Voltaire qui

[4] *The London stage, 1660-1800* (Carbondale 1960-1968), part III: *1729-1747*, éd. Arthur H. Scouten, p.941.
[5] Jean-Marie-Benoît Clément et Joseph de La Porte, *Anecdotes dramatiques* (Paris 1775), ii.34.
[6] *Hamburgische Dramaturgie*, éd. Otto Mann (Stuttgart 1958), p.86.

4

fera dire plus tard à une actrice: 'Sa Paméla, que nous eûmes tant de peine à apprendre, et que le public eut si peu à oublier, sa Paméla qui mourut le jour de sa naissance, fut sur le point de nous faire mourir de faim tout un hiver'. [7] A la sortie, raconte La Porte, on demanda 'Comment va Paméla? Un plaisant répondit: *Elle pâme hélas!*' [8]

On s'attendrait à voir paraître alors une parodie de la main de Voltaire, mais c'est Godard d'Aucour qui s'en charge. *La Déroute des Paméla*, divertissement frivole en un acte, monté aux Italiens le 23 décembre 1743 est une pièce d'allure européenne, car on y voit trois Paméla, l'une anglaise, l'autre italienne, la troisième française, qui se livrent à toutes sortes d'excentricités. L'Italienne, nouvellement arrivée à Paris, donne le ton de cette facétie satirique qui vise non seulement les deux comédies précédentes mais le roman aussi, dans ces vers:

> Le premier me fit voir Paris,
> J'avais un autre nom mais à mon arrivée
> Il me donna celui de Paméla.
> Pour jouir de sa renommée
> Convaincu que sous ce nom-là
> Tout d'un coup du public j'allais être adorée,
> Son histoire venait d'être ici publiée. [9]

Il est remarquable, vu la vogue énorme du roman de Richardson en France, qu'il fut si mal servi pendant cette première période. [10]

---

[7] *Lettre à messieurs les auteurs des Etrennes de la Saint-Jean et autres beaux ouvrages*, voir ci-dessous, p.193.

[8] *Observations sur la littérature moderne* (1749), i.55.

[9] *La Déroute des Paméla, comédie en un acte en vers* (Paris 1744), p.12.

[10] Pour l'histoire des nombreuses adaptations, voir Bernard A. Facteau, *Les Romans de Richardson sur la scène française* (Paris 1927); Bernard Kreissman, *Pamela-Shamela: a study of the criticisms, burlesques, parodies and adaptations of Richardson's 'Pamela'*, University of Nebraska Studies, n.s. 22 (Lincoln, Nebraska 1960); Clarence D. Brenner, *Dramatizations of French short stories in the eighteenth century, with special reference to the 'contes' of La Fontaine, Marmontel and Voltaire*, University of California publications in modern philology 33.1 (Berkeley 1947); Dottin, *Samuel Richardson*; E. Purdie, 'Some adventures of *Pamela* on the continen-

La mauvaise réception des adaptations par le public, et la condamnation de certains critiques qui considéraient la mise en scène de
romans comme une pratique stérile et oiseuse, constituent autant
de facteurs décourageants pour qui voudraient entrer en lice avec
une Paméla française de plus. Mais c'est justement ce que fait
Voltaire, malgré son impatience envers les romans de Richardson,
qu'il trouvera (en 1767) 'longs et insupportables'; selon lui, ils
'ont réussi parce qu'ils ont excité la curiosité du lecteur, à travers
un fatras d'inutilités' (D14179). D'habitude on prend ce jugement
comme une expression de dégoût, mais il convient de noter qu'il
veut surtout souligner l'importance du suspense: il ne faut pas
révéler dès le début que l'héroïne est éprise de son maître. Conseil
que Voltaire n'avait pas suivi de près une vingtaine d'années plus
tôt, car Nanine décèle dès la sixième scène du premier acte la forte
émotion excitée dans son 'cœur troublé de lui-même' par le Comte
(1.352), juste avant leur première scène ensemble.

Quant aux 'inutilités', il faut comprendre sans doute tous les
détails qui ne seraient pas nécessaires pour le développement et la
compréhension de l'action, détails chers aux auteurs de romans
touffus tels que Richardson et Marivaux. C'est précisément un
genre auquel Voltaire ne s'est jamais essayé, étant 'le fervent
apôtre de la concision',[11] car le genre le plus concis, c'est le
théâtre. Même les contes philosophiques, genre que Voltaire
invente à la même époque où il écrit *Nanine*, peuvent être
considérés comme autant de 'monologues dramatiques'.[12] Il se
sent poussé – pour des raisons que nous essayerons d'éclaircir par

---

tal stage', *German studies presented to professor H. G. Fiedler* (Oxford 1938), p.352-
84; William M. Sale, *Samuel Richardson: a bibliographical record of his literary career*
(New Haven 1936); Frank H. Wilcox, *Prévost's translations of Richardson's novels*,
University of California publications in modern philology 12.5 (Berkeley 1927),
p.341-411.

[11] Voir Th. Besterman, *Voltaire*, 3rd ed. (London 1976), p.433.

[12] William F. Bottiglia, *Voltaire's 'Candide': analysis of a classic*, Studies 7A
(1964), p.53-54.

la suite – à récrire *Pamela* sous une forme dramatique, ce qui lui donnera en même temps l'occasion de composer dans le genre mixte et d'exploiter le goût régnant pour 'le sérieux'. Il faut tenir compte du fait qu'aucune des comédies de Voltaire n'avaient été jouée à la Comédie-Française depuis le grand succès de *L'Enfant prodigue* en 1736. Il avait besoin de renforcer sa réputation en tant que maître du nouveau genre à la mode, la comédie sentimentale.[13]

Mais il faut examiner de près la motivation de Voltaire. Etant donné que le roman de Richardson n'était pas de son goût, et qu'il n'y était pas 'porté par nature', on est obligé de chercher ailleurs ses raisons d'entreprendre la récriture de ce sujet sentimental. A-t-il voulu donner l'éclat de son nom à la révolution qui était en train de s'accomplir dans l'art théâtral entre 1730 et 1750? En tant qu'homme de théâtre attentif à tous les courants d'opinion, il avait très bien compris que le théâtre entrait dans une voie nouvelle, vers le genre mixte et la comédie sentimentale. Si ce genre n'a pas triomphé avec éclat, c'est que les auteurs dramatiques qui l'ont pratiqué n'ont pas su l'élever au-dessus du médiocre ni réussi à équilibrer la part du comique et du sérieux. L'expérience tentée apportait quelque chose de neuf et répondait à un besoin de changement qui se manifestait dans une large section de la société. C'est dans cet esprit que Voltaire a tenté de renouveler le genre comique. Son premier essai, *L'Enfant prodigue*, fut malhabile. Le deuxième, *Thérèse* (1743), obligea d'Argental à l'accuser de 'mauvais goût' et à le prier de retirer cette comédie sentimentale, dont il ne reste que des fragments. 'Le genre auquel vous êtes descendu', écrit d'Argental, 'est tel que, quand vous réussiriez [à faire accepter la pièce par la Comédie-Française] (ce que je n'espère assurément pas), on aurait de la peine à vous pardonner de l'avoir entrepris [...] Il est permis aux grands hommes de faire de mauvais ouvrages, mais jamais des ouvrages de mauvais goût' (D2790).

[13] Voir Lilian Willens, *Voltaire's comic theatre: composition, conflict and critics*, Studies 136 (1975), p.111-12.

Voltaire a suivi son conseil, mais une forte compulsion intérieure l'a poussé à aller de l'avant dans la voie nouvelle avec *Nanine*. On est obligé d'abonder dans le sens de ceux qui en concluent que Voltaire a voulu démontrer qu'il était capable de faire une meilleure adaptation de *Pamela* que n'importe qui. [14]

La première idée et une première version de *Nanine* datent peut-être de 1748, conçues à la cour du roi Stanislas à Commercy ou à Lunéville, où l'on aurait essayé cette version originale bien avant la représentation professionnelle à la Comédie-Française. Nous reviendrons à ce problème par la suite, en traitant des représentations.

Voltaire nomme pour la première fois son héroïne dans une lettre à d'Argental écrite pendant la relâche de Pâques 1749, en associant son nom à celui de l'actrice qui l'interprétera à la Comédie-Française: 'Zaïre-Nanine-Gossin sort de chez le moribond, qu'elle n'a point rapellé à la vie, toutte jolie qu'elle est' (D3898). Cette même lettre renferme la première référence à la composition de la pièce: 'J'ay fait cent vers à Nanine, mais je me meurs'. Le 24 mai il se plaint de l'indiscrétion (des acteurs?) et du bruit qui court à propos de la paternité de la pièce, dans une lettre à sa nièce: 'Tout Paris sait que la petite comédie de Nanine est de moy. Il n'y a plus moyen de se cacher. Il est triste d'être siflé à visage découvert. Je comptois l'être sous le masque' (D3933). Il est si découragé, si peu sûr de la valeur de sa comédie qu'il a envie de la retirer. Si elle a des qualités, c'est à la comtesse d'Argental qu'elle les doit, avoue-t-il. C'est effectivement les conseils des d'Argental, et surtout de Mme d'Argental, que Voltaire recherche à cette époque de préférence à ceux de Mme Du Châtelet. Vers le 3 juin il écrit à l'ange, Mme d'Argental, qu'il

[14] Voir, par exemple, John Pappas, 'Voltaire et le drame bourgeois', *Diderot studies* 20 (1981), p.229; Peter Hynes, 'From Richardson to Voltaire: *Nanine* and the novelization of comedy', *The Eighteenth century: theory and interpretation* 31 (1990), p.118.

repolit cet 'ouvrage que vous aimez et qui sans vous n'auroit jamais mérité d'être aimé du public' (D3937). C'est elle encore qui, une semaine plus tard, reçoit à onze heures du soir la visite d'un Voltaire fort mécontent de ce qui se passe aux répétitions de *Nanine*. A minuit elle se met à sa table pour écrire à son mari une lettre qui nous donne des détails précieux non seulement sur la disposition nerveuse de Voltaire mais aussi sur les procédés de la Comédie-Française pour qui le texte de l'auteur est loin d'être sacro-saint:

Voltaire sort d'ici. Il est arrivé a onze heures comme un furieux. [...] Enfin, quand il a pu mettre quelque ordre dans ses discours, il m'a dit que tout chemin faisant il avait fait non seulement les retranchements que vous lui aviez demandés, mais même davantage; et que, comme il ne s'agissait pas seulement de retrancher, mais d'avoir le sens commun en liant les choses, il avait fait des liaisons. Qu'ayant été, à dix heures, porter à mademoiselle Granval ce qui la regardait, il l'avait trouvée apprenant une leçon que des gens qui ne se fiaient jamais à lui, lui avaient envoyée. Il m'a demandé d'une voix terrible de quoi on se mêlait. Que cela était réparé pour mademoiselle Granval, mais qu'il fallait qu'il allât réveiller Granval et mademoiselle Dangeville qui logeaient aux deux bouts de Paris; qu'il avait fait quinze lieues; qu'il était tué, excédé [...] Enfin, je n'ai jamais vu quelqu'un si hors de lui. Je l'ai calmé cependant, et tout s'est terminé à me demander pardon et à me supplier de vous écrire avant de me coucher, pour vous engager à envoyer de bon matin chez Granval ct chez mademoiselle Dangeville, et à leur faire dire de suivrc sa leçon; et puis, il m'a fait promettre que je vous engagerais (attendu qu'il ne peut pas être à la comédie avant six heures) à faire répéter devant vous, Granval, sa femme, mademoiselle Dangeville et Minet.[15]

Ce qui tracasse Voltaire, c'est que non seulement il ressent la

---

[15] D3943. Dans son commentaire, Th. Besterman note que 'the names of the actors suggest, but not conclusively, that the play in question was *Nanine*'. Dans sa biographie de Voltaire (p.298), cependant, il n'y a pas de doute exprimé. Minet était le souffleur à la Comédie-Française.

médiocrité de sa comédie, mais surtout il trouve ce genre très difficile. 'Pourquoy faut il que ces niaiseries là soient encor si difficiles à faire?', demande-t-il à Baculard d'Arnaud (D3948). Passée la première, le 16 juin 1749, de nouvelles angoisses l'affligent: que deviendra le manuscrit?

Le 28 juin il est formel sur la procédure à adopter par d'Argental (D3950): il faut lui renvoyer

une certaine Nanine quand on ne la jouera plus. Le s^r Minet, homme fort dangereux en fait de manuscrits, et à qui je ne donnerois jamais ny pièces de vin, ny pièces de téâtre à garder, doit remettre cette pauvre Nanine entre les mains de mademoiselle Gossin après la représentation. Mademoiselle Gossin doit la serrer, et vous la rendre à son enterrement. Cela fait, je vous suplie de L'envoyer cachetée à mon adresse, à la cour de Lorraine.

Mais elle n'arrive pas: le 10 juillet, de Commercy, il s'écrie: 'pour dieu renvoyez moy ma pauvre Nanine que mademoiselle Gossin a dû vous remettre'.[16] Trois jours plus tard, toujours à d'Argental, 'J'attens Nanine mon cher ange [...] Renvoyez moy Nanine' (D3956). Encore une semaine passe, il devient de plus en plus irrité: 'Mais ô anges quel excès d'indifférence! [...] Renvoyez la moy donc cette Nanine que le dangereux Minet devoit remettre tous les soirs entre les mains de mademoiselle Gossin' (D3962). Le 23 juillet arrive, mais pas son manuscrit: 'En vérité, madame', écrit-il froidement à la comtesse d'Argental, 'je suis confondu d'étonnement, et navré de douleur. Il y a un mois que j'ai écrit à m. d'Argental, et point de réponse. Passe encore de ne me pas envoyer ma pièce; mais de ne me pas dire comment vous vous portez, cela est trop cruel' (D3964). Enfin, le 24 juillet, à Lunéville, il reçoit et les nouvelles qui lui manquent depuis un mois, et le manuscrit qu'il met 'dans le fonds d'une armoire pour y travailler

---

[16] D3955. Voltaire, qui a dû s'attendre à un succès plus éphémère, s'inquiétait trop tôt. Les acteurs avaient encore besoin du manuscrit de *Nanine* dont la dernière représentation n'eut lieu que le 12 juillet.

à loisir' (D3965). Il envisage la possibilité d'en faire cinq actes, à la manière de La Chaussée. Le même jour il confie à sa nièce 'qu'une comédie est un des travaux d'Hercule' mais qu'il a, néanmoins, l'intention de travailler encore à *Nanine*, 'et beaucoup' (D3966). Mais quand, quatre jours plus tard, il regarde bien le manuscrit qu'on lui a enfin renvoyé, que trouve-t-il?

Il manque à la pièce de Nanine que vous avez eu la bonté [de me renvoyer] une douzaine de vers qu'on avoit attachez avec des épingles. C'est au second acte après ces vers du comte à Nanine:

> Ah de ce mot dépend toutte ma vie,
> C'en est assez, ce mot me justifie.

Il y avoit après cela baucoup de chic choc, et je ne trouve rien du tout.[17]

Finalement, il ne sera plus question de mettre *Nanine* en cinq actes, car il écrit dans cette même lettre du 29 juillet: 'Mes chers anges, je vous avois parlé de mettre Nanine en cinq actes, mais ce projet me paroit soufrir bien des difficultez, et il feroit tort à d'autres idées que j'ay dans ma pauvre tête.' Nous ne savons sur quel document l'éditeur Renouard se repose quand il laisse entendre dans son Avertissement que *Nanine* devait avoir un tout autre dénouement: l'héroïne devenait fille de gentilhomme et son mariage ne constituait plus une mésalliance. Mme d'Argental aurait désapprouvé ce dénouement qui ressemblait trop à celui d'un mauvais roman. Voltaire, dit Renouard, défendit son ouvrage, et ne parut nullement persuadé:

C'était après le dîner: au milieu de la nuit, vers l'heure où presque tout le monde est couché, une voiture arrête à la porte de M. d'Argental. On demande madame. C'est Voltaire qui lui vient dire: 'Il faut bien vous obéir; voici un autre dénouement, aura-t-il votre approbation?' Et il lui présente un nouveau troisième acte qu'il avait conçu et versifié

---

[17] D3970. Il semble que ses craintes aient été justifiées, car les vers absents ne paraissent que dans l'édition 49 (voir II.169-177*v*, et ci-dessous, p.37).

dans ce court intervalle. C'est celui qui a été publié; l'autre n'a pas été conservé. [18]

Le processus de composition de *Nanine* continue donc après les premières représentations, conforme à l'habitude de Voltaire. Dans sa rubrique théâtrale, le *Mercure de France* (juillet 1749, p.190) nous assure que:

Depuis la première représentation, M. de Voltaire a fait, non seulement dans le dialogue, mais encore dans la conduite de la fable, quelques changements qui en montrant sa facilité à travailler, prouvent son empressement à profiter des critiques judicieuses, et par conséquent sa supériorité. Il n'appartient qu'aux génies de premier ordre, de passer condamnation sur les endroits faibles de leurs ouvrages.

Ses craintes à propos de l'usage que des personnes malhonnêtes pourraient faire des manuscrits se trouvent bien fondées. Peut-être avait-il raison de soupçonner le 'dangereux Minet', souffleur chargé de copier les rôles des acteurs. [19]

Une autre difficulté survint: Voltaire se plaint à la fin d'octobre 1749 que les manuscrits volés à Lunéville de trois de ses ouvrages, dont *Nanine*, avaient servi pour en faire des éditions clandestines imprimées peut-être à Lyon, et il demande à Berryer de Ravenoville, lieutenant général de police, permission d'afficher le papier suivant:

cent écus à gagner

On a volé plusieurs manuscrits, contenant la tragédie de Semiramis, la comédie intitulée Nanine, etc., l'histoire de la dernière guerre depuis 1741 jusqu'en 1747. On les a imprimez remplis de fautes et d'interpolations. On les vend publiquement à Fontainebleau. Le premier qui donnera des indices sûrs, de L'imprimeur et de l'éditeur Recevra la

---

[18] *Œuvres complètes*, éd. Renouard, iv.[2]. On pourrait penser qu'il s'agit de la même visite que celle mentionnée plus haut (p.9), mais Mme d'Argental y parlait de retranchements non autorisés, non de dénouement.

[19] Voir Sylvie Chevalley, 'Le "Sieur Minet"', *Studies* 62 (1968), p.273-83.

somme de 300^{ll} de Mr de Voltaire, gentilhomme ordinaire du roy, historiografe de France, rue Traversiere. [20]

L'affaire n'en finit pas là. Berryer s'avoue 'très fâché de l'infidélité qui vous a été faite par raport à vos manuscripts' (D4056), et assure Voltaire qu'il a donné des ordres très précis pour trouver les imprimeurs et les colporteurs responsables. Mais il ajoute, avec la finesse d'un homme qui comprend bien la mentalité criminelle: 'A l'égard du papier joint à votre lettre je pense que je ne puis y mettre ma permission d'imprimer et afficher, le[s] cas de cette espèce ne demandant point de publicité en cette forme. Outre que cela feroit tenir des propos à tous les désœuvrés, qui vous assurera que ceux qui rapporteroient les manuscrits sous l'espoir de la récompense n'en auroient pas tiré un double?'

Le 5 novembre 1749, le secrétaire d'Etat Maurepas informe Chauvelin que *Nanine* a été imprimée 'sans permission et sans le consentement de M. de Voltaire' (D4057). Et voici le roi lui-même qui se secoue pour protéger cette pièce dont la morale, selon La Porte, est 'dangereuse' puisqu'elle offre 'des maximes contraires au bon ordre d'un Etat'. [21] Quoi qu'il en soit, le roi donne des ordres pour faire saisir les exemplaires en vente, et faire mettre en prison l'imprimeur. Selon Maurepas la responsable serait 'la nommée Godard' à Amiens, mais il change d'avis deux semaines plus tard (D4067). Voltaire croit que cette édition subreptice (donnée sous le nom de la Compagnie des Libraires associés; sigle 49) est sortie de chez un imprimeur de Lyon (D4051). Le 18 novembre 1749 la police en saisit 90 exemplaires à Fontainebleau. [22]

Cette mésaventure a fait comprendre à Voltaire que le moment est venu de livrer à l'impression l'authentique *Nanine* 'telle qu'il l'a faitte'; il espère que Prault 'voudra bien luy rendre service'

---

[20] D4048. Voir aussi D4051, par laquelle Voltaire demande à Michel Lambert de faire saisir les exemplaires contrefaits.

[21] *Observations sur la littérature moderne* (1749), i.59.

[22] Bn F21932, f.42*v*. C'est à tort que la *Bibliothèque annuelle et universelle* attribue à cette édition la date de 1748 (Paris 1751, p.203).

(D4053), mais finalement c'est à Le Mercier et Lambert que revient l'honneur: ils obtiennent le privilège pour trois ans, et font paraître *Nanine* rapidement, en novembre 1749 (sigle 49P1 et 49P2).[23]

2. *Représentation et réception en 1749*

La première représentation de *Nanine* à la Comédie-Française eut lieu le 16 juin 1749. Y eut-il une représentation avant cette date? Sur ce point, les témoignages sont contradictoires, à commencer par ceux de Voltaire lui-même. Dans la préface de 1749, la première donnée par l'auteur, il est dit: 'Cette bagatelle fut représentée au mois de juillet 1748' (p.65, l.1-2*v*). Et plus bas Voltaire parle de *Sémiramis* et de *Nanine*, 'qui ont paru toutes deux l'année passée [à savoir, en 1748] dans la foule des spectacles nouveaux qu'on donne à Paris tous les ans'. Dans la préface de la première édition de Walther (w48D), dont le tome 9 parut en 1750, il n'est plus question d'une représentation antérieure à celle de la Comédie-Française. Une autre édition donne cependant la date précise du 17 juillet 1748 (w51). Et en février 1755, l'abbé Prévost, qui était alors rédacteur du *Journal étranger*, inséra dans ce périodique un commentaire sur le roman de Richardson et *Nanine*. Il précisa à cette occasion que la pièce avait été représentée à la cour en 1748 et il ajoutait: 'Cependant cette comédie fut mal reçue à Versailles. L'auteur la fit jouer ensuite à Paris; elle n'y eut pas plus de succès' (p.178).

En ce qui concerne une première représentation de *Nanine* qui aurait eu lieu à Paris ou à Versailles avant le 16 juin 1749, il

[23] Michel Lambert avait été reçu libraire cette même année. Il travaillait avec Pierre-Gilles Le Mercier, imprimeur-libraire depuis 1718 et gendre de Coignard. L'association de Michel Lambert avec Le Mercier se termina en 1752. Voir Bn F22107, f.83 et 90.

semble impossible, faute d'éléments précis, d'en confirmer la vérité; cependant, d'après certaines indications, on peut penser qu'une première version de *Nanine* a pu être jouée, non à la cour de Versailles, mais à la cour du roi Stanislas, soit à Lunéville, soit à Commercy, lors des séjours que firent Voltaire et Mme Du Châtelet auprès du souverain pendant la plus grande partie de l'année 1748 (février-avril; juillet-août; mi-septembre-décembre). On sait que les représentations se succédaient à la cour de ce roi qui aimait beaucoup le théâtre. [24] Longchamp, secrétaire de Voltaire depuis 1746 et qui suivait son maître dans ses nombreux déplacements à Lunéville et à Commercy, mentionne la découverte qu'avait faite Voltaire de la liaison de Mme Du Châtelet avec le marquis de Saint-Lambert, et puis:

Dans les premiers jours après l'arrivée de cette scène, M. de Voltaire avoit fait une comédie en un acte où il avoit peint ses chagrins et une partie de cette avanture qu'il a jetté[e] depuis au feu. [25] Il en a conservé quelques pensées sous d'autres noms dans sa comédie de Nanine qu'il a faite aussi à Commerci dans le même temps. [26]

Une lettre de Mme Du Châtelet à d'Argental écrite de Lunéville le 30 novembre 1748, nous apprend qu'on donna à cette époque une comédie en un acte et en vers 'qui est très jolie et que ns auons joué[e] pr notre clôture' (D3815). Cette petite pièce ne pouvait être que *La Femme qui a raison*, dont nous savons qu'il existait une version en un acte. Cette comédie a donc été jouée en

[24] Voir en particulier la lettre de Voltaire écrite de Lunéville le 25 février 1748 (D3624) où il parle du 'très beau téâtre' et des représentations données par 'la troupe du Roy'.

[25] S'agit-t-il de *La Femme qui a raison*, comme le prétend Willens (*Voltaire's comic theatre*, p.105, n.31), ou d'une comédie perdue, rejetée?

[26] Mémoires, Bn F13006, f.46r. Cette version diffère sensiblement de celle donnée par l'imprimé; voir Sébastien G. Longchamp et Jean-Louis Wagnière, *Mémoires sur Voltaire et sur ses ouvrages* (Paris 1826), ii.205. Un autre passage de l'édition de 1826 (ii.246), où il est également question de *Nanine*, est un ajout de l'éditeur Decroix: il ne figure pas dans le manuscrit original.

1748 et non en 1749 comme il est dit dans l'Avertissement de
l'édition de Kehl, ce qui est d'ailleurs corroboré par le témoignage
de Devaux. Si dans les lettres que Devaux adresse à Mme de
Graffigny à l'automne de 1748, il est bien question de *La Femme
qui a raison*, Devaux ne souffle mot de *Nanine*, même si plus tard,
au moment de la première représentation à la Comédie-Française,
il prétend en avoir parlé, ce que Mme de Graffigny conteste
fermement. Une dispute s'élève même à ce sujet. Quoi qu'il en
soit, Devaux a dû voir, à un moment non déterminé, une version
de *Nanine*, sa lettre du 21 juin 1749 en fait foi:

Nanine doit vous en frayer la route. C'est en effet *Pamela*. Vous voyés
que Voltaire n'a pas craint de traiter le sujet de La Chaussée. Je l'ai vuë
cette *Nanine*. Je vous l'ai dit dans le temps; je ne l'ai pas trop aimée,
cependant je ne suis pas surpris qu'elle ait une sorte de succés. Je croirois
meme qu'elle en aura plus qu'on ne vous la dit. Il y a des scenes de
naiveté qui sont charmante[s]. Le comte est un caractere original qui
doit plaire; taschés de scavoir comme les rolles sont distribués. J'en suis
curieux. Je ne devine pas par exemple qui jouë une vieille marquise
babillarde qui m'a dive[rti] et qui est originale. Il y a une indigne
baronne que je deteste autant que Mde Croupillac. Le comique en
general n'en est guere meilleure que celuy de l'*Enfant prodigue*, et le
pathetique en est moins touchant, mais on reconnoit souvent le grand
ecrivain.[27]

Il est probable donc qu'une *Nanine*, peut-être en un acte, a été
jouée au cours de l'hiver 1748-1749 à la cour du roi Stanislas
avant ou avec *La Femme qui a raison*.

Quand le rideau se leva au Théâtre-Français, le 16 juin 1749,
l'affluence était celle des grands jours, des troisièmes logés au
parterre: 1119 spectateurs, dont 147 bénéficiaient de billets de
faveur, partisans de l'auteur qui, inquiet des réactions du public

---

[27] G.P., XLIII, 347; voir aussi XLIII, 203, 259-60, 353; 357, 361; XLIV, 35,
165, 177, 185; XLV, 3.

envers cette nouvelle pièce susceptible de renverser les idées reçues, tant sociales que théâtrales, avait fait distribuer nombre de billets à ses amis, suivant la coutume.[28] Pour la deuxième représentation, il envoya deux billets à son jeune protégé Baculard d'Arnaud: 'Amusez vous donc si vous pouvez à Nanine. Voicy deux billets qui me restent' (D3948). Voltaire assista à la troisième représentation. Ce jour-là les gens du parterre étaient venus nombreux. A un moment donné 'il s'éleva un petit ricanement dans le parterre, qui paraissait improuver quelques détails de cette rapsodie', rapporte l'antipathique Collé (d'après La Place qui lui dit la chose deux fois et jura 'de l'avoir vue et entendue'). Alors, 'Voltaire, qui était placé aux troisièmes loges en face du théâtre, se leva, et cria tout haut: *Arrêtez, barbares, arrêtez!* et [...] le parterre se tut.' On pourrait s'émerveiller sur le courage et l'autorité exercés par un auteur courroucé face à un public hostile, et le respect qu'il savait commander, mais La Place et Collé ne voient pas 'la chose' ainsi.[29]

Le nombre de spectateurs déclina progressivement. Après douze représentations *Nanine* dut être retirée, n'ayant attiré que 8508 spectateurs. Voltaire ne pouvait que se montrer déçu du succès relativement médiocre de sa pièce, qu'il aima toujours par-dessus les autres pour des raisons que nous essayerons d'expliquer plus loin. Elle ne devait plus reparaître sur la scène avant le 16 décembre 1754. A partir de cette date, comme nous le verrons, elle prit un nouvel essor. Mais essayons d'abord d'expliquer le peu d'enthousiasme qu'elle inspirait en 1749.

---

[28] Le Compte du général manuscrit fait état de 972 spectateurs ayant payé le prix de leur place, tandis que les *Registres* évalue le nombre à 1119 – ce qui fait 147 qui auraient assisté gratuitement. La pièce fut accompagnée de *La Nouveauté* de Legrand.

[29] Charles Collé, *Journal et mémoires*, éd. H. Bonhomme (Paris 1864), i.83. Collé, auteur de comédies gaies, répudiait le genre mixte et surtout la comédie sentimentale. En 1780 il tenait ce témoignage comme absolument véridique, continuant à y voir un acte répréhensible.

Tous les adversaires du genre mixte et de la comédie sentimentale, s'en référant aux critères de ce temps-là, critiquaient dans *Nanine* le mélange des genres, la conduite de la pièce, le manque de comique, la sentimentalité larmoyante, les caractères des personnages, et les vers négligés. Le journaliste de *La Bigarrure* va jusqu'à critiquer le titre de *Nanine*:

titre ridicule, et vague, qui n'annonce rien, et qui d'ailleurs ne convient nullement à une pièce comique, mais bien aux tragédies; parce que ces dernières s'annoncent toujours par le nom du personnage qui en fait le principal sujet. [...] La comédie, du moins la véritable, étant une image divertissante et risible de la vie et de la conduite des hommes, de leurs vices, de leurs défauts, de leurs imperfections et de leurs ridicules, elle doit toujours s'annoncer de même par quelqu'un de ces endroits [...] le *Menteur*, l'*Etourdie*.[30]

Pierre Clément, pour sa part, sembla d'abord apprécier la pièce: 'Somme toute, si vous voyez la pièce vous aurez du plaisir à bâtons rompus la moitié du temps, et beaucoup de plaisir la moitié de cette moitié'.[31] Mais après avoir lu la pièce imprimée il se montra plus sévère: '*Sémiramis* et *Nanine* que vous m'avez tant demandées, paraissent enfin, ornées de belles préfaces, où l'auteur prouve tout ce qu'il veut, excepté la bonté de ses deux pièces [...] Pour *Nanine*, c'est sans difficulté une des petites comédies les plus maladroitement tissues qui soient au théâtre: le tout brodé d'esprit, doublé de sentiments, chamarré d'or et de clinquant sur toutes les coutures' (ii.4-5). Quant aux vers décasyllabes, Clément se montra fort peu appréciatif dans son premier compte rendu: 'Il y en a de mauvais de toute espèce; de chevillés, de louches, de boîteux, de durs et insupportables à l'oreille, de lâches, de pis que prosaïques et qui ne sont pas même français; des choses d'un mauvais ton

[30] *La Bigarrure*, 14 octobre 1749, p.55. Lessing répond à cette critique en disant: 'Ein Titel muß kein Küchenzettel sein'. D'ailleurs, dit-il, Voltaire a donné à *Nanine* deux sous-titres (*Hamburgische Dramaturgie*, p.85-86).
[31] *Les Cinq années littéraires*, i.238.

avec cela' (i.288). Collé s'en prend au manque d'intrigue et à la peinture des caractères: '*Nanine* n'a ni nœud, ni action [...] les caractères en sont grossiers et sans finesse, et [...] dans toute la pièce il n'y pas le fond de deux scènes. Le comique, s'il y en a (car je n'en ai point trouvé), est mauvais, et ne fait rien au fond du sujet.' Malheureusement, continua-t-il, Voltaire n'avait pas suivi le roman qui 'fournissait tant de choses que j'ai été bien surpris qu'il n'en ait absolument tiré aucun parti' (i.80-81).

En général, seul le personnage de Nanine trouve grâce aux yeux de la critique: 'Nanine a la beauté, l'esprit, la douceur, la modestie, l'humilité, la reconnaissance de Paméla; ou plutôt, c'est Paméla même, en miniature française'.[32] La lettre écrite par Nanine à son père Philippe Hombert est cependant jugée fausse et invraisemblable: 'Qui se serait jamais imaginé qu'une lettre d'un enfant à son père, d'une jeune fille à un vieux villageois, pût passer pour un billet doux', s'exclama La Porte.[33] Par ailleurs, on trouva que le Comte d'Olban, veuf depuis deux ans, n'avait ni l'ardeur ni la jeunesse qui rendaient si vivante la figure du jeune seigneur anglais dans le roman. Malgré son expérience de la vie, il manquait singulièrement de discernement et se laissait trop facilement prendre aux apparences; il agissait avec imprudence en annonçant avec éclat son mariage disparate alors que le 'squire' (milord) B, soucieux de ne pas manquer aux convenances, gardait la nouvelle secrète. On s'indigna de le voir reprendre à son amante les dons qu'elle tenait de sa générosité et la renvoyer dans son village en l'obligeant à se défaire de ses habits de demoiselle.[34]

La Baronne de L'Orme passait pour un personnage purement conventionnel, 'ni assez comique, ni assez odieux, pour faire un

[32] *Journal étranger*, février 1755, p.178.
[33] *Observations sur la littérature moderne*, i.65; cf. Gresvik, *Réflexions critiques sur la comédie de Nanine, adressées à Mme D*** par M. G.* (Nanci 1749), p.11-13; Jean-Baptiste Guiard de Servigné, *Lettre à l'auteur de Nanine* (s.l.n.d.), p.11.
[34] *Observations sur la littérature moderne*, i.61-64.

effet', [35] ou bien on lui reprochait au contraire son caractère violent allant jusqu'à la grossièreté. [36] Elle n'intéressait pas autant que son modèle, la lady Danvers qui méprise Paméla, moins par orgueil de caste que par amour pour son frère, et qui, après avoir reconnu qu'elle avait mal jugé la jeune fille, se montra généreuse et sut le prouver.

Mme d'Olban, la mère du Comte, cette 'petite vieille babillarde', comme l'indique Voltaire (II.xii), apparut comme un personnage caricatural et de remplissage qui rappelait un peu trop Mme Pernelle dans *Tartuffe*. Philippe Hombert, par contre, attira la sympathie: on retrouve en lui la probité et la bonté du vieil Andrews. [37]

En somme, on fit grief à Voltaire de s'être éloigné de sa source d'inspiration; mais remarquons d'ailleurs que ce sont ces mêmes accusateurs qui avaient reproché à Nivelle de La Chaussée d'avoir suivi le roman trop fidèlement sans avoir su impartir à ses personnages un caractère quelconque. Cet écueil, Voltaire sut l'éviter: le récit romanesque lui a fourni des éléments qui lui permettaient de faire une comédie attendrissante dont le seul ressort était, comme il le dit dans sa préface, 'l'amour tendre et naïf'. Et comment s'étonner qu'il n'ait voulu traiter son modèle anglais que comme un point de départ, vu son manque d'enthousiasme pour le 'fatras d'inutilités' qu'il trouvait chez le créateur des 'longs et insupportables romans de Paméla et de Clarice' (D14179).

Les objections dramatiques et sociales dont *Nanine* fut l'objet proviennent de la même source idéologique: l'incompatibilité supposée du noble et du roturier. Voltaire a voulu donner son nom à la révolution qui était en train de s'accomplir dans le monde

[35] *Les Cinq années littéraires*, i.235.

[36] *Observations sur la littérature moderne*, i.58.

[37] *Observations sur la littérature moderne*, i.57; *Les Cinq années littéraires*, i.235; Guiard de Servigné, *Lettre*, p.2; Gresvik, *Réflexions*, p.15.

du théâtre entre 1730 et 1750. Mais ce fut également dans une intention délibérée de donner à ses contemporains une leçon sociale hardie, sous le couvert d'une action dramatique, qu'il composa cette 'bagatelle'. Se fondant sur l'élément 'pygmalionesque', choquant à l'époque, d'un amour réciproque entre deux personnages aussi éloignés que possible l'un de l'autre socialement, il s'attaquait à un préjugé profondément ancré dans une société rigoureusement stratifiée. Voltaire visait principalement cette noblesse intransigeante, âprement décidée à défendre ses privilèges et méprisante envers les classes inférieures. On voit dans *Nanine* des signes de lutte de classe déjà préfigurés dans *L'Enfant prodigue* [38] et bien plus nettement précurseurs du *Mariage de Figaro* que 'l'humanitarisme sentimental' du *Droit du seigneur*. [39] Dans *Nanine*, il s'agit bien en effet d'un homme de la noblesse qui veut épouser une fille appartenant à la plus basse des classes sociales, celle des paysans. C'est à travers la Baronne de L'Orme, si fière de ses prérogatives sociales, que Voltaire bafoue les gens de son espèce quand, avec une ironie méchante, elle traite le Comte d'homme 'au-dessus des préjugés du temps', de 'philosophe sensible'.

Philippe Hombert incarne cet 'homme de bien, modeste avec courage', dont le seul bien est l'honneur. Il a servi dans les rangs les plus humbles de l'armée mais n'a jamais perdu l'honneur. 'Vous êtes donc né de condition?' lui demande la Marquise. Il répond: 'Hélas! Madame, non; / Mais je suis né d'une honnête famille' (III.vi.221-223). L'honnêteté morale grandit le personnage.

Le sous-titre de la pièce nous rappelle Marivaux, dont *Le Préjugé vaincu* date de 1746. F. Deloffre est d'avis que cette pièce de Marivaux '[vaut] davantage que *Nanine ou le préjugé vaincu* de

---

[38] Dans *L'Enfant prodigue* Euphémon fils désigne ainsi son serviteur Jasmin: 'Né mon égal (puisqu'enfin il est homme)' (III.i).

[39] Voyez l'introduction au *Droit du seigneur* par W. D. Howarth (V 50, p.16-18).

Voltaire', qui est, dit-il, 'parmi les pièces qui en procèdent'. [40] Passe pour la comparaison, mais il est peu probable que l'une procède de l'autre. Il est difficile de voir aucune ressemblance, ni dans l'intrigue, ni dans les personnages; chez Marivaux, en effet, le préjugé persiste (précairement, d'ailleurs) dans l'esprit de l'héroïne, Angélique, qui est si fière de sa noblesse que le héros prétendant n'ose l'aborder. Voltaire, selon Deloffre, 'mettra le préjugé dans le cœur de l'amant' (ii.631, n.2); une simple relecture de *Nanine* persuadera qui que ce soit qu'il ne faut pas confondre le Comte d'Olban et la Baronne de L'Orme. Un petit détail qu'il vaut la peine de mentionner: Mlle Gaussin, qui joua la hautaine Angélique, jouera Nanine la modeste aussi.

Est-ce parce qu'il craignait des confusions ou des comparaisons que Voltaire hésitait, d'édition en édition, entre ce sous-titre et celui de *l'homme sans préjugé*? [41] Ou bien s'est-il rendu à l'évidence, que le préjugé (celui de la Baronne) n'est point vaincu à la fin de la pièce: 'Je t'abandonne à ton indigne choix', dit-elle en sortant (III.vi.311), vaincue elle-même par l'amour qui ne connaît pas de barrières sociales. Marivaux dans *Les Fausses confidences* (1737) figurait parmi les auteurs conscients du problème du préjugé de la naissance bien avant Richardson, et même avant *L'Enfant prodigue* (1736), avec *Le Jeu de l'amour et du hasard* (1731). Mais le public de la Comédie-Française en 1749 n'était pas celui de la Comédie-Italienne des années trente. Il n'est pas surprenant que Voltaire ait soulevé l'indignation de nombreux spectateurs et des critiques en cherchant à défendre sa thèse. Dans les *Observations sur la littérature moderne*, on trouve tout un article consacré à une critique politico-sociale de *Nanine*. On y lit (i.59-60):

M. de Voltaire, toujours guidé par le roman anglais, établit dans sa pièce une morale dangereuse, qui ne tend qu'à confondre toutes les conditions, et à former des alliances disparates. L'amoureux comte d'Olban débite

---

[40] Marivaux, *Théâtre complet*, éd. Frédéric Deloffre (Paris 1989), ii.634.
[41] Pour le détail de ces variations, voir ci-dessous, p.37-57.

à ce sujet des maximes également contraires au bon ordre d'un Etat, et à l'arrangement des familles. [...] *La Paysanne parvenue* avait déjà échauffé l'imagination à plusieurs; ce dernier exemple va achever de leur tourner la tête.

J.-B. Guiard de Servigné (ou Servigny), auteur de la *Lettre à l'auteur de Nanine* (s.l.n.d.), rédigée au lendemain de la première représentation, fait la même constatation: 'Il y en a qui ont pensé que votre comédie ne serait pas goûtée par les femmes de condition; car depuis le commencement jusqu'à la fin, cette pièce *est un affront fait à la qualité*' (cf. *Nanine*, I.228). Mais en revanche, elle plaisait aux 'beautés reléguées aux troisièmes loges'. La leçon était si évidente que l'auteur conclut:

> Quoi? la villageoise Nanine
> N'ayant pour tout bien que sa mine,
> Auprès d'un comte a réussi?
> Monsieur Arrouet, grand merci,
> Nous pourrons en tâter aussi. [42]

A la suite de son commentaire sur *Nanine*, le marquis d'Argenson exprime une opinion devenue courante: 'Au reste, on doit remarquer que, depuis les amours du roi avec M^e d'Etioles, les auteurs dramatiques travaillent souvent à rétablir les bonnes raisons contre l'inégalité des conditions.' [43]

L'abbé Raynal, fort mal disposé envers *Nanine*, résume les principales critiques que l'on adressait à la pièce:

Trois sortes de personnes se sont ouvertement déclarées contre cet ouvrage, qui n'a que peu de succès: 1. les gens de qualité, qui ne peuvent souffrir que le comte, pour justifier la demande qu'il fait d'épouser Nanine, prouve en très beaux vers et par des raisonnements très lumineux

---

[42] *Lettre à l'auteur de Nanine*, p.13-14. Cf. *Observations sur la littérature moderne*: 'toutes les grisettes des troisièmes loges donnaient à [Nanine] mille bénédictions, persuadées que si la mode de ces sortes de mariages venait de s'établir parmi nous, elles se verraient bientôt toutes métamorphosées en comtesses' (i.60).

[43] *Notices sur les œuvres de théâtre*, éd. Henri Lagrave, Studies 42 (1966), p.300.

que tous les hommes sont égaux, et que le préjugé qui établit une différence entre le noble et le roturier est ridicule; 2. les amateurs de l'ancienne comédie qui prétendent que c'est un obstacle destiné aux ris et non aux larmes; 3. les pères et les mères, qui craignent que leurs enfants n'adoptent les maximes cent fois répétées dans cette pièce: que dans les mariages on ne doit avoir nul égard au rang, au lieu, à la naissance, mais seulement au mérite et au goût. [44]

La Force du naturel de Néricault Destouches, dont la première représentation date du 11 février 1750, apparut comme une riposte maladroite à la comédie de Voltaire. Cette pièce, qui eut dans sa nouveauté treize représentations, fut suivie par un grand concours de personnes et atteignit un chiffre de recettes plus élevé que celui de la première saison de *Nanine*. Le commentaire de l'abbé Raynal en souligne bien la portée et les faiblesses (CLT, i.417):

Tout cet édifice porte sur ce fondement qu'un homme né de parents obscurs, quelque éducation qu'il reçoive, aura toujours de bas sentiments, et que celui, au contraire, dont le sang sera illustre, pensera d'une manière noble, quoiqu'il ait été élevé dans l'obscurité. Vous jugez bien que cette doctrine a également déplu aux roturiers, aux gens de goût et aux philosophes. Nos seigneurs, qui avaient été choqués de voir établir l'opinion contraire dans *Nanine*, auraient été fort portés à favoriser cette comédie, mais elle est si faiblement écrite qu'il n'a pas été possible de lui donner de la célébrité.

Nanine donna aussi des armes aux détracteurs du genre mixte que Voltaire avait essayé de justifier dans la préface de *L'Enfant prodigue*. Dans celle de sa nouvelle pièce il tenta de nouveau de s'expliquer sur le bien-fondé du mélange des genres, mais ne put convaincre les adversaires de ce nouveau genre, hostiles pour des raisons esthétiques ou par snobisme. Frédéric II, par exemple, refusa de se laisser enthousiasmer. Voltaire ne lui avait pas envoyé de copie, étant peu sûr du succès de sa pièce, et c'est indirectement (par le comte de Saxe) que le roi apprit 'qu'une nouvelle comédie

---

[44] *Nouvelles littéraires* (CLT, i.322).

que vous avez donnée au théâtre, nommée *Nanine*, y avait beaucoup de succès. J'ai été étonné d'apprendre qu'il paraissait de vos ouvrages dont j'ignorais jusqu'au nom. Autrefois je les voyais', dit-il sur un ton de reproche; 'à présent j'apprends par d'autres ce qu'on en dit, et je ne les reçois qu'après que les libraires en ont fait une seconde édition' (D3957). Ce n'est que six mois plus tard, en effet, qu'il reçut *Nanine* (7 décembre 1749), et le 11 janvier il répondit par un remerciement en vers qui exprime (de façon peu logique) son regret que l'on n'écrive plus comme 'l'inimitable' Molière:

> J'ai vu le roman de *Nanine*,
> Elégamment dialogué,
> Par hasard, je crois, relégué
> Sur la scène aimable et badine
> Où triomphèrent les écrits
> De l'inimitable Molière. [...]
>   Dans cette nouvelle hérésie,
> On connaît aussi peu le ton
> Que doit avoir la comédie,
> Qu'on trouve la religion
> Dans les traits de l'apostasie.

Et le roi ajoute un commentaire qui révèle non seulement sa déception que Voltaire ait consacré son talent à nourrir 'ce monstre bâtard et flasque que le mauvais goût du siècle a mis au monde', mais aussi son hostilité envers ce genre qui, dit-il, 'ne m'a jamais plu', parce que son 'zèle pour la bonne comédie va si loin' (D4093). Les préjugés conservateurs du roi de Prusse ont peu d'importance pour nous, mais il faut avouer que Voltaire s'est exposé à ce genre de critique en appelant *Nanine* une comédie, tandis qu'il l'avait évité pour *L'Enfant prodigue* en 1736 en le désignant tout simplement comme une 'pièce de théâtre': 'Le nom de comédie ne luy convient peut-être pas', écrivit-il à Mlle Quinault (D1036).

La critique qui rejette a priori le genre mixte est une chose;

celle qui se concentre sur les faiblesses du texte en est bien une autre. D'Argenson, tout en avouant que le succès de la pièce 'n'a pas été tel qu'il méritait; il y a des choses admirables, j'y ai pleuré', parla en témoin oculaire quand il fit remarquer que 'le public partial et ingrat à ces beautés s'attache à quelques défauts pour le critiquer et le rejeter.' Et il conclut: 'Je conviens que l'auteur, esprit trop vif et trop élevé, néglige des bagatelles de conduite qu'il pourrait travailler davantage.' [45] Cette critique, dans un siècle où l'on attachait encore beaucoup d'importance à la forme, est celle qui revient le plus souvent chez les contemporains de Voltaire. Certes, ce n'est pas à tort qu'on lui reprocha ses vers négligés; ces 'Oh!' et ces 'Ah!' qui émaillent ses dialogues; sa facilité à faire des vers; la rapidité avec laquelle il écrivait. C'est cette facilité étonnante de faire des vers (notée par son secrétaire Wagnière) [46] qui faisait dire à Palissot que cet ouvrage était 'une nouvelle preuve qu'alors il ne travaillait pas de génie, car on ne néglige point un genre où l'on se sent par la nature'. [47] Que l'on se rappelle les affres de la composition avouées par Voltaire à propos de *Nanine*, et on se rendra compte que, si négligences il y a, ce n'est pas par manque d'effort. [48]

Le nouveau théâtre s'adresse à un public très différent de celui de l'époque de Molière; un public à réactions instinctives que l'abbé Desfontaines, dans son *Nouvelliste du Parnasse* (1731), avait reconnu avec une pointe de regret: 'Notre parterre moderne sent et ne pense point; il préfère toujours la première impression à la réflexion' (i.138). Il s'agit bien, donc, d'une révolution sociale et psychologique que le roi de Prusse ne pouvait comprendre en

[45] *Notices sur les œuvres de théâtre*, p.301.
[46] Longchamp et Wagnière, *Mémoires sur Voltaire*, i.50.
[47] *Œuvres de Voltaire* (Paris 1792), v.4.
[48] Notons aussi que même *Alzire* a attiré des critiques de la part de La Harpe, pour les 'négligences' et les 'invraisemblances' qui s'y trouvent. Voir l'introduction à *Alzire*, par T. E. D. Braun (V 14, p.55).

26

parcourant son exemplaire de *Nanine*, bien que Voltaire lui eût déjà expliqué ce phénomène (dix jours avant l'envoi de *Nanine*) en envoyant à son ami royal *Sémiramis*, qui lui plaira, dit-il, moins que *Rome sauvée*: 'Je m'imagine que ce sujet intéressera bien moins un esprit aussi philosofe que le vôtre. Il arrivera tout le contraire à Paris. Le parterre et les loges ne sont point du tout philosophes, pas même gens de lettres. Ils sont gens à sentiments et puis c'est tout' (D4066).

On voit donc pourquoi Voltaire avait tant de peine à réussir dans ce genre: bien qu'en novateur invétéré il ait voulu faire partie de l'avant-garde, il n'avait aucun respect pour son public bourgeois et sentimental. Il s'abaissait, croyait-il, à son niveau. Quand la condescendance entre par la porte, la sincérité s'en va par la fenêtre. L'abbé Le Blanc, qui séjournait en Angleterre en 1737, écrivit à son ami La Chaussée à propos de la comédie sentimentale sur le théâtre anglais: 'Le comique dans leurs pièces est souvent outré; le sentiment y est toujours vrai'.[49] Vrai, parce que bien observé, et Voltaire n'avait aucune connaissance directe des sentiments 'ordinaires', bourgeois.

Au théâtre il n'estimait que la tragédie, type 'romain'. Pour lui, la tragédie bourgeoise était un genre condamnable, et il le dit dans la préface de *Nanine*. A sa nièce il écrit: 'J'aime mieux, à la vérité, une scène de César et de Catilina, que tout Zaïre; mais cette Zaïre fait pleurer les saintes âmes et les âmes tendres. Il y en a beaucoup, et à Paris il y a bien peu de Romains' (D4269). S'il méprisait Zaïre, (victime, comme Nanine, d'un malentendu), il y a peu de chances qu'il ait pu prendre *Nanine*, cette 'bagatelle', au sérieux. Néanmoins – et voici ce qui complique le problème des intentions cachées – Voltaire n'a pas voulu laisser mourir, délaissée, sa pauvre *Nanine*: il l'a reprise et l'a ressuscitée deux fois en 1760: dans *L'Ecossaise* (où il exploite les éléments de l'intrigue de *Nanine*: la jeune fille vertueuse réunie avec son père et son amant

---

[49] *Lettres d'un Français* (La Haye 1745), ii.122.

malgré les machinations d'une rivale noble et intrigante), et dans *Le Droit du seigneur*, qui est, selon un critique contemporain anonyme, 'du Nanine tout pur, avec quelques scènes comiques qui ne touchent en rien au dénouement'.[50] Evidemment, Voltaire savait très bien que ses critiques hostiles reconnaîtraient cette parenté, qu'il réfutait à plusieurs reprises.[51]

L'intrigue de *Nanine*, vue dans une autre perspective, devient le thème de la jeune fille (représentant la suppression et la vulnérabilité sociales) menacée par les forces du préjugé et de la supériorité aristocratiques, mais réunie à la fin avec son amant, symbole de la vraie noblesse. Ce paradigme répété exprime une obsession profonde et personnelle, mais détournée et voilée pour des raisons qui ne sont pas difficiles à expliquer: l'affaire Rohan datait de 1726, mais les meurtrissures humiliantes en étaient longues à disparaître. Pour Voltaire, donc, la situation de Nanine, celle de tout citoyen bafoué par une classe supérieure (tel que le valet Jasmin, par exemple, dans *L'Enfant prodigue*, qui préfigure Figaro) n'est pas une affaire qui invite une réaction larmoyante et sensible de la part du public, mais plutôt de l'indignation contre l'injustice d'une société mal faite. Ses adversaires politiques et littéraires ont bien vu les dangers inhérents de la pièce, mais ses admirateurs n'ont trouvé d'attirant que la sentimentalité. Voilà, sans doute, en quoi l'accueil du public décevait Voltaire, car toute la force et la fougue de *Nanine* se trouvent dans les scènes où le Comte et la Baronne se confrontent – surtout la toute première (i.i.111-116):

> vous mettez la grandeur
> Dans des blasons: je la veux dans le cœur.
> L'homme de bien, modeste avec courage,
> Et la beauté spirituelle, sage,

---

[50] *Lettre de M. D. R. à M. de S. R. sur la Zulime de M. de Voltaire, et sur l'Ecueil du sage du même auteur* (Genève 1762), p.25.
[51] Voir par exemple D8880, D8959, D9007, D9451.

Sans bien, sans nom, sans tous ces titres vains,
Sont à mes yeux les premiers des humains.

C'est justement cette confrontation Comte/Baronne qui mène Peter Hynes à en déduire qu'il s'agit là non seulement d'un conflit personnel, mais de la rencontre de deux discours: celui, tragique, racinien de la Baronne face au discours de roman bourgeois du Comte. [52] Cette discordance de ton ferait de *Nanine* un exemple capital de la tension inhérente dans le nouveau genre dramatique, et un cas marquant de la 'novelisation' théâtrale traitée par Mikhail Bakhtine. [53]

On avait excusé *L'Enfant prodigue* comme une aberration; mais pour comprendre le choc et l'incompréhension suscités par ce retour au genre mixte et sentimental par l'auteur tant respecté d'*Œdipe*, de *La Mort de César*, de *Zaïre*, d'*Alzire*, de *Mahomet*, de *Mérope*, il faut imaginer qu'un Samuel Beckett aurait accepté d'écrire une pièce de boulevard. On aurait peut-être dit la même chose que Grimm: 'Une mauvaise pièce de M. de Voltaire vaut encore mieux que les bons ouvrages de nos auteurs médiocres'. [54] C'est là, peut-être, l'épigraphe qu'il faut attacher à *Nanine*.

3. *La préface: Voltaire se défend*

Deux griefs inspirent la préface de *Nanine*: d'abord et fort simplement, la parution de la contrefaçon fautive de *Nanine*, publiée par la Compagnie des libraires associés (sigle 49), avait obligé Voltaire à faire imprimer le texte contre son gré. Mais ce dernier a plus encore retenu les *Réflexions sur le comique larmoyant* de Pierre-

---

[52] Hynes, 'From Richardson to Voltaire', p.119-20.
[53] Mikhail Bakhtine, 'Epic and novel', *The Dialogic imagination: four essays*, trad. Michael Holquist et Caryl Emerson, University of Texas Slavic Series 1 (Austin 1981).
[54] Dans son compte rendu de *L'Ecueil du sage* (CLT, v.39-43).

Mathieu-Martin de Chassiron,[55] membre de l'Académie royale des belles-lettres de La Rochelle, dans lesquelles 'l'académicien judicieux' (Préface, l.17) résume toutes les objections que l'on faisait au nouveau genre comique. Chassiron développe trois arguments:

1. La nouvelle manière n'est autorisée ni par les anciens, ni par les théoriciens de la vraie comédie (et il s'appuie sur les préceptes d'Aristote, d'Horace, de Boileau et du père Rapin;[56] p.31);

2. Le nouveau genre est moins plaisant et moins utile que le genre moliéresque (p.52-53) – ce n'est que du tragi-comique, genre monstrueux banni depuis plus d'un siècle de la scène française;

3. 'Il n'est point dans la nature de rire et de pleurer dans le même instant et poursuivre notre espèce de rire dans une scène et de pleurer dans l'autre. Ce passage trop rapide de la joie à la douleur, et de la douleur à la joie gêne l'âme, et lui cause des mouvements désagréables et même violents' (p.24).

Chassiron s'en prenait à la fois au genre mixte et à la comédie sentimentale. Ne plus suivre les traces de Molière, c'était tomber dans l'artificiel, c'était hâter le déclin de la comédie.

Chassiron veut parler au nom de tous ces critiques qui condamnaient la comédie larmoyante parce qu'elle s'apparentait au roman, genre littéraire que les gens de goût considéraient encore comme un genre bâtard, mi-historique, mi-poétique.

En se défendant, Voltaire commence par se déclarer ennemi de la tragédie bourgeoise, 'monstre né de l'impuissance de faire une

---

[55] *Réflexions sur le comique larmoyant, par M*r *M. D. C. trésorier de France, et conseiller au présidial, de l'Académie de La Rochelle; adressées à MM. Arcere et Thylorier, de la même Académie* (Paris 1749), ouvrage réédité en 1763 avec des commentaires sous le titre de 'Dissertation sur le génie de la comédie ancienne et moderne et sur le nouveau goût du comique larmoyant' et publié dans le *Recueil de pièces en prose et en vers, lues dans les assemblées publiques de l'Académie royale des belles-lettres de La Rochelle* (La Rochelle 1747-1763), iii.1-49.

[56] Jésuite et auteur des *Réflexions sur la Poétique d'Aristote* (1674), fort louées par Dryden.

comédie et une tragédie véritable', se situant ainsi toujours dans le camp classique et conservateur: 'que serait-ce qu'une intrigue tragique entre des hommes du commun? [...] ce serait manquer à la fois l'objet de la tragédie et de la comédie'.

Mais là où Voltaire s'échauffe contre Chassiron, c'est à propos de l'amour. Les scènes d'amour, prétendait l'académicien, appartiennent au genre tragique. Mais que veut-il dire par 'amour', demande Voltaire. Il y a l'amour 'tel qu'il est représenté dans les bonnes tragédies [...] furieux, barbare, funeste, suivi de crimes et de remords'; et il y a 'l'amour naïf et tendre, qui seul est du ressort de la comédie' (l.25-28). Et cet amour naïf, dit Voltaire, la tragédie se l'est trop souvent appropriée, sur un ton bas et familier. Voilà sans doute pourquoi, conclut-il, Molière a rarement donné 'aux amants qu'il met sur la scène, une passion vive et touchante; il sentait que la tragédie l'avait prévenu' (l.49-51) – en traitant l'amour trop souvent sur un ton familier, galant, artificieux, et sans dignité.

Toute cette argumentation a pour but d'établir des droits pour la comédie en ce qui concerne la représentation de l'amour, 'pourvu qu'ensuite elle fasse rire les honnêtes gens'. Il répudie de nouveau le larmoyant ('genre très vicieux, et très désagréable'), en passant du domaine de la théorie dramatique à l'expérience vécue: dans la vie réelle, on peut être fort ému, et puis pris de gaieté.

Cette préface lourde et ambiguë révèle le conflit qui régnait dans l'esprit de Voltaire au sujet du genre mixte. Clément s'en est rendu compte et remarque d'une façon assez astucieuse: 'M. de Voltaire s'inquiète, cite, raisonne et versifie pour justifier le genre qu'il a embrassé: qu'il se tranquillise; ce n'est pas le genre qu'on attaque, c'est la manière dont il le traite'.[57]

Justement: où voit-on donc le passage 'de l'attendrissement au rire' à la fin de *Nanine*?

---

[57] *Les Cinq années littéraires*, ii.5-6.

4. *Représentations ultérieures*

Tout n'est pas dit sur l'histoire de *Nanine* et la Comédie-Française. En fait, au cours du dix-huitième siècle ce que Voltaire appelle cette 'bagatelle', ce 'petit ouvrage', devait connaître un succès phénoménal et, avec *L'Enfant prodigue* et *L'Ecossaise*, jouer un rôle capital dans le développement du théâtre et de la littérature sensibles en général. *Nanine* et *L'Enfant prodigue* deviendront, avec *Tancrède*, les pièces les plus populaires de Voltaire entre 1760 et 1780. [58] Mais en 1749 tout ce que Voltaire pouvait espérer, c'était que sa pièce soit jouée à Fontainebleau devant la cour. Lorsqu'il avoue, 'Je ne serai pas fâché que madame de Pompadour la voye' (1er septembre 1749; D4003), on devine sans doute le sourire malin de celui qui, sous la protection de la Pompadour, traite carrément (par les paroles du héros de cette pièce subversive et précurseur du *Mariage de Figaro*) les distinctions factices du prestige, du rang et de la richesse, comme autant de préjugés basés sur le hasard plutôt que sur le mérite et la vertu.

Mais son espoir fut déçu. *Nanine* ne devait reparaître sur la scène que cinq ans plus tard: à Versailles, où on la choisit pour le divertissement de la cour, le 31 décembre 1754. [59] Les comédiens français la jouèrent à Fontainebleau en 1773 avec *L'Ecole des maris*, et elle accompagna la sixième représentation d'*Irène*, le soir du triomphe de Voltaire, le 30 mars 1778. La dernière fois qu'il la vît en personne, c'était quelques jours après cette représentation mémorable: bien qu'épuisé par le bruit qui se faisait autour de lui, Voltaire se rendit chez la tante de Mme de Genlis, la marquise de Montesson, voir une fois de plus sa 'petite' *Nanine*, jouée par la

---

[58] A. Joannidès, *La Comédie-Française de 1680 à 1920: tableau des représentations par auteurs et par pièces* (Paris 1921); Ridgway, *Voltaire and sensibility*, p.209.

[59] Spire Pitou, 'The players' return to Versailles, 1723-1757', *Studies* 73 (1970), p.19, 135.

troupe d'excellents acteurs qu'elle réunissait dans son hôtel de la rue de Provence.

Le 11 juin 1778, quelques jours après la mort de Voltaire, les acteurs du Théâtre-Français donnèrent *Nanine* encore une fois, mais sans succès. Bachaumont jugea que sans la présence de son auteur, la pièce devait échouer. [60]

On peut se demander si la parodie pastorale *Nanine, sœur de lait de la reine de Golconde*, attribuée à Pierre-Thomas Gondot et à Desfontaines (Paris, Genève 1768), ajoute quoi que se soit à la gloire de Voltaire; mais la seule similarité se trouve dans le fait que cette Nanine est abandonnée par son père, élevée par des paysans; lorsque son père la retrouve après 18 ans, il lui laisse sa fortune considérable.

Pendant la Révolution *Nanine* fut représentée 136 fois à Paris, surpassée seulement par *Brutus* (144 représentations) parmi les pièces de Voltaire. [61] Le 11 juillet 1791, jour de la translation des restes de Voltaire au Panthéon, on joua *Nanine* au théâtre de Montansier (la Comédie-Française restant fermée de 1790 à 1793) pour honorer sa mémoire, et on voit facilement que l'égalitarisme de Voltaire (qui se serait rendu aux conseils de Mme d'Argental et refusa de prêter à son héroïne des origines nobles, comme le firent Goldoni dans *Pamela nubile*, et Voltaire lui-même dans *Le Droit du seigneur*) [62] s'accordait bien avec la sensibilité de la période.

---

[60] *Mémoires secrets*, 20 juin 1778 (xii.25).

[61] Phyllis S. Robinove, 'Voltaire's theater on the Parisian stage, 1789-1799', *French review* 32 (1958-1959), p.535-38.

[62] Voir Colin R. Duckworth, 'Madame Denis's unpublished *Pamela*: a link between Richardson, Goldoni and Voltaire', *Studies* 76 (1970), p.37-53. Comme nous avons dit plus haut, nous devons à Renouard cette histoire de dénouement anobli. Elle devient plus vraisemblable à la lumière de l'anoblissement d'Acante, l'héroïne du *Droit du seigneur*. Prévost devait approuver Goldoni pour avoir élevé l'héroïne et son père à un rang social supérieur, dans son adaptation, *Pamela nubile* (*Le Commedie*, Torino 1756-1758); voir *Journal étranger*, février 1755, p.196-97. Mme Denis, dans son adaptation condensée (1759) de la *Pamela nubile* de Goldoni, a trouvé un compromis entre l'égalitarisme de Richardson et de Voltaire (dans *Nanine*), et le snobisme de Goldoni, en augmentant la noblesse *naturelle* de sa

Nanine fut reprise au début du siècle suivant, et pendant la période romantique. Le premier consul Bonaparte assista à une représentation de *Tartuffe* qui fut suivie de *Nanine*, le 3 janvier 1801. [63]

Quant aux provinces, à Bordeaux *Nanine* devenait la comédie la plus populaire de toutes celles de Voltaire; elle était donnée à 45 reprises. [64]

La pièce fut rééditée en 1819 et resta au répertoire de la Comédie-Française jusqu'en 1837. Puis *Nanine* est tombée dans l'oubli.

5. 'Nanine' à l'étranger [65]

Quant aux mises en scène présentées à l'étranger en français, Voltaire vit jouer *Nanine* sous le titre de *Jeannette*, à la résidence de l'électeur palatin, Charles-Théodore, à Mannheim en 1753. [66] 'La trouppe des comédiens', écrivit-il à sa nièce le 11 août, 'est assez passable' (D5475). La même année la troupe de Jean-François Durancy la joua deux fois au théâtre de La Monnaie à Bruxelles. [67] Elle eut une représentation à Berne, en janvier 1756, qui souleva la fureur dans ce pays calviniste: 'pour expier ce crime affreux, on a indiqué un jour de jeûne' (D6709, à Jacob Vernes). A Copenhague, le 4 février 1767, elle fut représentée par les

---

Paméla. La pièce de Mme Denis constitue un pas intermédiaire entre *Nanine* et *L'Ecossaise* (1760).

[63] Henry Lecomte, *Napoléon et le monde dramatique* (Paris 1912), p.79.

[64] *La Vie théâtrale à Bordeaux des origines à nos jours*, i: *Des origines à 1799*, éd. Henri Lagrave, Charles Mazouer et Marc Renaldo (Paris 1985), p.289.

[65] Voir aussi plus loin, la liste des traductions de *Nanine* (p.57-59).

[66] Jean-Jacques Olivier, *Les Comédiens français dans les cours d'Allemagne au XVIIIe siècle*, 1ère série (Paris 1901), p.106.

[67] Henri Liebrecht, *Histoire du théâtre français à Bruxelles au XVIIe et au XVIIIe siècle* (Paris 1923), p.215.

comédiens ordinaires du Roi au Théâtre de la Cour.[68] A la cour de Stockholm elle fut représentée par la troupe française à neuf reprises.[69]

Nanine eut quatre représentations sur le théâtre municipal de Hambourg en 1767 et encore une en 1768, tandis que *Sémiramis* en eut deux et *L'Ecossaise*, *Zaïre* et *Mérope* une chacune.[70]

Carlo Goldoni, ce génie de la comédie gaie, mit sur scène une *Pamela* en 1750, qui rentra en France neuf ans plus tard dans une traduction de Bonnell Du Valguier. Le succès de sa pièce encouragea Goldoni à composer une *Pamela maritata* (1758), puis *La Buona figliuola*, dont Piccini fit un opéra en trois actes (1761). Cette pièce fut adaptée à la scène française par J.-F. Cailhava de L'Estendoux dans le goût de *Nanine*: *La Buona figliuola, opéra-comique en trois actes, parodie en français sur la musique du célèbre Piccini* (Paris 1771). A la première représentation italienne de la pièce, Carlin, l'Arlequin de la Comédie-Italienne, s'avança sur le bord de la scène, s'inclina vers le parterre et lui dit en grande confidence:

Messieurs on va vous donner la *Buona Figliuola* ou la bonne enfant [...] mes camarades veulent vous persuader que c'est une pièce nouvelle [...] N'en croyez rien [...] Je ne veux pas qu'on vous trompe, je suis fort honnête [...] Il y a dix ans que la pièce est faite [...] elle a couru l'Italie, l'Allemagne, l'Angleterre [...] Vous vous appercevez sans doute, qu'elle a l'air de physionomie avec Nanine [...] Je sais bien pourquoi [...] elles sont sœurs [...] elles ne sont pas du même père mais de la même mère [...] elles descendent en droite ligne de cette Madame Paméla qui a fait tant de bruit.[71]

Nanine fit carrière dans la patrie de Pamela d'une manière assez inattendue. L'acteur Charles Macklin emprunta à la comédie de

[68] D'après l'édition publiée chez Cl. Philibert (sigle 67c).
[69] Agne Beijer et Sven Björkman, *Les Troupes françaises à Stockholm, 1699-1792: listes de répertoire* (Uppsala 1989).
[70] John G. Robertson, *Lessing's dramatic theory* (Cambridge 1939), p.52, 53-78.
[71] Clément et La Porte, *Anecdotes dramatiques*, ii.2-4.

Voltaire de nombreux éléments qu'il réunit dans *The Man of the world, or the trueborn Englishman* (la seule de ses pièces, avec *Love à la mode*, à survivre), qui fut jouée sur la scène irlandaise en 1766, puis à Londres, en 1780, au théâtre de Covent Garden. Cet auteur sut si bien réadapter les situations et les personnages au goût anglais qu'on ne reconnut pas l'adaptation intermédiaire française. Sa comédie passa pour une pièce toute nouvelle, bien qu'il existât dès les années soixante une traduction de *Nanine*.

Nanine fit son chemin jusqu'en Russie. Sous le titre de *Nanina*, elle fut traduite en russe par I. F. Bogdanovic en 1766. La traduction est fidèle, les personnages ont gardé leurs noms français, à l'exception de Blaise qui devient Vlas et s'exprime en vrai paysan russe. *Nanina* fut jouée sur la scène impériale et sur des théâtres privés (ce qui peut amener à croire que sa qualité subversive fut considérée comme assez anodine). [72]

6. *Editions* [73]

Nous ne connaissons pas de manuscrits de *Nanine*. La première édition (sigle 49) n'était pas autorisée par Voltaire et reproduit soit le manuscrit du souffleur, soit une copie prise au cours d'une représentation. La plupart des éditions ultérieures reproduisent le texte des premières éditions autorisées (49P1, 49P2), publiées à Paris par Le Mercier et Lambert. Le texte de base de la présente édition est fourni par l'édition encadrée (w75G), la dernière revue par Voltaire.

49

NANINE, | *COMÉDIE* | En vers diſſillabes. | *Par Monſieur* DE V***. | Repréſentée par les Comédiens ordinaires | du Roi aux mois de Juin &

---

[72] Piotr Zaborov, 'Le théâtre de Voltaire en Russie au XVIIIe siècle', *Cahiers du monde russe et soviétique* 9 (avril-juin 1968), p.160-61.

[73] Section préparée par Andrew Brown.

NANINE,

COMÉDIE

EN TROIS ACTES,

EN VERS DE DIX SYLLABES

Donnée par l'Auteur.

A PARIS,

Chez { P. G. LE MERCIER, Imprimeur-Libraire rue S. Jacques, au Livre d'or.

M. LAMBERT, Libraire, rue S. Jacques.

M. DCC. XLIX.

AVEC PRIVILEGE DU ROY.

1. Title-page of the first authorised edition of *Nanine* (49P1) (Taylor Institution, Oxford).

Juillet 1749. | [*filet, 36 mm*] | *Le prix eſt de trente ſols.* | [*filet, 36 mm*] | [*ornement typographique*] | *A PARIS,* | Par la Compagnie des Libraires Aſſociés. | [*filet gras-maigre, 42 mm*] | M. DCC. XLIX. |

12°. sig. A-F⁸,⁴ G⁶; pag. 83; $4,2 signé, chiffres romains (− A1, G4); réclames par cahier.

[1] titre; [2] Acteurs; 3-83 Nanine, comédie.

Voltaire pensait que cette édition sortait d'une imprimerie clandestine de Lyon (D4051), supposition que permet la présentation typographique du volume. Jean-Frédéric Phélypeaux, comte de Maurepas, la croyait imprimée à Amiens par Godard (D4057), mais s'est bientôt ravisé (D4067). Elle offre de nombreuses variantes avec le texte autorisé par Voltaire, mais son origine est difficile à établir. Dans D4052 et D4055, Voltaire dit qu'un manuscrit de *Nanine* a été volé à Lunéville; dans D4053, il s'agit de 'fripons qui ont fait imprimer la petite comédie de Nanine sur une copie faitte aux représentations'.

Cette édition, qui comporte nombre de variantes, portant en particulier sur des mots isolés, donne toutes les raisons de croire qu'elle a été réalisée à partir d'un manuscrit de souffleur, ou d'une copie faite en cours de représentation.

ImV: D Nanine 1749/2 (avec une correction manuscrite à la p.82, 'Ne consulter que les moeurs ⟨&⟩ ↑, non⁺ le bien:'); Br: II 22738 A XXVI.330.

49P1

NANINE, | *COMÉDIE* | EN TROIS ACTES, | EN VERS DE DIX SYLLABES | *Donnée par l'Auteur.* | [*ornement typographique*] | A PARIS, | Chez [*accolade réunissant les trois lignes suivantes*] | P. G. LE MERCIER, Imprimeur-Libraire | rue S. Jacques, au Livre d'or. | M. LAMBERT, Libraire, rue S. Jacques. | [*filet gras-maigre, 53 mm*] | M. DCC. XLIX. | *AVEC PRIVILEGE DU ROY.* |

8° (sigs π, ¹A) et 12°. sig. π² ¹A⁸ A-H⁸,⁴ (π1, H4 bl.); pag. xvj [xvii-xviii] 92 [93-94]; $4,2 signé, chiffres romains (− ¹A4, H2-4; ¹A1 signé 'Aij', ¹A2 'Aiij', ¹A3 'Aiv'); réclames par cahier.

[i] titre; [ii] bl.; iij-xvj Préface; [xvii] ¹A8r 'NANINE, | Comédie.';

[xviii] Acteurs; [1]-92 Nanine, ou le préjugé vaincu. Comédie; [93] Approbation; [93-94] Privilège du roi.

Il s'agit d'une des deux éditions publiées par Le Mercier et Lambert sous l'égide de Voltaire. Les deux éditions se distinguent par quelques points de détail, par exemple: p.23, 49P1 'NANINE. ſeule.', 49P2 'NANINE ſeule.'; p.72, 49P1 'LE COMTE. ſeul.', 49P2 'LE COMTE ſeul.' On ignore laquelle des deux éditions a paru la première.

Bn: 8° Yth 12537; – 8° Yth 23379 (avec des notes manuscrites sur la page de titre et sur p.[xvii]); Arsenal: GD 8° 24389; ImV: D Nanine 1749/1; Taylor: V3 S7 1759/3; – V3 S6 1749 (1)/3.

49P2

[*page de titre A*] NANINE, | *COMÉDIE* | EN TROIS ACTES, | EN VERS DE DIX SYLLABES, | *Donnée par l'Auteur.* | [*ornement typographique*] | A PARIS, | Chez [*accolade réunissant les trois lignes suivantes*] | P. G. LE MERCIER, Imprimeur-Libraire, | rue S. Jacques, au Livre d'or. | M. LAMBERT, Libraire, rue S. Jacques. | [*filet gras-maigre, 57 mm*] | M. DCC. XLIX. | *AVEC PRIVILEGE DU ROY.* |

[*page de titre B*] [...] SYLLABES | *Donnée* [...] P. G. LE MERCIER, [...] Jacques. | [*filet, 41 mm*] | M. DCC. XLIX. [...]

8° (sigs π, ¹A) et 12°. sig. π² ¹A⁸ A-H⁸,⁴ (π1, H4 bl.); pag. [2] xvj [xvii-xviii] 92 [93-94]; \$4,2 signé, chiffres romains (– ¹A4, H2; ¹A1 signé 'Aij', ¹A2 'Aiij', ¹A3 'Aiv'); réclames par cahier.

[*1-2*] bl.; [i] titre; [ii] bl.; iij-xvj Préface; [xvii] ¹A8*r* 'NANINE, | Comédie.'; [xviii] Acteurs; [1]-92 Nanine, ou le préjugé vaincu. Comédie; [93] Approbation; [93-94] Privilège du roi.

Cette édition offre le même texte que la précédente, mais la composition a été entièrement refaite.

Bn: 8° Yth 12538; – Yf 7487 (page de titre B); Arsenal: Rf 14423 (π1 présent; A8 relié avant A1).

49LH

NANINE, | *COMÉDIE* | EN TROIS ACTES, | EN VERS DE DIX SYLLABES | *Par M.* DE VOLTAIRE. | [*bois gravé, bouquet de fleurs, 54* x *43 mm*] | A LA HAYE. | [*filet gras-maigre, 63 mm*] | M. DCC. XLIX. |

8°. sig. A-K⁴; pag. 80 (p.63 numérotée '36'; p.38 numérotée à droite); $2 signé, chiffres romains (– A₁, C₂, K₂); réclames par cahier.

[1] titre; [2] bl.; iij-xij Préface; [13] B₃r 'NANINE, / Comédie.'; [14] Acteurs; [15]-80 Nanine, ou le préjugé vaincu. Comédie.

Une édition française qui suit le texte de 49P1/2.

Bibliothèque municipale, Lyon: 361066.

49X1

NANINE, | *COMEDIE* | EN TROIS ACTES, | EN VERS DE DIX SILLABES. | *Donnéé* [*sic*] *par l'Auteur.* | [*bois gravé, 59 x 39 mm*] | A PARIS, | Chez [*accolade réunissant les trois lignes suivantes*] | P. G. LE MERCIER, Imprimeur-Libraire, / rue S. Jacques, au Livre d'Or. | M. LAMBERT, Libraire, rue S. Jacques. | [*filet gras-maigre, 51 mm*] | M. DCC. XLIX. | *AVEC PRIVILEGE DU ROI.* |

8°. sig. A-H⁴ I²; pag. ix [x] 58; $2 signé, chiffres arabes (– A₁, C₂, I₂); réclames par cahier.

[i] titre; [ii] bl.; [iii]-ix Préface; [x] Acteurs; [1]-58 Nanine, ou le préjugé vaincu, comédie.

Une contrefaçon provinciàle de 49P1/2.

Bn: 8° Yth 12532; Arsenal: Rf 14424.

49X2

NANINE, | *OU* | LE PREJUGÉ | VAINCU, | *COMEDIE.* | [*bois gravé, 50 x 46 mm*] | A PARIS, | Chez [*accolade réunissant les trois lignes suivantes*] | P. G. LE MERCIER, Imprimeur, ruë St. | Jacques, au Livre d'Or. | Et chez MICHEL LAMBERT, Libraire. | [*filet gras-maigre, 58 mm*] | M. DCC. XLIX. | *Avec Approbation & Privilége du Roi* |

8°. sig. A-I⁴ K²; pag. 75 (p.33, 46, 47 et 71 non numérotées; p.31 folio inverti); $2 signé, chiffres romains (– A₁, B₂, C₂, D₂, F₂, H₂, I₂, K₂); réclames par cahier (– G).

[1] titre; [2] bl.; iij-x Préface; [11] B₂ 'NANINE, / *OU* / LE PREJUGÉ /

VAINCU. / PAR M^R. DE VOLTAIRE.'; [12] Acteurs; [13]-75 Nanine, ou le préjugé vaincu, comédie.

Une autre édition sur la base de 49P1/2. Voir Charles Wirz, 'L'Institut et musée Voltaire en 1981', *Genava* n.s. 30 (1982), p.190.

ImV: BE 21 (7).

50A

NANINE, / *COMÉDIE* / EN TROIS ACTES, / EN VERS DE DIX SYLLABES. / PAR / M^R. DE VOLTAIRE. / [*bois gravé, 55 x 35 mm*] / A AMSTERDAM, / *Chez ETIENNE LEDET & Compagnie.* / MDCCL. /

8°. sig. π1 A-G^8 H^6 I^4 (I4 bl.); pag. [2] XII [xiii-xiv] 115; $5 signé, chiffres arabes (− H5, I3-4); réclames par page.

[1] titre; [2] bl.; I-XII Préface; [xiii] A7r 'NANINE, / COMÉDIE.'; [xiv] Acteurs; [1]-115 Nanine, ou le préjugé vaincu. Comédie.

Cette édition de Ledet suit 49P1/2, sauf pour la 'Préface', où Ledet supprime les remarques hostiles de Voltaire à son sujet. Le même tirage figure également dans le tome 8 de w38 (voir ci-dessous).

Bn: Rés. Z Bengesco 70; Taylor: V3 O6 1750 (3)/3.

w38 (1750)

Œuvres de M. de Voltaire. Amsterdam, Ledet [ou Desbordes], 1738-1756, 9 vol. 8°. Bengesco iv.5-12; Trapnell 39A; BnC 7-11.

Le tome 8 (1750) de cette édition est composé de trois éditions séparées de pièces de Voltaire, dont l'édition 50A de *Nanine* (voir ci-dessus).

Bibliotheek, Rijksuniversiteit te Leiden: 699 c 14.

w48D (1750)

Œuvres de M. de Voltaire. Dresde, Walther, 1748-1754, 10 vol. 8°. Bengesco iv.31-38; Trapnell 48D; BnC 28-35.

Tome 9 (1750): [211] O2r 'NANINE, / OU / L'HOMME SANS / PRÉJUGÉ. / *COMEDIE EN III. ACTES* / EN VERS DE DIX

SILLABES. / O2'; [212] bl.; [213-219] Préface; [220] Acteurs; [221]-304 Nanine, ou le préjugé vaincu. Comédie.

L'édition de Walther a été préparée avec la collaboration de Voltaire; le début de la 'Préface' a été remanié; le texte de *Nanine* est pratiquement identique à 49P1/2.

Bn: Rés. Z Beuchot 12 (9).

w50 (1751)

La Henriade et autres ouvrages. Londres, Société [Rouen], 1750-1752, 10 vol. 12°. Bengesco iv.38-42; Trapnell 50R; BnC 39.

Tome 9 (1751): [137] F9r 'NANINE, / *COMÉDIE.*'; [138] bl.; 139-149 Préface; [150] Acteurs; [151]-252 Nanine, ou le préjugé vaincu, comédie.

Il n'y a aucune indication que Voltaire ait participé à la préparation de cette édition de *Nanine*.

ImV: A 1751/1 (9).

w51

Œuvres de M. de Voltaire. [Paris, Lambert], 1751, 11 vol. 12°. Bengesco iv.42-46; Trapnell 51P; BnC 40-41.

Tome 6: [259] Y2r 'NANINE, / *COMÉDIE.* / [*filet gras-maigre, 61 mm*] / Repréſentée pour la premiére fois, / le Mercredi 17. Juillet 1748. / Y ij'; [260] bl.; [261]-'370'[= 270] Préface; [271] bl.; [272] Acteurs; [273]-363 Nanine, ou le préjugé vaincu, comédie.

Voltaire a fourni divers matériaux à Lambert pour cette édition; le texte de *Nanine* présente une variante unique à 1.300-310.

Taylor: V1 1751 (6).

w52

Œuvres de M. de Voltaire. Dresde, Walther, 1752-1770, 9 vol. 12°. Bengesco iv.46-50; Trapnell 52 et 70x; BnC 36-38.

Tome 4 (1752): [317] Dd3r 'NANINE, / OU / L'HOMME SANS /

PRÉJUGÉ. | *COMEDIE EN III. ACTES* | *EN VERS DE DIX SILLABES.* | Dd3 PRE'-'; [318] bl.; 319-325 Préface; [326] Acteurs; [327]-396 Nanine, ou le préjugé vaincu. Comédie.

La deuxième édition Walther des œuvres de Voltaire, qui suit le texte de w48D.

Bn: Rés. Z Beuchot 14 (4).

53V

NANINE, | *OU* | L'HOMME | SANS PREJUGÉ, | *COMEDIE* | EN TROIS ACTES ET EN VERS, | *PAR MONSIEUR* | DE VOLTAIRE. | [*bois gravé, 47 x 27 mm*] | *VIENNE EN AUTRICHE,* | Chez JEAN PIERRE VAN GHELEN, Imprimeur de | la Cour de fa Majefté Imperiale & Royale. | [*filet gras-maigre, 79 mm*] | M D CC LIII. |

8°. sig. A-E⁸; pag. 79; $5 signé, chiffres arabes (− A1); réclames par page.

[1] titre; [2] Acteurs; [3]-79 Nanine, ou le préjugé vaincu comédie.

Taylor: V3 N3 1753.

T53

Le Théâtre de M. de Voltaire. Amsterdam, Richoff, 1753, 4 vol. 8°. Bengesco i.88; BnC 618.

De cette édition on ne connaît que le tome 4, qui ne contient pas *Nanine*. Il s'agit du premier exemple d'une série de recueils du théâtre de Voltaire vraisemblablement imprimés à Rouen. Dans la même famille, T62, T64A, T66, T68 et T70.

w56

Collection complette des œuvres de M. de Voltaire. [Genève, Cramer], 1756, 10 vol. 8°. Bengesco iv.50-63; Trapnell 56, 57G; BnC 55-66.

Tome 10: [357] Z3r 'NANINE, | OU | L'HOMME SANS | PRÉ-JUGÉ, | *COMEDIE EN III. ACTES,* | *EN VERS DE DIX SIL-LABES.* | Z3'; [358] bl.; 359-365 Préface; [366] Acteurs; [367]-439 Nanine, ou le préjugé vaincu, comédie.

La première des éditions collectives publiées par les Cramer, préparée avec la collaboration de Voltaire. Le texte de *Nanine* présente quelques changements mineurs (voir par exemple I.318; II.139, 324; III.313).

Bn: Z 24585.

w57G1

Collection complete des œuvres de M. de Voltaire. [Genève, Cramer], 1757, 10 vol. 8°. Bengesco iv.63; Trapnell 56, 57G; BnC 67-68.

Tome 10: [371] Aa2r 'NANINE, / OU / L'HOMME SANS / PRÉ-JUGÉ, / *COMEDIE EN III. ACTES,* / *EN VERS DE DIX SYL-LABES.* / Aa2 PRE-'; [372] bl.; 373-381 Préface; [382] Acteurs; [383]-467 Nanine, ou le préjugé vaincu, comédie.

Une nouvelle édition de w56.

Bn: Rés. Z Beuchot 21 (10).

w57G2

Collection complete des œuvres de M. de Voltaire. [Genève, Cramer], 1757, 10 vol. 8°. BnC 69.

Une autre version de w57G1.

Saint-Pétersbourg: 11-74.

w57P

Œuvres de M. de Voltaire. [Paris, Lambert], 1757, 22 vol. 12°. Bengesco iv.63-68; Trapnell 57P; BnC 45-54.

Tome 4: [73] G1r 'NANINE, / OU / LE PRÉJUGÉ VAINCU, / Comédie en trois Actes en vers / de dix ſyllabes. / *Repréſentée pour la première fois le 16 Juin / 1749.* / *Tome IV.* G'; [74] bl.; 75-83 Préface; 84 Acteurs; [85]-167 Nanine, ou le préjugé vaincu, comédie.

La deuxième édition des œuvres de Voltaire publiée par Michel Lambert, préparée avec la collaboration partielle de Voltaire. Elle suit le texte de w51.

Bn: Z 24645.

60

NANINE, / *OU* / LE PRÉJUGÉ VAINCU, / *COMÉDIE* / EN
TROIS ACTES, / *ET* / EN VERS DE DIX SILLABES. / PAR Mʳ.
DE VOLTAIRE. / *NOUVELLE ÉDITION.* / [*bois gravé, 52 x 33
mm*] / A PARIS, / Chez P. G. LE MERCIER, Imprimeur- / Libraire, rue
S. Jacques, au Livre d'Or. / [*filet gras-maigre, 60 mm*] / M. DCC. LX. /
Avec Approbation, & Privilége du Roi. /

8°. sig. A-G⁴ H3; pag. 62; $1 signé (− A1); réclames par cahier.

[1] titre; [2] Acteurs; [3]-62 Nanine, ou le préjugé vaincu, comédie.

Bibliothèque municipale, Bordeaux: D 35769/5.

61

NANINE, / *OU* / LE PRÉJUGÉ VAINCU, / *COMÉDIE* / EN
TROIS ACTES, / *EN VERS DE DIX SILLABES.* / Donnée par
l'Auteur. / [*bois gravé, le soleil dans un cartouche, 56 x 44 mm*] / A
PARIS, / Chez [*accolade réunissant les trois lignes suivantes*] / P. G. LE
MERCIER, Imprimeur-Libraire, / rue S. Jacques, au livre d'Or. / M.
LAMBERT, Libraire, rue S. Jacques. / [*filet gras-maigre, 58 mm*] / M.
DCC. LXI. /

8°. sig. A-G⁴ H²; pag. 60; $1 signé (− A1); réclames par cahier.

[1] titre; [2] Acteurs; [3]-60 Nanine, comédie.

Arsenal: GD 8° 21390; ImV: D Nanine 1761/1; − Be 20 (4); Uppsala:
Fransk teater VI.6.

T62

Le Théâtre de M. de Voltaire. Amsterdam, Richoff, 1762-1763, 5 vol.
8°. Bengesco i.88-89; BnC 619.

Tome 4: [281] S5r 'NANINE, / *OU* / L'HOMME SANS PRÉJUGÉ, /
COMEDIE EN III. ACTES, / *En vers de dix Syllabes.*'; [282] bl.; 283-
291 Préface; [292] Acteurs; 293-360 Nanine, ou le préjugé vaincu,
comédie.

Voir T53.

Bn: Rés. Z Bengesco 123 (4).

NANINE, | *OU* | LE PRÉJUGÉ VAINCU, | *COMÉDIE* | En trois Actes, en Vers de dix fyllabes: | Par M. de VOLTAIRE; | *Repréſentée pour la première fois par les* | *Comédiens Français ordinaires du Roi,* | *le* 16 *Juin* 1749. | [*filet, 42 mm*] | Le prix eſt de 30 fols. | [*filet, 42 mm*] | [*ornement typographique*] | *A PARIS,* | Chez Duchesne, Libraire, rue Saint Jacques, | au-deſſous de la Fontaine Saint Benoît, | au Temple du Goût. | [*filet gras-maigre, 46 mm*] | M. DCC. LXIII. | *Avec Approbation et Privilége.* |

12°. sig. A-D¹²; pag. 96; \$6 signé, chiffres arabes (− A1); réclames par cahier.

[1] titre; [2] bl.; 3-11 Préface; 12 Acteurs; [13]-96 Nanine, ou le préjugé vaincu, comédie.

Un 'tirage à part' de t64p, à partir de la même composition. Cette édition (et t64p) reproduit un certain nombre de passages de 49 (voir I.353-356; II.57-60, 98-100, 141, 161-163), peut-être à partir d'une copie de souffleur ou autre source proche de la Comédie-Française. Voltaire s'est plaint vigoureusement de cette pratique de Duchesne.

Bn: 8° Yth 12534; Arsenal: Rf 14425; ImV: D Nanine 1763/1; Br: 23749 (26).

T64A

Le Théâtre de M. de Voltaire. Amsterdam, Richoff, 1764, 5 vol. 12°.

Tome 4: [271] Z4r 'NANINE, | *OU* | L'HOMME SANS PRÉJUGÉ, | *COMEDIE EN III. ACTES,* | *En vers de dix Sillabes.* | Z4'; [272] bl.; 273-279 Préface; [280] Acteurs; 281-'365'[= 345] Nanine, ou le préjugé vaincu, comédie.

ImV: BC 1764/1 (4).

T64G

Le Théâtre de M. de Voltaire. Genève, Cramer, 1764, 6 vol. 12°.

Tome 3: [255] Y2r 'NANINE, | *COMEDIE,* | *Repréſentée pour la premiere fois le Mercredi* | 17. *Juillet* 1748'; [256] bl.; 257-263 Préface; [264] Acteurs; 265-338 Nanine, ou le préjugé vaincu, comédie.

Cette édition pourrait être de Rouen.

Arsenal: Rf 14092 (3).

T64P

Œuvres de théâtre de M. de Voltaire. Paris, Duchesne, 1764, 5 vol. 12°. Bengesco i.89-90; BnC 620-621.

Tome 3: [73] D1*r* 'NANINE, | *OU* | LE PRÉJUGÉ VAINCU, | *COMÉDIE* | En trois Actes, en Vers de dix syllabes: | PAR M. DE VOLTAIRE; | *Repréſentée pour la première fois par les* | *Comédiens Français ordinaires du Roi,* | *le 16 Juin* 1749. | *Tome III.* D'; [74] bl.; 75-83 Préface; 84 Acteurs; [85]-168 Nanine, ou le préjugé vaincu, comédie.

Voir ci-dessus, 63.

Zentralbibliothek, Luzern: B 2172 (3).

W64G

Collection complette des œuvres de M. de Voltaire. [Genève, Cramer], 1764, 10 vol. 8°. Bengesco iv.60-63; Trapnell 64, 70G; BnC 89.

Tome 10: [353] Z1*r* 'NANINE, | OU | L'HOMME SANS | PRÉ-JUGÉ, | *COMEDIE EN III. ACTES*, | *En vers de dix ſyllabes.* | *Théâtre*. Tom. IV. Z'; [354] bl.; 355-363 Préface; [364] Acteurs; [365]-440 Nanine, ou le préjugé vaincu, comédie.

La quatrième édition de la *Collection complette* de Cramer, qui reprend le texte de w56.

Taylor: VF.

W64R

Collection complette des œuvres de monsieur de Voltaire. Amsterdam, Compagnie [Rouen, Machuel], 1764, 22 vol. 12°. Bengesco iv.28-31, 68-73; Trapnell 48R, 64R; BnC 27, 145-148.

Tome 10, deuxième pagination: [1] A1*r* 'NANINE, | *COMÉDIE.* | A PRE'FACE,'; [2] bl.; 3-13 Préface; [14] Acteurs; [15]-116 Nanine, ou le préjugé vaincu, comédie.

47

Les premiers douze volumes de cette édition ont paru en 1748 et ont été supprimés à la demande de Voltaire (voir D3667, D3677, D3669). Les autres volumes, ainsi que ce tirage de *Nanine*, ont été ajoutés par la suite. On ne connaît pas la date exacte de l'impression des feuilles consacrées à *Nanine*.

Bn: Rés. Z Beuchot 26 (10).

65A

NANINE, | *COMÉDIE* | EN TROIS ACTES, | EN VERS DE DIX SILLABES. | *Donnée par l'Auteur.* | [*ornement typographique*] | A AVIGNON, | Chez *LOUIS CHAMBEAU*, Imprimeur-Libraire, | près les RR. PP. Jésuites. | [*filet triple, 51 mm*] | M. DCC. LXV. |

8°. sig. A-F⁴; pag. 47; $2 signé, chiffres arabes (– A1); réclames par cahier.

[1] titre; [2] Acteurs; [3]-47 Nanine, comédie.

Bn: 8° Yth 12533; Arsenal: Rf 14426.

T66

Le Théâtre de M. de Voltaire. Amsterdam, Richoff, 1766, 6 vol. 12°.

Tome 4: [323] O6r 'NANINE, | *OU* | LE PRÉJUGÉ VAINCU, | *COMÉDIE EN III. ACTES*, | EN VERS DE DIX SYLLABES. | O6'; [324] bl.; 325-333 Préface; [334] Acteurs; 335-402 Nanine, ou le préjugé vaincu, comédie.

Voir T53.

Aberdeen University Library: MH 84256 T (4).

67C

NANINE, | OU | L'HOMME SANS | PRÉJUGÉ, | *COMEDIE EN III. ACTES*, | EN VERS DE DIX SYLLABES, | Par Mr. DE VOLTAIRE. | *Représentée au Théâtre de la Cour, à Copen-* | *hague, par les Comédiens François Ordi-* | *naires du Roi, le 4 Fevrier 1767.* | [*bois gravé, 49 x 33 mm*] | Suivant la derniere édition de 1764. | *A COPENHAGUE*, | Chez CL. PHILIBERT, | Imprimeur-Libraire. | [*filet, 84 mm*] | MDCCLXVII. | *Avec Permiſſion du ROI.* |

8°. sig. π1 A-E⁸ (– E8); pag. [2] 78; $5 signé, chiffres arabes (– E5); réclames par page.

[1] titre; [2] Acteurs; [1]-78 Nanine, ou le préjugé vaincu, comédie.

La liste des personnages donne les noms des acteurs qui ont joué à Copenhague.

ImV: D Nanine 1767/1; Stockholm: Litt. fr. dram. pjes.

T67

Œuvres de théâtre de M. de Voltaire. Paris, Duchesne, 1767, 7 vol. 12°. Bengesco i.90; BnC 622-625.

Une nouvelle émission des feuilles de T64P.

Bn: Rés. Yf 3389.

T68

Le Théâtre de M. de Voltaire. Amsterdam, Richoff, 1768, 6 vol. 12°. Bengesco i.90; BnC 626.

Une nouvelle émission des feuilles de T66.

Bn: Yf 4260.

w68

Collection complette des œuvres de M. de Voltaire. Genève [Cramer; Paris, Panckoucke], 1768-1777, 30 vol. 4°. Bengesco iv.73-83; Trapnell 68; BnC 141-144.

Tome 6: [343] Vv4r 'NANINE, / OU / L'HOMME SANS PRÉJUGÉ, / *COMÉDIE* / EN TROIS ACTES, / *En vers de dix syllabes.*'; 344-349 Préface; [350] Acteurs; 351-426 Nanine, ou le préjugé vaincu, comédie.

L'édition in-4° dont les vingt-quatre premiers volumes furent imprimés par Cramer et édités par lui en collaboration avec Panckoucke. Dans le cas de *Nanine*, elle reprend le texte de w56.

Taylor: VF.

69B

NANINE, / *OU* / LE PRÉJUGÉ VAINCU, / *COMÉDIE* / En trois

Actes en Vers de trois [*sic*] ſyllabes: | *PAR M. DE VOLTAIRE.* | Repréſentée pour la premiere fois le 16 | Juin 1769. [*sic*] | [*filet gras-maigre, composé de trois éléments, 43 mm*] | *Prix, vingt-quatre ſols.* | [*filet maigre-gras, composé de trois éléments, 44 mm*] | [*bois gravé, 42 x 29 mm*] | *A BESANÇON,* | Chez FANTET, Libraire, plus haut | que la Place Saint-Pierre. | [*filet gras-maigre, composé de trois éléments, 44 mm*] | M. DCC. LXIX. |

8°. sig. A-G⁴ (G4 bl.); pag. 54; $2 signé, chiffres arabes (− A1); réclames par cahier.

[1] titre; [2] Acteurs; [3]-54 Nanine, ou le préjugé vaincu, comédie.

Bn: Rés. Z Beuchot 585 (G4 manque); Arsenal: Rf 14427.

T70

Le Théâtre de M. de Voltaire. Amsterdam, Richoff, 1770, 6 vol. 12°. Bengesco i.90; BnC 627.

Tome 4: [323] O6r 'NANINE, | *OU* | LE PRÉJUGÉ VAINCU, | COMÉDIE EN III. ACTES, | *EN VERS DE DIX SILLABES*‘ [*sic*] | O6ʳ; [324] bl.; 325-333 Préface; [334] Acteurs; 335-402 Nanine, ou le préjugé vaincu, comédie.

Voir T53.

Bn: Yf 4266.

W70G

Collection complette des œuvres de M. de Voltaire. [Genève, Cramer], 1770, 10 vol. 8°. Bengesco iv.60-63; Trapnell 64,70G; BnC 90-91.

Tome 10: [353] Z1r 'NANINE, | OU | L'HOMME SANS | PRÉ-JUGÉ, | *COMÉDIE EN III. ACTES,* | En vers de dix ſyllabes. | *Théâtre.* Tom. IV.   Z'; [354] bl.; 355-363 Préface; [364] Acteurs; [365]-440 Nanine, ou le préjugé vaincu, comédie.

La cinquième version de la *Collection complette* des Cramer, pareille à w64G.

Taylor: V1 1770G/1 (10).

W70L (1772)

Collection complette des œuvres de M. de Voltaire. Lausanne, Grasset, 1770-1781, 57 vol. 8°. Bengesco iv.83-89; Trapnell 70L; BnC 149-150 (1-6, 14-21, 25).

Tome 19: [339] K6r 'NANINE, / *OU* / L'HOMME SANS PRÉJUGÉ, / *COMÉDIE* / EN TROIS ACTES, / *En vers de dix syllabes*. / Repréſentée d'abord en 1749.'; [156] Préface de l'auteur; [166] Acteurs; 167-246 Nanine, ou le préjugé vaincu, comédie.

Voltaire a fourni un certain nombre de corrections pour cette édition de François Grasset, notamment pour le théâtre. Le texte de *Nanine* reproduit celui de la *Collection complette* des Cramer.

Taylor: V1 1770L (19).

W71L (1772)

Collection complète des œuvres de M. de Voltaire. Genève [Liège, Plomteux], 1771-1779, 32 vol. 8°. Bengesco iv.89-91; Trapnell 71; BnC 151.

Tome 5: [281] M9r 'NANINE, / OU / L'HOMME SANS PRE'JUGE', / *COMEDIE*. / EN TROIS ACTES, / *En vers de dix Syllabes*.'; 282-288 Préface; 288 Acteurs; 289-345 Nanine, ou le préjugé vaincu, comédie.

Les volumes de théâtre de cette édition furent copiés sur w68.

Taylor: VF.

W72X

Collection complette des œuvres de M. de Voltaire. [Genève, Cramer?], 1772, 10 vol. 8°. Bengesco iv.60-63; Trapnell 72x; BnC 92-110.

Tome 10: [339] Y2r 'NANINE, / OU / L'HOMME / SANS PRÉJUGÉ, / *COMEDIE EN TROIS ACTES*, / En vers de dix syllabes. / Y2'; [340] bl.; 341-349 Préface; [350] Acteurs; [351]-423 Nanine, ou le préjugé vaincu, comédie.

Il est probable que cette édition fut éditée par Cramer, mais il n'en était pas l'imprimeur. Elle reproduit le texte de w70G.

Taylor: V1 1770G/2 (10).

73P

NANINE, / *COMÉDIE.* / EN TROIS ACTES, / EN VERS DE DIX
SYLLABES. / *Donnée par l'Auteur.* / [*bois gravé, bouquet de fleurs, 58 x
55 mm*] / A PARIS. / [*filet orné, 57 mm*] / M. DCC. LXXIII. /

8°. sig. A-F⁴; pag. 48 (p.31 non numérotée, p.39 numérotée '19'); $2
signé, chiffres arabes (– A1); réclames par cahier.

[1] titre; [2] Acteurs; [3]-48 Nanine, comédie.

Arsenal: Rf 14428.

T73

Le Théâtre complet de M. de Voltaire. Amsterdam, Libraires associés,
1773, 10 vol. 12°.

Tome 7: [271] M4r 'NANINE, / *OU* / L'HOMME SANS PRÉJUGÉ, /
COMÉDIE / EN TROIS ACTES, / *En vers de dix syllabes.* / Repréſen-
tée d'abord en 1749. / M4'; [272] bl.; 273-281 Préface de l'auteur; [282]
Acteurs; 283-363 Nanine, ou le préjugé vaincu, comédie.

Zentralbibliothek, Solothurn: Qb 2566 (7).

W71P (1773)

Œuvres de M. de V... Neufchatel [Paris, Panckoucke], 1771-1777, 40
vol. 12°. Bengesco iv.91-94; Trapnell 72P; BnC 152-157.

Théâtre, tome 6 (1773): [165] G11r 'NANINE, / *OU* / L'HOMME
SANS PRÉJUGÉ, / *COMÉDIE;* / EN TROIS ACTES, / En vers de
dix ſyllabes: / *Donnée, pour la première fois, en 1747.*'; [166] bl.; 167-177
Préface; [178] Personnages; [179]-264 Nanine, ou le préjugé vaincu,
comédie.

Une édition attribuée à Panckoucke, copiée sur w68.

Arsenal: Rf 14095 (6).

74P1

NANINE, / *COMÉDIE* / *EN TROIS ACTES*, / EN VERS DE DIX
SYLLABES. / *PAR M. DE VOLTAIRE.* / [*filet orné, 87 mm*] / NOU-

VELLE ÉDITION. / [*filet orné, 87 mm*] / [*ornement typographique*] / *A PARIS*, / Chez N. B. Duchesne, Libraire, Rue S. Jacques, au- / deſſous de la Fontaine S. Bénoît, au Temple du Goût. / [*filet orné, 55 mm*] / M. DCC. LXXIV. / *Avec Approbation & permiſſion.* /

8°. sig. A-F⁴ G²; pag. 52; $2 signé, chiffres romains (– A1, G2); réclames par cahier.

[1] titre; [2] Acteurs; [3]-52 Nanine comédie.

La page 52 porte une annonce du libraire avignonnais Garrigan.

Arsenal: GD 8° 21391; Taylor: V3 N3 1774 (1) (manque le 'd' de 'deſſous' sur la page de titre); Stadt- und Universitätsbibliothek, Berne: H.XLIX.328 (13).

74P2

NANINE, / *OU LE* / PRÉJUGÉ VAINCU, / *COMÉDIE* / En trois Actes en vers de dix ſyllabes. / *Repréſentée par les Comédiens Français, le* / *Lundi 16 Juin 1749.* / Par Mʳ. de Voltaire. / [*bois gravé, bouquet de fleurs, 31 x 22 mm*] / A PARIS, / Chez la Veuve Duchesne, Libraire, rue / Saint Jacques, au Temple du Goût. / [*filet orné, 68 mm*] / *M. DCC. LXXIV.* /

8°. sig. A-H⁴ I3; pag. 70; $1 signé (– A1); sans réclames.

[1] titre; ij-vij Préface; viij Personnages; [9]-70 Nanine, ou le préjugé vaincu, comédie.

Taylor: V3 N3 1774 (2); Br: 23749 (26).

74X

[*encadrement*] / NANINE, / *COMÉDIE.* / par m. DE VOLTAIRE. / [*bois gravé, 37 x 27 mm*] / [*filet orné, 41 mm*] / M. DCC. LXXIV. /

8°. sig. A-E⁸; pag. 80 (p.44 numérotée '4'); $4 signé, chiffres romains (– A1); réclames par cahier.

[1] titre; [2] Acteurs; [3]-80 Nanine, ou le préjugé vaincu, comédie.

Cette édition fait partie d'une série uniforme d'éditions de pièces de Voltaire, vraisemblablement imprimées à Rouen.

Arsenal: Rf 14429.

NANINE / *OU* / LE PRÉJUGÉ VAINCU, / *COMÉDIE* / EN TROIS ACTES ET EN VERS / *Par M. de VOLTAIRE.* / [*filet, 79 mm*] / NOUVELLE ÉDITION. / [*filet, 78 mm*] / [*filet orné, 57 mm*] / Le prix eſt de 12 ſols. / [*filet orné, 57 mm*] / [*bois gravé, emblêmes maritimes, 60 x 36 mm*] / *A PARIS,* / *Et ſe trouve à TOULON,* / Chez MALLARD, Imprimeur du Roi & de la / Marine, Libraire Place St. Pierre. / [*filet orné, 64 mm*] / M. DCC. LXXV. /

8°. sig. A-H⁴ I²; pag. '60' [= 68] (p.50-68 numérotée '42'-'60'); \$2 signé, chiffres romains (− A1); réclames par cahier (− H).

[1] titre; [2] Acteurs; [3]-'60' [= 68] Nanine, ou le préjugé vaincu, comédie.

Arsenal: Rf 14430.

W75G

La Henriade, divers autres poèmes et toutes les pièces relatives à l'épopée. [Genève, Cramer & Bardin], 1775, 37 vol. (40 vol. avec les *Pièces détachées*). 8°. Bengesco iv.94-105; Trapnell 75G; BnC 158-161.

Tome 8: [1] A1*r* 'NANINE, / OU / L'HOMME SANS PRÉJUGÉ, / *COMÉDIE* / EN TROIS ACTES, / *En vers de dix ſyllabes.* / *Théatre. Tom. VII.* A'; 2-9 Préface; [10] Acteurs; 11-'71'[= 87] Nanine, ou le préjugé vaincu, comédie.

Il s'agit de la dernière édition des œuvres de Voltaire revue par l'auteur, qui fournit le texte de base de la présente édition. Le texte de *Nanine* reprend celui de w68.

Taylor: VF.

W75X

Œuvres de Mr de Voltaire. [Lyon?], 1775, 37 vol. (40 vol. avec les *Pièces détachées*). 8°. Bengesco iv.105; BnC 162-163.

Tome 8: [1] A1*r* 'NANINE, / OU / L'HOMME SANS PRÉJUGÉ, / *COMÉDIE* / EN TROIS ACTES, / *En vers de dix ſyllabes.* / *Théatre. Tom. VII.* A'; 2-9 Préface; [10] Acteurs; 11-87 Nanine, ou le préjugé vaincu, comédie.

Une imitation ou contrefaçon de w75G.

Bn: Z 24887.

76

NANINE, / *OU* / LE PRÉJUGÉ VAINCU, / *COMÉDIE* / En trois Actes, en Vers de dix fyllabes: / PAR M. DE VOLTAIRE; / *Repréſentée pour la premiere fois par les* / *Comédiens Français ordinaires du Roi,* / *le 16 Juin 1749.* / [*filet, 31 mm*] / Le prix eft de 30 fols. / [*filet, 32 mm*] / [*ornement typographique*] / *A PARIS,* / Chez la Veuve DUCHESNE, Libraire, rue Saint / Jacques, au Temple du Goût. / [*filet gras-maigre, 44 mm*] / M. DCC. LXXVI. / *AVEC APPROBATION ET PRIVILÉGE.* /

12°. sig. A-D¹²; pag. 96; $6 signé, chiffres arabes (– A1); réclames par cahier.

[1] titre; [2] bl.; 3-11 Préface; 12 Personnages; [13]-96 Nanine, ou le préjugé vaincu, comédie.

Bn: 8° Yth 12539; Arsenal: Rf 14431; – Rf 14432; ImV: D Nanine 1776/1 (avec des corrections en vue d'une représentation); Bpu: Hf 5002*/31 (2) (dans la *Bibliothèque des théâtres*, 1784).

T76G

Théâtre complet de M. de Voltaire. Genève, 1776, 9 vol. 8°.

Une nouvelle émission des feuilles de w75G, avec une page de titre vraisemblablement imprimée par l'imprimeur de w75x.

Queen Mary and Westfield College, London: 8604.

T76X

Théâtre complet de monsieur de Voltaire. 1776, 7 vol. 8°.

Tome 4: [497] Iiᵣ 'NANINE, / OU / L'HOMME / SANS PRÉJUGÉ, / *COMÉDIE* / EN TROIS ACTES, / *En vers de dix fyllabes.* / *Théatre. Tome IV.* Iiʼ; 498-506 Préface; [507] bl.; [508] Acteurs; 509-587 Nanine, ou le préjugé vaincu, comédie.

Arsenal: Rf 14096 (4).

77P

NANINE, / *OU* / LE PRÉJUGÉ VAINCU, / *COMÉDIE* / EN TROIS ACTES, / *EN VERS DE DIX SYLLABES.* / NOUVELLE ÉDITION. / [*bois gravé, soleil dans un cartouche, 55 x 45 mm*] / *A PARIS*, / Chez / [*accolade réunissant les trois lignes suivantes*] / P. G. LF [*sic*] MERCIER, Imprimeur-Libraire, / rue St. Jacques, au Livre d'Or. / M. LAMBERT, Libraire, rue St. Jacques. / [*filet gras-maigre, 59 mm*] / M. DCC. LXXVII. /

8°. pag. 60.

[1] titre; [2] Acteurs; [3]-60 Nanine, comédie en trois actes.

Bibliothèque municipale, La Rochelle: 27265 c.

77X

NANINE, / *COMÉDIE.* / PAR MONSIEUR / *DE VOLTAIRE.* / [*bois gravé, 45 x 35 mm*] / [*filet gras-maigre, 54 mm*] / M. DCC. LXXVII. /

8°. sig. A-D⁸ E² (E2 bl.); pag. 66; $4 signé, chiffres romains (– A1, E2); réclames par cahier.

[1] title; [2] Acteurs; [3]-66 Nanine, ou le préjugé vaincu, comédie.

Une édition provinciale, probablement rouennaise.

Bibliothèque municipale, Rouen: Hédou p 1472 (avec estampille signée p.[3], 'ROUEN 1777').

T77

Théâtre complet de M. de Voltaire. Amsterdam, Libraires associés, 1777, 11 vol. 12°.

Tome 8: [109] E7r 'NANINE, / *OU* / LE PRÉJUGÉ VAINCU. / *COMÉDIE* / EN TROIS ACTES, / *En vers de dix ſyllabes.* / Repréſentée d'abord en 1749.'; [110] bl.; 111-119 Préface de l'auteur; [120] Acteurs; 121-202 Nanine, ou le préjugé vaincu, comédie.

Stockholm: Litt. Fr. dram.

K84

Œuvres complètes de Voltaire. [Kehl], Société littéraire-typographique, 1784-1789, 70 vol. 8°. Bengesco iv.105-46; BnC 167-169.

Tome 7: [277] S3r 'NANINE / OU / LE PREJUGÉ VAINCU, / *COMEDIE.* / Repréſentée, pour la première fois, le 16 / juin 1749. / S3'; [278] bl.; [279]-287 Préface; [288] Personnages; [289]-363 Nanine, ou le préjugé vaincu, comedie.

La première version de l'édition de Kehl. Elle introduit une nouvelle leçon à III.336, peut-être à la suite de commentaires tels que celui rapporté par Mme de Graffigny (voir ci-dessous, p.175).

Taylor: VF.

7. *Traductions* [74]

Anglais

Nanine, a comedy in three acts, dans *The Dramatic works of Mr. de Voltaire*, London 1761-1763, iv.103-87. Traduction en prose.

Nanine, or the man without prejudice, a comedy in three acts, dans *The Dramatic works of M. de Voltaire*, London 1781, ii.37-104. Traduction en prose par David Williams. [75]

[74] Voir Hywel Berwyn Evans, 'A provisional bibliography of English editions and translations of Voltaire', *Studies* 8 (1959), p.9-122, 30-34, no.411-31; Theodore Besterman, 'A provisional bibliography of Italian editions and translations of Voltaire', *Studies* 18 (1961), p.263-306, no.137-38; Jeroom Vercruysse, 'Bibliographie provisoire des traductions néerlandaises et flamandes de Voltaire', *Studies* 116 (1973), p.19-64, no.96-98; Hans Fromm, *Bibliographie deutscher Übersetzungen aus dem Französischen 1700-1948* (Baden-Baden 1950-1953), p.278; Paul Wallich et Hans von Müller, *Die deutsche Voltaire-Literatur des achtzehnten Jahrhunderts* (Berlin 1921), p.24, 44, 45, 50; Besterman, 'A provisional bibliography of Scandinavian and Finnish editions and translations of Voltaire', *Studies* 47 (1966), p.53-92, no.112. Pour les traductions russes nous sommes redevables à P. Zaborov.

[75] Voir J. Dybikowski, *On burning ground: an examination of the ideas, projects and life of David Williams*, Studies 307 (1993), p.305.

The Man of the world. A comedy, in five acts. As performed at the Theatres-Royal of Covent-Garden and Smock-Alley. Dublin 1785. Par Charles Macklin. Réimprimé à Dublin en 1786, 1791, 1793 et à Londres en 1793 (3 éditions), 1795.

Italien

Nanina, o sia il pregiudicio vinto. Commedia tratta dal Sig^r de Voltaire. Milano, Giovanni Montani, 1770. pag. 72.

Nanina, commedia di Voltair. Venezia, Casali ed., c. 1825. pag. [ii].46. Traduit par Giuseppa Sperotti.

Néerlandais

Nanine, of het overwonnen vooroordeel; blyspel. Gevolgt naar het Fransche van den Heere de Voltaire. Amsteldam, Izaak Duim, 1760. pag. viii.64. Traduction en vers par N. W. Opden Hooff. Dédicace critique de Hooff à Isaac Nepveu. Réimprimée à Amsterdam en 1786.

Nanine, of het overwonnen vooroordeel, blijspel in drie bedrijven. Gevolgt naar't Fransche van den Heer de Voltaire, dans *Het Spectatoriaal toneel* (Utrecht 1782), p.[91]-170.

Allemand

Nanine, oder das besiegte Vorurteil. Ein Lustspiel in 3 Aufz. in Versen. Leipzig 1750. Traduit par [Gottlob Benjamin] Str[aube].

Nanine, oder das besiegte Vorurteil. Lustspiel. Leipzig; Augsburg, Jenisch und Stage, 1776.

Nanine. Lustspiel in 3 Aufz. München 1776. Traduit par Josef Marie v. Dufresne.

Nanine. Nach Voltaire, dans *Neue Schauspiele, aufgeführt auf dem Churfürstlichen Theater zu München* (München 1777), ii, no.14.

Jeannette. Lustspiel. Hamburg, Herold, 1777. Adapté par [Friedrich Wilhelm] Gotter. Réimprimé Hamburg, Bode, 1777, München 1780, Augsburg 1784, Hamburg 1784, Quedlinburg 1784.

Danois

Nanine, eller Manden uden Fordomme. Komedie i tre Akter, oversat af Fransk efter Hr. Voltaires Nanine, ou l'homme sans préjugé, dans *Skuespil til Brug for den danske Skueplads* (Kiøbenhavn 1783), viii.[243]-314. Traduit par Falck.

Russe

[*Nanine*]. Moscou 1766. Traduit par I. F. Bogdanovic. 2e éd. 1788. Jouée.

[*Nanine*]. Moscou 1807. Traduit par N. Kounin. Jouée.

[*Nanine*]. Moscou 1859. Traduit par F. M. Pavlov. Jouée.

[*Nanine*]. Moscou 1893. Traduit par K. I. Dvorgitsky.

8. *Principes de cette édition*

Rappelons que l'édition choisie comme texte de base est w75G. Les éditions suivantes ont été collationnées: 49, 49P1, 50A, w48D, w51, w52, w56, w57P, 63, w68, w70L, K. Les variantes ne portent pas sur la ponctuation, sauf quand elles entraînent des modifications du sens.

Traitement du texte de base

On a respecté l'orthographe des noms propres de personnes et de lieux. Mais un compromis s'est imposé en ce qui concerne les accents. On écrit ainsi: Cléopâtre pour Cléopatre.

On a conservé les italiques du texte de base, sauf dans le cas des noms propres de personnes qui sont toujours imprimés en caractères italiques dans les textes en prose dans w75G (la préface).

On en a aussi respecté scrupuleusement la ponctuation.

Par ailleurs, le texte de w75G a fait l'objet d'une modernisation portant sur la graphie, l'accentuation et la grammaire. Les particularités du texte de base dans ces trois domaines étaient les suivantes:

59

I. *Particularités de la graphie*

1. Consonnes

   - absence de la consonne *p* dans le mot 'tems' et son composé 'longtems'.
   - absence de la consonne *t* dans les finales en -*ans* et en -*ens*: amans, charmans, châtimens, ressentimens, etc. (mais: gants).
   - redoublement de consonnes contraire à l'usage actuel: allarmer, allarmes, complette, infidelle, jetter, rappellez, sallon.
   - présence d'une seule consonne là où l'usage actuel prescrit son doublement: carosse, couroux, falait, falu, poura, pourait (mais aussi: pourriez), tranquile.

2. Voyelles

   - emploi de *y* à la place de *i* dans: asyle, ayeux, envoye, renvoye.
   - emploi de *i* à la place de *y* dans: stile.

3. Divers

   - utilisation systématique de la perluette, sauf en tête de phrase.

4. Graphies particulières

   - l'orthographe moderne a été rétablie dans: avanture, bon homme, bon jour, Misantrope, encor, hazard, plutôt (pour: plus tôt), promt, promtement.

6. Le trait d'union

   - il a été supprimé dans: aussi-bien, aussi-tôt, c'est-là, dès-lors, grand-homme, tout-à-fait, tout-à-l'heure.

8. Majuscules supprimées

   - nous mettons la minuscule aux substantifs suivants: Baronne, Cardinal, Chevalier, Comédie larmoyante, Comte, Dieux, Empire, Madame, Mademoiselle, Monarque, Monsieur, Monseigneur, Princesse, Seigneur
   - nous mettons la minuscule aux adjectifs qualificatifs suivants: Allemand, Anglais, Romain.

II. *Particularités d'accentuation*

L'accentuation a été rendue entièrement conforme aux usages modernes à partir des caractéristiques suivantes qu'offre le texte de base:

1. L'accent aigu

   - contrairement à l'usage actuel, il est présent dans: asséyons.

– il est employé au lieu du grave dans: fidélement, piéce, secrétement, siége.

2. L'accent grave
   – il est absent dans: déja, hola.

3. L'accent circonflexe
   – il est présent dans des mots qui ne le comportent pas selon l'usage actuel: toûjours, sû; avoûrai, publîrais, justifîra, etc.
   – il est absent dans: ame, baclé, Cléopatre, grace, plait, théatre

4. Le tréma
   – contrairement à l'usage actuel, on le trouve dans: gaïeté, jouïssez, obéïr, obéïssance, obéïssons, poësie, ruïne

III. *Particularités grammaticales*

1. Accord du participe présent dans: se moquans toujours; les Dieux rians de

2. L'adjectif numéral cardinal 'cent' demeure invariable.

3. Absence de terminaison en *s* à la 2ᵉ personne du singulier de l'impératif dans: croi, di, vien, voi

4. Emploi de l'*s* adverbial dans: jusques là, guères

5. Emploi du pluriel en -*x* dans: loix

NANINE,

OU

L'HOMME SANS PRÉJUGÉ,

COMÉDIE

EN TROIS ACTES,

en vers de dix syllabes.

PRÉFACE

Cette bagatelle fut représentée à Paris dans l'été de 1749, parmi la foule des spectacles qu'on donne à Paris tous les ans.

a-190   49, absent
a   w70L: Préface de l'auteur.
1-2   49P1, w51: représentée au mois de juillet 1748. Elle n'avait point été destinée pour le théâtre de Paris,[1] encore moins pour l'impression, et on ne la donnerait pas aujourd'hui au public, s'il n'en avait paru une édition subreptice et toute défigurée, sous le nom de la Compagnie des Libraires associés de Paris. Il y a dans cette édition fautive plus de cent vers qui ne sont pas de l'auteur.[2] C'est   5
avec la même infidélité, et avec plus de fautes encore, que l'on a imprimé clandestinement la tragédie de Sémiramis,[3] et c'est ainsi qu'on a défiguré presque tous les ouvrages de l'auteur. Il est obligé de se servir de cette occasion pour avertir ceux qui cultivent les lettres, et qui se forment des cabinets de livres, que de toutes les éditions qu'on a faites de ses prétendus ouvrages, il n'y a pas une seule qui   10
mérite d'être regardée. Celle de Ledet à Amsterdam,[4] celle de Merkus[5] dans la même ville, les autres qu'on a faites d'après celles-là sont absurdes, et on y a même ajouté un volume entier, qui n'est rempli que de grossièretés insipides faites pour la canaille;[6] celles qui sont intitulées de Londres et de Genève[7] ne sont pas moins

[1] Sur les premières représentations de *Nanine*, voir l'introduction, p.14-17.
[2] Voltaire n'exagère pas. Les fautes absurdes, les omissions, les additions que l'on rencontre dans l'édition des Libraires associés (49) s'élèvent bien à une centaine de vers.
[3] *Sémiramis*, jouée pour la première fois le 29 août 1748, avait été publiée par Le Mercier et Lambert en 1749. Nous ne connaissons pas l'édition clandestine que cite Voltaire. Fut-elle supprimée?
[4] 1738-1740 (BnC 7-12).
[5] 1743-1745. Il s'agit essentiellement d'une nouvelle émission de l'édition Ledet.
[6] Voltaire pense peut-être au tome 6 de l'édition Ledet (BnC 12), paru en 1745, qui contient, entre autres textes, les 'Copies collationnées de toutes les pièces qu'on a pu recouvrer concernant la *Voltairomanie*'. Autre candidat: les *Pièces fugitives de M. de Voltaire*, ajoutées au tome 3 de l'édition Didot et Barrois ('Amsterdam, Compagnie'), 1742-1743 (BnC 20).
[7] Londres [Trévoux], 1746 (BnC 25-26). Genève, Bousquet [Paris], 1742 (BnC 22-24), une nouvelle émission, corrigée selon les instructions de Voltaire, de l'édition Didot et Barrois.

Dans cette autre foule beaucoup plus nombreuse de brochures dont on est inondé, il en parut une dans ce temps-là qui mérite d'être distinguée. C'est une dissertation ingénieuse et approfondie d'un académicien de la Rochelle,[9] sur cette question, qui semble partager depuis quelques années la littérature; savoir, s'il est permis de faire des comédies attendrissantes? Il paraît se déclarer fortement contre ce genre, dont la petite comédie de *Nanine* tient beaucoup en quelques endroits. Il condamne avec raison tout ce qui aurait l'air d'une tragédie bourgeoise. En effet, que serait-ce qu'une intrigue tragique entre des hommes du commun? Ce serait seulement avilir le cothurne; ce serait manquer à la fois l'objet de la tragédie et de la comédie; ce serait une espèce bâtarde, un monstre né de l'impuissance de faire une comédie et une tragédie véritable.

Cet académicien judicieux blâme surtout les intrigues romanesques et forcées, dans ce genre de comédie où l'on veut attendrir les spectateurs, et qu'on appelle par dérision *comédie larmoyante*.

---

défectueuses.

L'auteur n'a pas eu encore le temps d'examiner celle de Dresde,[8] ainsi il ne peut en rien dire, mais en général les amateurs des lettres ne doivent avoir aucun égard aux éditions qui ne sont point faites sous ses yeux et par ses ordres, encore moins à tous ces petits ouvrages qu'on affecte de débiter sous son nom, à ces vers qu'on envoie au Mercure et aux journaux étrangers, et qui ne sont que le ridicule effet d'une réputation bien vaine et bien dangereuse. En attendant qu'il puisse un jour donner ses soins à faire imprimer ses véritables ouvrages, il est dans la nécessité de faire donner au moins par un libraire accrédité et muni d'un privilège la tragédie de Sémiramis, et cette petite pièce qui ont paru toutes deux l'année passée dans la foule des spectacles nouveaux qu'on donne à Paris tous les ans.

50A suit 49P1, lignes 1-7v, puis substitue: Sémiramis, qu'il fait donner par un libraire accrédité et muni d'un privilège, avec cette pièce, qui ont paru toutes deux l'année passée dans la foule des spectacles nouveaux qu'on donne à Paris tous les ans.//

[8] Les 8 premiers volumes parurent en 1748 chez Walther (BnC 28-35).
[9] Il s'agit des *Réflexions sur le comique larmoyant* de P.-M.-M. de Chassiron publiées en 1749; voir ci-dessus, p.29-30.

Mais dans quel genre les intrigues romanesques et forcées peuvent-elles être admises? Ne sont-elles pas toujours un vice essentiel dans quelque ouvrage que ce puisse être? Il conclut enfin en disant, que si dans une comédie l'attendrissement peut aller quelquefois jusqu'aux larmes, il n'appartient qu'à la passion de l'amour de les faire répandre. Il n'entend pas sans doute l'amour tel qu'il est représenté dans les bonnes tragédies, l'amour furieux, barbare, funeste, suivi de crimes et de remords; il entend l'amour naïf et tendre, qui seul est du ressort de la comédie.

Cette réflexion en fait naître une autre, qu'on soumet au jugement des gens de lettres. C'est que dans notre nation la tragédie a commencé par s'approprier le langage de la comédie. Si on y prend garde, l'amour dans beaucoup d'ouvrages, dont la terreur et la pitié devraient être l'âme, est traité comme il doit l'être en effet dans le genre comique. La galanterie, les déclarations d'amour, la coquetterie, la naïveté, la familiarité, tout cela ne se trouve que trop chez nos héros et nos héroïnes de Rome et de la Grèce dont nos théâtres retentissent. De sorte qu'en effet l'amour naïf et attendrissant dans une comédie, n'est point un larcin fait à Melpomène, mais c'est au contraire Melpomène qui depuis long-temps a pris chez nous les brodequins de Thalie.

Qu'on jette les yeux sur les premières tragédies, qui eurent de si prodigieux succès vers le temps du cardinal de Richelieu; la *Sophonisbe* de Mairet,[10] la *Mariane*,[11] l'*Amour tyrannique*,[12] *Alcionée*;[13] on verra que l'amour y parle toujours sur un ton aussi familier, et quelquefois aussi bas, que l'héroïsme s'y exprime avec un emphase ridicule. C'est peut-être la raison pour laquelle notre nation n'eut en ce temps-là aucune comédie supportable. C'est qu'en effet le théâtre tragique avait envahi tous les droits de l'autre. Il est même vraisemblable que cette raison détermina

20

25

30

35

40

45

[10] La *Sophonisbe* de Jean Mairet est de 1634.
[11] *La Mariamne* de Tristan L'Hermite (1636).
[12] *L'Amour tyrannique* de Georges de Scudéry (1638).
[13] *Alcionée* de Pierre Du Ryer (1637).

Molière à donner rarement aux amants qu'il met sur la scène, une   50
passion vive et touchante; il sentait que la tragédie l'avait prévenu.

Depuis la *Sophonisbe* de Mairet, qui fut la première pièce dans
laquelle on trouva quelque régularité, on avait commencé à
regarder les déclarations d'amour des héros, les réponses artifi-
cieuses et coquettes des princesses, les peintures galantes de   55
l'amour, comme des choses essentielles au théâtre tragique. Il est
resté des écrits de ce temps-là, dans lesquels on cite avec de grands
éloges ces vers que dit Massinissa après la bataille de Cirthe:

> J'aime plus de moitié quand je me sens aimé,
> Et ma flamme s'accroît par un cœur enflammé;   60
> Comme par une vague une vague s'irrite,
> Un soupir amoureux par un autre s'excite.
> Quand les chaînes d'hymen étreignent deux esprits,
> Un plaisir doit se rendre aussitôt qu'il est pris. [14]

Cette habitude de parler ainsi d'amour, influa sur les meilleurs   65
esprits; et ceux-mêmes dont le génie mâle et sublime était fait
pour rendre en tout à la tragédie son ancienne dignité, se laissèrent
entraîner à la contagion.

On vit dans les meilleures pièces,

> *Un malheureux visage,*   70
> *Qui d'un chevalier romain captiva le courage.* [15]

Le héros dit à sa maîtresse:

> *Adieu trop vertueux objet, et trop charmant.*

L'héroïne lui répond:

> *Adieu, trop malheureux et trop parfait amant.* [16]   75

Cléopâtre dit qu'une princesse

---

[14] Mairet, *Sophonisbe*, iv.i; plusieurs vers ont été supprimés.
[15] Corneille, *Polyeucte*, i.iii.
[16] *Polyeucte*, ii.ii.

Aimant sa renommée
En avouant qu'elle aime, est sûre d'être aimée.

Que César,

Trace des soupirs, et d'un style plaintif, 80
Dans son champ de victoire il se dit son captif.

Elle ajoute, qu'il ne tient qu'à elle d'avoir des rigueurs, et de
rendre César malheureux. Sur quoi la confidente lui répond:

J'oserais bien jurer que vos charmants appas
Se vantent d'un pouvoir dont ils n'useront pas. [17] 85

Dans toutes les pièces du même auteur qui suivent *la Mort de
Pompée*, on est obligé d'avouer que l'amour est toujours traité de
ce ton familier. Mais sans prendre la peine inutile de rapporter des
exemples de ces défauts trop visibles, examinons seulement les
meilleurs vers que l'auteur de *Cinna* ait fait débiter sur le théâtre, 90
comme maximes de galanterie.

Il est des nœuds secrets, il est des sympathies,
Dont par le doux rapport les âmes assorties,
S'attachent l'une à l'autre, et se laissent piquer,
Par ce je ne sais quoi qu'on ne peut expliquer. [18] 95

De bonne foi croirait-on que ces vers du haut comique fussent
dans la bouche d'une princesse des Parthes, qui va demander à
son amant la tête de sa mère? Est-ce dans un jour si terrible qu'on
parle d'*un je ne sais quoi, dont par le doux rapport les âmes sont
assorties?* Sophocle aurait-il débité de tels madrigaux? Et toutes 100
ces petites sentences amoureuses ne sont-elles pas uniquement du
ressort de la comédie?

91   49P1, W48D, W51, W52, W57P: de galanteries.

[17] *La Mort de Pompée*, II.i. Dans Corneille, on lit: 'Quand elle dit qu'elle aime'
(l.78).
[18] *Rodogune*, I.v.

Le grand homme, qui a porté à un si haut point la véritable éloquence dans les vers, qui a fait parler à l'amour un langage si touchant à la fois et si noble, a mis cependant dans ses tragédies 105 plus d'une scène, que Boileau trouvait plus propre de la haute comédie de Térence que du rival et du vainqueur d'Euripide.

On pourrait citer plus de trois cents vers dans ce goût; ce n'est pas que la simplicité qui a ses charmes, la naïveté qui quelquefois même tient du sublime, ne soient nécessaires, pour servir ou de 110 préparation, ou de liaison et de passage au pathétique. Mais si ces traits naïfs et simples appartiennent même au tragique, à plus forte raison appartiennent-ils au grand comique; c'est dans ce point, où la tragédie s'abaisse, et où la comédie s'élève, que ces deux arts se rencontrent et se touchent. C'est là seulement que leurs bornes se 115 confondent. Et s'il est permis à Oreste et à Hermione de se dire:

> Ah! ne souhaitez pas le destin de Pyrrhus;
> Je vous haïrais trop... vous m'en aimeriez plus.
> Ah! que vous me verriez d'un regard bien contraire!
> Vous me voulez aimer, et je ne peux vous plaire. 120
> Vous m'aimeriez, madame, en me voulant haïr...
> Car enfin il vous hait, son âme ailleurs éprise
> N'a plus... Qui vous l'a dit, seigneur, qu'il me méprise?
> Jugez-vous que ma vue inspire des mépris? [19]

Si ces héros, dis-je, se sont exprimés avec cette familiarité, à 125 combien plus forte raison le Misanthrope est-il reçu à dire à sa maîtresse avec véhémence:

> Rougissez bien plutôt, vous en avez raison,
> Et j'ai de sûrs témoins de votre trahison...
> Ce n'était pas en vain que s'alarmait ma flamme; 130
> Mais ne présumez pas que sans être vengé,

[19] Racine, *Andromaque*, II.ii; plusieurs vers ont été supprimés.

Je succombe à l'affront de me voir outragé…
C'est une trahison, c'est une perfidie,
Qui ne saurait trouver de trop grands châtiments.
Oui, je peux tout permettre à mes ressentiments.   135
Redoutez tout, madame, après un tel outrage.
Je ne suis plus à moi, je suis tout à la rage.
Percé du coup mortel dont vous m'assassinez,
Mes sens par la raison ne sont plus gouvernés. [20]

Certainement si toute la pièce du *Misanthrope* était dans ce goût,   140
ce ne serait plus une comédie. Si Oreste et Hermione s'exprimaient
toujours comme on vient de le voir, ce ne serait plus une
tragédie. Mais après que ces deux genres si différents se sont ainsi
rapprochés, ils rentrent chacun dans leur véritable carrière. L'un
reprend le ton plaisant, et l'autre le ton sublime.   145

La comédie encore une fois peut donc se passionner, s'emporter,
attendrir, pourvu qu'ensuite elle fasse rire les honnêtes gens. Si
elle manquait de comique, si elle n'était que larmoyante, c'est
alors qu'elle serait un genre très vicieux, et très désagréable. [21]

---

132   49PI, W48D, W51, entre 132 et 133:
      Ah! je ne trouverais aucun sujet de plainte,
      Si pour moi votre bouche avait parlé sans feinte.
      Mon cœur n'aurait eu droit de s'en prendre qu'au fort;
      Mais d'un aveu trompeur voir ma flamme applaudie,

[20] Molière, *Le Misanthrope*, IV.iii; plusieurs vers sont omis. Voltaire, qui
reprochait à ses éditeurs et aux acteurs de ne pas suivre fidèlement ses leçons,
procède de même avec les grands auteurs quand il se fie à sa mémoire.

[21] En 1763, Chassiron, toujours en opposition avec ces 'principes dangereux',
cite ce passage en ajoutant en note: 'L'apologie du genre mélangé qui règne dans
toute la préface de *Nanine*, est purement gratuite de la part de M. de Voltaire.
Aucunes de ses comédies ne sont déparées par la manière larmoyante; les personnages
de l'Enfant prodigue sont presque tous risibles […] Quant à Nanine elle ne paraît
destinée qu'à vaincre un préjugé respectable, qui fait loi, ou qui en tient lieu chez
tous les peuples policés de l'univers' ('Dissertation sur le génie de la comédie
ancienne et moderne', p.9).

On avoue, qu'il est rare de faire passer les spectateurs insensible-   150
ment de l'attendrissement au rire. Mais ce passage, tout difficile
qu'il est de le saisir dans une comédie, n'en est pas moins naturel
aux hommes. On a déjà remarqué ailleurs[22] que rien n'est plus
ordinaire que des aventures qui affligent l'âme, et dont certaines
circonstances inspirent ensuite une gaieté passagère. C'est ainsi   155
malheureusement que le genre humain est fait. Homère représente
même les dieux riant de la mauvaise grâce de Vulcain, dans le
temps qu'ils décident du destin du monde.[23]

Hector sourit de la peur de son fils Astyanax; tandis qu'Andromaque répand des larmes.[24] On voit souvent jusque dans l'horreur   160
des batailles, des incendies, de tous les désastres qui nous affligent,
qu'une naïveté, un bon mot, excitent le rire jusque dans le sein de
la désolation et de la pitié. On défendit à un régiment, dans la
bataille de Spire de faire quartier; un officier allemand demande la
vie à l'un des nôtres, qui lui répond: *Monsieur, demandez-moi tout*   165
autre chose, mais pour la vie il n'y a pas moyen. Cette naïveté passe
aussitôt de bouche en bouche, et on rit au milieu du carnage.[25] A
combien plus forte raison le rire peut-il succéder dans la comédie
à des sentiments touchants? Ne s'attendrit-on pas avec Alcmène?
Ne rit-on pas avec Sosie?[26] Quel misérable et vain travail, de   170
disputer contre l'expérience! Si ceux qui disputent ainsi, ne se
payaient pas de raison, et aimaient mieux des vers, on leur citerait
ceux-ci.

> L'amour règne par le délire,
> Sur ce ridicule univers.   175
> Tantôt aux esprits de travers
> Il fait rimer de mauvais vers;
> Tantôt il renverse un empire.

[22] Dans la préface de *L'Enfant prodigue.*
[23] *Iliade*, i.599-600.
[24] *Iliade*, vi.466-493.
[25] Voltaire a noté cette anecdote dans ses carnets (V 81, p.417).
[26] Dans l'*Amphitryon* de Molière.

72

L'œil en feu, le fer à la main,
Il frémit dans la tragédie;   180
Non moins touchant et plus humain,
Il anime la comédie;
Il affadit dans l'élégie;
Et dans un madrigal badin,
Il se joue aux pieds de Sylvie.   185
Tous les genres de poésie,
De Virgile jusqu'à Chaulieu,
Sont aussi soumis à ce dieu,
Que tous les états de la vie.

ACTEURS

LE COMTE D'OLBAN, seigneur retiré à la campagne.

LA BARONNE DE L'ORME, parente du comte, femme impérieuse, aigre, difficile à vivre.

LA MARQUISE D'OLBAN, mère du comte.

NANINE, fille élevée à la maison du comte.

PHILIPPE HOMBERT, paysan du voisinage.

BLAISE, jardinier.

GERMON
MARIN } domestiques

La scène est dans le château du comte d'Olban.[1]

1-9 49: MADAME OLBAN. Mlle Dangeville. / LE COMTE OLBAN son fils. M. Grandval. / LA BARONNE DE LORME. Mlle Grandval. / NANINE. Mlle Gaussin. / PHILIPPE HOMBERT père de Nanine. M. Sarasin. / BLAISE, jardinier. M. Paulin. / GERMON, MARIN, domestiques. M. Deschamps, M. Dubois.

10 49: dans une des terres du

[1] Le Registre des meubles, décors, objets et ustensiles nécessaires à la représentation des pièces composant le Répertoire du Théâtre français (Comédie-Française, f.108) donne le détail des accessoires de la mise en scène. A l'acte I, une table, écritoire, une lettre entre deux feuillets sur la table, côté de la reine, avant le lever du rideau. Une lettre blanche à Germon, deux bourses au comte. A l'acte II, une lettre pour le comte, une bourse et un écritoire. A l'acte III, une bourse et un écrin pour le père. En outre, un laquais quand la baronne appelle, trois laquais quand le comte appelle. Six sièges sont disposés dans le salon.

74

ACTE PREMIER

SCÈNE PREMIÈRE

LE COMTE D'OLBAN, LA BARONNE DE L'ORME

LA BARONNE

Il faut parler, il faut, monsieur le comte,
Vous expliquer nettement sur mon compte.
Ni vous ni moi n'avons un cœur tout neuf;
Vous êtes libre, et depuis deux ans veuf.
Devers ce temps j'eus cet honneur moi-même: 5
Et nos procès, dont l'embarras extrême
Etait si triste, et si peu fait pour nous,
Sont enterrés, ainsi que mon époux.

LE COMTE

Oui, tout procès m'est fort insupportable.

LA BARONNE

Ne suis-je pas comme eux fort haïssable?   10

LE COMTE

Qui! vous, madame?

LA BARONNE

Oui, moi. Depuis deux ans,
Libres tous deux, comme tous deux parents,

c 49: LA BARONNE, LE COMTE

75

Pour terminer nous habitons ensemble;
Le sang, le goût, l'intérêt nous rassemble.

LE COMTE

Ah l'intérêt! parlez mieux.

LA BARONNE

Non, monsieur,   15
Je parle bien, et c'est avec douleur;
Et je sais trop que votre âme inconstante
Ne me voit plus que comme une parente.

LE COMTE

Je n'ai pas l'air d'un volage, je crois.

LA BARONNE

Vous avez l'air de me manquer de foi.   20

LE COMTE *à part.*

Ah!

LA BARONNE

Vous savez que cette longue guerre,
Que mon mari vous faisait pour ma terre,
A dû finir en confondant nos droits
Dans un hymen dicté par notre choix:
Votre promesse à ma foi vous engage: 25
Vous différez, et qui diffère outrage.

---

14   49:   Le goût, le sang, l'intérêt
20a-21   49:   Et vous savez que [omet la réplique du COMTE]
22   49:   pour sa terre,
24   49:   par votre choix.

ACTE I, SCÈNE I

LE COMTE

J'attends ma mère.

LA BARONNE

Elle radote; bon!

LE COMTE

Je la respecte, et je l'aime.

LA BARONNE

Et moi, non.
Mais pour me faire un affront qui m'étonne,
Assurément vous n'attendez personne,   30
Perfide, ingrat!

LE COMTE

D'où vient ce grand courroux?
Qui vous a donc dit tout cela?

LA BARONNE

Qui? vous;
Vous, votre ton, votre air d'indifférence,
Votre conduite, en un mot, qui m'offense,
Qui me soulève, et qui choque mes yeux.   35
Ayez moins tort, ou défendez-vous mieux.
Ne vois-je pas l'indignité, la honte,
L'excès, l'affront du goût qui vous surmonte?
Quoi! pour l'objet le plus vil, le plus bas,

31 49: Perfide amant!
32 49: Qui vous a pu dire cela?
35 49: qui blesse mes

77

Vous me trompez!

LE COMTE

          Non, je ne trompe pas;   40
Dissimuler n'est pas mon caractère.
J'étais à vous, vous aviez su me plaire,
Et j'espérais avec vous retrouver
Ce que le ciel a voulu m'enlever;
Goûter en paix, dans cet heureux asile,   45
Les nouveaux fruits d'un nœud doux et tranquille;
Mais vous cherchez à détruire vos lois.
Je vous l'ai dit, l'Amour a deux carquois:
L'un est rempli de ces traits tout de flamme,
Dont la douceur porte la paix dans l'âme,   50
Qui rend plus purs nos goûts, nos sentiments,
Nos soins plus vifs, nos plaisirs plus touchants:
L'autre n'est plein que de flèches cruelles,
Qui répandant les soupçons, les querelles,
Rebutent l'âme, y portent la tiédeur,   55
Font succéder les dégoûts à l'ardeur. [1]
Voilà les traits que vous prenez vous-même
Contre nous deux; et vous voulez qu'on aime!

41   49: n'est point mon
53   49: Mais l'autre est plein de ces flèches cruelles
55   49: Révoltent l'âme,
56   49: succéder le dégoût à

[1] Ces vers sont imités d'Ovide (*Métamorphoses*, i.466-477). La même image se retrouve au début du chant XXI de *La Pucelle* (V 7, p.573). Dans sa *Lettre à l'auteur de Nanine* Guiard de Servigné commente ironiquement: 'il [l'Amour] avait besoin de deux carquois, un ne lui suffisait pas; les flèches pacifiques n'étaient du goût de personne, il en fallait d'autres pour réveiller les galanteries; ceci est une nouvelle mythologie, que toutes nos filles de théâtre feront bien d'apprendre, puisque le comique l'adopte' (p.6-7).

LA BARONNE

Oui, j'aurai tort. Quand vous vous détachez,
C'est donc à moi que vous le reprochez.   60
Je dois souffrir vos belles incartades,
Vos procédés, vos comparaisons fades.
Qu'ai-je donc fait pour perdre votre cœur?
Que me peut-on reprocher?

LE COMTE

              Votre humeur.
N'en doutez pas; oui, la beauté, madame,   65
Ne plaît qu'aux yeux: la douceur charme l'âme.

LA BARONNE

Mais êtes-vous sans humeur, vous?

LE COMTE

              Moi? non;
J'en ai sans doute; et pour cette raison,
Je veux, madame, une femme indulgente,
Dont la beauté douce et compatissante,   70
A mes défauts facile à se plier,
Daigne avec moi me réconcilier,
Me corriger, sans prendre un ton caustique,
Me gouverner, sans être tyrannique,
Et dans mon cœur pénétrer pas à pas,   75
Comme un jour doux dans des yeux délicats.
Qui sent le joug le porte avec murmure;
L'amour tyran est un dieu que j'abjure.
Je veux aimer, et ne veux point servir;

65   49: doutez point;
71   49: défauts docile à

C'est votre orgueil qui peut seul m'avilir.   80
J'ai des défauts, mais le ciel fit les femmes,
Pour corriger le levain de nos âmes,
Pour adoucir nos chagrins, nos humeurs,
Pour nous calmer, pour nous rendre meilleurs.
C'est là leur lot: et pour moi je préfère   85
Laideur affable à beauté rude et fière.

LA BARONNE

C'est fort bien dit, traître, vous prétendez,
Quand vous m'outrez, m'insultez, m'excédez,
Que je pardonne, en lâche complaisante,
De vos amours la honte extravagante?   90
Et qu'à mes yeux un faux air de hauteur
Excuse en vous les bassesses du cœur?

LE COMTE

Comment! Madame?

LA BARONNE

　　　　　　　Oui, la jeune Nanine
Fait tout mon tort. Un enfant vous domine,
Une servante, une fille des champs,   95
Que j'élevai par mes soins imprudents,
Que par pitié votre facile mère
Daigna tirer du sein de la misère.
Vous rougissez.

84　49: calmer et nous
88　49: m'outrez, m'outragez, m'excédez
90　49: De vos discours la
91　49: air de grandeur
92　49: les faiblesses du cœur.

ACTE I, SCÈNE I

LE COMTE

Moi! je lui veux du bien.

LA BARONNE

Non, vous l'aimez; j'en suis très sûre.

LE COMTE

                        Eh bien!   100
Si je l'aimais, apprenez donc, madame,
Que hautement je publierais ma flamme.

LA BARONNE

Vous en êtes capable.

LE COMTE

          Assurément.

LA BARONNE

Vous oseriez trahir impudemment
De votre rang toute la bienséance,   105
Humilier ainsi votre naissance,
Et dans la honte, où vos sens sont plongés,
Braver l'honneur!

LE COMTE

        Dites les préjugés.
Je ne prends point, quoi qu'on en puisse croire,
La vanité pour l'honneur et la gloire.   110
L'éclat vous plaît; vous mettez la grandeur

100   49: suis trop sûre.
107   49: dans l'erreur où

81

Dans des blasons: je la veux dans le cœur.
L'homme de bien, modeste avec courage,
Et la beauté spirituelle, sage,
Sans bien, sans nom, sans tous ces titres vains,   115
Sont à mes yeux les premiers des humains.

LA BARONNE

Il faut au moins être bon gentilhomme.
Un vil savant, un obscur honnête homme,
Serait chez vous, pour un peu de vertu,
Comme un seigneur avec honneur reçu?   120

LE COMTE

Le vertueux aurait la préférence.

LA BARONNE

Peut-on souffrir cette humble extravagance?
Ne doit-on rien, s'il vous plaît, à son rang?

LE COMTE

Etre honnête homme, est ce qu'on doit.

LA BARONNE

                                        Mon sang
Exigerait un plus haut caractère.   125

112 49: Dans les blasons,
115 49: tous les titres
117 49: faut du moins
121 49: Je n'en ferais aucune différence.
     63: Je n'y mettrai aucune différence.
124 49: Son sang

82

LE COMTE

Il est très haut; il brave le vulgaire.

LA BARONNE

Vous dégradez ainsi la qualité!

LE COMTE

Non; mais j'honore ainsi l'humanité.

LA BARONNE

Vous êtes fou: quoi! le public, l'usage!

LE COMTE

L'usage est fait pour le mépris du sage;   130
Je me conforme à ses ordres gênants,
Pour mes habits, non pour mes sentiments.
Il faut être homme, et d'une âme sensée
Avoir à soi ses goûts et sa pensée.
Irai-je en sot aux autres m'informer   135
Qui je dois fuir, chercher, louer, blâmer?
Quoi! de mon être il faudra qu'on décide?
J'ai ma raison; c'est ma mode et mon guide.
Le singe est né pour être imitateur,
Et l'homme doit agir d'après son cœur.   140

LA BARONNE

Voilà parler en homme libre, en sage.
Allez, aimez des filles de village,

126   49: Il est trop haut, s'il brave
135   49: Irais-je
136   49: fuir, louer, chercher
139   49: est fait pour

Cœur noble et grand; soyez l'heureux rival
Du magister et du greffier fiscal;
Soutenez bien l'honneur de votre race.   145

LE COMTE

Ah juste ciel! que faut-il que je fasse?

SCÈNE II

LE COMTE, LA BARONNE, BLAISE

LE COMTE

Que veux-tu, toi?

BLAISE

C'est votre jardinier,
Qui vient, monsieur, humblement supplier
Votre grandeur.

LE COMTE

Ma grandeur! Eh bien, Blaise,
Que te faut-il?

BLAISE

Mais, c'est, ne vous déplaise,   150
Que je voudrais me marier...

144   49: magister ou du
146b 49: LA BARONNE, LE COMTE, BLAISE

LE COMTE

D'accord,
Très volontiers. Ce projet me plaît fort.
Je t'aiderai, j'aime qu'on se marie,
Et la future, est-elle un peu jolie?

BLAISE

Ah, oui, ma foi, c'est un morceau friand.   155

LA BARONNE

Et Blaise en est aimé?

BLAISE

Certainement.

LE COMTE

Et nous nommons cette beauté divine?

BLAISE

Mais c'est...

LE COMTE

Eh bien?...

BLAISE

C'est la belle Nanine.

LE COMTE

Nanine?

152   49: volontiers; le projet

LA BARONNE

Ah! bon! Je ne m'oppose point
A de pareils amours.

LE COMTE *à part.*

Ciel! à quel point   160
On m'avilit! Non, je ne le puis être.

BLAISE

Ce parti-là doit bien plaire à mon maître.

LE COMTE

Tu dis qu'on t'aime, impudent!

BLAISE

Ah! pardon.

LE COMTE

T'a-t-elle dit qu'elle t'aimât?

BLAISE

Mais... Non,
Pas tout à fait; elle m'a fait entendre,   165
Tant seulement, qu'elle a pour nous du tendre.
D'un ton si bon, si doux, si familier,
Elle m'a dit cent fois, Cher jardinier,
Cher ami Blaise, aide-moi donc à faire
Un beau bouquet de fleurs, qui puisse plaire   170

159a-160   49:   LA BARONNE / Oh! bon. / LE COMTE / Je ne m'oppose point / A
de pareils amours. (*à part.*) Ciel
167   49:   D'un air si

A monseigneur, à ce maître charmant;
Et puis d'un air si touché, si touchant,
Elle faisait ce bouquet; et sa vue
Etait troublée, elle était tout émue,
Toute rêveuse, avec un certain air,   175
Un air, là, qui... peste l'on y voit clair.

LE COMTE

Blaise, va-t'en... Quoi! j'aurais su lui plaire?

BLAISE

Çà, n'allez pas traînasser notre affaire.

LE COMTE

Hem!...

BLAISE

                Vous verrez comme ce terrain-là
Entre mes mains bientôt profitera.   180
Répondez donc, pourquoi ne me rien dire?

LE COMTE

Ah! mon cœur est trop plein. Je me retire...
Adieu, madame.

176   49: Un air... qui... la peste, on y
176a-177 49: LE COMTE *à part.* | Est-il bien vrai? Quoi
178a-179 49: Et vous verrez [omet la réplique du COMTE]
183   49: Adieux, madame. | LA BARONNE *à part.* | Il l'aime [sans changement
de scène]

SCÈNE III

LA BARONNE, BLAISE

LA BARONNE

Il l'aime comme un fou:
J'en suis certaine. Et comment donc? par où?
Par quels attraits, par quelle heureuse adresse,   185
A-t-elle pu me ravir sa tendresse?
Nanine! ô ciel! quel choix! quelle fureur!
Nanine! non. J'en mourrai de douleur.

BLAISE (*revenant.*)

Ah! vous parlez de Nanine.

LA BARONNE

Insolente!

BLAISE

Est-il pas vrai que Nanine est charmante?   190

LA BARONNE

Non.

BLAISE

Eh si fait: parlez un peu pour nous;
Protégez Blaise.

188a-189   49: BLAISE / Vous parlez là de
190   49: N'est-il pas vrai
191   49P1, W48D, W52, W57P: Eh s'y fait
    49: Ah si fait

LA BARONNE

Ah quels horribles coups!

BLAISE

J'ai des écus, Pierre Blaise mon père
M'a bien laissé trois bons journaux de terre;[2]
Tout est pour elle, écus comptants, journaux,   195
Tout mon avoir, et tout ce que je vaux,
Mon corps, mon cœur, tout moi-même, tout Blaise.

LA BARONNE

Autant que toi, crois que j'en serais aise,
Mon pauvre enfant, si je peux te servir;
Tous deux ce soir je voudrais vous unir;   200
Je lui payerai sa dot.

BLAISE

                    Digne baronne,
Que j'aimerai votre chère personne!
Que de plaisirs! est-il possible?

LA BARONNE

                              Hélas!
Je crains, ami, de ne réussir pas.

197   49:   Mon cœur, mon corps,
199   49:   je puis te
200   49:   je veux bien vous
203   49P1-W56, W57P, 63:   Que de plaisir!

[2] Journal de terre: 'Mesure de terre qu'on peut labourer en un jour' (*Trévoux*, iv.1555).

BLAISE

Ah par pitié, réussissez, madame.   205

LA BARONNE

Va. Plût au ciel qu'elle devînt ta femme!
Attends mon ordre.

BLAISE

Eh! puis-je attendre?

LA BARONNE

Va.

BLAISE

Adieu. J'aurai ma foi cet enfant-là.

SCÈNE IV

LA BARONNE *seule*.

Vit-on jamais une telle aventure?
Peut-on sentir une plus vive injure?   210
Plus lâchement se voir sacrifier?
Le comte Olban rival d'un jardinier!
    (*à un laquais*.)
Holà, quelqu'un. Qu'on appelle Nanine.

205   49: Eh, par
206   49: Ah, plût
208a 49: SCÈNE III [décalage consécutif des scènes]
212a 49, sans indication scénique

C'est mon malheur qu'il faut que j'examine.
Où pourrait-elle avoir pris l'art flatteur,   215
L'art de séduire et de garder un cœur,
L'art d'allumer un feu vif et qui dure?
Où? dans ses yeux, dans la simple nature.
Je crois pourtant que cet indigne amour
N'a point encore osé se mettre au jour.   220
J'ai vu qu'Olban se respecte avec elle;
Ah! c'est encore une douleur nouvelle!
J'espérerais, s'il se respectait moins.
D'un amour vrai le traître a tous les soins.
Ah la voici: je me sens au supplice.   225
Que la nature est pleine d'injustice!
A qui va-t-elle accorder la beauté?
C'est un affront fait à la qualité.
Approchez-vous, venez, mademoiselle.

SCÈNE V

LA BARONNE, NANINE

NANINE

Madame.

---

215   49: Mais où peut-elle
216   49: de gagner un cœur
221   49: Je vois qu'Olban
222   49: Et c'est
224-225   49: soins. / SCÈNE IV / LA BARONNE, NANINE / LA BARONNE /
Ah! la voici,
229-230   49: mademoiselle. / NANINE / Madame. [sans changement de scène]

LA BARONNE

Mais! est-elle donc si belle?   230
Ces grands yeux noirs ne disent rien du tout;
Mais s'ils ont dit, j'aime… ah je suis à bout.
Possédons-nous. Venez.

NANINE

Je viens me rendre
A mon devoir.

LA BARONNE

Vous vous faites attendre
Un peu de temps; avancez-vous. Comment!   235
Comme elle est mise! et quel ajustement!
Il n'est pas fait pour une créature
De votre espèce.

NANINE

Il est vrai. Je vous jure,
Par mon respect, qu'en secret j'ai rougi
Plus d'une fois d'être vêtue ainsi;   240
Mais c'est l'effet de vos bontés premières,
De ces bontés qui me sont toujours chères.
De tant de soins vous daigniez m'honorer!
Vous vous plaisiez vous-même à me parer.
Songez combien vous m'aviez protégée;   245

231 49: Ses grands
232 49: j'aime, je suis
234 49: A vos ordres.
235 49: Un peu longtemps,
238 49: De cette espèce.
243-244 49, absent
245 49: Voyez combien vous m'avez

Sous cet habit je ne suis point changée.
Voudriez-vous, madame, humilier
Un cœur soumis, qui ne peut s'oublier?

LA BARONNE

Approchez-moi ce fauteuil... Ah j'enrage...
D'où venez-vous?

NANINE

Je lisais.

LA BARONNE

Quel ouvrage?   250

NANINE

Un livre anglais, dont on m'a fait présent.[3]

LA BARONNE

Sur quel sujet?

NANINE

Il est intéressant:
L'auteur prétend que les hommes sont frères,
Nés tous égaux; mais ce sont des chimères;
Je ne puis croire à cette égalité.   255

246   49: habit mon cœur n'est point changé:
248   49: Ce cœur

[3] Il s'agit évidemment de la *Paméla* de Richardson.

LA BARONNE

Elle y croira. Quel fond de vanité!
Que l'on m'apporte ici mon écritoire...

NANINE

J'y vais.

LA BARONNE

Restez. Que l'on me donne à boire.

NANINE

Quoi?

LA BARONNE

Rien. Prenez mon éventail... Sortez.
Allez chercher mes gants... Laissez... Restez.   260
Avancez-vous... Gardez-vous, je vous prie,
D'imaginer que vous soyez jolie.

NANINE

Vous me l'avez si souvent répété,
Que si j'avais ce fond de vanité,
Si l'amour-propre avait gâté mon âme,   265
Je vous devrais ma guérison, madame.

LA BARONNE

Où trouve-t-elle ainsi ce qu'elle dit?

255a   49:   LA BARONNE à part.
259-260   49:
          Rien. Allez chercher mes gants; restez:
     Sortez... Prenez mon éventail; laissez:
267   49:   Où donc a-t-elle appris ce

94

Que je la hais! quoi! belle, et de l'esprit!

(*avec dépit.*)

Ecoutez-moi. J'eus bien de la tendresse
Pour votre enfance.

NANINE

                  Oui. Puisse ma jeunesse   270
Etre honorée encor de vos bontés!

LA BARONNE

Eh bien, voyez si vous les méritez.
Je prétends, moi, ce jour, cette heure même,
Vous établir; jugez si je vous aime.

NANINE

Moi?

LA BARONNE

          Je vous donne une dot. Votre époux   275
Est fort bien fait, et très digne de vous;
C'est un parti de tout point fort sortable;
C'est le seul même aujourd'hui convenable:
Et vous devez bien m'en remercier:
C'est, en un mot, Blaise le jardinier.   280

NANINE

Blaise, madame?

268a   49, sans indication scénique
274   49: établir; voyez si
278   49: Même aujourd'hui c'est le seul convenable,

LA BARONNE

Oui. D'où vient ce sourire?
Hésitez-vous un moment d'y souscrire?
Mes offres sont un ordre, entendez-vous?
Obéissez, ou craignez mon courroux.

NANINE

Mais…

LA BARONNE

Apprenez qu'un *mais* est une offense.   285
Il vous sied bien d'avoir l'impertinence
De refuser un mari de ma main!
Ce cœur si simple est devenu bien vain;
Mais votre audace est trop prématurée;
Votre triomphe est de peu de durée.   290
Vous abusez du caprice d'un jour,
Et vous verrez quel en est le retour.
Petite ingrate, objet de ma colère,
Vous avez donc l'insolence de plaire?
Vous m'entendez; je vous ferai rentrer   295
Dans le néant dont j'ai su vous tirer.
Tu pleureras ton orgueil, ta folie,
Je te ferai renfermer pour ta vie
Dans un couvent.

NANINE

J'embrasse vos genoux;

281   49: Et d'où vient
292   49: Vous connaîtrez quel

96

Renfermez-moi, mon sort sera tróp doux.   300
Oui, des faveurs que vous vouliez me faire,
Cette rigueur est pour moi la plus chère.
Enfermez-moi dans un cloître à jamais;
J'y bénirai mon maître et vos bienfaits;
J'y calmerai des alarmes mortelles,   305
Des maux plus grands, des craintes plus cruelles,
Des sentiments plus dangereux pour moi,
Que ce courroux qui me glace d'effroi.
Madame, au nom de ce courroux extrême,
Délivrez-moi, s'il se peut, de moi-même;   310
Dès cet instant je suis prête à partir.

LA BARONNE

Est-il possible? et que viens-je d'ouïr?
Est-il bien vrai? me trompez-vous, Nanine?

NANINE

Non. Faites-moi cette faveur divine:
Mon cœur en a trop besoin.

300-310   W51:
          Connaissez donc l'objet de ce courroux;
          Voyez mon cœur; sachez qu'une retraite
          Est aujourd'hui tout ce que je souhaite.
          Accordez-la, ne m'en menacez pas;
          Oui, je la veux... Je la demande... Hélas!
          Délivrez-moi s'il se peut de moi-même
          De mes frayeurs et du monde que j'aime.
301   49:   Et des faveurs
306-307   49:
          J'y bannirai des craintes plus cruelles,
          Des maux plus grands, plus dangereux pour moi
311   49:   Dès ce moment je

LA BARONNE (*avec un emportement de tendresse.*)

Lève-toi;   315
Que je t'embrasse. O jour heureux pour moi!
Ma chère amie! eh bien je vais sur l'heure
Préparer tout pour ta belle demeure.
Ah quel plaisir que de vivre en couvent!

NANINE

C'est pour le moins un abri consolant.   320

LA BARONNE

Non: c'est, ma fille, un séjour délectable.

NANINE

Le croyez-vous?

LA BARONNE

Le monde est haïssable,
Jaloux.

315a   49, sans indication scénique
        W57P, 63: *un empressement de*
317   49: amie! et je m'en vais
318   49: Tout préparer pour choisir ta demeure.
        49P1-W52, W57P, 63: Préparer tout pour choisir ta demeure.
319   49: vivre au couvent!
320   49: un séjour consolant.
321-325 49:
        Oui, va crois-moi, le monde est haïssable,
        Il tend sans cesse un piège inévitable
        A l'innocence, à l'esprit, à l'honneur.
        Ciel, que d'écueils! Tout cela fait horreur.
                NANINE
        Je vois trop bien qu'il me serait funeste,

NANINE

Oh oui.

LA BARONNE

Fou, méchant, vain, trompeur,
Changeant, ingrat; tout cela fait horreur.

NANINE

Oui; j'entrevois qu'il me serait funeste,   325
Qu'il faut le fuir...

LA BARONNE

La chose est manifeste;
Un bon couvent est un port assuré.
Monsieur le comte, ah! je vous préviendrai.

NANINE

Que dites-vous de monseigneur?

LA BARONNE

Je t'aime
A la fureur; et dès ce moment même,   330
Je voudrais bien te faire le plaisir
De t'enfermer pour ne jamais sortir.
Mais il est tard, hélas! il faut attendre
Le point du jour. Ecoute; il faut te rendre
Vers le minuit dans mon appartement.   335

327   49, entre 327 et 328: *à part.*
333   49:   tard, je crois qu'il
334   49:   jour. Tiens, il faudra te rendre
335   49:   Sur le minuit

Nous partirons d'ici secrètement
Pour ton couvent, à cinq heures sonnantes:
Sois prête au moins.

SCÈNE VI

NANINE *seule.*

        Quelles douleurs cuisantes!
Quel embarras! quel tourment! quel dessein!
Quels sentiments combattent dans mon sein!   340
Hélas! je fuis le plus aimable maître!
En le fuyant je l'offense peut-être:
Mais en restant, l'excès de ses bontés,
M'attirerait trop de calamités,
Dans sa maison mettrait un trouble horrible.   345
Madame croit qu'il est pour moi sensible,
Que jusqu'à moi ce cœur peut s'abaisser;
Je le redoute, et n'ose le penser.
De quel courroux madame est animée!
Quoi! l'on me hait, et je crains d'être aimée!   350
Mais moi, mais moi! je me crains encor plus;
Mon cœur troublé de lui-même est confus.
Que devenir? De mon état tirée,

336   49:   partirons de là
345   49:   maison naîtrait un
347   49:   moi son cœur
351   49:   Que dis-je? Moi, je me
353-356   49, 63:
          Que dans ce cœur je tremble de descendre,
          De m'avouer tout ce qu'il a de tendre,
          Et d'y nourrir, au milieu de l'effroi,
          Un sentiment qui n'est pas fait pour moi.

Pour mon malheur je suis trop éclairée.
C'est un danger, c'est peut-être un grand tort,　　355
D'avoir une âme au-dessus de son sort.
Il faut partir; j'en mourrai, mais n'importe.

SCÈNE VII

LE COMTE, NANINE, UN LAQUAIS

LE COMTE

Holà, quelqu'un, qu'on reste à cette porte.
Des sièges, vite.
> *Il fait la révérence à Nanine, qui lui en*
> *fait une profonde.*
Asseyons-nous ici.

NANINE

Qui, moi, monsieur?

LE COMTE

　　　　Oui, je le veux ainsi;　　360
Et je vous rends ce que votre conduite,
Votre beauté, votre vertu mérite.
Un diamant trouvé dans un désert,
Est-il moins beau, moins précieux, moins cher?

357b-c　49:　LE COMTE, NANINE / LE COMTE à part.
358-359　49:
　　　Qui peut, grands dieux, l'agiter de la sorte?
　　　Holà, quelqu'un, un siège, asseyons-nous ici.
361　49:　ce que votre mérite,

Quoi! vos beaux yeux semblent mouillés de larmes.   365
Ah! je le vois. Jalouse de vos charmes,
Notre baronne aura, par ses aigreurs,
Par son courroux, fait répandre vos pleurs.

NANINE

Non, monsieur, non; sa bonté respectable
Jamais pour moi ne fut si favorable;   370
Et j'avouerai qu'ici tout m'attendrit.

LE COMTE

Vous me charmez; je craignais son dépit.

NANINE

Hélas! pourquoi?

LE COMTE

            Jeune et belle Nanine,
La jalousie en tous les cœurs domine.
L'homme est jaloux, dès qu'il peut s'enflammer;   375
La femme l'est même avant que d'aimer.
Un jeune objet, beau, doux, discret, sincère,
A tout son sexe est bien sûr de déplaire.
L'homme est plus juste, et d'un sexe jaloux
Nous vous vengeons autant qu'il est en nous.   380
Croyez surtout que je vous rends justice;
J'aime ce cœur, qui n'a point d'artifice;
J'admire encore à quel point vous avez

365 49: Mais quoi! vos yeux
368 49: répandre ces pleurs.
370 49: Ne fut jamais pour moi plus favorable,
377 49: objet doux, beau, discret
382 49: J'aime le cœur

Développé vos talents cultivés.
De votre esprit la naïve justesse   385
Me rend surpris autant qu'il m'intéresse.

NANINE

J'en ai bien peu: mais quoi! je vous ai vu,
Et je vous ai tous les jours entendu;
Vous avez trop relevé ma naissance;
Je vous dois trop; c'est par vous que je pense.   390

LE COMTE

Ah! croyez-moi, l'esprit ne s'apprend pas.

NANINE

Je pense trop pour un état si bas;
Au dernier rang les destins m'ont comprise.

LE COMTE

Dans le premier vos vertus vous ont mise.
Naïvement dites-moi quel effet   395
Ce livre anglais sur votre esprit a fait?

NANINE

Il ne m'a point du tout persuadée:
Plus que jamais, monsieur, j'ai dans l'idée,
Qu'il est des cœurs si grands, si généreux,
Que tout le reste est bien vil auprès d'eux.   400

388   49:   ai si souvent entendu…
390   49:   dois tout, c'est
393   49:   m'ont soumise.
396   49:   Le livre

LE COMTE

Vous en êtes la preuve... Ah ça, Nanine,
Permettez-moi qu'ici l'on vous destine
Un sort, un rang, moins indigne de vous.

NANINE

Hélas! mon sort était trop haut, trop doux.

LE COMTE

Non. Désormais soyez de la famille;   405
Ma mère arrive, elle vous voit en fille;
Et mon estime, et sa tendre amitié,
Doivent ici vous mettre sur un pied
Fort éloigné de cette indigne gêne
Où vous tenait une femme hautaine.   410

NANINE

Elle n'a fait, hélas! que m'avertir
De mes devoirs... Qu'ils sont durs à remplir!

LE COMTE

Quoi? quel devoir? Ah! le vôtre est de plaire;
Il est rempli; le nôtre ne l'est guère.
Il vous fallait plus d'aisance et d'éclat.   415
Vous n'êtes pas encor dans votre état.

NANINE

J'en suis sortie, et c'est ce qui m'accable;

401   49: Vous l'éprouvez. Or écoutez, Nanine,
403   49: Un sort plus grand, moins
409   49: Bien différent de
415   49: plus de faste et d'éclat,

C'est un malheur peut-être irréparable.

(*se levant.*)

Ah, monseigneur! ah, mon maître! écartez
De mon esprit toutes ces vanités.   420
De vos bienfaits confuse, pénétrée,
Laissez-moi vivre à jamais ignorée.
Le ciel me fit pour un état obscur;
L'humilité n'a pour moi rien de dur.
Ah! laissez-moi ma retraite profonde.   425
Et que ferais-je, et que verrais-je au monde,
Après avoir admiré vos vertus?

LE COMTE

Non, c'en est trop, je n'y résiste plus.
Qui? vous, obscure! vous!

NANINE

                    Quoi que je fasse,
Puis-je de vous obtenir une grâce?   430

LE COMTE

Qu'ordonnez-vous? parlez.

NANINE

                    Depuis un temps
Votre bonté me comble de présents.

418a 49, sans indication scénique
428   49: c'en est fait, je
429   49: Qui vous obscure! / NANINE / Eh bien! quoi que je fasse,
430   49: Puis-je, seigneur, obtenir
431   49: Ah! parlez-moi. / NANINE / Depuis assez longtemps

LE COMTE

Eh bien! pardon. J'en agis comme un père,
Un père tendre à qui sa fille est chère.
Je n'ai point l'art d'embellir un présent;   435
Et je suis juste, et ne suis point galant.
De la fortune il faut venger l'injure;
Elle vous traita mal; mais la nature,
En récompense, a voulu vous doter
De tous ses biens; j'aurais dû l'imiter.   440

NANINE

Vous en avez trop fait; mais je me flatte
Qu'il m'est permis, sans que je sois ingrate,
De disposer de ces dons précieux,
Que votre main rend si chers à mes yeux.

LE COMTE

Vous m'outragez.

SCÈNE VIII

LE COMTE, NANINE, GERMON

GERMON

                    Madame vous demande,   445
Madame attend.

439   49: En conséquence
440   49: ses dons: je voudrais l'imiter.
445b 49: GERMON, LE COMTE, NANINE

LE COMTE

Eh, que madame attende.
Quoi! l'on ne peut un moment vous parler,
Sans qu'aussitôt on vienne nous troubler?

NANINE

Avec douleur, sans doute, je vous laisse;
Mais vous savez qu'elle fut ma maîtresse.　　　　　450

LE COMTE

Non, non, jamais je ne veux le savoir.

NANINE

Elle conserve un reste de pouvoir.

LE COMTE

Elle n'en garde aucun, je vous assure.
Vous gémissez… Quoi! votre cœur murmure!
Qu'avez-vous donc?

NANINE

Je vous quitte à regret;　　　　　455
Mais il le faut… O ciel! c'en est donc fait.

Elle sort.

446　49: Et que
451　49: je ne le veux
454　49: Qu'avez-vous donc? Quoi,
455　49: Quoi, vous pleurez!
456a　49, sans indication scénique

SCÈNE IX

LE COMTE, GERMON

LE COMTE *seul.*

Elle pleurait. D'une femme orgueilleuse,
Depuis longtemps l'aigreur capricieuse
La fait gémir sous trop de dureté;
Et de quel droit? par quelle autorité?   460
Sur ces abus ma raison se récrie.
Ce monde-ci n'est qu'une loterie
De biens, de rangs, de dignités, de droits,
Brigués sans titre, et répandus sans choix.
Eh…

GERMON

Monseigneur.

LE COMTE

        Demain sur sa toilette   465
Vous porterez cette somme complète
De trois cents louis d'or; n'y manquez pas;
Puis vous irez chercher ses gens là-bas;
Ils attendront.

456c-d 49P1, 63: LE COMTE, *seul.*
460   49: Eh! de quel droit, de quelle
463   49: De biens, d'honneurs, de dignités, de droits,
464   49: sans titres
465   49: Germon! / GERMON / Monsieur?
467   49: De cent louis, surtout n'y
468   49: chercher les gens

GERMON

Madame la baronne
Aura l'argent que monseigneur me donne   470
Sur sa toilette.

LE COMTE

Eh, l'esprit lourd! eh non!
C'est pour Nanine, entendez-vous?

GERMON

Pardon.

LE COMTE

Allez, allez, laissez-moi.

Germon sort.

Ma tendresse
Assurément n'est point une faiblesse.
Je l'idolâtre, il est vrai, mais mon cœur   475
Dans ses yeux seuls n'a point pris son ardeur.
Son caractère est fait pour plaire au sage;
Et sa belle âme a mon premier hommage.
Mais son état?... Elle est trop au-dessus;
Fût-il plus bas, je l'en aimerais plus.   480
Mais puis-je enfin l'épouser? Oui, sans doute.
Pour être heureux qu'est-ce donc qu'il en coûte?
D'un monde vain dois-je craindre l'écueil,
Et de mon goût me priver par orgueil?
Mais la coutume... Eh bien, elle est cruelle;   485
Et la nature eut ses droits avant elle.

472-473   49: Pardon. | SCÈNE IX | LE COMTE *seul.* | Allez,
473b   49, sans indication scénique

Eh quoi! rival de Blaise! pourquoi non?
Blaise est un homme; il l'aime, il a raison.
Elle fera, dans une paix profonde,
Le bien d'un seul, et les désirs du monde.
Elle doit plaire aux jardiniers, aux rois;
Et mon bonheur justifiera mon choix.

Fin du premier acte.

490

<hr/>

487 49:
    Aux préjugés c'est fou d'être soumis,
    Il faut les vaincre, ils sont nos ennemis;
    Et ceux qui font les esprits raisonnables,
    Plus vertueux, sont les seuls respectables.
    Mais quoi!... rival de Blaise; eh pourquoi non?
491 49: au jardinier, au roi,

ACTE II

SCÈNE PREMIÈRE

LE COMTE D'OLBAN, MARIN

LE COMTE *seul.*

Ah! cette nuit est une année entière.
Que le sommeil est loin de ma paupière!
Tout dort ici; Nanine dort en paix;
Un doux repos rafraîchit ses attraits:
Et moi je vais, je cours, je veux écrire,   5
Je n'écris rien; vainement je veux lire;
Mon œil troublé voit les mots sans les voir,
Et mon esprit ne les peut concevoir.
Dans chaque mot le seul nom de Nanine
Est imprimé par une main divine.   10
Holà, quelqu'un, qu'on vienne. Quoi! mes gens
Sont-ils pas las de dormir si longtemps?
Germon, Marin.

MARIN *derrière le théâtre.*

J'accours.

c   49: LE COMTE, MARIN
c-d   49P1-W52, W57P, 63: LE COMTE D'OLBAN, *seul.*
4   49: doux sommeil rafraîchit
7   49: les maux sans
11   49: vienne. Eh quoi!
13   63: Germon, Marin. / SCÈNE II [décalage consécutif des scènes] / MARIN
derrière
13a   49, sans indication scénique

III

LE COMTE

Quelle paresse!
Eh! venez vite, il fait jour: le temps presse:
Arrivez donc.

MARIN

Eh, monsieur, quel lutin   15
Vous a sans nous éveillé si matin?

LE COMTE

L'amour.

MARIN

Oh, oh! la baronne de l'Orme
Ne permet pas qu'en ce logis on dorme.
Qu'ordonnez-vous?

LE COMTE

Je veux, mon cher Marin,
Je veux avoir, au plus tard pour demain,   20
Six chevaux neufs, un nouvel équipage,
Femme de chambre adroite, bonne et sage,
Valet de chambre, avec deux grands laquais,
Point libertins, qu'ils soient jeunes, bien faits;

14   49: il est jour
15   49:

 Arrivez donc.
SCÈNE II [décalage consécutif des scènes]
    MARIN, LE COMTE
        MARIN
    Eh, monsieur, quel lutin
17   49: Eh quoi! la baronne
18   49: l'on dorme:

Des diamants, des boucles des plus belles,   25
Des bijoux d'or, des étoffes nouvelles.
Pars dans l'instant, cours en poste à Paris;
Crève tous les chevaux.

MARIN

              Vous voilà pris.
J'entends, j'entends. Madame la baronne
Est la maîtresse aujourd'hui qu'on nous donne;   30
Vous l'épousez?

LE COMTE

           Quel que soit mon projet,
Vole et reviens.

MARIN

           Vous serez satisfait.

SCÈNE II

LE COMTE, GERMON

LE COMTE *seul.*

Quoi! j'aurai donc cette douceur extrême,
De rendre heureux, d'honorer ce que j'aime.
Notre baronne avec fureur criera,   35
Très volontiers, et tant qu'elle voudra.
Les vains discours, le monde, la baronne,

32c-d   49-w52, w57p, 63: LE COMTE *seul.*

Rien ne m'émeut, et je ne crains personne.
Aux préjugés c'est trop être soumis,
Il faut les vaincre, ils sont nos ennemis;   40
Et ceux qui sont les esprits raisonnables,
Plus vertueux, sont les seuls respectables.
Eh mais... quel bruit entends-je dans ma cour?
C'est un carrosse. Oui... mais... au point du jour
Qui peut venir?... C'est ma mère peut-être.   45
Germon...

GERMON *arrivant*.

Monsieur.

LE COMTE

Vois ce que ce peut être.

GERMON

C'est un carrosse.

LE COMTE

Eh qui? par quel hasard?
Qui vient ici?

39-42   49, absent
43   49: Mais... mais quel
44-46⁶   49:
        Quoi, des chevaux! Qui donc au point du jour
        Peut arriver? C'est ma mère peut-être.
        SCÈNE IV [décalage consécutif des scènes]
            LE COMTE, GERMON
                LE COMTE
        Germon?
                GERMON
46   63: Germon... / SCÈNE IV [décalage consécutif des scènes] / GERMON,
arrivant.

GERMON

L'on ne vient point; l'on part.

LE COMTE

Comment! on part?

GERMON

Madame la baronne
Sort tout à l'heure.

LE COMTE

Oh je le lui pardonne;   50
Que pour jamais puisse-t-elle sortir!

GERMON

Avec Nanine elle est prête à partir.

LE COMTE

Ciel! que dis-tu? Nanine?

GERMON

La suivante
Le dit tout haut.

LE COMTE

Quoi donc?

48-49   49:   On ne vient pas, on part. / LE COMTE / Qui sort d'ici?
54-56   49:
Quoi donc, notre parente
Part avec elle!
GERMON
Elle va dans l'instant
Mettre Nanine à jamais au couvent.

GERMON

Votre parente

Part avec elle; elle va, ce matin,   55
Mettre Nanine à ce couvent voisin.

LE COMTE

Courons, volons. Mais quoi! que vais-je faire?
Pour leur parler je suis trop en colère;
N'importe: allons. Quand je devrais... mais non:
On verrait trop toute ma passion.   60
Qu'on ferme tout, qu'on vole, qu'on l'arrête;
Répondez-moi d'elle sur votre tête:[1]
Amenez-moi Nanine.[2]

(Germon sort.)

Ah juste ciel!

On l'enlevait. Quel jour! quel coup. mortel!

57-60   49, 63, absent
63-67   49:
          Emmenez-moi Nanine, juste ciel!
          Peut-on me faire un affront plus cruel?
          Courons, volons... Mais que prétends-je faire?
          Pour leur parler je suis trop en colère,
          Méprisons-les... Ah! je devrais... Mais non,
          On verrait trop toute ma passion:
          Au fond du cœur je pleurs de son caprice.
          Quoi donc, ingrate, et par quelle injustice?
          Eh qu'ai-je fait,
    63   63: *(Germain sort.)* | SCÈNE V [décalage consécutif des scènes] | LE COMTE
seul. | Ah! juste ciel!

----

[1] La *Lettre à l'auteur de Nanine* donne une version différente pour ces lignes:
'Amène-moi Nanine sur ta tête. | Qu'on m'en réponde' (p.7).
[2] Le *Mercure de France* trouvait inconvenant que le comte chargeât un valet de
s'opposer au départ de Nanine (juillet 1749, p.191).

Qu'ai-je donc fait, pourquoi, par quel caprice,   65
Par quelle ingrate et cruelle injustice?
Qu'ai-je donc fait, hélas! que l'adorer,
Sans la contraindre, et sans me déclarer,
Sans alarmer sa timide innocence?
Pourquoi me fuir? je m'y perds plus j'y pense.   70

SCÈNE III

LE COMTE, NANINE

LE COMTE

Belle Nanine: est-ce vous que je vois?
Quoi! vous voulez vous dérober à moi?
Ah répondez, expliquez-vous de grâce.
Vous avez craint, sans doute, la menace
De la baronne; et ces purs sentiments   75
Que vos vertus m'inspirent dès longtemps,
Plus que jamais l'auront sans doute aigrie.
Vous n'auriez point de vous-même eu l'envie
De nous quitter, d'arracher à ces lieux
Leur seul éclat, que leur prêtaient vos yeux?   80
Hier au soir, de pleurs toute trempée,
De ce dessein étiez-vous occupée?
Répondez donc. Pourquoi me quittiez-vous?

72 49: vous vouliez vous
75 49: et les purs
79 49: d'enlever à
80 49: Le seul éclat que leur prêtent vos yeux?
81 49: toute baignée,
82 49: De ce projet
83 49: Pourquoi me fuir, pourquoi me quittez-vous?

NANINE

Vous me voyez tremblante à vos genoux.

LE COMTE *la relevant.*

Ah parlez-moi. Je tremble plus encore.   85

NANINE

Madame.

LE COMTE

Eh bien?

NANINE

Madame, que j'honore,
Pour le couvent n'a point forcé mes vœux.

LE COMTE

Ce serait vous? qu'entends-je? ah malheureux!

NANINE

Je vous l'avoue: oui, je l'ai conjurée
De mettre un frein à mon âme égarée…   90
Elle voulait, monsieur, me marier.

LE COMTE

Elle? à qui donc?

NANINE

A votre jardinier.

84a   49, sans indication scénique
87   49: n'a pas forcé
89   49: Je l'avouerai; oui

118

LE COMTE

Le digne choix!

NANINE

Et moi toute honteuse,
Plus qu'on ne croit peut-être malheureuse,
Mais qui repousse avec un vain effort   95
Des sentiments au-dessus de mon sort,
Que vos bontés avaient trop élevée,
Pour m'en punir j'en dois être privée.

LE COMTE

Vous, vous punir? ah Nanine! et de quoi?

NANINE

D'avoir osé soulever contre moi   100
Votre parente, autrefois ma maîtresse.
Je lui déplais; mon seul aspect la blesse;
Elle a raison; et j'ai près d'elle hélas!
Un tort bien grand... qui ne finira pas.
J'ai craint ce tort, il est peut-être extrême. 105
J'ai prétendu m'arracher à moi-même,
Et déchirer dans les austérités,
Ce cœur trop haut, trop fier de vos bontés,
Venger sur lui sa faute involontaire.
Mais ma douleur, hélas! la plus amère,   110
En perdant tout, en courant m'éclipser,

95   49: Moi qui
98a-100   49, 63:
            Je sens assez, je sens avec effroi,
            Que j'ai, monsieur, soulevé contre moi
            [omet la réplique du COMTE]
110   49: Mais la douleur pour moi la plus amère,

En vous fuyant, fut de vous offenser.

LE COMTE (*se détournant et se promenant.*)

Quels sentiments, et quelle âme ingénue!
En ma faveur est-elle prévenue?
A-t-elle craint de m'aimer? ô vertu!   115

NANINE

Cent fois pardon, si je vous ai déplu.
Mais permettez qu'au fond d'une retraite
J'aille cacher ma douleur inquiète,
M'entretenir en secret à jamais,
De mes devoirs, de vous, de vos bienfaits.   120

LE COMTE

N'en parlons plus. Ecoutez; la baronne
Vous favorise, et noblement vous donne
Un domestique, un rustre pour époux;
Moi j'en sais un moins indigne de vous.
Il est d'un rang fort au-dessus de Blaise,   125
Jeune, honnête homme, il est fort à son aise;
Je vous réponds qu'il a des sentiments;
Son caractère est loin des mœurs du temps;
Et je me trompe, ou pour vous j'envisage
Un destin doux, un excellent ménage.   130

112a-114 49:
LE COMTE *à part.*
Ah! je ne puis commander à mes larmes:
M'aimerait-elle? Ai-je touché ses charmes?
116 49: Pardon cent fois
120 49: De vos vertus, de vous,
124 49: J'en connais un
129 49: Je vous dis vrai, et pour

120

Un tel parti flatte-t-il votre cœur?
Vaut-il pas bien le couvent?

NANINE

                         Non, monsieur...
Ce nouveau bien que vous daignez me faire,
Je l'avouerai, ne peut me satisfaire.
Vous pénétrez mon cœur reconnaissant;   135
Daignez y lire, et voyez ce qu'il sent.
Voyez sur quoi ma retraite se fonde.
Un jardinier, un monarque du monde,
Qui pour époux s'offriraient à mes vœux,
Egalement me déplairaient tous deux.   140

LE COMTE

Vous décidez mon sort. Eh bien, Nanine,
Connaissez donc celui qu'on vous destine.
Vous l'estimez; il est sous votre loi;
Il vous adore, et cet époux... c'est moi.
L'étonnement, le trouble l'a saisie.   145
Ah parlez-moi; disposez de ma vie;
Ah reprenez vos sens trop agités.

NANINE

Qu'ai-je entendu?

133	49:	vous voulez me
139	49:	à mes yeux,
	49P1-W52, W57P:	s'offrirait
141	49, 63:	Je n'y résiste plus. Eh bien, Nanine,
142	49:	Connaissez donc l'époux qu'on
143	49:	il vit sous
146	49:	décidez de ma vie,
147	49:	Et reprenez

LE COMTE

Ce que vous méritez.

NANINE

Quoi! vous m'aimez?... Ah gardez-vous de croire,
Que j'ose user d'une telle victoire.   150
Non, monsieur, non, je ne souffrirai pas,
Qu'ainsi pour moi vous descendiez si bas.
Un tel hymen est toujours trop funeste;
Le goût se passe, et le repentir reste.
J'ose à vos pieds attester vos aïeux...   155
Hélas sur moi ne jetez point les yeux.
Vous avez pris pitié de mon jeune âge;
Formé par vous, ce cœur est votre ouvrage;
Il en serait indigne désormais,
S'il acceptait le plus grand des bienfaits.   160
Oui, je vous dois des refus. Oui, mon âme
Doit s'immoler.

LE COMTE

                    Non, vous serez ma femme:
Quoi! tout à l'heure, ici vous m'assuriez,
Vous l'avez dit, que vous refuseriez
Tout autre époux, fut-ce un prince.

153   49: hymen vous serait trop
155   49: J'ose attester ici tous vos aïeux:
156   49: jetez pas les
161-163   49, 63:
            S'il ne savait, par un effort suprême,
            Vous refuser... et s'immoler soi-même.
                    LE COMTE
            Mais [63: Quoi] tout à l'heure

NANINE

                                    Oui sans doute,   165
Et ce n'est pas ce refus qui me coûte.

LE COMTE

Mais me haïssez-vous?

NANINE

                    Aurais-je fui?
Craindrais-je tant, si vous étiez haï?

LE COMTE

Ah! ce mot seul a fait ma destinée.

NANINE

Eh! que prétendez-vous?

LE COMTE

                    Notre hyménée.   170

---

165   49: Sans doute,
167   49: Je vous déplais? / NANINE / Hélas! aurais-je fui,
169-177   49:
        Ah! de ce mot dépend toute ma vie;[3]
        C'en est assez, ce mot me justifie.
        Dût l'univers s'élever contre moi,
        Oui, malgré vous je vous donne ma foi;
        Oui, je mourrai si je ne vous possède,
        A mon amour que votre crainte cède.
        S'il est ici pour vous quelque devoir,
        C'est d'y régner: voilà tout mon espoir.
        Dès ce moment mon âme impatiente,

[3] Sur cette variante, voir ci-dessus, p.11.

NANINE

Songez...

LE COMTE

Je songe à tout.

NANINE

Mais prévoyez...

LE COMTE

Tout est prévu.

NANINE

Si vous m'aimez, croyez...

LE COMTE

Je crois former le bonheur de ma vie.

NANINE

Vous oubliez...

LE COMTE

Il n'est rien que j'oublie.
Tout sera prêt, et tout est ordonné.   175

NANINE

Quoi! malgré moi votre amour obstiné...

LE COMTE

Oui, malgré vous ma flamme impatiente
Va tout presser pour cette heure charmante.

Un seul instant je quitte vos attraits,
Pour que mes yeux n'en soient privés jamais.   180
Adieu, Nanine, adieu, vous que j'adore.

SCÈNE IV

NANINE *seule.*

Ciel! est-ce un rêve? et puis-je croire encore
Que je parvienne au comble du bonheur?
Non, ce n'est pas l'excès d'un tel honneur,
Tout grand qu'il est, qui me plaît et me frappe: 185
A mes regards tant de grandeur échappe.
Mais épouser ce mortel généreux,
Lui, cet objet de mes timides vœux,
Lui que j'avais tant craint d'aimer, que j'aime,
Lui qui m'élève au-dessus de moi-même;   190
Je l'aime trop pour pouvoir l'avilir;
Je devrais... Non, je ne peux plus le fuir;
Non, mon état ne saurait se comprendre.
Moi l'épouser? quel parti dois-je prendre?
Le ciel pourra m'éclairer aujourd'hui;   195

---

179 49: Un seul moment
184 49: pas la vue d'un
189 49: Que je craignais tant d'aimer, et que j'aime;
191 49: pour vouloir le trahir.
192 49: Ah! je ne puis plus
194 63: Que devenir? quel parti
194-200a 49:
      Un intérêt, peut-être non moins tendre,
      M'agite encor: Qui croirait qu'aujourd'hui
      J'eusse des soins qui ne sont pas pour lui?

Dans ma faiblesse il m'envoie un appui.
Peut-être même... Allons, il faut écrire,
Il faut... par où commencer, et que dire?
Quelle surprise! écrivons promptement,
Avant d'oser prendre un engagement.   200

Elle se met à écrire.

SCÈNE V

NANINE, BLAISE

BLAISE

Ah! la voici. Madame la baronne,
En ma faveur vous a parlé, mignonne.
Ouais, elle écrit sans me voir seulement.

NANINE *écrivant toujours.*

Blaise, bonjour.

BLAISE

Bonjour est sec vraiment.

198-200 63:
  Quelle surprise et que pourra-t-il dire?
  Il règlera mes vœux, mes sentiments.
  Mais saisissons ces précieux instants.
200c 49: BLAISE, NANINE
203-209 49:
  Monsieur le comte est bien rébarbatif,
  Mais la baronne a le ton positif.
  Depuis la dot... la dot... elle m'impose

126

NANINE *écrivant.*

A chaque mot mon embarras redouble;   205
Toute ma lettre est pleine de mon trouble.

BLAISE

Le grand génie! elle écrit tout courant;
Qu'elle a d'esprit! et que n'en ai-je autant!
Çà, je disais...

NANINE

Eh bien?

BLAISE

                    Elle m'impose
Par son maintien: devant elle je n'ose   210
M'expliquer... là... tout comme je voudrais:
Je suis venu cependant tout exprès.

NANINE

Cher Blaise, il faut me rendre un grand service.

BLAISE

Oh! deux plutôt.

NANINE

                    Je te fais la justice
De me fier à ta discrétion,   215
A ton bon cœur.

BLAISE

                    Oh! parlez sans façon:

210   49:   maintien, avec elle

Car, voyez-vous, Blaise est prêt à tout faire
Pour vous servir; vite, point de mystère.

NANINE

Tu vas souvent au village prochain,
A Rémival, à droite du chemin?   220

BLAISE

Oui.

NANINE

    Pourrais-tu trouver dans ce village
Philippe Hombert?

BLAISE

              Non. Quel est ce visage?
Philippe Hombert? je ne connais pas ça.

NANINE

Hier au soir je crois qu'il arriva;
Informe-t'en. Tâche de lui remettre,   225
Mais sans délai, cet argent, cette lettre.

BLAISE

Oh! de l'argent!

NANINE

    Donne aussi ce paquet;

217-218   49:
       Expliquez-vous, dites, point de mystère,
       Pour vous servir Blaise est prêt à tout faire.
224   49: Hier au soir je sais
225   49: Mon cher ami, tâche

Monte à cheval, pour avoir plus tôt fait:
Pars, et sois sûr de ma reconnaissance.

BLAISE

J'irais pour vous au fin fond de la France.   230
Philippe Hombert est un heureux manant;
La bourse est pleine: ah! que d'argent comptant!
Est-ce une dette?

NANINE

        Elle est très avérée;
Il n'en est point, Blaise, de plus sacrée.
Ecoute. Hombert est peut-être inconnu;   235
Peut-être même il n'est pas revenu.
Mon cher ami, tu me rendras ma lettre,
Si tu ne peux en ses mains la remettre.

BLAISE

Mon cher ami!

NANINE

       Je me fie à ta foi.

BLAISE

Son cher ami!

NANINE

       Va, j'attends tout de toi.   240

239   49: Son cher ami!

SCÈNE VI

LA BARONNE, BLAISE

BLAISE

D'où diable vient cet argent? quel message!
Il nous aurait aidés dans le ménage!
Allons, elle a pour nous de l'amitié;
Et ça vaut mieux que de l'argent, morgué:
Courons, courons.

(*Il met l'argent et le paquet dans sa poche:
il rencontre la baronne, et la heurte.*)

LA BARONNE

Eh, le butor!... arrête.   245
L'étourdi m'a pensé casser la tête.

BLAISE

Pardon, madame.

240b-c   49, 63: BLAISE *seul.*
245-248   49:
        Courons, courons.
                Il heurte la baronne.
        SCÈNE IX [décalage consécutif des scènes]
             LA BARONNE, BLAISE
                  LA BARONNE
                Eh, le butor... arrête.
                  BLAISE
        Pardon.
                  LA BARONNE
             Il m'a pensé casser la tête:
        Eh bien, dis-moi, où vas-tu, que fais-tu?

LA BARONNE

   Où vas-tu? que tiens-tu?
Que fait Nanine? As-tu rien entendu?
Monsieur le comte est-il bien en colère?
Quel billet est-ce là?

BLAISE

   C'est un mystère.   *250*
Peste!...

LA BARONNE

Voyons.

BLAISE

 Nanine gronderait.

LA BARONNE

Comment dis-tu? Nanine! Elle pourrait
Avoir écrit, te charger d'un message!
Donne, ou je romps soudain ton mariage:
Donne, te dis-je.

BLAISE *riant*.

  Oh, oh.

---

250 49: Quel est ce billet-là?
254-255 49:
  Donne, ou soudain je romps ton mariage.
     BLAISE
  Ha, ha, ha, ha, ha, ha...
    LA BARONNE
    De quoi ris-tu?

LA BARONNE

De quoi ris-tu?   255

BLAISE *riant encore.*

Ah, ah.

LA BARONNE

J'en veux savoir le contenu:

Elle décachète la lettre.

Il m'intéresse, ou je suis bien trompée.

BLAISE *riant encore.*

Ah, ah, ah, ah, qu'elle est bien attrapée!
Elle n'a là qu'un chiffon de papier;
Moi j'ai l'argent, et je m'en vais payer   260
Philippe Hombert: faut servir sa maîtresse.
Courons.

SCÈNE VII

LA BARONNE *seule.*

Lisons. 'Ma joie et ma tendresse
Sont sans mesure, ainsi que mon bonheur;

255a   49, sans indication scénique
256b   49, sans indication scénique
257a-258   49: BLAISE / Voyez-le donc... (*à part.*) Ha, qu'elle est attrapée!
262   49: Partons.

132

Vous arrivez, quel moment pour mon cœur!
Quoi! je ne puis vous voir et vous entendre!   265
Entre vos bras je ne puis me jeter!
Je vous conjure au moins de vouloir prendre
Ces deux paquets; daignez les accepter.
Sachez qu'on m'offre un sort digne d'envie,
Et dont il est permis de s'éblouir;   270
Mais il n'est rien que je ne sacrifie
Au seul mortel que mon cœur doit chérir.'
Ouais. Voilà donc le style de Nanine,
Comme elle écrit, l'innocente orpheline!
Comme elle fait parler la passion!   275
En vérité ce billet est bien bon.
Tout est parfait, je ne me sens pas d'aise.
Ah, ah, rusée, ainsi vous trompiez Blaise!
Vous m'enleviez en secret mon amant.
Vous avez feint d'aller dans un couvent;   280
Et tout l'argent que le comte vous donne,
C'est pour Philippe Hombert? Fort bien, friponne;
J'en suis charmée, et le perfide amour
Du comte Olban méritait bien ce tour.
Je m'en doutais, que le cœur de Nanine   285

264-276   49:
    Et si celui qui peut tout sur mon cœur,
    Est arrivé, comme je viens d'entendre,
    Entre ses bras je me jette aujourd'hui:
    Tout ce que j'ai cependant est à lui.
    Je le conjure enfin de vouloir prendre
    Ces deux paquets; c'est un faible secours,
    Il vient d'un cœur qui l'aimera toujours.
    Ce cœur a plus d'un sacrifice à faire;
    C'est à vous seul, à vous que je veux plaire.'
    Que je veux plaire... Oui, le billet est bon.
    Comme elle fait parler la passion!
280   49: Vous aviez feint

Etait plus bas que sa basse origine.

SCÈNE VIII

LE COMTE, LA BARONNE

LA BARONNE

Venez, venez, homme à grands sentiments,
Homme au-dessus des préjugés du temps,
Sage amoureux, philosophe sensible,
Vous allez voir un trait assez risible.   290
Vous connaissez sans doute à Rémival,
Monsieur Philippe Hombert votre rival?

LE COMTE

Ah! quels discours vous me tenez!

LA BARONNE

                                        Peut-être
Ce billet-là vous le fera connaître.
Je crois qu'Hombert est un fort beau garçon.   295

LE COMTE

Tous vos efforts ne sont plus de saison,
Mon parti pris je suis inébranlable.
Contentez-vous du tour abominable
Que vous vouliez me jouer ce matin.

286b   49: LA BARONNE, LE COMTE
293   49: Hé quel discours me tenez-vous?

LA BARONNE

Ce nouveau tour est un peu plus malin.　　　　300
Tenez, lisez. Ceci pourra vous plaire;
Vous connaîtrez les mœurs, le caractère
Du digne objet qui vous a subjugué.

Tandis que le comte lit.

Tout en lisant il me semble intrigué.
Il a pâli, l'affaire émeut sa bile...　　　　305
Eh bien, monsieur, que pensez-vous du style?
Il ne voit rien, ne dit rien, n'entend rien:
Oh, le pauvre homme! il le méritait bien.

LE COMTE

Ai-je bien lu? je demeure stupide.
O tour affreux, sexe ingrat, cœur perfide!　　　　310

LA BARONNE

Je le connais, il est né violent;
Il est prompt, ferme; il va dans un moment
Prendre un parti.

300　49: Ce dernier tour
303a　49, sans indication scénique
307　49: Il ne dit rien, ne voit rien,
310　49: Ai-je bien lu? Sexe ingrat, cœur perfide!
312　49: il s'en va sur le champ

SCÈNE IX

LE COMTE, LA BARONNE, GERMON

GERMON

Voici dans l'avenue
Madame Olban.

LA BARONNE

La vieille est revenue?

GERMON

Madame votre mère, entendez-vous?   315
Est près d'ici, monsieur.

LA BARONNE

Dans son courroux
Il est devenu sourd. La lettre opère.

GERMON *criant.*

Monsieur.

LE COMTE

Plaît-il?

GERMON *haut.*

Madame votre mère,
Monsieur.

313b 49: GERMON, LA BARONNE, LE COMTE
314a-319 49: LE COMTE / Dis-moi que fait Nanine en ce moment?

LE COMTE

Que fait Nanine en ce moment?

GERMON

Mais… elle écrit dans son appartement.   320

LE COMTE *d'un air froid et sec.*

Allez saisir ses papiers, allez prendre
Ce qu'elle écrit, vous viendrez me le rendre;
Qu'on la renvoie à l'instant.

GERMON

                    Qui, Monsieur?

LE COMTE

Nanine.

GERMON

                    Non, je n'aurais pas ce cœur:
Si vous saviez à quel point sa personne   325
Nous charme tous, comme elle est noble, bonne!

LE COMTE

Obéissez, ou je vous chasse.

GERMON

                    Allons.
                    Il sort.

320a   49, sans indication scénique
324   49: Oh non,
        49P1-W52, W57P, 63: je n'aurai
326   49: noble et bonne!
327a   49, sans indication scénique

SCÈNE X

LE COMTE, LA BARONNE

LA BARONNE

Ah! je respire; enfin nous l'emportons:
Vous devenez un homme raisonnable.
Ah ça, voyez s'il n'est pas véritable,   330
Qu'on tient toujours de son premier état,
Et que les gens, dans un certain éclat,
Ont un cœur noble, ainsi que leur personne?
Le sang fait tout, et la naissance donne
Des sentiments à Nanine inconnus.   335

LE COMTE

Je n'en crois rien; mais soit, n'en parlons plus;
Réparons tout; le plus sage, en sa vie,
A quelquefois ses accès de folie:
Chacun s'égare, et le moins imprudent
Est celui-là qui plutôt se repent.   340

LA BARONNE

Oui.

LE COMTE

Pour jamais cessez de parler d'elle.

327c   49: LA BARONNE, LE COMTE
331-332   49:
        Que tout les gens dans un certain état,
        Dont la grandeur environne d'éclat,
337   49: Oublions tout.
340-341   49: se répent: / Mais pour jamais cessez [omet la réplique de LA BARONNE]

LA BARONNE

Très volontiers.

LE COMTE

    Ce sujet de querelle
Doit s'oublier.

LA BARONNE

    Mais vous de vos serments
Souvenez-vous.

LE COMTE

    Fort bien. Je vous entends;
Je les tiendrai.

LA BARONNE

    Ce n'est qu'un prompte hommage, 345
Qui peut ici réparer mon outrage.
Indignement notre hymen différé
Est un affront.

LE COMTE

    Il sera réparé.
Madame, il faut...

343-345 49:
     Et vous, de vos serments
Souvenez-vous.
    LE COMTE
    Je les tiendrai, j'entends.
    LA BARONNE
  Songez-y bien, ce n'est qu'un
347 49: Et trop longtemps mon
349 49: Mais il faudrait...

LA BARONNE

Il ne faut qu'un notaire.

LE COMTE

Vous savez bien... que j'attendais ma mère. 350

LA BARONNE

Elle est ici.

SCÈNE XI

LA MARQUISE, LE COMTE, LA BARONNE

LE COMTE *à sa mère.*

Madame, j'aurais dû...

à part.   *à sa mère.*

Philippe Hombert!... Vous m'avez prévenu;
Et mon respect, mon zèle, ma tendresse...

à part.

Avec cet air innocent, la traîtresse!

LA MARQUISE

Mais vous extravaguez, mon très cher fils. 355
On m'avait dit, en passant par Paris,
Que vous aviez la tête un peu frappée;

350a-351 49: SCÈNE XIV / MADAME OLBAN, LA BARONNE, LE
COMTE / LA BARONNE / Elle est ici. / LE COMTE
353 49: zèle et ma

140

Je m'aperçois qu'on ne m'a pas trompée:
Mais ce mal-là...

LE COMTE

Ciel, que je suis confus!

LA MARQUISE

Prend-il souvent?

LE COMTE

Il ne me prendra plus. 360

LA MARQUISE

Ça, je voudrais ici vous parler seule.
Faisant une petite révérence à la baronne.
Bonjour, madame.

LA BARONNE *à part.*

Hom! La vieille bégueule!
Madame, il faut vous laisser le plaisir
D'entretenir monsieur tout à loisir.
Je me retire.

Elle sort.

358 49: m'a point trompée.
359 49: Mais ce mal vous...
361a 49, sans indication scénique
362 49: O la vieille
363 49: Je ne veux point vous ôter le plaisir
365a 49, sans indication scénique

SCÈNE XII

LA MARQUISE, LE COMTE

LA MARQUISE, *parlant fort vite,*
et d'un ton de petite vieille babillarde.

Eh bien, monsieur le comte,   365
Vous faites donc à la fin votre compte
De me donner la baronne pour bru;
C'est sur cela que j'ai vite accouru.
Votre baronne est une acariâtre,
Impertinente, altière, opiniâtre,   370
Qui n'eut jamais pour moi le moindre égard;
Qui l'an passé, chez la marquise Agard,
En plein souper me traita de bavarde;
D'y plus souper désormais Dieu m'en garde.
Bavarde, moi! Je sais d'ailleurs très bien   375
Qu'elle n'a pas, entre nous, tant de bien:
C'est un grand point, il faut qu'on s'en informe;
Car on m'a dit que son château de l'Orme
A son mari n'appartient qu'à moitié;
Qu'un vieux procès, qui n'est pas oublié,   380
Lui disputait la moitié de la terre:
J'ai su cela de feu votre grand-père:
Il disait vrai: c'était un homme, lui;
On n'en voit plus de sa trempe aujourd'hui.

365c   49: MADAME OLBAN [*passim*], LE COMTE
365d-e   49, sans indication scénique
369-370   49: une opiniâtre, [...] acariâtre,
374   49, 63: Dieu me garde.
375   49: d'ailleurs trop bien
382   49: su tout ça
383   49: Il pensait bien; c'était

Paris est plein de ces petits bouts d'homme, 385
Vains, fiers, fous, sots, dont le caquet m'assomme;
Parlant de tout avec l'air empressé,
Et se moquant toujours du temps passé.
J'entends parler de nouvelle cuisine,
De nouveaux goûts; on crève, on se ruine: 390
Les femmes sont sans frein, et les maris
Sont des benêts. Tout va de pis en pis.

LE COMTE *relisant le billet*.

Qui l'aurait cru? Ce trait me désespère,
Eh bien, Germon?

SCÈNE XIII

LA MARQUISE, LE COMTE, GERMON

GERMON

Voici votre notaire.

LE COMTE

Oh! qu'il attende.

392a   49: LE COMTE *toujours distrait*.
395-402 49:
    Qu'il attende. Ah! Madame, vos raisons
    Font naître en moi mille réflexions.
      à part.
    Qui l'aurait cru si fourbe sur la mine!
      à Germon.
    M'a-t-on bientôt délivré de Nanine?

GERMON

Et voici le papier,   395
Qu'elle devait, monsieur, vous envoyer.

LE COMTE *lisant*.

Donne... Fort bien. Elle m'aime, dit-elle,
Et par respect me refuse!... Infidèle!
Tu ne dis pas la raison du refus!

LA MARQUISE

Ma foi, mon fils a le cerveau perclus;   400
C'est la baronne; et l'amour le domine.

LE COMTE *à Germon*.

M'a-t-on bientôt délivré de Nanine?

GERMON

Hélas! Monsieur, elle a déjà repris
Modestement ses champêtres habits,
Sans dire un mot de plainte et de murmure.   405

LE COMTE

Je le crois bien.

GERMON

Elle a pris cette injure
Tranquillement, lorsque nous pleurons tous.

395   49P1-W57P: Eh! voici

144

LE COMTE

Tranquillement?

LA MARQUISE

Hem! de qui parlez-vous?

GERMON

Nanine, hélas! Madame, que l'on chasse;
Tout le château pleure de sa disgrâce.   410

LA MARQUISE

Vous la chassez; je n'entends point cela.
Quoi! ma Nanine? Allons, rappelez-la.
Qu'a-t-elle fait ma charmante orpheline?
C'est moi, mon fils, qui vous donnai Nanine.
Je me souviens qu'à l'âge de dix ans,   415
Elle enchantait tout le monde céans.
Notre baronne ici la prit pour elle;
Et je prédis dès lors que cette belle
Serait fort mal, et j'ai très bien prédit:
Mais j'eus toujours chez vous peu de crédit.   420
Vous prétendez tout faire à votre tête:
Chasser Nanine est un trait malhonnête.

LE COMTE

Quoi! seule, à pied, sans secours, sans argent?

407-408   49: tous. / C'est bien dommage. / MADAME OLBAN / Hé de qui /
[omet la réplique du COMTE]
    409   49: Madame, c'est de Nanine, qu'on chasse,
    412   49: Allons, reprenez-la;
413-414   49, lignes interverties
    417   49: baronne alors la
    419   49: Serait très mal
    422   49P1, W48D, W51: c'est un trait

GERMON

Ah! j'oubliais de dire qu'à l'instant
Un vieux bonhomme à vos gens se présente: 425
Il dit que c'est une affaire importante
Qu'il ne saurait communiquer qu'à vous;
Il veut, dit-il, se mettre à vos genoux.

LE COMTE

Dans le chagrin où mon cœur s'abandonne.
Suis-je en état de parler à personne?   430

LA MARQUISE

Ah! vous avez du chagrin, je le crois;
Vous m'en donnez aussi beaucoup à moi.
Chasser Nanine, et faire un mariage
Qui me déplaît! non, vous n'êtes pas sage.
Allez, trois mois ne seront pas passés,   435
Que vous serez l'un de l'autre lassés.
Je vous prédis la pareille aventure
Qu'à mon cousin le marquis de Marmure.
Sa femme était aigre comme verjus;
Mais, entre nous, la vôtre l'est bien plus.   440
En s'épousant ils crurent qu'ils s'aimèrent;
Deux mois après tous deux se séparèrent;
Madame alla vivre avec un galant,
Fat, petit-maître, escroc, extravagant;
Et monsieur prit une franche coquette,   445
Une intrigante et friponne parfaite.
Des soupers fins, la petite maison,
Chevaux, habits, maître d'hôtel fripon,

441 63: Croyant s'aimer tous deux, ils se trompèrent
447 49: Les soupers

146

Bijoux nouveaux pris à crédit, notaires,
Contrats vendus et dettes usuraires: 450
Enfin, monsieur et madame, en deux ans,
A l'hôpital allèrent tout d'un temps.
Je me souviens encor d'une autre histoire,
Bien plus tragique, et difficile à croire;
C'était...

LE COMTE

   Ma mère, il faut aller dîner,   455
Venez... O ciel! ai-je pu soupçonner
Pareille horreur!

LA MARQUISE

   Elle est épouvantable:
Allons, je vais la raconter à table;
Et vous pourrez tirer un grand profit,
En temps et lieu, de tout ce que j'ai dit.   460

Fin du second acte.

456   49: Venez. Ah ciel! eût-on pu
457a 49: MAD. OLBAN *revenant à son histoire.*
458   49: Et je m'en vais

ACTE III

SCÈNE PREMIÈRE

NANINE *vêtue en paysanne*, GERMON

GERMON

Nous pleurons tous en vous voyant sortir.

NANINE

J'ai tardé trop, il est temps de partir.

GERMON

Quoi! pour jamais, et dans cet équipage?

NANINE

L'obscurité fut mon premier partage.

GERMON

Quel changement! Quoi du matin au soir!   5
Souffrir n'est rien, c'est tout que de déchoir.

NANINE

Il est des maux mille fois plus sensibles.

GERMON

J'admire encor des regrets si paisibles:

c   49: GERMON, NANINE
2   49: Ah, j'ai tardé trop longtemps à partir!

148

Certes, mon maître est bien mal avisé;
Notre baronne a sans doute abusé   10
De son pouvoir, et vous fait cet outrage.
Jamais monsieur n'aurait eu ce courage.

NANINE

Je lui dois tout: il me chasse aujourd'hui;
Obéissons. Ses bienfaits sont à lui,
Il peut user du droit de les reprendre.   15

GERMON

A ce trait-là qui diable eût pu s'attendre?
En cet état qu'allez-vous devenir?

NANINE

Me repentir, longtemps me repentir.

GERMON

Que nous allons haïr notre baronne!

NANINE

Mes maux sont grands, mais je les lui pardonne.   20

GERMON

Mais que dirai-je au moins de votre part
A notre maître après votre départ?

NANINE

Vous lui direz que je le remercie,

12   49:   Monsieur n'aurait jamais eu
18   49:   Me retirer, longtemps

Qu'il m'ait rendue à ma première vie;
Et qu'à jamais sensible à ses bontés,   25
Je n'oublierai... rien... que ses cruautés.

GERMON

Vous me fendez le cœur, et tout à l'heure
Je quitterais pour vous cette demeure.
J'irais partout avec vous m'établir;
Mais monsieur Blaise a su nous prévenir.   30
Qu'il est heureux! avec vous il va vivre:
Chacun voudrait l'imiter et vous suivre.

NANINE

On est bien loin de me suivre... Ah! Germon!
Je suis chassée... et par qui?...

GERMON

                              Le démon
A mis du sien dans cette brouillerie;   35
Nous vous perdons... et monsieur se marie.

NANINE

Il se marie!... Ah! partons de ce lieu;
Il fut pour moi trop dangereux... Adieu...

                              (*Elle sort.*)

GERMON

Monsieur le comte a l'âme un peu bien dure:

27 49: et dès cette heure
33 49: Que l'on est loin de
35 49: Souffle aujourd'hui chez nous sa zizanie:
37 49: Ah! sortons de
38 49: Il me serait trop

Comment chasser pareille créature! 40
Elle paraît une fille de bien:
Mais il ne faut pourtant jurer de rien.[1]

SCÈNE II

LE COMTE, GERMON

LE COMTE

Eh bien, Nanine est donc enfin partie?

GERMON

Oui, c'en est fait.

LE COMTE

J'en ai l'âme ravie.

GERMON

Votre âme est donc de fer.

LE COMTE

Dans le chemin 45
Philippe Hombert lui donnait-il la main?

GERMON

Qui? quel Philippe Hombert? Hélas, Nanine,

45   49:   En son chemin

[1] Ce vers passé en proverbe a pu inspirer à Musset le titre d'une de ses comédies.

Sans écuyer, fort tristement chemine,
Et de ma main ne veut pas seulement.

LE COMTE

Où donc va-t-elle?

GERMON

              Où? mais apparemment   50
Chez ses amis.

LE COMTE

      A Rémival, sans doute.

GERMON

Oui, je crois bien qu'elle prend cette route.

LE COMTE

Va la conduire à ce couvent voisin,
Où la baronne allait dès ce matin:
Mon dessein est qu'on la mette sur l'heure   55
Dans cette utile et décente demeure;
Ces cent louis la feront recevoir.
Va:... garde-toi de laisser entrevoir
Que c'est un don que je veux bien lui faire;
Dis-lui que c'est un présent de ma mère;   60
Je te défends de prononcer mon nom.

GERMON

Fort bien; je vais vous obéir.

52   49: qu'elle a pris cette
58   49: Garde-toi bien de
59   49: que je prétends lui

ACTE III, SCÈNE II

(Il fait quelques pas.)

LE COMTE

Germon,
A son départ, tu dis que tu l'as vue?

GERMON

Eh! oui, vous dis-je.

LE COMTE

Elle était abattue?
Elle pleurait?

GERMON

Elle faisait bien mieux,   65
Ses pleurs coulaient à peine de ses yeux:
Elle voulait ne pas pleurer.

LE COMTE

A-t-elle
Dit quelque mot qui marque, qui décèle
Ses sentiments? As-tu remarqué?...

GERMON

Quoi?

LE COMTE

A-t-elle enfin, Germon, parlé de moi?   70

62a   49, sans indication scénique
63a-64   49: Elle était triste, elle était abattue, [omet la réplique de GERMON]

GERMON

Oh, oui, beaucoup.

LE COMTE

Eh bien, dis-moi donc, traître,
Qu'a-t-elle dit?

GERMON

Que vous êtes son maître;
Que vous avez des vertus, des bontés;...
Qu'elle oubliera tout,... hors vos cruautés.

LE COMTE

Va... mais surtout garde qu'elle revienne.   75

(*Germon sort.*)

Germon?

GERMON

Monsieur.

LE COMTE

Un mot; qu'il te souvienne,
Si par hasard, quand tu la conduiras,
Certain Hombert venait suivre ses pas,
De le chasser de la belle manière.

---

72   49:   vous étiez son
73   49:   vous aviez des
75-76   49:
  Va, mais surtout gardons qu'elle revienne.
  Germon un mot. Que bien te souvienne,
  [omet la réplique de GERMON]

GERMON

Oui poliment à grands coups d'étrivière: 80
Comptez sur moi; je sers fidèlement.
Le jeune Hombert, dites-vous?

LE COMTE

Justement.

GERMON

Bon, je n'ai pas l'honneur de le connaître;
Mais le premier que je verrai paraître,
Scra rossé de la bonne façon;   85
Et puis après il me dira son nom.
                    (*Il fait un pas et revient.*)
Ce jeune Hombert est quelque amant, jc gagc,
Un beau garçon, le coq de son village.
Laissez-moi faire.

LE COMTE

Obéis promptement.

GERMON

Je me doutais qu'elle avait quelque amant;   90
Et Blaise aussi lui tient au cœur peut-être.
On aime mieux son égal que son maître.

LE COMTE

Ah! cours, te dis-je.

86a 49, sans indication scénique
87   49: Le jeune
93   49: Ha! cours, te dis-je. Hélas! il a raison, [sans changement de scène]

SCÈNE III

LE COMTE *seul.*

Hélas, il a raison;
Il prononçait ma condamnation:
Et moi du coup qui m'a pénétré l'âme,   95
Je me punis; la baronne est ma femme.
Il le faut bien, le sort en est jeté.
Je souffrirai, je l'ai bien mérité.
Ce mariage est au moins convenable.
Notre baronne a l'humeur peu traitable;   100
Mais, quand on veut, on fait donner la loi,
Un esprit ferme est le maître chez soi.

SCÈNE IV

LE COMTE, LA BARONNE, LA MARQUISE

LA MARQUISE

Or ça, mon fils, vous épousez madame?

LE COMTE

Eh, oui.

99   49: Le mariage est du moins
102a-b   49: SCÈNE III [décalage consécutif des scènes] / LE COMTE,
MADAME OLBAN, LA BARONNE
103   49: Enfin, mon
104   49: Et dès ce soir elle est donc votre femme, [omet la réplique du COMTE]

LA MARQUISE

Ce soir elle est donc votre femme?
Elle est ma bru?

LE COMTE

Si vous le trouvez bon,   105
J'aurai, je crois, votre approbation.

LA MARQUISE

Allons, allons, il faut bien y souscrire;
Mais dès demain chez moi je me retire.

LE COMTE

Vous retirer! eh! ma mère, pourquoi?

LA MARQUISE

J'emmenerai ma Nanine avec moi.   110
Vous la chassez, et moi je la marie;
Je fais la noce en mon château de Brie;
Et je la donne au jeune sénéchal,
Propre neveu du procureur fiscal,
Jean Roc Souci; c'est lui de qui le père   115
Eut à Corbeil cette plaisante affaire.
De cet enfant je ne peux me passer;
C'est un bijou que je veux enchasser.
Je vais la marier... Adieu.

LE COMTE

Ma mère,

105a   w52, w57p, 63: LA BARONNE / Si vous le
105-106   49-w51: bon. / LA BARONNE / J'aurai
115-118   49, absent

Ne soyez pas contre nous en colère; 120
Laissez Nanine aller dans un couvent;
Ne changez rien à notre arrangement.

LA BARONNE

Oui, croyez-nous, madame, une famille
Ne se doit point charger de telle fille.

LA MARQUISE

Comment? quoi donc?

LA BARONNE

Peu de chose.

LA MARQUISE

Mais…

LA BARONNE

Rien. 125

LA MARQUISE

Rien, c'est beaucoup. J'entends, j'entends fort bien.
Aurait-elle eu quelque tendre folie?
Cela se peut, car elle est si jolie:
Je m'y connais: on tente, on est tenté;
Le cœur a bien de la fragilité. 130
Les filles sont toujours un peu coquettes.
Le mal n'est pas si grand que vous le faites.
Çà, contez-moi, sans nul déguisement,

124-126   49: fille. / Je la connais, elle n'est bonne à rien. / MAD. OLBAN / Rien,
c'est

Tout ce qu'a fait notre charmante enfant.

LE COMTE

Moi, vous conter?

LA MARQUISE

       Vous avez bien la mine   135
D'avoir au fond quelque goût pour Nanine:
Et vous pourriez...

SCÈNE V

LE COMTE, LA MARQUISE, LA BARONNE,
MARIN *en bottes*.

MARIN

          Enfin, tout est bâclé,
Tout est fini.

LA MARQUISE

Quoi?

LA BARONNE

   Qu'est-ce?

MARIN

        J'ai parlé

137   49: Vous pourriez bien...
137b-c 49: MADAME OLBAN, MARIN, LA BARONNE, LE COMTE

A nos marchands; j'ai bien fait mon message;
Et vous aurez demain tout l'équipage.   140

LA BARONNE

Quel équipage?

MARIN

Oui, tout ce que pour vous
A commandé votre futur époux;
Six beaux chevaux; et vous serez contente
De la berline; elle est bonne, brillante;
Tous les panneaux par Martin sont vernis. [2]   145
Les diamants sont beaux, très bien choisis;
Et vous verrez des étoffes nouvelles,
D'un goût charmant... Oh! rien n'approche d'elles.

LA BARONNE (*au comte.*)

Vous avez donc commandé tout cela?

LE COMTE *à part.*

Oui... Mais pour qui?

MARIN

Le tout arrivera   150
Demain matin dans ce nouveau carrosse,
Et sera prêt le soir pour votre noce.

144   49: bonne et brillante,
148a   49, sans indication scénique
149   49: donc ordonné tout

[2] Voltaire fait également allusion à ce fameux vernisseur dans le premier *Discours en vers sur l'homme* (V 17, p.465).

Vive Paris pour avoir sur-le-champ
Tout ce qu'on veut, quand on a de l'argent.
En revenant j'ai revu le notaire,   155
Tout près d'ici, griffonnant votre affaire.

LA BARONNE

Ce mariage a traîné bien longtemps.

LA MARQUISE (*à part.*)

Ah! je voudrais qu'il traînât quarante ans.

MARIN

Dans ce salon j'ai trouvé tout à l'heure
Un bon vieillard, qui gémit et qui pleure: 160
Depuis longtemps il voudrait vous parler.

LA BARONNE

Quel importun! qu'on le fasse en aller:
Il prend trop mal son temps.

LA MARQUISE

                           Pourquoi, madame?
Mon fils, ayez un peu de bonté d'âme;
Et croyez-moi, c'est un mal des plus grands,   165
De rebuter ainsi les pauvres gens.
Je vous ai dit cent fois dans votre enfance,
Qu'il faut pour eux avoir de l'indulgence,

157   49:   Le mariage
157a-158   49:   MADAME OLBAN / Je voudrais
164-169   49:
          Les malheureux doivent toucher notre âme:
          De les aider, qu'il est beau, qu'il est doux!

Les écouter d'un air affable, doux.
Ne sont-ils pas hommes tout comme nous?   170
On ne sait pas à qui l'on fait injure;
On se repent d'avoir eu l'âme dure.
Les orgueilleux ne prospèrent jamais.

(*à Marin.*)

Allez chercher ce bonhomme.

MARIN

J'y vais.

(*Il sort.*)

LE COMTE

Pardon, ma mère, il a fallu vous rendre   175
Mes premiers soins, et je suis prêt d'entendre
Cet homme-là malgré mon embarras.

SCÈNE VI

LE COMTE, LA MARQUISE, LA BARONNE,
LE PAYSAN

LA MARQUISE *au paysan.*

Approchez-vous, parlez, ne tremblez pas.

173a   49, sans indication scénique
174a   49, sans indication scénique
177b-178   49: MAD. OLBAN, LA BARONNE, LE COMTE, PH.
HOMBERT / MADAME OLBAN / Avancez-vous, allons, ne

ACTE III, SCÈNE VI

LE PAYSAN

Ah! Monseigneur, écoutez-moi de grâce:
Je suis... Je tombe à vos pieds, que j'embrasse;   180
Je viens vous rendre...

LE COMTE

Ami, relevez-vous;
Je ne veux point qu'on me parle à genoux;
D'un tel orgueil je suis trop incapable.
Vous avez l'air d'être un homme estimable.
Dans ma maison cherchez-vous de l'emploi?   185
A qui parlé-je?

LA MARQUISE

Allons, rassure-toi.

LE PAYSAN

Je suis, hélas! le père de Nanine.

LE COMTE

Vous?

LA BARONNE

Ta fille est une grande coquine.

178a-181   49:
        Parlez...
                PHILIPPE HOMBERT
            Je tombe à vos pieds, que j'embrasse,
        Je viens vous rendre et vous demander grâce
        Pour un objet...
                LE COMTE
                Ami, relevez-vous,
184   49: Vous m'avez
186   49: Qui vous amène?

LE PAYSAN

Ah! Monseigneur, voilà ce que j'ai craint,
Voilà le coup dont mon cœur est atteint: 190
J'ai bien pensé qu'une somme si forte
N'appartient pas à des gens de sa sorte:
Et les petits perdent bientôt leurs mœurs,
Et sont gâtés auprès des grands seigneurs.

LA BARONNE

Il a raison; mais il trompe; et Nanine   195
N'est point sa fille, elle était orpheline.

LE PAYSAN

Il est trop vrai: chez de pauvres parents
Je la laissai dès ses plus jeunes ans.
Ayant perdu mon bien avec sa mère.
J'allai servir, forcé par la misère,   200
Ne voulant pas, dans mon funeste état,
Qu'elle passât pour fille d'un soldat,
Lui défendant de me nommer son père.

LA MARQUISE

Pourquoi cela? pour moi je considère
Les bons soldats; on a grand besoin d'eux.   205

189   49: Hélas! Monsieur,
190   49: Voilà le mal dont
195-196   49:
            Il a raison. Tu nous trompes, Nanine
            N'est point ta fille,
197-198   49:
            Il est trop vrai. Dès ses plus tendres ans
            Je la laissai chez de pauvres parents.
201   49: dans ce funeste

LE COMTE

Qu'à ce métier, s'il vous plaît, de honteux?

LE PAYSAN

Il est bien moins honoré qu'honorable.

LE COMTE

Ce préjugé fut toujours condamnable.
J'estime plus un vertueux soldat,
Qui de son sang sert son prince et l'Etat,   210
Qu'un important, que sa lâche industrie
Engraisse en paix du sang de la patrie.

LA MARQUISE

Ça, vous avez vu beaucoup de combats;
Contez-les-moi bien tous, n'y manquez pas.

LE PAYSAN

Dans la douleur, hélas! qui me déchire,   215
Permettez-moi seulement de vous dire,
Qu'on me promit cent fois de m'avancer:
Mais sans appui comment peut-on percer?
Toujours jeté dans la foule commune,
Mais distingué, l'honneur fut ma fortune.   220

LA MARQUISE

Vous êtes donc né de condition?

208   49: Le préjugé
212   49: de sa patrie.
213   49: Là vous
217   49: promit souvent de

LA BARONNE

Fi, quelle idée!

LE PAYSAN, *à la baronne.*

Hélas! Madame, non;
Mais je suis né d'une honnête famille;
Je méritais peut-être une autre fille.

LA MARQUISE

Que vouliez-vous de mieux?

LE COMTE

Eh! poursuivez.   225

LA MARQUISE

Mieux que Nanine?

LE COMTE

Ah! de grâce, achevez.

LE PAYSAN

J'appris qu'ici ma fille fut nourrie,
Qu'elle y vivait bien traitée et chérie.
Heureux alors, et bénissant le ciel,
Vous, vos bontés, votre soin paternel,   230
Je suis venu dans le prochain village,
Mais plein de trouble et craignant son jeune âge,
Tremblant encore, lorsque j'ai tout perdu,

---

222   49: Fi, quelle erreur!
223a 49, sans indication scénique
226   49: Que ma Nanine?

De retrouver le bien qui m'est rendu.

Montrant la baronne.

Je viens d'entendre au discours de madame,   235
Que j'eus raison: elle m'a percé l'âme;
Je vois fort bien que ces cent louis d'or, [3]
Des diamants, sont un trop grand trésor,
Pour les tenir par un droit légitime:
Elle ne peut les avoir eu sans crime.   240
Ce seul soupçon me fait frémir d'horreur,
Et j'en mourrai de honte et de douleur.
Je suis venu soudain pour vous les rendre;
Ils sont à vous, vous devez les reprendre;
Et si ma fille est criminelle, hélas!   245
Punissez-moi, mais ne la perdez pas.

LA MARQUISE

Ah! mon cher fils, je suis tout attendrie.

234a   49, sans indication scénique
235   49: J'ai bien compris au
237   49: Et je vois bien
241-244   49:
           Hélas! Monsieur, je conviens à regret
           Que tout ceci n'a pas l'air d'un bienfait.
           Pour m'acquitter je viens exprès le rendre.
           Il est à vous, vous devez le reprendre;

[3] Philippe Hombert vient rapporter les cent louis dont le comte a fait cadeau à Nanine. Les commentateurs ont trouvé qu'il y avait là une contradiction car Nanine avait remis à Blaise un paquet qui devait contenir les trois cents louis que le comte avait fait déposer par Germon sur sa table de toilette (1.ix.469). Ce paquet était destiné à Philippe Hombert. Cependant comme il est question au troisième acte (1.57) de cent louis que Germon doit porter au couvent où Nanine va s'enfermer, il s'en est suivi une confusion qui a échappé à l'auteur.

167

LA BARONNE

Ouais, est-ce un songe? est-ce une fourberie?

LE COMTE

Ah! qu'ai-je fait?

LE PAYSAN

(*Il tire la bourse et le paquet.*)
Tenez, monsieur, tenez.

LE COMTE

Moi les reprendre! ils ont été donnés,   250
Elle en a fait un respectable usage.
C'est donc à vous qu'on a fait le message?
Qui l'a porté?

LE PAYSAN

C'est votre jardinier,
A qui Nanine osa le confier.

LE COMTE

Quoi! c'est à vous que le présent s'adresse?   255

248-250   49:
Y pensez-vous? C'est une fourberie.
LE COMTE
Moi les reprendre! ils ont été donnés,
De mes présents Nanine a disposé,
255-257   49:
Des deux côtés quel excès de tendresse!
Que leur état me touche et m'intéresse!
De cent remords mon cœur est combattu.

LE PAYSAN

Oui, je l'avoue.

LE COMTE

O douleur! ô tendresse!
Des deux côtés quel excès de vertu!
Et votre nom? Je demeure éperdu.

LA MARQUISE

Eh, dites donc votre nom. Quel mystère!

LE PAYSAN

Philippe Hombert de Gatine.

LE COMTE

Ah! mon père!   260

LA BARONNE

Que dit-il là?

LE COMTE

Quel jour vient m'éclairer?
J'ai fait un crime, il le faut réparer.
Si vous saviez combien je suis coupable!
J'ai maltraité la vertu respectable.

258a-261   49:
              PH. HOMBERT
      Philippe Hombert de Castille.
              LE COMTE
                          Ah! mon père,
      Je perce enfin ce ténébreux mystère:
      Par un seul mot vous venez m'éclairer.

Il va lui-même à un de ses gens.

Holà! courez.

LA BARONNE

Et quel empressement?   265

LE COMTE

Vite un carrosse.

LA MARQUISE

    Oui, madame, à l'instant,
Vous devriez être sa protectrice.
Quand on a fait une telle injustice,
Sachez de moi que l'on ne doit rougir
Que de ne pas assez se repentir.   270
Monsieur mon fils a souvent des lubies,
Que l'on prendrait pour de franches folies:
Mais dans le fonds c'est un cœur généreux;
Il est né bon, j'en fais ce que je veux.
Vous n'êtes pas, ma bru, bien satisfaisante: 275
Il s'en faut bien.

LA BARONNE

    Que tout m'impatiente!
Qu'il a l'air sombre, embarrassé, rêveur!

264a-278 49:
  Nanine en but à mes soupçons jaloux,
  A ressenti l'effet de mon courroux.
  Son cœur pour moi trop fidèle et trop tendre,
  A de tels coups devait-il donc s'attendre?
  J'ai fait gémir et l'amour et l'honneur.
    LA BARONNE
  Quels sentiments combattent dans son cœur?

Quel sentiment étrange est dans son cœur?
Voyez, monsieur, ce que vous voulez faire.

LA MARQUISE

Oui, pour Nanine.

LA BARONNE

On peut la satisfaire   280
Par des présents.

LA MARQUISE

C'est le moindre devoir.

LA BARONNE

Mais moi jamais je ne veux la revoir;
Que du château jamais elle n'approche:
Entendez-vous?

LE COMTE

J'entends.

LA MARQUISE

Quel cœur de roche!

LA BARONNE

De mes soupçons évitez les éclats.   285

282   49: Pour moi
285-290   49:
De mes soupçons, monsieur, craignez l'éclat,
Rendez Nanine à son premier état,
Et qu'elle rentre, à jamais ignorée,
Dans le néant dont vous l'aviez tirée.
MADAME OLBAN
Auriez-vous bien la cruauté, mon fils?...
LA BARONNE
Quel parti prendre?

Vous hésitez?

LE COMTE *après un silence*.

Non, je n'hésite pas.

LA BARONNE

Je dois m'attendre à cette déférence;
Vous la devez à tous les deux, je pense.

LA MARQUISE

Seriez-vous bien assez cruel, mon fils?

LA BARONNE

Quel parti prendrez-vous?

LE COMTE

Il est tout pris.   290
Vous connaissez mon âme et sa franchise:
Il faut parler. Ma main vous fut promise;
Mais nous n'avions voulu former ces nœuds,
Que pour finir un procès dangereux.
Je le termine; et dès l'instant je donne,   295
Sans nul regret, sans détour j'abandonne
Mes droits entiers, et les prétentions,
Dont il naquit tant de divisions.
Que l'intérêt encor vous en revienne;
Tout est à vous, jouissez-en sans peine.   300

LE COMTE
Il est déjà tout pris.
288   49P1: Vous le devez
293   49: nous n'avons
296   49: sans retour j'abandonne

Que la raison fasse du moins de nous
Deux bons parents, ne pouvant être époux.
Oublions tout, que rien ne nous aigrisse:
Pour n'aimer pas, faut-il qu'on se haïsse?

LA BARONNE

Je m'attendais à ton manque de foi.   305
Va, je renonce à tes présents, à toi.
Traître, je vois avec qui tu vas vivre,
A quel mépris ta passion te livre.
Sers noblement sous les plus viles lois;
Je t'abandonne à ton indigne choix.   310

Elle sort.

SCÈNE VII

LE COMTE, LA MARQUISE,
PHILIPPE HOMBERT

LE COMTE

Non, il n'est plus indigne; non, madame;
Un fol amour n'aveugla point mon âme.
Cette vertu qu'il faut récompenser,
Doit m'attendrir, et ne peut m'abaisser.
Dans ce vieillard, ce qu'on nomme bassesse   315
Fait son mérite; et voilà sa noblesse.
La mienne à moi, c'est d'en payer le prix.

308   49: A quel excès
310-311   49: choix. / LE COMTE / Non, il n'est point indigne;
313   49-W52, W57P, 63: Tant de vertus [63: vertu] qu'il

C'est pour des cœurs par eux-mêmes annoblis,
Et distingués par ce grand caractère,
Qu'il faut passer sur la règle ordinaire:　　　　　320
Et leur naissance, avec tant de vertus,
Dans ma maison n'est qu'un titre de plus.

LA MARQUISE

Quoi donc? quel titre? et que voulez-vous dire?

SCÈNE DERNIÈRE

LE COMTE, LA MARQUISE, NANINE, PHILIPPE HOMBERT

LE COMTE *à sa mère*.

Son seul aspect devrait vous en instruire,

LA MARQUISE

Embrasse-moi cent fois, ma chère enfant.　　　　　325
Elle est vêtue un peu mesquinement:
Mais qu'elle est belle, et comme elle a l'air sage!

319　49:　par le grand
320　49:　Qu'on doit passer
323a-325　49:
SCÈNE VI
MADAME OLBAN, LE COMTE, LA BARONNE,
NANINE *en habit de paysanne*, PHILIPPE HOMBERT
LE COMTE
Ah! son aspect devrait vous en instruire.
MADAME OLBAN
Embrassez-moi

NANINE

(courant entre les bras de Philippe Hombert,
après s'être baissée devant la marquise.)

Ah! la nature a mon premier hommage.
Mon père!

PHILIPPE HOMBERT

O ciel! ô ma fille! ah, monsieur,
Vous réparez quarante ans de malheur.   330

LE COMTE

Oui; mais comment faut-il que je répare
L'indigne affront qu'un mérite si rare,
Dans ma maison, put de moi recevoir?
Sous quel habit revient-elle nous voir!
Il est trop vil, mais elle le décore.   335
Non, il n'est rien que Nanine n'honore. [4]
Eh bien, parlez: auriez-vous la bonté
De pardonner à tant de dureté?

NANINE

Que me demandez-vous? Ah! je m'étonne,
Que vous doutiez si mon cœur vous pardonne.   340

327b-c 49, sans indication scénique
329   49: Mon père: ô ciel. / PH. HOMBERT / O ma
333   49: pût jamais recevoir?
336   K: que sa vertu n'honore.
338   49: tant de cruauté?
340   49: vous doutiez si

[4] Ce vers a été 'bien hué', à en croire Mme de Graffigny qui commente: 'trouves
tu quil y ait asses d'*ns*' (G.P., XLIV, 169).

Je n'ai pas cru que vous puissiez jamais
Avoir eu tort après tant de bienfaits.

LE COMTE

Si vous avez oublié cet outrage,
Donnez-m'en donc le plus sûr témoignage:
Je ne veux plus commander qu'une fois,   345
Mais jurez-moi d'obéir à mes lois.

PHILIPPE HOMBERT

Elle le doit, et sa reconnaissance...

NANINE *à son père.*

Il est bien sûr de mon obéissance.

LE COMTE

J'ose y compter. Oui, je vous avertis,
Que vos devoirs ne sont pas tous remplis.   350
Je vous ai vue aux genoux de ma mère,
Je vous ai vue embrasser votre père;
Ce qui vous reste en des moments si doux...
C'est... à leurs yeux... d'embrasser... votre époux.

NANINE

Moi!

LA MARQUISE

Quelle idée! est-il bien vrai?

347a   49, sans indication scénique
349   49: J'obéis donc, et je

ACTE III, SCÈNE DERNIÈRE

PHILIPPE HOMBERT

              Ma fille!   355

LE COMTE *à sa mère*.

Le daignez-vous permettre?

LA MARQUISE

              La famille
Etrangement, mon fils, clabaudera.

LE COMTE

En la voyant elle l'approuvera.

PHILIPPE HOMBERT

Quel coup du sort! Non, je ne puis comprendre,
Que jusque-là vous prétendiez descendre.   360

LE COMTE

On m'a promis d'obéir… je le veux.

LA MARQUISE

Mon fils.

LE COMTE

       Ma mère, il s'agit d'être heureux.
L'intérêt seul a fait cent mariages.
Nous avons vu les hommes les plus sages
Ne consulter que les mœurs et le bien: 365
Elle a les mœurs, il ne lui manque rien;

358-362   49:   elle m'applaudira.

Et je ferai par goût et par justice,
Ce qu'on a fait cent fois par avarice.
Ma mère, enfin terminez ces combats,
Et consentez.

NANINE

Non, n'y consentez pas;   370
Opposez-vous à sa flamme,... à la mienne;
Voilà de vous ce qu'il faut que j'obtienne.
L'amour l'aveugle, il le faut éclairer.
Ah! loin de lui, laissez-moi l'adorer.
Voyez mon sort, voyez ce qu'est mon père: 375
Puis-je jamais vous appeler ma mère?

LA MARQUISE

Oui, tu le peux, tu le dois; c'en est fait;
Je ne tiens pas contre ce dernier trait;
Il nous dit trop combien il faut qu'on aime;
Il est unique aussi bien que toi-même.   380

NANINE

J'obéis donc à votre ordre; à l'amour
Mon cœur ne peut résister.

LA MARQUISE

Que ce jour

368   49: Ce que cent fois on fit par
369   49: terminez les débats,
371-372 49:
          Voilà de vous ce qu'il faut qu'il obtienne,
          Opposez-vous à sa flamme, à la mienne.
375   49: voyez quel est mon père:
381   49: à vos lois, à l'amour

ACTE III, SCÈNE DERNIÈRE

Soit des vertus la digne récompense,
Mais sans tirer jamais à conséquence.

Fin du troisième et dernier acte.

Lettre
à messieurs les auteurs
des Etrennes de la Saint-Jean
et autres beaux ouvrages

critical edition

by

Mark Waddicor

INTRODUCTION

The *Lettre à messieurs les auteurs des Etrennes de la Saint-Jean et autres beaux ouvrages* was first published in 1770, in volume 2 of *Les Choses utiles et agréables*, a three-volume collection of short pieces mostly by Voltaire published by Gabriel Grasset.[1] Judging from internal evidence, it was written some twenty years earlier.

The earliest date of composition, and the date at which the dialogue which forms the central part of the text is supposed to have taken place, is fixed to March-April 1749 by the references to the failure of Nivelle de La Chaussée's play *L'Ecole de la jeunesse* (l.20-23) and to Easter (l.82-83): *L'Ecole de la jeunesse* was first performed on 22 February; the fifth performance, referred to here, took place on 2 March, the seventh (and last) on 7 March.[2]

La Chaussée died in March 1754, and since the dialogue refers to him in the present tense this fixes the latest date at which the *Lettre* could have been written. Furthermore, the absence of any reference to the unsuccessful private performance of La Chaussée's *L'Homme de fortune* in January 1751[3] brings the likely date of composition forward to at least 1750 from this point of view.

So far as the addressees of the *Lettre* are concerned, I have found no evidence that helps in determining the date of composition. *Les*

[1] *Les Choses utiles et agréables* (Berlin [Genève] 1769-1770), ii.363-68. This volume was reviewed in the *Correspondance littéraire* dated 1 April 1770 (CLT, viii.492-95).

[2] See *Registres*. Unless otherwise stated all dates of performances, numbers of spectators, size of receipts, etc. are from the *Registres*. See also J. Lough, *Paris theatre audiences in the seventeenth and eighteenth centuries* (London 1957).

[3] This performance was arranged by Mme de Pompadour; the play was never performed at the Comédie-Française (G. Lanson, *Nivelle de La Chaussée et la comédie larmoyante*, Paris 1903, p.175).

Etrennes de la Saint-Jean belongs to the minor genre of 'littérature poissarde'.[4] It is a collection of short stories, anecdotes and verses, many of them written in a parody of popular language. The contents are mostly of a mildly erotic or obscene nature; the occasional witty or humorous touch is more than counter-balanced by the general level of inanity of the collection, which makes painful reading. *Les Etrennes de la Saint-Jean* seems to have appeared first in 1742,[5] with subsequent re-editions. The enterprise is principally associated with the comte de Caylus and Maurepas, but the collection itself is the work of many hands. It is briefly described by Raynal; writing about the third edition, he says:

Il y a six ou sept ans que la manie d'écrire dans le langage du peuple avait gagné plusieurs de nos beaux esprits. Ils firent sur ce ton en société plusieurs ouvrages qui sont tout à fait oubliés; le seul dont on se souvienne est intitulé *les Etrennes de la Saint-Jean*. M. de Maurepas, le comte de Caylus, MM. Duclos, Moncrif, etc., passent pour en être les auteurs. Cette polissonnerie était devenue si rare, et quelques personnes en sont si engouées, que je l'ai vu vendre un louis d'or. On vient de la réimprimer. Ce sont quelques aventures qui n'ont aucune liaison entre elles, et qui tirent tout leur mérite de leur bizarrerie et de leur extravagance, et peut-être aussi du ton dont elles sont écrites.[6]

To the names given by Raynal, A.-A. Barbier adds Montesquieu, Crébillon *fils*, Sallé, La Chaussée, d'Armenonville and Voisenon.[7]

---

[4] See Lise Andries, *La Bibliothèque bleue au XVIIIe siècle: une tradition éditoriale*, Studies 270 (1989), p.99-102.

[5] I have seen no copy of the first edition. The second edition mentions it, and says that certain specified new pieces have now been added (*Les Etrennes de la Saint-Jean*, 2nd ed., Troyes [Paris] 1742, préface). This collection, without the preface, is reprinted in Caylus, *Œuvres badines complètes* (Amsterdam 1787), x.393-504; also in Caylus, *Facéties*, ed. O. Uzanne (Paris 1879), p.143-242, with the addition of some pieces not found in the Troyes edition (p.237-42). According to Uzanne (p.xxxv) the first edition was published in Paris, without date. On the Troyes imprint, see Andries, p.100-101.

[6] *Nouvelles littéraires* (CLT, ii.49).

[7] *Dictionnaire des ouvrages anonymes* (Paris 1872-1879), ii.311.

Les Etrennes de la Saint-Jean probably first came to Voltaire's attention in late 1742, when he wrote to Frederick: 'Il pleut ici de mauvais livres & de mauvais vers; mais comme votre majesté ne juge pas de tous nos guerriers par l'aventure de Lints, elle ne juge pas non plus de l'esprit des Français par les Etrennes de la st Jean' (*c.* 25 December 1742; D2712).[8] Barbier mentions an edition of 1750, and Voltaire owned a copy of the third edition of 1751.[9] There seems to be no clear link between the *Lettre* and *Les Etrennes de la Saint-Jean* in the spring of 1749, although it is perhaps not surprising that Voltaire thought such a letter a suitable vehicle for an attack on La Chaussée.[10]

The fortunes of Voltaire's own plays show that he had several interests at stake in the repertoire of plays at the Comédie-Française in the spring of 1749. First, La Chaussée's *L'Ecole de la jeunesse* was immediately followed on 10 March by the revival of *Sémiramis*. Voltaire had known that this would be the case (D3883), and La Chaussée maintained − not necessarily justly − that it was a cabal organised by Voltaire that brought about the collapse of his play.[11] *Sémiramis* was chosen by the actors for the prestigious last performance before the *clôture* on 22 March, when

[8] Raynal quotes Voltaire's words, saying that these were written on the first appearance of *Les Etrennes* (CLT, ii.49).

[9] *Les Etrennes de la Saint-Jean*, 3rd ed. (Troyes 1751; BV, no.1246). This edition is mentioned by Joseph d'Hémery under the heading 'Livres nouveaux' for 1 April 1751; d'Hémery names Caylus, Duclos and Voisenon as the authors ('Journal de la librairie', 1750-1751, Bn F22156, f.51*v*). Although the title-page announces the addition of 'plusieurs morceaux d'esprit qui n'ont point encore paru', it seems that this was at least largely a re-issue; see *Mercure de France*, May 1751, p.126: 'Ce livre [...] est si connu, qu'il nous paraît inutile d'en dire autre chose, si ce n'est qu'il vient d'être réimprimé'; cf. also Raynal's comment above.

[10] La Chaussée's connection with *Les Etrennes* is endorsed by Lanson (p.82).

[11] Charles Collé, *Journal et mémoires*, ed. H. Bonhomme (Paris 1864), i.58. Cf. the *Mercure*'s comment on the first performance: 'Cette pièce n'a pas eu les mêmes applaudissements, et n'est peut-être pas aussi intéressante que les autres ouvrages dramatiques de M. de La Chaussée; mais elle méritait du public un traitement plus favorable que celui qu'elle a reçu' (March 1749), p.182.

the 'Discours' read by the actor Rosely seems to have generated ill feeling between Voltaire and La Chaussée (D3896). Next, the references to *Paméla* bring to mind *Nanine*. An early version of *Nanine* had probably been performed at Lunéville during the autumn of 1748, and in March-April 1749 Voltaire was rewriting the play in preparation for its first performance at the Comédie-Française, which took place on 16 June. [12] Finally, if Mme Formé's closing comment 'Revenez après Pâques [...] Nous avons des pièces nouvelles et vous serez bien payée' (l.82-84) is taken literally, it should be noted that the new season opened on 10 April with a performance of *Zaïre*, the financially most successful of all Voltaire's plays.

Voltaire disapproved on aesthetic grounds of the new mixed genre of the *comédie larmoyante*, but he also wrote plays resembling it, of which *Nanine* was one, and his disapproval was tinged with jealousy. [13] Both attitudes are apparent in his criticism of La Chaussée in the present text. Jealousy may also be at the bottom of Voltaire's criticism of the work of another rival, Crébillon. [14]

Although the *Lettre* is primarily concerned with the state of French theatre in the 1740s, it opens with some scathing remarks about the literary style of some of Voltaire's contemporaries, Fontenelle and Marivaux in particular. These remarks are reminiscent of the roughly contemporaneous *Connaissance des beautés et des défauts de la poésie et de l'éloquence dans la langue française*

[12] D3898. On the composition and performances of *Nanine*, and Voltaire's view of *Paméla*, see above, *Nanine*, ed. Marie-Rose de Labriolle and Colin Duckworth, p.3-14.

[13] See Liliane Willens, *Voltaire's comic theatre: composition, conflict and critics*, Studies 136 (1975), ch.1, esp. p.32-34.

[14] Anger at Crébillon's unprofessional conduct in his capacity as censor was also an important factor, however; see P. LeClerc, introduction to *Rome sauvée* (V 31A, p.10-14).

(1749; M.xxiii.327-421),[15] and they are an excellent illustration of Naves's contention that Voltaire disliked above all 'la préciosité' and 'l'esprit déplacé'.[16] They also show that Voltaire's true opinion of Fontenelle and Marivaux was not the same as that which he expressed in his more formal writings.[17] Voltaire did not like vulgarity any more than he liked preciosity or misplaced wit; the praise of the style of *Les Etrennes de la Saint-Jean* with which the *Lettre* opens is of course ironical.

The satirical dialogue, for which the device of a letter is merely a frame, was a literary form frequently used by Voltaire around the year 1750.[18] The present text displays the same characteristics as many of his other dialogues – principally predominance of satire over psychological *vraisemblance*,[19] although there are attempts at characterisation that are not unsuccessful[20] – but its main interest for the modern reader lies in Voltaire's views of the literary work of his contemporaries. It also provides a glimpse (but only a glimpse, and not an accurate one at that) of the economic factors affecting theatrical production.

[15] See M.xxiii.327-28*n* for Beuchot's argument in favour of Voltaire's authorship of this text.

[16] R. Naves, *Le Goût de Voltaire* (Paris 1938), p.209-10.

[17] On Fontenelle, see *Discours de réception à l'Académie française* (1746; M.xxiii.213); on Marivaux, see Voltaire's open letter to Berger of February 1736 (D1000).

[18] See, for instance, *Des embellissements de Cachemire*, ed. M. Waddicor (below, p.249-61), almost contemporaneous with the most likely date of composition of the present text; also, *Dialogue entre un plaideur et un avocat*, *Dialogue entre Mme de Maintenon et Mlle de Lenclos*, *Dialogue entre un philosophe et un contrôleur général de finances*, *Dialogue entre Marc-Aurèle et un récollet*, and *Lettre d'un Turc*, all dating from 1750-1751.

[19] See, for example, l.34-49, where criticism of the *comédie larmoyante* is put into the mouth of the *rôtisseuse* (even if she is reporting the views of those more learned than herself).

[20] As, for example, when the *avocat* declines to answer the question 'Dans quel ordre?' (l.52-53).

Editions

There was only one edition of the text during Voltaire's lifetime, in *Les Choses utiles et agréables* of 1769. It first appeared in a collected edition of Voltaire's works in 1825 (*Œuvres complètes de Voltaire*, ed. Clogenson *et al.*, Paris 1824-1832, lxi.532-37; BnC 250).

CUA

LES | CHOSES | UTILES *|* ET AGRÉABLES. *| TOME SECOND.*

363-368 Lettre à messieurs les auteurs des Etrennes de la St Jean et autres beaux ouvrages.

Les Choses utiles et agréables was published by Gabriel Grasset.

Bn: Z 2259.

Editorial principles

The base text is CUA. The following errors have been corrected: 'l'armoyant' for 'larmoyant' (l.24); 'peine' for 'pièce' (l.67).

Modernisation of the base text

The spelling of the names of persons and places has been respected (with the exception of the deletion of the accent from: Aléxandre), and the original punctuation retained with the following exceptions: initial capitals have been added where necessary to indicate the beginning of direct speech or a change in the person speaking; exclamation marks have been added where necessary after 'Morbleu', 'Juste ciel', etc. The italic of the base text has been respected.

The following aspects of orthography and grammar in the base text have been modified to conform to modern usage:

1. Consonants
   – the consonant *p* was not used in: tems nor in its compound longtems

- the consonant *t* was not always used in syllable endings *–ans* and *–ens*: sentimens (but: impudents)
- double consonants were used in: caffé, imbécilles
- a single consonant was used in: aporte, aprendre, boureau, boursouflé, coquéterie

2. Vowels

- *y* was used in place of *i* in: hyver
- *i* was used instead of *y* in: stile
- archaic forms were used, as in: encor

3. Accents

The acute accent

- was used in place of the grave in: régle
- was used hesitantly in: Paméla

The grave accent

- was not used in: déja

The circumflex accent

- was not used in: eumes, rotisseur

4. Capitalisation

- initial capitals were generally attributed to: Avocat, Mademoiselle, Marquis, Mesdames, Monarque, Monsieur, Seigneurs, Sénat
  initial capitals were not attributed to: académie, comédiens; were not always attributed to the first word of play titles

5. Various

- the ampersand was used
- the hyphen was used in: à-présent, mal-conduites, très-grosse, très-modeste, très-poli
- the adverb *tout* took the feminine form before a feminine adjective beginning with a vowel: toute ébaubie

Modernisation of quotations

The spelling, but not the punctuation, of quotations from printed sources has been modernised, except where a specific critical edition is used, in which case the spelling of the edition is followed.

LETTRE
À MESSIEURS LES AUTEURS DES
ÉTRENNES DE LA ST JEAN
ET AUTRES BEAUX OUVRAGES

J'aime votre style, Messieurs, il est bien bas, je l'avoue: mais au
moins il est naturel,[1] vous ne vous piquez jamais d'*apprécier*[2] des
sentiments et d'*assortir*[3] les vertus d'un monarque avec ses intérêts;
de *mesurer*[4] une douleur aux *poids* d'une infortune, de prendre la
nature *sur le fait*,[5] de comparer Phriné *jolie conquérante* à Alexandre,   5
grand conquérant.[6] On ne voit point vos héros impudents *vis-à-*

[1] The popular language of *Les Etrennes de la Saint-Jean* was its essence. For
example: 'Un gentilhomme, amoureux de deux dames, nommé Guillaume, les
couchait toutes deux en joue [...]. Enfin finale il parvint à leur donner à souper à
toutes deux, et lui sont trois' (2nd ed., 1742, p.203).
[2] The *Dictionnaire de l'Académie française* (1695) and Furetière's *Dictionnaire
universel* (1690), followed by *Trévoux* (1752) and the *Encyclopédie*, give *apprécier*
only in its financial sense. The figurative meaning was not unknown, however.
[3] I have not found a contemporary example of *assortir* being used exactly as
satirised here, where two such different qualities are to be matched.
[4] *Mesurer* was frequently used in the sense of 'proportionner' in the second half
of the seventeenth century, for example, Corneille, *Andromède*, v.ii.1539-1540;
Voltaire did not comment on this usage in the *Commentaires sur Corneille*.
[5] This expression, also satirised by Voltaire in *Micromégas*, ch.5 (M.xxi.115)
and, many years later, in D11588, is used by Fontenelle in his *Eloge de M. Tournefort*.
Fontenelle was aware of the boldness of the metaphor since he prefaced it by 'pour
ainsi dire' (*Œuvres diverses*, La Haye 1736, iv.163). Desfontaines had mentioned
the expression in his criticism of Fontenelle's *Eloges* in the *Dictionnaire néologique*,
3rd ed. (Amsterdam 1728; BV, no.1006), art. 'Surprendre'.
[6] Another jibe against Fontenelle; cf. *Dialogues des morts anciens* (Alexandre-
Phriné): 'ALE: Si j'avais à revivre je voudrais être encore un illustre conquérant.
PHRI: Et moi une aimable conquérante' (*Œuvres complètes*, ed. A. Niderst, Paris
1989- , i.52). The use of the word *conquérant* in a gallant context was not unusual.
Fontenelle's usage is, however, also criticised in the *Connaissance des beautés et des
défauts de la poésie et de l'éloquence dans la langue française* (M.xxiii.367).

vis [7] le sénat et imbéciles *vis-à-vis* le public. Chez vous une femme n'apporte point de la *coquetterie dans son équipage en venant au monde*, chez vous une femme ne *ressemble pas à son visage*. (*a*) En un mot, j'aime encore mieux, si j'ose le dire, votre popularité, [9] Messieurs, que l'impertinent jargon d'aujourd'hui. Moi qui suis fort naïf comme vous, je vais vous faire part d'une conversation ou plutôt d'une querelle très intéressante entre mademoiselle de la Motte [10] de la Comédie, mademoiselle [11] Formé sa rôtisseuse, [12] qui ne manque pas d'esprit, et monsieur Rigou [13] avocat de messieurs les comédiens pour leurs affaires contentieuses.

Madame Formé était extrêmement en colère, et voulait être

(*a*) Phrases de Marivaux. [8]

[7] Voltaire frequently complained about the metaphorical use of *vis-à-vis*, as for example, by Fréron: 'L'auteur estimé [Voltaire] est humble, même vis-à-vis des plus mauvais écrivains' (*Lettres de madame la comtesse de *** sur quelques écrits modernes*, lettre II, 10 September 1745). See 'A messieurs les Parisiens', prefaced to *L'Ecossaise* (V 50, p.347); *Questions sur l'Encyclopédie*, art. 'Franc' (M.xix.191).

[8] The first expression is similar to Marivaux's *La Surprise de l'amour*, II.v: 'j'ai maintenant affaire à des caprices, à des fantaisies; équipages d'esprit que toute femme apporte en naissant' (*Théâtre complet*, Paris 1989, i.213). The second expression is reminiscent of Silvia's remarks about Ergaste in *Le Jeu de l'amour et du hasard*, I.1.

[9] The definition of *popularité* given by the *Encyclopédie* comes close to Voltaire's meaning: 'attention à se rendre agréable au peuple: la popularité est une chose bonne ou mauvaise, selon le caractère de l'homme populaire et ses vues' (xiii.88).

[10] Perhaps intended to represent the character actress Marie-Anne de Fresne La Motte. La Chaussée's *comédies larmoyantes*, which are almost totally lacking in humour, are unlikely to have appealed to her, which would give the identification an air of *vraisemblance*.

[11] She is designated Mme, except here and at l.70 and 83.

[12] 'Rôtisseur [...] ne se dit guère présentement que du marchand qui habille, larde, et pique les viandes de lait, le gibier, et la volaille, pour les vendre en blanc, c'est-à-dire crues, ou pour les débiter cuites après les avoir fait rôtir à leurs âtres ou cheminées' (*Encyclopédie*, xiv.382).

[13] Perhaps intended to represent the *avocat* Rigoley de Juvigny, who defended Travenol against Voltaire in 1746.

payée de ses fournitures. Comment voulez-vous que je vous
donne de l'argent? dit mademoiselle de la Motte, vous savez que
c'est moi-même à présent qui paye. Voilà notre maudit auteur de   20
l'Ecole de la jeunesse[14] qui nous ruine. Sa détestable pièce est déjà
tombée deux fois dans les règles[15] dès la cinquième représentation;
et le bourreau veut encore qu'on la joue. Ses comédies seront
pour nous le vrai genre larmoyant, elles nous mettent à l'aumône.
Sa Paméla, que nous eûmes tant de peine à apprendre, et que le   25
public eut si peu à oublier, sa Paméla qui mourut le jour de sa
naissance,[16] fut sur le point de nous faire mourir de faim tout un
hiver. Attendez ma chère madame Formé que nous ayons quelques
autres mauvaises pièces qui réussissent, si vous voulez que je vous
paye vos poulets.   30

Je prends bien de la part à votre peine, dit madame Formé, et
je suis tout ébaubie, car je vous avais fait crédit sur la parole d'un
académicien de l'Académie et d'une des plus illustres piliers du

[14] La Chaussée's *L'Ecole de la jeunesse* was first performed on 22 February 1749
to an audience of 1123 spectators. This was a fair success, but there were
considerably fewer spectators at the following six performances, after which the
play was dropped. Whether or not La Chaussée was correct in suspecting Voltaire
of trying to manipulate events, this play was undoubtedly less successful than some
of his earlier *comédies larmoyantes* (Lanson, p.173-75).

[15] According to the regulations of the Comédie-Française, authors received one
ninth of the net receipts of new plays for as long as the total receipts did not fall
below 300 livres in summer or 500 livres in winter for two consecutive performances.
When this happened the play 'tombait dans les règles', that is, it became the
property of the Comédiens who were no longer obliged to pay the author
(C. Alasseur, *La Comédie française au 18e siècle: étude économique*, Paris 1967, p.42).
According to the *Registres*, however, even at the final performance receipts totalled
654 livres, of which the author's share was 34, although it is true that the actors
received nothing for the last four performances.

[16] La Chaussée's *Paméla* was given its first and only performance on 6 December
1743. A hostile group of spectators shouted the play down, the actors were unable
to finish it and La Chaussée withdrew it immediately (Lanson, p.164-65).

café de Procope.[17] Ces deux illustres sont fort mes amis, ils mangent beaucoup de mes poulardes; non pas que je leur en fournisse. Je ne suis pas si sotte. Mais c'est qu'ils dînent fort souvent chez un fermier qui me paye bien, et chez un marquis qui me paye mal. En vérité ce sont des gens de beaucoup d'esprit. Je n'entends pas un mot de ce qu'ils disent; mais ils parlent si haut et si longtemps, qu'ils ont toujours raison. Ils me disaient donc, ma chère mademoiselle la Motte, que le temps était passé où on pleurait à la tragédie et où on riait à la comédie.[18] *Règle générale, disaient-ils (car je me souviens bien de cette phrase) règle générale pour bien faire des comédies, ne soyez ni gracieux ni plaisant, et pour bien faire des tragédies ne remuez jamais le cœur. Ayez un style fade pour le comique, boursouflé et inintelligible pour le tragique, et allez votre train.* La preuve est au bout, continuaient-ils: on riait comme des fous à Catilina,[19] et deux femmes de qualité, dont il y en a une du beau monde, disent qu'elles ont pleuré à Mélanide.[20] Or ça mademoiselle de la Motte, quand me donnerez-vous de l'argent?

Eh! ne parlons point d'argent, dit alors monsieur l'avocat, il n'est jamais question de cela dans l'ordre. Dans quel ordre? dit

35

40

45

50

[17] The café Procope stood at no.13 rue des Fossés-Saint-Germain (now rue de l'Ancienne-Comédie); the extra trade brought by the presence of theatre-goers was such that the owner paid an annual sum to the Comédiens in recognition (Alasseur, p.85).

[18] Cf. Zadig's activities as minister to King Moabdar: 'il faisait représenter des tragédies où l'on pleurait, et des comédies où l'on riait' (M.xxi.49).

[19] Crébillon's *Catilina*, first performed on 20 December 1748, was a financial, if not a dramatic, success. Its tragic intensity appealed to many (see, for example, Montesquieu's enthusiastic account to Helvétius, *Œuvres*, ed. A. Masson, Paris 1950-1955, iii.1179), but its popularity was mainly due to the patronage of Mme de Pompadour and to the activities of Voltaire's enemies (see LeClerc, introduction to *Rome sauvée*; V 31A, p.31-43).

[20] La Chaussée's *Mélanide* was first performed on 12 May 1741. With its tearfully joyous conclusion it was one of the most successful *comédies larmoyantes* (Lanson, p.155-62).

madame Formé. Dans l'ordre, dit M. Rigou;[21] mais il y a, continua-t-il, une étrange destinée dans ce monde. J'ai résumé toute l'économie de *Paméla* et de l'*Ecole de la jeunesse*; et j'ai droit 55 de conclure que cela n'est pas plus mauvais que *la Gouvernante*, *Amour pour amour*, l'*Ecole des amis*[22] et autres ouvrages dudit auteur, et puisqu'il faut parler selon la saine raison,[23] je dirai avec confiance, que toutes ces pièces si ennuyeuses à la lecture, sont cependant aussi bien ou si vous voulez aussi mal conduites que le 60 *Préjugé à la mode*[24] qui produisit à nos seigneurs une très grosse recette. Car enfin mesdames, y-a-t-il rien de plus impertinent qu'un homme qui est le maître dans son château, qui n'a pour compagnie que deux misérables petits-maîtres[25] les plus sots de

21 Cf. *Histoire du parlement de Paris*, ch.64, referring to Fleury's period of office: 'Ce fut vers ce temps-là que les avocats prirent le titre d'*ordre*; ils trouvèrent le terme de *corps* trop commun; ils répétèrent si souvent *l'ordre des avocats*, que le public s'y accoutuma, quoi qu'ils ne soient ni un ordre de l'Etat ni un ordre militaire, ni un ordre religieux, et que ce mot fût absolument étranger à leur profession' (1769; M.xvi.73).

22 On *La Gouvernante* (1747), *Amour pour amour* (1742) and *L'Ecole des amis* (1734), see Lanson, p.170-73, 144, 154. All three were successful. Voltaire inserted some veiled criticism of *La Gouvernante* into the 1747 'Prologue' to *Le Comte de Boursoufle* (V 14, p.338).

23 'La saine raison', like 'la droite raison' was a fashionable phrase used by the adversaries of the philosophes.

24 There were 950 spectators at the first performance of *Le Préjugé à la mode* (1735), and over 1000 at the following five. Its popularity is further attested by the large number of revivals during the 1740s and 1750s. In 1738 Voltaire told Mme de Graffigny that La Chaussée had taken the idea for his plot from a manuscript of *Les Originaux* that he had shown to Mlle Quinault many years previously (Graffigny, i.240-43). Later, however, he alleged that in 1732 Mlle Quinault had suggested that he should write a comedy on the subject, and that when he declined she made the same suggestion to La Chaussée (*Questions sur l'Encyclopédie*, art. 'Art dramatique, comédie'; M.xvii.419-20).

25 'Nom [...] qu'on applique aujourd'hui à la jeunesse avantageuse et mal élevée' (*Le Siècle de Louis XIV*, ch.4; *OH*, p.654). In fact, however, by the first half of the eighteenth century the expression had acquired the connotation of 'libertinage de mœurs' as well as of vanity and facile wittiness (*Encyclopédie*, xiii.465). This double meaning is well exemplified in the 'petits-maîtres' of *Le Préjugé à la mode*.

tous les hommes, qui aime éperdument sa femme et n'ose pas lui   65
en dire un mot? de crainte d'être plaisanté par ces deux faquins.
Ce fondement seul de la pièce n'est-il pas extravagant? je vais le
prouver par plusieurs raisons... Ah! monsieur l'avocat, s'écria
madame Formé, prouvez qu'il me faut payer mon rôti; Et morbleu!
reprit mademoiselle la Motte, allez-vous-en, mademoiselle... chez   70
l'auteur; et qu'il vous paye. Ah! juste ciel! dit madame Formé,
quelle proposition! jamais auteur a-t-il payé des parties[26] de
rôtisseurs? Vous vous moquez, insista mademoiselle la Motte, cet
auteur-là est très modeste et très poli;[27] il ne serait[28] supérieur
qu'à Molière et vous en serez fort contente. Et qu'a de commun   75
sa modestie avec de l'argent comptant? dit madame Formé, quelles
raisons sont cela?[29] quel persiflage![30] Persiflage! dit mademoiselle
la Motte, voilà un grand mot, en savez-vous la force? Monsieur
l'avocat prononça alors que ce nouveau mot ne donnait pas
beaucoup de choses à entendre mais beaucoup de choses à n'en-   80

[26] Cf. 'Parties (*Commerce*). On nomme ainsi [...] tant en gros qu'en détail, aussi bien que parmi les artisans et ouvriers, les mémoires des fournitures de marchandises ou d'ouvrages qu'on a faits pour quelqu'un' (*Encyclopédie*, xii.104).

[27] An ironical touch. La Chaussée was renowned for being vain about his work and for his sarcasm (Lanson, p.62-65).

[28] The meaning of l.74-75 is obscure. Beuchot suggests that 'serait' is a misreading for 'se croit' (M.xxiii.487n).

[29] Moland gives the reading 'sont-ce là', following the second printed edition (*Œuvres complètes*, Paris 1824-1832, lxi.532-37). This may be what Voltaire intended; alternatively he may be satirising those whose elegant vocabulary is belied by grammatical lapses.

[30] The word appears in Gresset's *Le Méchant*, IV.7 (1748) and in Duclos's *Considérations sur les mœurs de ce siècle* (1751), where it is described as an 'amas fatigant de paroles sans idées, volubilité de propos qui font rire les fous, scandalisent la raison, déconcertent les gens honnêtes ou timides, et rendent la société insupportable' (*Œuvres complètes*, Paris 1806, i.165); cf. also Rousseau's preface for the journal *Le Persifleur* that he proposed to publish jointly with Diderot in about 1749 (*Œuvres complètes*, ed. B. Gagnebin and M. Raymond, Paris 1959-, i.1103-12).

tendre pas. Il faut consulter sur cela, dit-il, l'auteur de Catilina,[31]
de Xerxès,[32] de Pirrus,[33] et beaucoup d'illustres modernes. Revenez après Pâques, dit mademoiselle la Motte à mademoiselle
Formé, Nous avons des pièces nouvelles, et vous serez bien payée.
Oh je vous avertis, répondit madame Formé, que si vous avez   85
des pièces de cet auteur modeste de l'Ecole des mères,[34] je vous
fais assigner. Faites, madame Formé. Je le ferai, répondit la dame.
Voilà, Messieurs, ce dont je fus témoin, et je vous ai tracé ces
lignes pour vous prier de me faire le petit plaisir d'insérer cela
dans vos œuvres, qui vont à l'immortalité. Je suis avec respect etc.   90

[31] Voltaire is indulging in *persiflage* against Crébillon, of whose style he was
always critical; see P. LeClerc, *Voltaire and Crébillon père: history of an enmity*,
Studies 115 (1973), p.137-39, 143-44.

[32] *Xerxès* (1714) was poorly received and withdrawn after one performance.

[33] *Pyrrhus* (1726) was more successful and was put on a number of times during
the years 1729-1747. Of all Crébillon's tragedies Voltaire admired only *Electre*
(1708) and *Rhadamiste et Zénobie* (1711).

[34] Not Marivaux's *Ecole des mères* (1732) but La Chaussée's play of the same
name, first performed in 1744 and revived in 1746 and 1748.

Des embellissements de Paris

critical edition

by

Mark Waddicor

INTRODUCTION

In this work of propaganda Voltaire argues in favour of increasing the commodity and beauty of the capital from which for so much of his life he was an involuntary or a voluntary exile.[1] It was composed after the ending of the war of the Austrian succession with the treaty of Aix-la-Chapelle in October 1748, and before the end of 1749, when it was first published in the *Recueil de pièces en vers et en prose*.[2]

The reference to 'deux cents de nos millions en 1749' (l.150) narrows down the date of composition to that year. Since the text deals with many of the points also made in the *Lettre à l'occasion de l'impôt du vingtième* of 16 May 1749[3] it could well have been composed at about the same time. Further consideration suggests, however, that it was written a little earlier: the Bostangi of *Des embellissements de la ville de Cachemire*, which seems to contain an allusion to the present text[4] and was therefore probably composed after it, bears a resemblance to the minister Maurepas. Since Maurepas was disgraced on 24 April 1749 it is possible, although by no means certain, that *Des embellissements de la ville de Cachemire* and, *a fortiori*, *Des embellissements de Paris*, were composed before April 1749.

---

[1] J. M. Fahmy has shown convincingly how Voltaire's love-hate relationship with the capital frequently made him leave it even when he did not have to (*Voltaire et Paris*, Studies 195, 1981, p.29, 32, 37, 47-48, 53).

[2] Amsterdam [Paris, Lambert] 1750. The dates of some of the comments on *Des embellissements de Paris* (below, p.206, n.19, 20) show that the *Recueil* appeared late in 1749.

[3] See below, *Lettre à l'occasion de l'impôt du vingtième*, ed. H. Duranton, p.289-314.

[4] See below, *Des embellissements de la ville de Cachemire*, p.252-53.

Voltaire was absent from Paris from September 1748 until early February 1749 and left for Lunéville towards the end of June.[5] A date of composition in the spring of 1749 fits these movements and accords with the general context within which *Des embellissements de Paris* was written: the spirit of national pride that was given full expression in the celebrations following the signing of the treaty of Aix-la-Chapelle. In Paris, the commissioning of an equestrian statue of Louis XV[6] from Edme Bouchardon gave rise to numerous comments[7] on the inferior streets and architecture that surrounded the masterpieces of the capital, and in particular on the need for a new public square to receive the statue. Two of the suggested sites for such a square – the west end of the Tuileries or abutting the east face of the Louvre – focused attention on the unfinished and neglected state of the Louvre itself,[8] a subject on

[5] R. Vaillot, *Avec Mme Du Châtelet*, Voltaire en son temps 2 (Oxford 1988), p.337, 367, 386.

[6] The statue was commissioned in 1748 by the *prévôt des marchands* and the *échevins* of the city. At the time there was no public statue of Louis XV in Paris, whereas there were two of Louis XIV (Place des Victoires and Place Louis-le-Grand), one of Louis XIII (Place Royale) and one of Henri IV (Pont-Neuf). Those of Louis XIII and Louis XIV had been erected during their lifetimes.

[7] For example, the running discussion in the *Mercure de France* (July 1748, p.148-53; October 1748, p.57-66; November 1748, p.40-49; December 1748, p.39-49; February 1749, p.110-18, March 1749, p.94-98); Jean-Baptiste de La Curne de Sainte-Palaye, *Lettres de divers auteurs sur le projet d'une place devant la colonnade du Louvre pour y mettre la statue équestre du roi* (s.l. 1749). The discussion was summed up by the *Mémoires de Trévoux*: 'Il y a plus de beautés dans cette ville qu'il n'en faudrait pour en faire la merveille du monde, mais la plupart de ces beautés sont si mal entendues pour la situation, le point de vue, les accompagnements, la distribution, que l'œil du citoyen et celui de l'étranger ne sont point charmés de cette capitale' (July 1749, p.1121).

[8] See in particular La Font de Saint-Yenne, *L'Ombre du grand Colbert, le Louvre, et la ville de Paris, dialogue* (La Haye 1749; BV, no.1855: nouv. éd., Paris 1752). This satirical work was widely reviewed: *Mémoires de Trévoux* (July 1749), p.1460-71; *Nouvelles littéraires*, CLT, i.289-91; *La Bigarrure* (December 1749), p.141-43. According to Bachaumont, by April 1749 the king had announced that the Louvre would be completed: 'Le roi a donné ses ordres pour l'achèvement du Louvre: cette nouvelle cause une joie universelle' (*Mémoire sur l'achèvement du Louvre. Avril*

which Voltaire composed a poem of about the same date as the present text.[9]

The improvement of Paris was a subject that had interested Voltaire for some time before 1748.[10] In the first edition of *Le Temple du Goût* (1733), in addition to a few remarks about specific buildings in Paris, he introduces Colbert himself, who regrets the fact that he was unable to complete his plans for the capital.[11] The unfinished projects outlined by Colbert – the pulling down of Gothic churches, the building of elegant theatres and fountains, colonnaded markets, public squares – all appear again in *Des embellissements de Paris*.

Two letters to Caylus of 1739 and 1740 (D1757, D2294), and two to Frederick II, also of 1739 (D2062, D2074), reiterate the same themes. In D1757 Voltaire makes a suggestion that he develops in the present text: that the citizens themselves should contribute towards the cost of the improvements. The next attack on the state of public architecture in Paris, thinly disguised as Rome, comes in *Ce qu'on ne fait pas et ce qu'on pourrait faire*, probably written between 1738 and 1742, where Voltaire also touched on the economic aspects of the problem (M.xxiii.184-87). In *Le Monde comme il va*, published in 1748, we find the hero shocked by the ugliness of the faubourg Saint Marceau and by

---

1749, s.l.n.d.; printed in the *Mercure*, May 1749, p.64-69). It is arguable that had Voltaire been aware of this announcement before writing *Des embellissements de Paris* he might not have worded his first paragraph and lines 100-108 as he did. See also Bachaumont, *Mémoire sur le Louvre. Novembre 1749* (s.l.n.d.); La Font de Saint-Yenne, *Remerciement des habitants de la ville de Paris à Sa Majesté au sujet de l'achèvement du Louvre* (s.l. 1749). Reviewing this last book in December 1749, the *Mémoires de Trévoux* said that it was in response to public pressure that the king announced that the Louvre was to be finished (p.2571).

[9] *Sur le Louvre. 1749*, ed. Ralph Nablow, below, p.529-31.

[10] See R. Mercier, 'Voltaire et Paris: des rêves d'urbanisme aux "pleurs sur Jérusalem"', *La Ville au XVIIIe siècle*, Colloque d'Aix-en-Provence, 29 avril-1er mai 1973 (Aix-en-Provence 1975), p.33-47; also Fahmy, ch.11.

[11] M.viii.596-97. The passage on Colbert does not appear in the 1733 Amsterdam edition, or in subsequent editions up to Kehl.

the Gothic churches of the capital (M.xxi.3-4). A few years later, in a text that is more or less contemporary with *Des embellissements de Paris*, Voltaire called attention to what he considered to be the shameful state of the theatres of Paris, and proposed standards to be observed in the construction of any new theatre. [12]

What distinguishes *Des embellissements de Paris* from Voltaire's other writings on the subject is its comprehensiveness, its detail, and, above all, the attempt that it makes to examine, with the aid of statistics and calculations, the financial implications of the remedies suggested. On the other side of the coin, however, the very complexity of the financial calculations in so short a work tends to blur the points that Voltaire is trying to make, and the principles involved are obscured behind the mass of information and conjecture. Nevertheless, although Voltaire's information may occasionally be inaccurate, the reader is struck by its depth and its extent, and by the way in which the statistics are carefully chosen and interpreted in order to produce an argument which cannot easily be rejected.

Written while Voltaire was engaged on the preparation of *Le Siècle de Louis XIV*, *Des embellissements de Paris* can also be viewed as a kind of truculent footnote to that work. One of the aims of *Le Siècle de Louis XIV* was to show, by implication, that the eighteenth century had fallen sadly behind the example set by Louis xiv in standards of taste and in concern for public welfare. The field where Louis xiv had excelled, and where the eighteenth century most clearly proved its own decadence, was public architecture. [13] *Des embellissements de Paris* sets out to show that what Louis xiv had done with public money Voltaire's contemporaries could and must do by private effort, since government finances were in a precarious state as a result of the recent war, and since

---

[12] 'Dissertation sur la tragédie ancienne et moderne', published with *Sémiramis*, probably in November 1749 (M.iv.499-500).

[13] Cf. *Le Siècle de Louis XIV*, ch.29, 33.

French citizens paid lower taxes than they had done during *le Grand Siècle*. The work is therefore a defence of government inertia and a castigation of private selfishness. Voltaire presents no radical solution to the financial problems which were the basic cause of the situation he deplored; instead, he proposes the usual expedients – creation of *rentes*, lotteries and the like, although he is of course suggesting that increased expenditure on public works will in the long term result in greater prosperity for all, a theme elaborated in both *Des embellissements de la ville de Cachemire* and the *Dialogue entre un philosophe et un contrôleur général des finances* (1750). [14]

Eighteenth-century Paris was in a situation familiar to us today: although there had been an unprecedented spate of private building in the capital, the complementary public amenities were still lacking, largely on account of absence of public spirit. The impetus given by Colbert had not been perpetuated, and Paris was in many ways still a medieval city.

In deploring this situation Voltaire was no voice crying in the wilderness. Many of the points made in *Des embellissements de Paris* were also made by the authors of the contributions to the *Mercure* and the pamphlets mentioned above (n.7-8), particularly by Bachaumont. [15] Furthermore the publishers of Germain Brice's guide to Paris produced a new edition in 1752; [16] it will be seen from the notes to the text below that Brice and his revisers praise almost all that Voltaire praised, and criticise almost all that he criticised. Again and again they lament, like Voltaire, the decline

[14] On the financial aspects of Voltaire's suggestions, see Fahmy, p.133-34.

[15] See also R. S. Tate, Jr, *Petit de Bachaumont, his circle and the 'Mémoires secrets'*, Studies 65 (1968), p.81-96, and 'Voltaire, Bachaumont, and urban renewal for Paris', *Romance notes* 11 (1969-1970), p.89-94.

[16] *Description de la ville de Paris, et de tout ce qu'elle contient de plus remarquable* (Paris 1752). Brice's guide was first published in 1684; it was revised several times by Brice himself and, after his death in 1727, by his publishers; BV, no.543: *Nouvelle description de la ville de Paris et de tout ce qu'elle contient de plus remarquable* (Paris 1725).

of interest in urban improvement since the beginning of the century, and compare Paris unfavourably with other capitals, particularly Rome.

The *Recueil de pièces en vers et en prose* was not widely reviewed, and most of the complaints and suggestions made by Voltaire in *Des embellissements de Paris* passed unnoticed, and were unheeded by the authorities. [17] A short review in the *Mercure* concentrates on Voltaire's suggestions that the cost of the improvements should be borne by the citizens. [18] In the *Nouvelles littéraires* Raynal writes – and who could disagree? – that 'l'auteur a fait usage, dans ce morceau, de l'art qu'il a éminemment de rendre intéressants tous les sujets qu'il traite', but adds, 'il a répandu des principes très lumineux de commerce, de politique, et de finance', [19] a statement with which it is less easy to concur. Carl Fredrik Scheffer, Swedish 'ministre plénipotentiaire', was struck by the detail of the text, 'qui par sa solidité pourroit faire douter que ce soit une production de Voltaire'. [20] La Porte's review gives the substance of the text in the form of a slightly ironic dialogue, in which the last word from one of the participants on the subject of Voltaire's proposals is: 'Pour moi, je pense qu'il n'y a que celui qui les a formés, qui puisse les exécuter parfaitement. Il serait donc

[17] So far as the specific question of the siting of the statue was concerned, work on the Place Louis xv (now Place de la Concorde) started in 1757; the statue was erected in 1763. In 1754 Jacques-Ange Gabriel was commissioned to renovate the Louvre. For the rest, finance seems to have been the stumbling block: 'Il est cependant certain que la ville de Paris est encore bien loin de cette perfection qu'on lui désire, dont elle est susceptible, et à laquelle elle ne pourra parvenir de longtemps, même avec des dépenses excessives auxquelles la ville ne peut pas fournir; et voilà vraisemblablement les raisons qui suspendent un ouvrage aussi important' (Guillaume Poncet de La Grave, *Projet des embellissements de la ville et faubourgs de Paris*, s.l. 1756, p.IV).

[18] *Mercure de France* (January 1750), p.154-57.

[19] *Nouvelles littéraires*, December 1749 / January 1750 (CLT, i.383).

[20] Carl Fredrik Scheffer, *Lettres particulières à Carl Gustaf Tessin 1744-1752*, ed. J. Heidner (Stockholm 1982), p.200-201. The letter is dated 12 December 1749.

a souhaiter qu'en sa faveur on créât une charge de surintendant des *Embellissements de Paris*'.[21]

Voltaire did not abandon his campaign for the improvement of Paris. He elaborated his financial calculations, more successfully, in *Des embellissements de la ville de Cachemire*, and he touched on the question in *Le Siècle de Louis XIV*, ch.33 (*OH*, p.1019). A few years later Eldorado in *Candide*, with its 'édifices publics élevés jusqu'aux nues' is a reproach to Paris.[22] Nevertheless, after 1751, the theme of the neglect of Paris largely disappears from Voltaire's work, perhaps because he felt that his ideas on the subject had met with little response, but more probably because he no longer lived in his native city. When, in 1768, he wrote to Guillaumot, *architecte de la généralité de Paris*, repeating his complaints about the architecture of the capital and its lack of civic amenities, he defended himself for criticising the town he no longer inhabited by saying: 'j'habite un désert, et je m'intéresse toujours à Paris, comme on aime ses anciens amis avec leurs défauts' (D15187).

Editions

Des embellissements de Paris first appeared in the *Recueil de pièces en vers et en prose* published in Paris by Lambert in 1749 (dated 1750). It was republished by Lambert in his first collected edition of Voltaire's works (w51) and by another hand in the *Mélanges de littérature* (ML68). The only other recorded printings before Kehl are in the Rouen complete works (w50) and in Formey's *Abeille du Parnasse* (1750, siglum AP).

RP50

Recueil de pièces en vers et en prose. Amsterdam [Paris, Lambert], 1750 [1749]. 1 vol. 12°. Bengesco iv.220-21; BnC 384-388.

[21] *Observations sur la littérature moderne* (1750), ii.198.
[22] *Candide*, ch.18 (V48, p.190).

76-90 Des embellissements de Paris.

A compilation published by Lambert, no doubt with Voltaire's participation.

Bn: Zz 3977.

AP

L'Abeille du Parnasse. Berlin, Etienne de Bourdeaux, 1750, tome I, no. XV, 11 avril 1750.

[113]-123 Des embellissements de Paris, par M. de Voltaire.

A republication in the Berlin periodical edited by Formey.

Bn: Z 27432.

W50 (1751)

La Henriade et autres ouvrages. Londres [Rouen], Société, 1750-1752. 10 vol. 12°. Bengesco iv.38-42; Trapnell 50R; BnC 39.

Volume 2: 454-466 Des embellissements de Paris.

This edition appeared in late February or early March 1751 (d'Hémery, Journal, Bn F22156, f.43*v*, 'Du 4 mars 1751').

The text follows that of RP40, introducing one minor variant at l.220.

ImV: A 1751/1 (2).

W51

Œuvres de M. de Voltaire. [Paris, Lambert], 1751. 11 vol. 12°. Bengesco iv.42-46; Trapnell 51P; BnC 40-41.

Volume 2: 250-262 Des embellissements de Paris.

An edition produced with the active participation of Voltaire. It appeared in May 1751 (d'Hémery, Journal, Bn F22156, f.65*v*, 'Du 13 May 1751').

Minor variants to the text of RP50 are found at l.38, 59, 84, 96-97.

Taylor: V1 1751 (2)

ML68

Mélanges de littérature, pour servir de supplément à la dernière édition des œuvres de M. de Voltaire. 1768. 1 vol. 8° or 12°. Bengesco iv.243-44; BnC 136-137.

81-96 Des embellissements de Paris.

This edition introduces variants at l.24, 41-42, 62-63, 66-67, 77, 95, 141, 154, 155, 158, 172-173, 177-178, 184-185, 188-189, 191, 193-194, 220, 227-228, 229.

Bn: Rés. Z Beuchot 27 *bis* (octavo); — Z 27262 (duodecimo).

K84

Œuvres complètes de Voltaire. [Kehl], Société littéraire-typographique, 1784-1789. 70 vol. 8°. Bengesco 2142; BnC 164-193.

Volume 29: [161] 'DES / EMBELLISSEMENS / DE PARIS. / *Politique & Légifl.* Tome I. L'; [162] blank; [163]-174 Des embellissements de Paris. 1749.

The first issue of the Kehl edition, based in part upon Voltaire's manuscripts.

This edition is based on ML68. Minor changes were introduced at l.21, 88, 90, 119, 125-126, 159, 163, 185-186, 187, 198, 222-223, 225-226, 229-230, 243, 254, 266.

Taylor: VF.

Translations [23]

On the imbellishments of Paris, in *Select pieces of M. de Voltaire.* London 1754, p.159-171. Translated by Joseph Collyer.

Abhandlung von den Verschönerungen der Stadt Paris, in *Des Herrn von Voltaire, Kleinere Historische Schriften.* Rostock, Johann Christian Koppe, 1752, p.351-366. Translated by G. E. Lessing. Translator's preface dated Berlin 1751.

---

[23] H. B. Evans, 'A provisional bibliography of English editions and translations of Voltaire', *Studies* 8 (1959), p.38, no.30; P. Wallich and H. von Müller, *Die Deutsche Voltaire-Literatur des achtzehnten Jahrhunderts* (Berlin 1921), p.25.

Editorial principles

The text of *Des embellissements de Paris* given by K does not always inspire confidence since, besides making a number of reasonably intelligent if minor changes to the text of the earlier editions, it also occasionally modifies that text for no obvious reason. ML68 represents an intermediate stage between the earliest editions (RP50, W50 and W51P), which print similar though not identical texts, and K: it introduces a certain number of changes all taken up by K, but it remains faithful to the earlier editions in an almost equal number of places where K introduces a new reading. Since it seems unlikely that Voltaire collaborated with the publisher of this edition we cannot be confident that the text corresponds with his intentions. Of the earlier editions we choose as base text the first edition, RP50, which appeared in late 1749. Variants are drawn from W50, W51, ML68 and K. Except when otherwise stated the siglum K indicates K84 and K85.

Modernisation of the base text

The spelling of the names of persons and places has been respected and the original punctuation retained. The accent has been added to Praxiteles.

The following aspects of orthography and grammar in the base text have been modified to conform to modern usage:

1. Consonants
   - the consonant *p* was not used in: long-tems
   - the consonant *t* was not generally used in syllable endings *–ans* and *–ens*: cens, embellissemens, habitans (and: habitants); (but also: fainéants, monuments)
   - double consonants were used in: appeller, courrons
   - single consonants were used in: Carousel, Lyonais (see below)
   - archaic forms were used: dépends, Got, sçavoir

2. Vowels
   - *y* was used in place of *i* in: employe

- *oi* was used in place of *ai* in: the imperfect and conditional tenses; Bordelois (but: Lyonais)
- *oy* was used instead of *ay* in: monnoyé
- archaic forms were used: encor, œconome, œconomie, œconomiser, souterrein

3. Accents

The acute accent

- was used in place of the grave in: célébre, chére, espéce, fidéle, grossiére, opére, possédent, régne, siécle

The grave accent

- was not used in: derniere, maniere, Praxiteles, viagere

The circumflex accent

- was not used in: ame, brulé, dégoutante, infame, théatre
- was used in: plûpart, pû, vû

4. Capitalisation

- initial capitals were attributed to: Alderman, Arc de Triomphe, Capitale, Carousel, Cathédrale, Eglise, Fermes, Loterie, Métropole, Prince, Roi, Royaume, Souverain, Ville
- an initial capital was not attributed to: (la) ligue

5. Various

- agreement of the past participle was not consistent
- the cardinal number *cent* was invariable
- the ampersand was used
- the hyphen was used in: très-incommode, très-irrégulier, etc.; bien-loin, long-tems
- saint was abbreviated: S.

Modernisation of quotations

The spelling, but not the punctuation, of quotations from printed sources has been modernised, except where a specific critical edition is used, in which case the spelling of the edition is followed.

DES EMBELLISSEMENTS DE PARIS

Un seul citoyen qui n'était pas fort riche, mais qui avait une
grande âme, fit à ses dépens la place des Victoires, et érigea par
reconnaissance une statue à son roi. [1] Il fit plus que sept cent mille [2]
citoyens n'ont encore fait dans ce siècle. Nous possédons dans
Paris de quoi acheter des royaumes; nous voyons tous les jours   5
ce qui manque à notre ville, et nous nous contentons de murmurer!
On passe devant le Louvre et on gémit de voir cette façade,
monument de la grandeur de Louis XIV, du zèle de Colbert et du
génie de Perrault, cachée par des bâtiments de Goths et de
Vandales. [3] Nous courons aux spectacles, et nous sommes indignés   10

[1] François d'Aubusson, comte de La Feuillade, wishing to show his devotion to
Louis XIV, commissioned a statue of the king from Desjardins, and bought the
Hôtel de La Ferté-Senneterre which he demolished together with other nearby
buildings in order to provide a suitable setting for it. In March 1686 the horseshoe-
shaped Place des Victoires, with its buildings designed by Jules Hardouin Mansart,
was inaugurated. La Feuillade's part in this enterprise was 500,000 livres. The City
of Paris contributed an equal amount, a fact that Voltaire acknowledges in *Le
Siècle de Louis XIV*, ch.28 (*OH*, p.961); here he somewhat exaggerates the role of
the individual citizen. The Place des Victoires was partly disfigured in 1717 by the
removal of four groups of columns; the statue itself was destroyed in 1792 (Brice,
i.398-99; J. Hillairet, *Dictionnaire historique des rues de Paris*, 5th ed., Paris 1963,
ii.630).

[2] Voltaire seems to have adopted the estimate of the population of Paris given
by Vauban in his *Projet d'une dîme royale* (s.l. 1707; BV, no.3405), ed. E. Coornaert
(Paris 1933), p.157, 160-61. In *L'Homme aux quarante écus* Voltaire is, like Vauban,
critical of those who supposed the population of the town to be much larger (1768;
M.xxi.328); subsequent work shows that his calculation seems if anything to be on
the high side (see Fahmy, p.126).

[3] See above, p.202. The east front of the Louvre, in fact designed jointly by
Claude Perrault, Le Brun and Le Vau, was begun in 1667 under the supervision
of Colbert. The colonnade was almost finished in 1678, when, in spite of Colbert's
protests, Louis XIV abandoned the Louvre for Versailles; it was not finally completed
until the early nineteenth century (Hillairet, ii.67-68). According to the original
plans, 'l'on devait entièrement renverser l'édifice de cette église [Saint-Germain-

d'y entrer d'une manière si incommode et si dégoûtante, d'y être placés si mal à notre aise, de voir des salles si grossièrement construites, des théâtres si mal entendus, et d'en sortir avec plus d'embarras et de peine qu'on n'y est entré. ⁴ Nous rougissons avec raison de voir les marchés publics établis dans des rues étroites étaler la malpropreté, répandre l'infection et causer des désordres continuels. ⁵ Nous n'avons que deux fontaines dans le grand goût,

15

l'Auxerrois], ainsi que quantité de maisons qui l'environnent, pour faire une grande place d'armes richement décorée, à laquelle le Pont-Neuf aurait abouti. La superbe façade du Louvre, le plus beau morceau d'architecture que l'on connaisse à présent, [...] en aurait reçu un grand avantage' (Brice, i.213). These proposals were implicit in the current suggestion that the new square for the reception of the king's statue should be in front of the Louvre. The 'bâtiments de Goths et de Vandales' included the thirteenth-century Hôtel d'Alençon, which was demolished in 1758. The removal of buildings between the Louvre and Saint-Germain-l'Auxerrois continued during the second half of the eighteenth century and the first half of the nineteenth, to form the present Place du Louvre (Hillairet, ii.58, 63).

⁴ Voltaire exaggerates. The salle du Palais-Royal, used by Molière until 1673, and after that by the Opéra, was not well equipped, but the Palais-Royal was neither badly situated nor 'mal entendu' (Brice, i.261-62; Henri Sauval, *Histoire et recherches des antiquités de la ville de Paris*, Paris 1724, iii.47). The Hôtel de Bourgogne, used by the Théâtre-Italien since 1716, was an old building situated in the insalubrious area of the Halles (Brice, i.503-507). Since 1688 the Comédie-Française had occupied a new theatre in the rue des Fossés-Saint-Germain (now rue de l'Ancienne-Comédie). Brice describes this theatre in favourable terms (iv.78-79); his only complaint is that the decorations are not properly looked after. See also J. Lough, *Paris theatre audiences in the seventeenth and eighteenth centuries* (London 1957), p.188. The 'salle des machines' in the Tuileries, 'le plus magnifique [théâtre] de l'Europe' (Brice, i.151), was rarely used (*Le Siècle de Louis XIV*, 'Artistes célèbres'; *OH*, p.1220). Voltaire had made a similar general comment in a footnote to the first edition of *Le Temple du Goût* (M.viii.597n). He elaborated his criticisms of the Parisian theatres in the 'Dissertation sur la tragédie ancienne et moderne' (1749; M.iv.499-500).

⁵ The principal public market was the Halles, which dated from 1553 and occupied a site bounded by the rue de la Tonnellerie, the rue de la Fromagerie, the rue du Marché-aux-Poirées and the rue de la Cordonnerie (Hillairet, i.140-41). The quartier of the Halles was described by Brice as 'un endroit qu'il faut éviter, à cause des embarras continuels qui s'y trouvent' (i.502). There were many smaller markets in addition to the Halles, mostly in busy parts of the right bank. The only main market that might have escaped Voltaire's criticism was the marché aux

et il s'en faut bien qu'elles soient avantageusement placées. Toutes les autres sont dignes d'un village.[6] Des quartiers immenses demandent des places publiques,[7] et tandis que l'arc de triomphe de la porte St Denis,[8] la statue équestre de Henri le Grand,[9] ces deux ponts, ces deux quais superbes,[10] ce Louvre, ces Tuileries,

20

---

21   к: St Denis et la

---

chevaux, situated on the eastern outskirts of the town 'à cause de la commodité du lieu' (Brice, ii.386).

[6] Of the 25 fountains mentioned by Brice only 5 are singled out as being of architectural merit. They include both the fontaine des Saints-Innocents by Jean Goujon, built in 1547-1549 (i.524-25; cf. CN, i.512), and the fontaine de la rue de Grenelle by Edme Bouchardon, built in 1736-1739 (iv.55-56), to which Voltaire is no doubt referring (cf. *Le Temple du Goût*, M.xviii.576; *Le Siècle de Louis XIV*, 'Artistes célèbres'; *OH*, p.1220). Brice complains that the fontaine des Saints-Innocents is delapidated and that the quartier Saint-Germain has scarcely any public fountains (iii.280). Voltaire had earlier referred to 'ces ridicules fontaines de village qui défigurent notre ville' in connection with the building of the fountain in the rue de Grenelle ([?9 January 1739]; D1757).

[7] In 1739 Voltaire had complained: 'Il n'y a pas une seule place publique dans le vaste faubourg Saint-Germain' (D1757). Brice, too, lamented this lack (iii.280). It was no new observation: there had been many abortive projects for new or improved squares, such as the Place Louis-le-Grand (now Place Vendôme), reduced in size as an economy measure, the Place du Louvre, the Place de France planned by Henri IV near the Temple.

[8] Erected in 1672 by Nicolas-François Blondel to celebrate the victories of Louis XIV in the Low Countries.

[9] It stood in the same position as the present statue (1818). The horse was the work of Giovanni Bologna; it was criticised for its rather heavy appearance. The figure was the work of Guillaume Dupré. The monument, with its bas-reliefs and inscriptions, was not completed until 1635; it was destroyed in 1792 (Brice, iv.166-68; Hillairet, ii.176).

[10] Cf. 'Vue de Paris du pont neuf préférable à toutes les bautez artificielles des autres villes du monde' ('Voltaire's notebooks: thirteen new fragments', ed. Th. Besterman, *Studies* 148, 1976, p.21). The buildings on both sides of the river between the Pont-Neuf (1578-1607) and the Pont-Royal (1685-1689) dated mainly from the late sixteenth and the seventeenth century. Voltaire must be referring to the quays extending as far as the Cours-la-Reine on the right bank; on the left bank the quai Malaquais was particularly admired (Brice, iv.128). Brice is also enthusiastic about the view from the Pont-Neuf (iv.164), and about the monuments

215

ces Champs Elisées égalent ou surpassent les beautés de l'ancienne
Rome; le centre de la ville obscur, resserré, hideux, représente les
temps de la plus honteuse barbarie. Nous le disons sans cesse; 25
mais jusqu'à quand le dirons-nous sans y remédier? 11

A qui appartient-il d'embellir la ville, sinon aux habitants qui
jouissent dans son sein de tout ce que l'opulence et les plaisirs
peuvent prodiguer aux hommes? On parle d'une place, et d'une
statue du roi; 12 mais depuis le temps qu'on en parle, on a bâti une 30
dans Londres, et on a construit un pont sur la Tamize 13 au milieu
même d'une guerre plus funeste et plus ruineuse pour les Anglais
que pour nous. 14 Ne pouvant pas avoir la gloire de donner
l'exemple, ayons au moins celle d'enchérir sur les exemples qu'on
nous donne. Il est temps que ceux qui sont à la tête de la plus 35

24-25   ML68, K: le temps de

---

and gardens mentioned by Voltaire (i.134, 153, 172, 184).

11 Brice's account of Paris contains similar complaints every few pages, especially
about the Halles, the Grand Châtelet, the Bastille, and the multitude of Gothic
churches. His comment on the Ile de la Cité is typical: 'Ce quartier est à la vérité
le plus peuplé de toute la ville, mais en même temps, il est le plus incommode et
le plus désagréable, à cause du grand nombre de maisons excessivement hautes, qui
sont d'ailleurs toutes très vieilles et très mal bâties. Les rues sont fort étroites, ce
qui les rend tristes et obscures' (iv.159).

12 A reference to the prolonged discussion about the siting of the statue of Louis
xv (see above, p.202).

13 Berkeley Square, Mayfair, was built during the years 1739-1745 (although it
would hardly have come up to Voltaire's standards in style). Westminster Bridge,
started in 1739, was finished in 1748, in spite of opposition from the reactionary
city council (J. Summerson, *Georgian London*, London 1962, p.98-116).

14 In the *Histoire de la guerre de 1741*, ch.28, Voltaire estimates the English
national debt at 'près de quatre-vingt millions de livres sterling' (ed. J. Maurens,
Paris 1971, p.294). In France the public debt was reputed to be 180 million livres
(M. Marion, *Machault d'Arnouville: étude sur l'histoire du contrôle général des finances
de 1749 à 1754*, Paris 1891, p.17). England suffered financially during the war –
in 1748 the national debt stood at 68 million livres sterling – but recovered more
quickly than France (P. M. G. Dickson, *The Financial revolution in England: a study
in the development of public credit, 1688-1756*, London 1967, p.228-45).

opulente capitale de l'Europe, la rendent la plus commode et la plus magnifique. Ne serons-nous pas honteux à la fin de nous borner à de petits feux d'artifice, vis-à-vis un bâtiment grossier, dans une petite place destinée à l'exécution des criminels? [15] Qu'on ose élever son esprit et on fera ce qu'on voudra. Je ne demande autre chose, sinon qu'on veuille avec fermeté. Il s'agit bien seulement d'une place! Paris serait encore très incommode et très irrégulier quand cette place serait faite. Il faut des marchés publics, des fontaines qui donnent en effet de l'eau, des carrefours réguliers, des salles de spectacles; il faut élargir les rues étroites et infectes, découvrir les monuments qu'on ne voit point, et en élever qu'on puisse voir.

La bassesse des idées, la crainte encore plus basse d'une dépense nécessaire viennent combattre ces projets de grandeur que chaque bon citoyen a faits cent fois en lui-même; on se décourage quand on songe à ce qu'il en coûtera pour élever ces grands monuments, dont la plupart deviennent chaque jour indispensables, et qu'il faudra bien faire à la fin quoi qu'il en coûte. Mais au fond, il est bien certain qu'il n'en coûtera rien à l'Etat. L'argent employé à ces nobles travaux ne sera certainement pas payé à des étrangers. S'il fallait faire venir le fer d'Allemagne et les pierres d'Angleterre, je vous dirais, Croupissez dans votre molle nonchalance, jouissez en paix des beautés que vous possédez, et restez privés de celles

40

45

50

55

---

38   w51: à des petits
41-42   ML68, K: bien d'une

---

[15] Cf. D2074, and *Le Siècle de Louis XIV*, ch.33 (*OH*, p.1019). Voltaire is referring to the Hôtel de Ville, in the Place de Grève (now Place de l'Hôtel-de-Ville), built between 1553 and 1628 and destroyed during the Commune. Firework displays were given in the Place de Grève on midsummer's eve and on occasions of public rejoicing, including the celebrations for the promulgation of the treaty of Aix-la-Chapelle in February 1749 (Barbier, iv.351). Public executions took place there until 1830.

qui vous manquent. Mais bien loin que l'Etat perde à ces travaux, il y gagne; tous les pauvres alors sont utilement employés; la circulation de l'argent en augmente, et le peuple qui travaille le plus est toujours le plus riche. [16]

Mais où trouver des fonds? Et où en trouvèrent les premiers rois de Rome, quand dans les temps de la pauvreté, ils bâtirent ces souterrains qui furent six cents ans après eux l'admiration de Rome riche et triomphante? [17] Pensons-nous que nous soyons moins opulents et moins industrieux que ces Egyptiens dont je ne vanterai pas ici les pyramides [18] qui ne sont que de grossiers monuments d'ostentation, mais dont je rappellerai tant d'ouvrages nécessaires et admirables? Y a-t-il moins d'argent dans Paris, qu'il n'y en avait dans Rome moderne, quand elle bâtit St Pierre qui est le chef-d'œuvre de la magnificence et du goût, et quand elle éleva tant d'autres beaux morceaux d'architecture, où l'utile, le noble et l'agréable se trouvent ensemble? [19] Londres n'était pas si

60

65

70

59   w51: qui manquent.
62-63   ML68, K, continuous text
66-67   ML68, K: soyons moins industrieux que

[16] Cf. Jean-François Melon: 'Toute imposition employée à l'utilité du peuple et répartie avec égalité, procure de grands avantages'; but Melon holds that public works are not beneficial unless they are of commercial significance: he lacks Voltaire's aesthetic point of view (*Essai politique sur le commerce*, nouv. éd., s.l. 1736, p.326, 340; BV, no.2386).

[17] Probably a reference to the tradition that the construction of the drainage system of the Forum Romanum was the work of Tarquinius. Livy says that the king used money gained by plunder, as well as public funds, to finance the building both of the Great Sewer (*cloaca maxima*) and of the *circus maximus* – two works that the new splendour of his own age had been unable to match (Livy, 1.56; BV, no.2145: *Histoire romaine de Tite-Live*, trans. François Guérin, Paris 1738-1740).

[18] Cf. *Des embellissements de la ville de Cachemire*, l.99-100. In *La Philosophie de l'histoire* Voltaire emphasises again the enormous expense of building the pyramids (V 59, p.165-66); in the *Dictionnaire philosophique*, art. 'Apis', he stresses their uselessness.

[19] Cf. *Essai sur les mœurs*, 'Le chapitre des arts' (*Essai*, ii.832-33).

riche que Paris, quand ses aldermans firent l'église de St Paul[20]   75
qui est la seconde de l'Europe, et qui semble nous reprocher notre
cathédrale gothique.[21] Où trouver des fonds? Et en manquons-
nous, quand il faut dorer tant de cabinets et tant d'équipages, et
donner tous les jours des festins qui ruinent la santé et la fortune,
et qui engourdissent à la longue toutes les facultés de l'âme?[22] Si   80
nous calculions quelle est la circulation d'argent que le jeu seul
opère dans Paris, nous serions effrayés. Je suppose que dans dix
mille maisons il y ait au moins mille francs qui circulent en perte
ou en gain par maison chaque année; (la somme peut aller à dix
fois au-delà) cet article seul, tel que je le réduis, monte à dix   85
millions dont la perte serait insensible.

   Il y a aujourd'hui beaucoup plus d'argent monnayé dans le
royaume,[23] qu'il n'en possédait quand Louis XIV dépensa quatre

77   ML68, K: fonds? En
84   W51, ML68, K: aller dix
88   K: royaume que n'en possédait Louis XIV. Il dépensa

   [20] Projects for the restoration or rebuilding of old St Paul's had been under
consideration for several years before it was burned down in the great fire of 1666.
Progress on Wren's new cathedral was slow: work did not start until 1675, and
the major part of it was not completed before 1708. The cost was met partly by
the City of London, which gave a portion of the dues levied on coal, but private
donations were also important; the king himself gave little (*A history of St Paul's
cathedral and the men associated with it*, ed. W. R. Matthews and W. M. Atkins,
London 1957, p.172-204).
   [21] Brice concedes that Notre-Dame, 'quoique gothique, est néanmoins des plus
belles [églises] qu'il y ait en France'; but he adds: 'ce qui a fait l'admiration des
siècles passés ne sert plus qu'à nous ouvrir les yeux sur les erreurs où l'on était
tombé, en s'éloignant des exemples que nous avaient laissés les Grecs et les Romains'
(iv.185, 190).
   [22] Barbier paints a similar picture of the 'luxe' of the capital during the war: 'On
ne s'aperçoit point de la misère à Paris, où tout est d'une grande magnificence en
équipages et en habits' (1741; iii.276); 'On a beau crier misère, le public trouve
toujours de l'argent pour les fêtes et les plaisirs' (1745; iv.16).
   [23] See below, p.221, n.30.

219

cents millions et davantage à Versailles, à Trianon, à Marly:[24] et
ces quatre cents millions à vingt-sept et vingt-huit livres le marc,   90
font aujourd'hui beaucoup plus de sept cents millions.[25] Les
dépenses de trois bosquets auraient suffi pour les embellissements
nécessaires à la capitale.[26] Quand un souverain fait ces dépenses
pour lui, il témoigne sa grandeur; quand il les fait pour le public,
il témoigne sa magnanimité. Mais dans l'un et dans l'autre cas, il   95
encourage les arts, il fait circuler l'argent, et rien ne se perd dans
ces entreprises, sinon les remises faites dans les pays étrangers

90   K: à 27 à 28 livres
95   ML68, K: dans l'un et l'autre
96-97 W51, ML68, K: dans ses entreprises

[24] I estimate, from the figures given by J.-J. Guiffrey (*Comptes des bâtiments du roi sous le règne de Louis XIV*, Paris 1881-1901, v.953-54), that total expenditure on these three palaces between 1664 and 1715 was about 78 million livres, that is, about a third of Louis's total expenditure on buildings. In the *Anecdotes sur Louis XIV* Voltaire gives a figure of over 500 million livres for Versailles alone (M.xxiii.237): this estimate corresponds to legend rather than fact.

[25] On the value of the coinage under the ancien régime, see R. Picard, 'Les mutations des monnaies et la doctrine économique en France, du XVIe siècle à la Révolution', *Revue d'histoire des doctrines économiques et sociales* (1912), p.343-67. In the early years of Louis XIV's reign the marc d'argent was worth 26 to 28 livres; in 1750 it was worth about 51 livres, i.e. 1.8 times as much (M. Marion, *Histoire financière de la France depuis 1715*, Paris 1927, i.140). Voltaire's calculation, if not his original figure of 400 million livres, is approximately correct.

[26] Louis XIV was fond of these large-scale open-air groups of sculptures in a 'natural' setting. Three famous and particularly expensive *bosquets*, built in the years 1675-1681, were 'l'Encelade', 'la Renommée', and 'l'Arc de triomphe' (P. de Nolhac, *Histoire du château de Versailles*, Paris 1911, ii.31-40). The *bosquets* figure frequently in the *Comptes des bâtiments*, where expenditure on them comes to some 370,000 livres, but since many other items in the *Comptes* (pipes, taps, etc.) relate indirectly to the *bosquets* the total cost may have been much greater.

pour acheter chèrement d'anciennes statues mutilées, [27] tandis que nous avons parmi nous des Phidias et des Praxitèles. [28]

Le roi par sa grandeur d'âme et par son amour pour son peuple voudrait contribuer à rendre sa capitale digne de lui. Mais après tout, il n'est pas plus roi des Parisiens que des Lyonnais et des Bordelais. Chaque métropole doit se secourir elle-même. Faut-il à un particulier un arrêt du conseil pour ajuster sa maison? Le roi d'ailleurs après une longue guerre n'est point en état à présent de dépenser beaucoup pour nos plaisirs: et avant d'abattre les maisons qui nous cachent la façade de St Gervais, [29] il faut payer le sang qui a été répandu pour la patrie. D'ailleurs s'il y a aujourd'hui plus d'espèces dans le royaume que du temps de Louis XIV, les revenus actuels de la couronne n'approchent pas encore de ce qu'ils étaient en effet sous ce monarque. [30] Car dans les soixante

[27] Voltaire is perhaps thinking of the antique statues bought in Italy, on Colbert's instructions, for the gardens of Versailles, and restored by Anselme Flamen.

[28] Voltaire refers to Edme Bouchardon as Phidias in D1757 and D2038; his Praxiteles is probably Jean-Baptiste Lemoyne, who was famous for his statue of Louis XV in Bordeaux and who modelled a bust of Voltaire in 1748. Other important contemporary sculptors were: Jean-Louis Lemoyne (now blind), René-Michel Slodtz (who worked on the sets for *Sémiramis*, D3779), Jean-Baptiste Pigalle (who was later to execute the famous statue of Voltaire), and Etienne Falconet (the favourite of Mme de Pompadour). In later years Voltaire was frequently in correspondence with the last two artists, and he bestowed on Pigalle the name of Phidias formerly reserved for Bouchardon (D16400, D16535).

[29] Voltaire had once lived in the rue du Long-Pont opposite the church of Saint-Gervais, and had expressed similar sentiments in *Le Temple du Goût* (M.viii.576). The church itself, although begun as late as 1494, is in the 'gothique flamboyant' style, but the façade (1616-1657) is classical in inspiration. The church was hemmed in by houses until 1850, and even now the Place Saint-Gervais is rather small. Brice was also indignant about the situation of Saint-Gervais: 'la place ou plutôt l'espace qui se trouve devant ce magnifique portail est si serré et si irrégulier, que l'on ne voit que très imparfaitement ce bel ouvrage' (ii.147).

[30] Véron de Forbonnais reckoned that the quantity of *espèces* circulating in France had increased in the proportion of 18/30 during the years 1683 to 1754, but, like Voltaire, he emphasised the fact that during the same period revenue from taxation had decreased from 23% to 17% of national wealth (*Recherches et considérations sur les finances de France, depuis l'année 1595 jusqu'à l'année 1721,*

et douze années de ce règne, on leva sur la nation dix-huit milliards
numéraires: ce qui fait année commune deux cents millions cinq
cent mille livres à vingt-sept, à trente livres le marc,[31] et cette
somme annuelle revient à environ trois cent trente millions d'au- 115
jourd'hui.[32] Or il s'en faut beaucoup que le roi ait ce revenu.[33]
On dit toujours *le roi est riche* dans le même sens qu'on le dirait
d'un seigneur ou d'un particulier. Mais en ce sens-là, le roi n'est
point riche du tout. Il n'a presque point de domaines; et j'observe-
rai en passant que les temps les plus malheureux de la monarchie 120
ont été ceux où les rois n'avaient que leurs domaines pour résister

119 K: de domaine; et

Bâle, Liège 1758, i.297-98; BV, no.3431).

31 Voltaire gives the same figures in the *Lettre à l'occasion de l'impôt du vingtième*
(below, p.311), attributing them to 'un citoyen très éclairé et très sage'. Neither
Forbonnais nor J.-J. Clamageran (*Histoire de l'impôt en France*, Paris 1867-1876)
give figures that correspond. No precise estimate can be made of total government
revenue during the years 1643-1715, but from the information given by Forbonnais
and Clamageran it would appear that *la recette ordinaire* (mainly from taxes) totalled
about 7,600 million livres (annual average 106 million), and that *les affaires
extraordinaires* (from the creation of *rentes*, *offices*, etc.) brought in another 2,800
million (annual average 52 million), giving an overall annual average of 158 million
livres, and an overall total of 10,400 million livres. Voltaire's figures are more true
of the last years of Louis xiv's reign, but are somewhat inflated even so.

32 Assuming that Voltaire's estimate of government revenue is correct, and given
a proportional rise in the nominal value of money of 1/1.8, as postulated in note
25, he should arrive at a figure of about 360 million livres.

33 It is difficult to give a realistic figure for government revenue in 1749: Marion
says that it was 190 million (*Histoire financière*, i.170-71), but this is net receipts;
Clamageran gives a figure of 250-60 million livres for gross revenue (iii.302-303),
falling to 207 million by 1751 (iii.276). Voltaire's figures may be wrong, but his
general contention – that people are paying less in taxes in his own day than they
did in the past – is correct. But all these calculations tend to obscure Voltaire's
main point, namely that since citizens pay less in taxes they should voluntarily
contribute more to public works.

à leurs ennemis, et pour récompenser leurs sujets.[34] Le roi est précisément et à la lettre l'économe de toute la nation;[35] la moitié de l'argent circulant dans le royaume, passe par ses trésoriers comme par un crible: et tout homme qui demande au roi une gratification, une pension, dit en effet au roi, Sire, donnez-moi une petite portion de l'argent de mes concitoyens; reste à savoir si cet homme a bien mérité de la patrie; il est clair qu'alors la patrie lui doit, et le roi le paye au nom de l'Etat. Mais il est clair encore que le roi n'a pour les dépenses arbitraires, que ce qui reste après qu'il a satisfait aux dépenses nécessaires.

Il est encore très vrai qu'il s'en faut beaucoup qu'il se trouve au pair, c'est-à-dire que toutes les dettes annuelles soient payées au bout de l'année;[36] je crois qu'il n'y a que deux Etats en Europe, l'un très grand et l'autre très petit où l'on ait établi cette

125

130

135

---

124   k85:   passe des trésoriers
125-126   k: une pension, une gratification

---

[34] The poverty of the French monarchs from Charlemagne to Charles VII, whose main source of revenue was their estates, is continually emphasised in the *Essai sur les mœurs*, ch.37, 38, 51, 75, 84, 94. Voltaire's view needs to be somewhat modified, however. Vuitry shows that the growth of the royal estates in the eleventh to the thirteenth centuries ensured that 'les revenus du roi étaient plus que suffisants pour subvenir à ses dépenses' and 'permettaient même l'épargne de réserves considérables en numéraire'. After the reign of Philippe le Hardi these revenues became less and less adequate for the growing military and civil expenses of the government (*Etudes sur le régime financier de la France avant la révolution de 1789*, Paris 1878, p.520). In addition, parts of the royal estates were sold off in order to raise money, a practice that continued until the eighteenth century.

[35] Cf. *Dialogue entre un philosophe et un contrôleur général des finances*, 'Le roi, qui est l'économe de la nation' (1750; M.xxiii.504).

[36] Probably true, although Clamageran points out that the budget more or less balanced under Fleury, in the years 1736-1740, and that it could have been balanced 'peu à peu' after 1748 if the war-time *dixième* had been maintained, or if the *vingtième* had been levied on the privileged orders (iii.283, 302).

223

économie,[37] et nous sommes infiniment plus riches que ces deux Etats.[38]

Enfin, que le roi doive beaucoup, ou peu, ou rien, il est encore certain qu'il ne thésaurise pas. S'il thésaurisait, il y perdrait lui et l'Etat. Henri IV, après des temps d'orages qui tenaient à la barbarie, gêné encore de tous les côtés, et n'obtenant que des remontrances quand il fallait de l'argent pour reprendre Amiens des mains des ennemis;[39] Henri IV, dis-je, eut raison d'amasser en quelques années avec ses revenus un trésor d'environ quarante millions, dont vingt-deux étaient enfermés dans les caves de la Bastille.[40]

140

145

140 K85: d'orage qui
141 ML68, K: tous côtés

[37] The large country is England, where in the years 1721-1742 Walpole succeeded in reducing the national debt and the general rate of interest (Dickson, p.199-215). The small nation could be Holland, which had enjoyed great prosperity between 1650 and 1730, although this had since declined. Perhaps Voltaire was thinking of Switzerland, whose economy was then prospering, especially after the Law crisis in France. Melon claims that Portugal and Poland had no national debt (p.238-39).

[38] Cf. Dutot: 'La France, par sa situation, par son climat, par la fertilité de ses provinces, par l'industrie et par le génie de ses habitants, a des avantages pour le commerce, que toutes les autres nations n'ont pas' (*Réflexions politiques sur les finances et le commerce*, La Haye 1738, ii.309; BV, no.1195). Voltaire preferred Dutot's work to Melon's *Essai politique* (*Observations sur MM. Jean Lass, Melon et Dutot*, 1738; M.xxii.364-65).

[39] Cf. *Essai sur les mœurs*, ch.174, where Voltaire says that Gabrielle d'Estrées lent Henri IV the money for the recapture of Amiens in 1597, after funding had been refused by the parlement (*Essai*, ii.544).

[40] According to Sully the reserves that Henri IV could count on for the carrying out of the *grand dessein* were 22,460,000 livres in 'les chambres basses voûtées de la Bastille', plus 18,613,000 livres made up of sums owed to him by 'les fermiers, partisans et receveurs généraux', which 'on pouvait regarder comme déjà touchées' (*Mémoires*, book XXX, Paris 1827, vi.145-46; BV, no.3223: Londres 1745). Sully elsewhere says that in 1610 Henri had 36 million livres 'actuellement dans ses coffres' (book XXIX; v.376). In justifying his accumulation of reserves Henri had used arguments similar to those mentioned by Voltaire here and in *L'Homme aux quarante écus* (M.xxi.320-21; Sully, *Mémoires*, book XIX; iv.135-38).

Ce trésor de quarante millions en valait à peu près cent d'aujourd'hui,[41] et toutes les denrées (excepté les soldats que j'ai
appelés la plus nécessaire denrée des rois)[42] étant aujourd'hui du
double au moins plus chères, il est démontré que le trésor de
Henri IV répond à deux cents de nos millions en 1749.[43] Cet   150
argent nécessaire, cet argent que ce grand prince n'aurait pu
avoir autrement, était perdu quand il était enterré: remis dans le
commerce, il aurait valu à l'Etat deux millions numéraires de son
temps au moins par année. Henri IV y perdait donc, et il n'eût pas
enterré ce trésor, s'il eût été assuré de le trouver au besoin dans   155
la bourse de ses sujets. Il en usait, tout roi qu'il était, comme
avaient agi les particuliers dans les temps déplorables de la Ligue,
il enfouissait son argent. Ce qui était malheureusement nécessaire
alors, serait très déplacé aujourd'hui. Le roi a pour trésors, la
manutention, l'usage de l'argent que lui produisent la culture de   160
nos terres, notre commerce, notre industrie, et avec cet argent il
supporte des charges immenses. Or de ce produit des terres, du
commerce, et de l'industrie du royaume, il en reste dans Paris la
plus grande partie, et si le roi au bout de l'année redoit encore,

154   ML68, K: y perdit donc
155   ML68, K: enterré son trésor
158   ML68, K: ils enfouissaient leur argent;
159   K: pour trésor
163   K: commerce, de l'industrie

[41] Under Henri IV the marc d'or was worth about 240 livres, the marc d'argent
about 20 livres (Forbonnais, i.52; Melon, p.171); in 1749 the corresponding values
were 740 livres and 51 livres (Marion, *Histoire financière*, i.140). Thus gold had
nominally increased three times in value, and silver two and a half times. Voltaire's
estimate of the 1749 value of Henri IV's *trésor* is correct if the hoard was in silver.

[42] *Observations sur MM. Jean Lass, Melon et Dutot* (M.xxii.369).

[43] In the *Observations sur MM. Jean Lass, Melon et Dutot* Voltaire had claimed
that although 'en valeur numéraire' (i.e. livres, etc.) goods cost 8 times as much in
1738 as they had during the reign of François I, 'en poids de marc' (i.e. gold or
silver) they cost only twice as much (M.xxii.369).

c'est-à-dire s'il n'a pu comme nous avons dit, de ce produit annuel   165
payer toutes les charges annuelles de l'Etat, s'il n'est pas riche en
ce sens, la ville de Paris n'en est pas moins opulente. Henri IV
avait quarante millions de livres de son temps, dans ses coffres:
ce n'est pas exagérer que de dire que les citoyens de Paris en
possèdent six fois autant pour le moins en argent monnayé. 44 Ce   170
n'est donc pas au roi, c'est à nous de contribuer à présent aux
embellissements de notre ville; les riches citoyens de Paris peuvent
le rendre un prodige de magnificence en donnant peu de chose de
leur superflu. Y a-t-il un homme aisé qui ait le front de dire, Je
ne veux pas qu'il m'en coûte cent francs par an pour l'avantage   175
du public et pour le mien? S'il y a un homme assez lâche pour le
penser, il ne sera pas assez effronté pour le dire. Il ne s'agit donc
que de trouver une manière de lever les fonds nécessaires, et il y
a cent façons entre lesquelles ceux qui sont au fait, peuvent
aisément choisir.   180

Que le corps de ville demande seulement permission de mettre
une taxe modérée et proportionnelle sur les habitants, ou sur les
maisons, ou sur les denrées; cette taxe presque insensible, pour
embellir notre ville, sera sans comparaison moins forte que celles
que nous supportions pour voir périr sur le Danube nos compa-   185
triotes. 45 Que ce même Hôtel de Ville emprunte en rentes viagères,

172-173   ML68, K: peuvent la rendre
177-178   ML68, K: donc que de lever les fonds
184-185   ML68, K: que celle que
185-186   K: périr nos compatriotes sur le Danube;

44 A difficult figure to verify. One way of reaching an approximate estimate of
the wealth of Paris is to start with the annual sum raised in taxes from the town
in the first part of the eighteenth century, at least 28 million livres (Brice, i.34),
and to apply Forbonnais's formula (i.298) according to which the proportion of
tax to wealth in his time was 1/16.6. This gives a figure of 465 million livres.
45 In order to finance the war of the Austrian succession the government had
resorted to expedients such as loans from the Etats provinciaux and from individuals,
and to various *affaires extraordinaires* by creating new *rentes*, lotteries, and *offices*.
In addition, a new *dixième* was introduced by Orry in 1741, and collected with

en rentes tournantes quelques millions qui feront un fonds d'amortissement. [46] Qu'elle fasse une loterie bien combinée; qu'elle emploie une somme fixe de son revenu tous les ans; que le roi daigne ensuite, quand ses affaires le permettront, concourir à ces nobles travaux, en affectant à cette dépense quelque partie des impôts extraordinaires que nous avons payés pendant la guerre, et que tout cet argent soit fidèlement économisé; que les projets des artistes soient reçus au concours, que l'exécution soit au rabais. Il sera facile de démontrer qu'on peut en moins de dix ans faire de Paris la merveille du monde.

Le conte que l'on fait du grand Colbert qui en peu de mois mit de l'argent dans les coffres du roi par les dépenses même d'un carrousel, est une fable: car les fermes n'étaient point régies pour le compte du roi. D'ailleurs, on n'aurait pu s'apercevoir qu'à la

190

195

200

187   K: qui seront
188   ML68, K: Qu'il fasse
188-189   ML68, K: qu'il emploie une somme fixe tous les
191   ML68, K: quelques parties
193-194   ML68, K: projets soient
198   K: dépenses mêmes d'un

more rigour than usual. In Paris extra taxes were raised on food entering the town, on various other commodities, and at the markets (Clamageran, iii.294-301; Marion, *Histoire financière*, i.165-70).

[46] The term *rente tournante*, not to be found in the *Encyclopédie* or in Moreri, is perhaps the same as *rente courante* or *rente volante*, which meant *rente viagère* (*Trévoux*, vi.844-45). Alternatively a *rente tournante* is a *rente viagère en tontine*, where the interest is accumulated by the surviving investors. A *fonds d'amortissement* would appear not to be a *caisse d'amortissement*, set up for the repayment of loans (Marion, *Histoire financière*, i.171-72), but rather a trust fund set up by a public or private body (*Trévoux*, i.554; *Encyclopédie*, i.367). In advocating the creation of further *rentes* and lotteries, Voltaire is proposing the kind of stop-gap measures that had dogged French finances for over a century, and which contributed to the failure of Machault's tax-reforms.

longue de ce bénéfice. Mais c'est une fable qui a un très grand sens, et qui montre une vérité palpable. [47]

Il est indubitable que de telles entreprises peupleront Paris de quatre ou cinq mille ouvriers de plus, qu'il en viendra encore des pays étrangers. Or la plupart arrivent avec leurs familles, et si ces artistes gagnent quinze cent mille francs, ils en rendent un million à l'Etat par leurs dépenses, par la consommation des denrées; le mouvement prodigieux d'argent que ces entreprises opéreraient dans Paris, augmenterait encore de beaucoup le produit des fermes générales. Si les citoyens qui ont le bail de ces fermes générales gagnent par cette opération quinze cent mille francs par année, s'ils ne gagnent même qu'un million, que cinq cent mille francs, [48]

205

210

[47] Voltaire is suggesting that public works increase private expenditure, and hence also the revenue derived from taxes on that expenditure, but that any increase in revenue in this case would have gone into the pockets of the *fermiers*, who were private agents, not government officials. In 1681 Colbert had organised the Compagnie des fermiers généraux, a group of 40 financiers who bought from the government the right to collect all the major indirect taxes − *aides*, *gabelles*, *traites*, etc. The situation was not very different in the 1740s and 1750s, a system of government-run taxation (*la régie*) having been tried, and having failed, in the 1720s (Marion, i.141-43; H. Sée, *Histoire économique de la France*, Paris 1948, i.156-57). La Font de Saint-Yenne talks of Colbert raising funds from a carrousel, which he places after the peace of Nijmegen (*L'Ombre du grand Colbert*, p.55-59). The *Mercure* refers to such a tradition in its review of *Des embellissements de Paris*, arguing that Voltaire is hasty in his reasons for dismissing it as 'fable': 'il n'y a qu'à supposer que M. Colbert, en conséquence de l'augmentation que le carrousel projeté devait produire dans le revenu des fermes, obligea les fermiers de fournir une certaine somme au trésor royal, et l'on assure qu'il en usa effectivement ainsi' (January 1750, p.157).

[48] Voltaire's estimate of the profits of the *fermiers généraux* corresponds broadly to those of his contemporaries: Bouret is said to have revealed that they made 9 million livres per annum (almost 250,000 livres for each of the 40 *fermiers généraux*) from the *bail* Thibault La Rue (1744-1750); it is true that the next *bail* (*bail* Girardin, 1750-1756) was conceded against a much higher offer and therefore gave less profit to the *fermiers*, who were also much more closely supervised by Machault than they had been by his predecessors (Marion, *Histoire financière*, i.177). According to Forbonnais (i.374), the average annual profit of the *fermiers*, between 1726 and 1754, was only 3,600,000 (90,000 each) and A.-L. Lavoisier arrives at the figure of 52,000 livres profit for each *fermier* in the years 1774-1780 (cited in Y. Durand,

seront-ils lésés qu'on leur propose de contribuer de trois cent
mille livres par an, de cinq cent mille francs même à ce grand
ouvrage? Il y en a beaucoup parmi eux qui pensent assez noblement   215
pour le proposer eux-mêmes: et les secours désintéressés qu'ils
ont donnés au roi pendant la guerre répondent de ce qu'ils
peuvent, et par conséquent de ce qu'ils doivent faire pendant la
paix pour leur patrie. Ils ont emprunté pour le roi à cinq pour
cent et n'ont reçu du roi que ces cinq pour cent, ainsi ils ont prêté   220
sans intérêt. [49] Quand M. Orri en 1743, pour favoriser le commerce
extérieur supprima les impôts sur les toiles, sur tous les ouvrages
de bonneterie et les tapisseries à la sortie du royaume à commencer
en 1744, les fermiers généraux demandèrent eux-mêmes que l'impôt fût supprimé dès le moment, et ne voulurent pas d'indemnité. [50]   225
Un d'eux fournit du blé à une province qui en manquait, sans y
faire le moindre profit, et n'accepta d'autre récompense, qu'une

220   ML68, K: que cinq
          W50, W51, ML68:   ont emprunté sans
222-223   K: de bonneteries et
225-226   K: voulurent point d'indemnité
227-228   ML68, K: n'accepta qu'une médaille

Les Fermiers généraux au XVIIIe siècle, Paris 1971, p.163). The *fermiers'* profit
consisted of three elements: the interest on the *bail* or loan made to the government,
certain emoluments, and the profits from the running of the *ferme* (Durand, p.163).

[49] This generosity appears to be a myth. The *fermiers'* loan to the government
in 1741, was at 10.5%; another loan, in 1742, was at 7.5% (Clamageran, iii.269).

[50] These duties were suppressed 'sous l'influence des idées de liberté commerciale
qui commençaient à pénétrer dans les bureaux de l'administration' (Clamageran,
iii.293). The *fermiers* asked for the immediate suppression of the duties for fear, it
is said, of causing chaos in the textile industry. Philibert Orry was *contrôleur général
des finances* from 1730 until 1745, when he was replaced by Machault d'Arnouville.

médaille que la province fit frapper à son honneur;[51] enfin il n'y
a pas encore longtemps que nous avons vu un homme de finance
qui seul avait secouru l'Etat plus d'une fois, et qui laissa à sa mort   230
dix millions d'argent prêté à des particuliers, dont cinq ne portaient
aucun intérêt.[52] Il y a donc de très grandes âmes parmi ceux
qu'on soupçonne de n'avoir que des âmes intéressées:[53] et le
gouvernement peut exciter l'émulation de ceux qui s'étant enrichis
dans les finances, doivent contribuer à la décoration d'une ville   235
où ils ont fait leur fortune. Encore une fois il faut vouloir. Le
célèbre curé de St Sulpice voulut, et il bâtit sans aucun fonds un

228   ML68, K: frapper en son
229   ML68, K: pas longtemps
229-230   K: de finances, qui

[51] Etienne-Michel Bouret, as *directeur des blés* of Provence, performed this act,
and received this recompense, in 1747. He was famous for his prodigality, as well
as for his generosity; he died insolvent in 1777 (see P. Clément and A. Lemoine,
*M. de Silhouette, Bouret, les derniers fermiers-généraux: études sur les financiers du
XVIIIe siècle*, Paris 1872, p.149-85). Durand gives many other examples of acts
of generosity performed by the *fermiers généraux* (p.603-13).
[52] A reference to Samuel Bernard, who came to the government's rescue during
the war of the Spanish succession, and on various occasions during Fleury's
ministry (J. Saint-Germain, *Samuel Bernard, le banquier des rois, d'après de nombreux
documents inédits*, Paris 1960, p.141-62, 235-50). According to Barbier, Bernard,
who died in January 1739, left 15 million livres ('en obligations particulières sur
les gens de la cour et de la ville'). The 5 million livres which 'ne portaient aucun
intérêt' ('plus de trois millions' is Barbier's figure) were the debts of his sons which
he had taken over (Barbier, iv.146, 155-56; see also Saint-Germain, p.277, 279).
Bernard's financial reputation was well known to Voltaire (D1489, D2212, D3034).
[53] Voltaire was not always so kind to tax-farmers, 'qui s'enrichissent aux dépens
de la nation' (*Précis du siècle de Louis XV*, ch.36; *OH*, p.1525). In D10165 (20
November 1761) Voltaire was to call Bouret 'une belle âme'.

vaste édifice. 54 Il nous sera certainement plus aisé de décorer notre
ville avec les richesses que nous avons, qu'il ne le fut de bâtir
avec rien St Sulpice et St Roch. 55 Le préjugé qui s'effarouche de   240
tout, la contradiction qui combat tout, diront que tant de projets
sont trop vastes, d'une exécution trop difficile, trop longue. Ils
sont cent fois plus aisés pourtant qu'il ne le fut de faire venir
l'Eure et la Seine à Versailles, d'y bâtir l'Orangerie, 56 et d'y faire
les bosquets.   245

Quand Londres fut consumée par les flammes, l'Europe disait,
Londres ne sera rebâtie de vingt ans, et encore verra-t-on son
désastre dans les réparations de ses ruines. Elle fut rebâtie en deux

---

243   K: ne fut

54 The church of Saint-Sulpice, designed by Le Vau, was begun in 1655, but
work progressed slowly through lack of funds, and stopped altogether in 1678. It
was not until the Regency period that building was resumed, thanks to the energy
and resourcefulness of the *curé* of the parish, Jean-Baptiste-Joseph Languet de
Gergy, who secured several large donations, and started a lottery to raise the
necessary money (Brice, iii.443-47; Hillairet, ii.485). In 1740 Voltaire had been
unimpressed by this example of individual enterprise, 'tant qu'on n'employera son
argent qu'à bâtir ce monument de mauvais goust qu'on nomme s^t Sulpice, tant
qu'il n'y aura pas de belles salles de spectacles, des places, des marchez publics
magnifiques à Paris' (D2294). He had more than one reason for disliking Languet
de Gergy, who had prevented the burial of Mlle Lecouvreur in 1730 (see D9973).

55 The building of the church of Saint-Roch, begun in 1653 on plans by Jacques
Lemercier, also met with delays through lack of funds. In 1709 a lottery helped to
finance the construction of a chapel; in 1719 a large gift from John Law on his
conversion to Catholicism meant that work could be speeded up, but the church
was not completed until 1740 (Brice, i.268-71; Hillairet, ii.432).

56 Versailles had no adequate water supply and much was needed for the town,
the palace and the gardens. Three main projects were undertaken: an aqueduct
from Trappes and Saclay; 'la machine de la rivière de Seine', which pumped water
from Marly to Versailles and was completed in 1686 at a cost of nearly 3.5 million
livres; and an aqueduct from the Eure, designed by Vauban and begun in 1685,
but abandoned in 1688 in spite of the 8 million livres spent on it. The last project
came in for heavy criticism on account of its expense (Nolhac, ii.118-30; Guiffrey,
v.954). The magnificent orangery by Mansart was built between 1682 and 1686 at
a cost of 475,000 livres (Nolhac, ii.80-81).

ans, et le fut avec magnificence. [57] Quoi, ne sera-ce jamais qu'à la
dernière extrémité que nous ferons quelque chose de grand? Si la   250
moitié de Paris était brûlée, nous la rebâtirions superbe et commode: et nous ne voulons pas lui donner aujourd'hui à mille fois
moins de frais, les commodités et la magnificence dont elle a
besoin? Cependant une telle entreprise ferait la gloire de la nation,
un honneur immortel au corps de ville de Paris, encouragerait   255
tous les arts, attirerait les étrangers des bouts de l'Europe, enrichi-
rait l'Etat bien loin de l'appauvrir, accoutumerait au travail mille
indignes fainéants qui ne fondent actuellement leur misérable vie
que sur le métier infâme et punissable de mendiants, [58] et qui
contribuent encore à déshonorer notre ville; il en résulterait le   260
bien de tout le monde, et plus d'une sorte de bien. Voilà sans
contredit l'effet de ces travaux qu'on propose, que tous les citoyens
souhaitent, et que tous les citoyens négligent. Fasse le ciel qu'il
se trouve quelque homme assez zélé pour embrasser de tels projets,
d'une âme assez ferme pour les suivre, d'un esprit assez éclairé   265

254   K: une pareille entreprise

[57] The great fire of 1666 destroyed numerous public buildings and 13,000 private
houses, and caused 10 million pounds worth of damage. England was then at war
with France and Holland, hence the tendency of these nations to exaggerate the
disaster (T. F. Reddaway, *The Rebuilding of London after the great fire*, London
1951, p.21-22, 26). Nevertheless, recovery was neither so swift nor so spectacular
as Voltaire says: the reconstruction of the majority of public and private buildings,
hampered by lack of funds and materials, as well as by administrative problems,
was not completed until the early 1670s. It is true that London was rebuilt in a
more utilitarian fashion: better houses, wider roads, improved drainage, but, apart
from Wren's St Paul's, the new town lacked splendour and magnificence (p.244-
300). Voltaire is using a largely fictitious England in order to shame the French.
In the *Essai sur les mœurs*, ch.82, he is more factual: he talks of three years, and
emphasises the utilitarian nature of the improvements (*Essai*, ii.689-90).

[58] The decrees of 1724, 1740 and 1750, ordering beggars to leave the capital and
return to their native villages, were ineffective. Barbier, writing after the decree of
1750, says: 'il n'y a point encore de changement dans les rues et églises de Paris,
où l'on voit toujours autant de pauvres' (iii.182).

pour les rédiger, et qui soit assez accrédité pour les faire réussir. Si dans notre ville immense il ne se trouve personne qui s'en charge, si on se contente d'en parler à table,[59] de faire d'inutiles souhaits, ou peut-être des plaisanteries impertinentes, il faut pleurer sur les ruines de Jérusalem.[60]

270

266   K: et qu'il soit

[59] Cf. the *Lettre à l'occasion de l'impôt du vingtième*, where the ideas for transmission to Machault are presented as *propos de table* (below, p.305-14).
[60] Cf. Luke xix.41-44.

Des embellissements de la ville de Cachemire

critical edition

by

Mark Waddicor

INTRODUCTION

This amusing dialogue between a Philosophe and a Bostangi presents in a concise form one of the principal themes of *Le Siècle de Louis XIV*, with which it is approximately contemporary: the decline in the arts since the age of the Sun King. Its specific subject, however – the financing of public works – links it to the writings on economic theory that Voltaire produced soon after the end of the war of the Austrian succession: *Des embellissements de Paris*,[1] of which it seems to be a defence and an amplification, and to which it seems to make allusion,[2] the *Lettre à l'occasion de l'impôt du vingtième* and the *Dialogue entre un philosophe et un contrôleur général des finances* (1750; M.xxiii.501-506).

Des embellissements de la ville de Cachemire was first published in 1756, but several considerations point to a date of composition several years earlier. First, by 1751 the efforts of the *contrôleur général des finances*, Machault d'Arnouville, to reform the fiscal system by the introduction of a *vingtième* based on wealth had been effectively frustrated by the privileged orders.[3] It seems unlikely that after that date Voltaire would optimistically assume as he does here (l.130-142) that the wealthy could be made to contribute proportionally to the national economy.

Secondly, since the text is so closely concerned with Paris and its amenities it seems likely that it was written before Voltaire left for Prussia in June 1750.

Thirdly, both *Des embellissements de Paris* and *Des embellisse-*

---

[1] See above, *Des embellissements de Paris*, ed. M. Waddicor, p.199-233.
[2] See below, l.56-66 and notes.
[3] See M. Marion, *Histoire financière de la France depuis 1715* (Paris 1927), i.170-79.

ments de la ville de Cachemire treat some of the problems raised in the *Lettre à l'occasion de l'impôt du vingtième* of 16 May 1749,[4] which suggests that all three pieces might have been composed at about the same time. This supposition is supported by the fact that the minister Maurepas – the most likely candidate for the Bostangi of the dialogue[5] – was dismissed on 24 April 1749. There is reason to believe, therefore, that *Des embellissements de la ville de Cachemire* was composed before that date. Its publication may have been delayed because although Voltaire was prepared to satirise an *homme en place* he would not mock one who had recently been disgraced.

In what way does *Des embellissements de la ville de Cachemire* differ from *Des embellissements de Paris*? The latter work tries to show that, in spite of the cost of the war that had just ended, France was richer than it ever had been; that more money was remaining in the hands of individuals and that less was going to the government than it had done in the age of Louis xiv. It argues that the Parisians could easily afford to pay for the improvements their town so obviously needed, especially as the money spent on those improvements would give a stimulus to the economy which would be beneficial to the whole country. These suggestions, which give the work a modern flavour since we still have the same problem of private affluence and public squalor, are present in *Des embellissements de la ville de Cachemire*, but the emphasis is altered. In *Des embellissements de Paris* the Parisians themselves are blamed for the lack of civic amenities in the capital and are

---

[4] See below, *Lettre à l'occasion de l'impôt du vingtième*, ed. H. Duranton, p.289-314.

[5] During his years as *secrétaire d'Etat de la maison du roi* Maurepas was in charge of the *département de Paris* and would have been in a position to initiate projects for the improvement of the capital and in the arts and sciences. Voltaire had previously tried unsuccessfully to interest him in doing so (*Epître à un ministre d'Etat*, 1738; M.x.314-17). His cynical and nonchalant attitude is reflected in the replies of the Bostangi in this dialogue.

exhorted to take action to remedy the situation. Here the blame and the exhortations are addressed to a minister. Further, *Des embellissements de la ville de Cachemire* has a strong anti-clerical streak (in its suggestion that monks would be better employed as labourers and artisans) not found in *Des embellissements de Paris*.[6]

As regards the presentation of the argument, *Des embellissements de Paris* is characterised by complicated financial calculations which sometimes prevent the reader from following the main argument,[7] while in *Des embellissements de la ville de Cachemire* economic principles predominate.[8] This theoretical emphasis makes the present work easier to follow. At the same time it is more superficial, more amusing, and more satirical.[9]

Voltaire has no strong reason for adopting the oriental disguise used in this dialogue: there is little attempt to conceal his criticisms by making use of local colour. Some of his statistics are rather fanciful,[10] but otherwise all he says applies directly to France in the middle of the eighteenth century.

Like so many of Voltaire's dialogues, *Des embellissements de la ville de Cachemire* is one-sided and polemic: the Philosophe is so obviously right, in Voltaire's eyes, and the Bostangi so obviously wrong, that all psychological *vraisemblance* is lost, sacrificed to the double cause of amusement and didacticism. This scarcely matters, however, since in taking a didactic stance Voltaire is

[6] See below, l.162-174. Both texts carry the suggestion that urban improvement would be a solution to the problem of mendicity: *Des embellissements de Paris*, l.257-260; *Des embellissements de la ville de Cachemire*, l.116-119.

[7] See, for example, *Des embellissements de Paris*, l.87-180.

[8] See below, l.80-85, 108-111, 132-137.

[9] R. Mercier, 'Voltaire et Paris: des rêves d'urbanisme aux "pleurs sur Jérusalem"', *La Ville aux XVIIIe siècle*, Colloque d'Aix-en-Provence, 29 avril-1er mai 1973 (Aix-en-Provence 1975), p.40.

[10] See below, l.89-90 and note.

arguing a case which was worth making at the time,[11] and whose principles are still valid.

Manuscript and editions

MS

2 holograph leaves, 268 mm by 190 mm, written on both sides, with several holograph additions and corrections, and numbered 9, 11, 12 (p.10 not numbered); preceded by a slip of paper on which is written: 'Fragment d'un Dialogue / trouvé dans les papiers de l'auteur, écrit / de Sa main très anciennement, Sur une /feuille détachée dont les pages sont cottées / 9, 10, 11 et 12. / (Le commencement manque) / Le Philosophe /........'. The manuscript is described by Charles Wirz, 'Institut et musée Voltaire', *Genava* n.s. 24 (1976), p.369.

The manuscript gives less than half the printed text (l.108-161). As revised and corrected it corresponds closely to the printed text, with significant variants at l.111a, 127, 130, 138-139, 143-144, 144-146, 150, 157-158.

ImV: 75/21-4 (Dawsons of Pall Mall, catalogue 208 (London [1970]), p.82, no.268).[12]

w56

Collection complette des œuvres de M. de Voltaire. [Genève, Cramer], 1756. 17 vol. 8°. Bengesco iv.50-63; Trapnell 56, 57G; BnC 55-66.

Volume 4: 28-37 Chapitre troisième. Des embellissements de la ville de Cachemire.

The first Cramer edition, produced under Voltaire's supervision.

Taylor: VF.

---

[11] On the state of Paris in the eighteenth century, see *Des embellissements de Paris*, l.7-26.

[12] We are grateful to J. R. Boyle of Dawsons for kindly enabling us to inspect and collate the manuscript and to Ch. Wirz for providing a photocopy following its acquisition by the Institut et musée Voltaire.

quoy depuis que vous êtes établis
en corps de peuple vous
n'avez pas encor trouvé le
secret d'obliger tous les
riches a faire travailler tous
les pauvres, vous n'en êtes
donc pas encor aux premiers
elemens de la police?

Le visir
quand nous aurions ~~fait~~ fait en sorte que les
possesseurs du ris et du lin
~~riches qu'ils fournissent~~ du ris donnassent du pilau
et des chemises aux ~~faisants~~ presidents
qu'on employeroit à remuer
la terre, et a porter les fardeaux,
on ne seroit guère avancé. il
faudroit faire travailler tous
les artistes qui le long de
l'année sont employez
a d'autres travaux.

Le philosophe
j'ay ouy dire que dans
l'année vous avez environ
cent cinquante fêtes pendant
lesquelles on ne travaille
point a cachemire. que ne ~~faites~~ changez vous ces jours oiseux
~~que n'employez~~ vous aux edifices en jours utiles?
n'ubliés pendant ~~ces cent jours~~
cinquante jours, les artistes désœuvrez? alors ceux qui ne savent rien

2. Fragment of the holograph manuscript of *Des embellissements de la ville de Cachemire* (Institut et musée Voltaire, Geneva).

w52 (1756)

Œuvres de M. de Voltaire. Dresde, Walther, 1752-1770. 9 vol. (vol. 8, 1756; vol. 9, 1770). 8°. Bengesco iv.46-50; Trapnell 52 (vol. 1-8), 70X (vol. 9); BnC 36-38.

Volume 8: 27-34 Chapitre VII. Des embellissements de la ville de Cachemire.

This edition was originally produced with the participation of Voltaire but the contents of volume 8 appear to have been copied directly from w56.

Österreichische Nationalbibliothek, Wien: *38 L i (8).

w57g1

Collection complette des œuvres de M. de Voltaire. [Genève, Cramer], 1757. 10 vol. 8°. Bengesco iv.63; Trapnell 56,57G; BnC 67-69.

Volume 4: 28-37 Chapitre troisième. Des embellissements de la ville de Cachemire.

A revised edition of w56, produced with Voltaire's participation.

Bn: Rés. Z Beuchot 21 (4).

w57g2

Collection complette des œuvres de M. de Voltaire. [Genève, Cramer], 1757. 10 vol. 8°. Bengesco iv.63; Trapnell 56,57G; BnC 67-69.

Volume 4: 28-37 Chapitre troisième. Des embellissements de la ville de Cachemire.

A new edition of w57g1.

St Petersburg: 11-74.

w57p

Œuvres de M. de Voltaire. [Paris, Lambert], 1757. 22 vol. 12°. Bengesco iv.63-68; Trapnell 57P; BnC 45-54.

Volume 7: 126-138 Chapitre douzième. Des embellissements de la ville de Cachemire.

Based in part upon w56 and produced with Voltaire's participation. A minor variant is introduced at l.165-166.

Bn: Z 24648.

w64G

Collection complette des œuvres de M. de Voltaire. [Genève, Cramer], 1764. 10 vol. 8°. Bengesco iv.60-63; Trapnell 64,70G; BnC 89.

Volume 4: 32-41 Chapitre troisième. Des embellissements de la ville de Cachemire.

A revised edition of w57G, produced with Voltaire's participation.

Taylor: VF.

w64R

Collection complette des œuvres de M. de Voltaire. Amsterdam, Compagnie [Rouen, Machuel?], 1764. 22 tomes in 18 vol. 12°. Bengesco iv.28-31; Trapnell 64R; BnC 145-148.

Volume 17, part 1: 71-77 Chapitre douzième. Des embellissements de la ville de Cachemire.

A continuation of the unauthorised edition begun in Rouen in 1748.

Bn: Rés. Z Beuchot 26 (17,1).

w70G

Collection complette des œuvres de M. de Voltaire. [Genève, Cramer], 1770. 10 vol. 8°. Bengesco iv.60-63; Trapnell 64,70G; BnC 90-91.

Volume 4: 32-41 Chapitre troisième. Des embellissements de la ville de Cachemire.

A new edition of w64G.

Taylor: V1 1770G/1.

w68 (1771)

Collection complette des œuvres de M. de Voltaire. [Genève, Cramer; Paris,

Panckoucke], 1768-1777. 30 vol. 4°. Bengesco iv.73-83; Trapnell 68; BnC 141-144.

Volume 14: 251-257 Dialogues. Des embellissements de la ville de Cachemire.

Volumes 1-24 were produced by Cramer, under Voltaire's supervision.

Taylor: VF.

W71P

Œuvres de M. de V... Neufchatel [Paris, Panckoucke], 1771-1777. 34 or 40 vol. 8° and 12°. Bengesco iv.91-94; Trapnell 72P; BnC 152-157.

Mélanges philosophiques, volume 6: 129-140 Des embellissements de la ville de Cachemire.

Bn: Z 24795.

W70L (1772)

Collection complette des œuvres de M. de Voltaire. Lausanne, Grasset, 1770-1781, 57 vol. 8°. Bengesco iv.83-89; Trapnell 70L; BnC 149-150.

Volume 24: [39] C4r 'LE PHILOSOPHE / INDIEN / ET / LE BOSTANGI, / OU /LES EMBELLISSEMENS / *DE LA VILLE* / DE CACHEMIRE. / C4'; [40] blank; 41-50 Le Philosophe indien et le bostangi, ou les embellissements de la ville de Cachemire.

Some volumes of this edition were produced with Voltaire's participation. The title of *Des embellissements* is amended.

Taylor: V1 1770L (24).

W72X

Collection complette des œuvres de M. de Voltaire. [Genève, Cramer?], 1772. 10 vol. 8°. Bengesco iv.60-63; Trapnell 72x; BnC 92-110.

Volume 4: 32-41 Chapitre troisième. Des embellissements de la ville de Cachemire.

A new edition of w70G, probably printed for Cramer, but there is no evidence of Voltaire's participation.

Taylor: V1 1770G/2.

W71 (1773)

Collection complète des œuvres de M. de Voltaire. Genève [Liège, Plom-teux], 1771-1777. 32 vol. 8°. Bengesco iv.89-91; Trapnell 71; BnC 151.

Volume 13 (1773): 285-291 Des embellissements de la ville de Cache-mire.

Reprints the text of w68. No evidence of Voltaire's participation.

Taylor: VF.

W72P (1773)

Œuvres de M. de V... Neufchatel [Paris, Panckoucke], 1771-1777. 34 or 40 vol. 8° and 12°. Bengesco iv.91-94; Trapnell 72P; BnC 152-157.

Mélanges philosophiques, volume 4 (1773): 253-264 Dialogues. Des embellissements de la ville de Cachemire.

There is no evidence of Voltaire's participation in this edition.

Bn: Z 24814.

W75G

La Henriade, divers autres poèmes et toutes les pièces relatives à l'épopée. [Genève, Cramer & Bardin], 1775. 37 vol. (40 vol. with the *Pièces détachées*). 8°. Bengesco iv.94-105; Trapnell 75G; BnC 158-161.

Volume 36: 1-8 Des embellissements de la ville de Cachemire.

The *encadrée* edition, produced at least in part under Voltaire's super-vision, and which provides the base text for the present edition.

Taylor: VF.

W75X

Œuvres de Mr de Voltaire. [Lyon?], 1775. 37 vol. (40 vol. with the *Pièces détachées*). 8°. Bengesco 2141; BnC 162-163.

Volume 36: 1-8 Des embellissements de la ville de Cachemire.

An imitation of w75G, but with texts drawn from a variety of sources.

Voltaire was aware of this edition, but there is as yet no evidence that it was prepared with his participation.

Taylor: VF.

K84

Œuvres complètes de Voltaire. [Kehl], Société littéraire-typographique, 1784-1789. 70 vol. 8°. Bengesco 2142; BnC 164-193.

Volume 36: [3]-10 Dialogue premier. Les embellissements de la ville de Cachemire.

The first issue of the Kehl edition, based in part upon Voltaire's manuscripts. It introduces minor variants to the title and to l.109, 140-141.

Taylor: VF.

Translation

Of the embellishments of the city of Cachemire, in *The Works of M. de Voltaire*. London 1761-1763, xvi.268-276. Translated by T. Smollett and others.

Editorial principles

The base text is w75G. The following sources were collated for variants: MS, w56, w52, w57P, w57G1, w57G2, w57P, w64G, w70G, w68, w70L and K.

Modernisation of the base text

The spelling of the names of persons and places has been respected and the original punctuation retained.

The following aspects of orthography and grammar in the base text have been modified to conform to modern usage:

1. Consonants
   - the consonant *p* was not used in: tems, nor in its compound: longtems

- the consonant *t* was not used in syllable endings *–ans* and *–ens*: embellissemens, excellens, fainéans, habitans, etc.
- double consonants were used in: allarmer, appeller

2. Vowels

- *y* was used in place of *i* in: chymiste, s'enyvre

3. Miscellaneous.

- archaic forms were used: bazards, encor, ensorte, jaquette, visir

4. Accents

The acute accent

- was used in place of the grave in: quatriéme, siécle

The grave accent

- was not used in: déja

The circumflex accent

- was not used in: grace
- was used in: emploîrait, toûjours, vîte

The dieresis

- was used in: poëte

5. Capitalisation

- initial capitals were attributed to adjectives denoting nationality: Cachemirien, Indien

  an initial capital was not attributed to: état (l')

6. Points of grammar

- agreement of the present participle was inconsistent
- the cardinal numbers *cent* and *vingt* were invariable

7. Various

- the ampersand was used
- the hyphen was used in: à-peu-près, au-lieu, grands-hommes
- monsieur was abbreviated: Mr.

Modernisation of quotations

The spelling, but not the punctuation, of quotations from printed sources has been modernised, except where a specific critical edition is used, in which case the spelling of the edition is followed.

DES EMBELLISSEMENTS
DE LA VILLE DE CACHEMIRE[a]

Les habitants de Cachemire sont doux, légers, occupés de bagatelles, comme d'autres peuples le sont d'affaires sérieuses, et vivant
comme des enfants qui ne savent jamais la raison de ce qu'on leur
ordonne, qui murmurent de tout, se consolent de tout, se moquent
de tout, et oublient tout.[1]   5

Ils n'avaient naturellement aucun goût pour les arts.[2] Le
royaume de Cachemire a subsisté plus de treize cents ans, sans
avoir eu ni de vrais philosophes, ni de vrais poètes, ni d'architectes
passables, ni de peintres, ni de sculpteurs. Ils manquèrent longtemps de manufactures et de commerce, au point que pendant   10
plus de mille ans, quand un marquis cachemirien voulait avoir du
linge et un beau pourpoint, il était obligé d'avoir recours à un

a   w70L: LE PHILOSOPHE INDIEN ET LE BOSTANGI, OU LES
EMBELLISSEMENTS
    κ: LES EMBELLISSEMENTS

[1] The repetition of the word 'tout' is perhaps a recollection of a series of satirical
pieces that circulated in the first half of the eighteenth century, entitled variously
Les Tout de l'Europe (Bn F13655, f.345r), *Le Vrai tableau de l'Europe* (f.309r) and
Sur la guerre présente (Bn F13661, f.697r). The last piece ends: 'La Hollande obtient
tout. / La Saxe entend tout. / La France souffre tout. / Rome bénit tout. / Si Dieu
ne pourvoit à tout, / Le diable emportera tout.'
[2] Cf. *Le Siècle de Louis XIV*, ch.1: 'Avant le siècle que j'appelle de Louis xiv
[...] les Italiens appelaient tous les ultramontains du nom de barbares; il faut avouer
que les Français méritaient en quelque sorte cette injure. [...] Ils n'avaient presque
aucun des arts aimables, ce qui prouve que les arts utiles étaient négligés; [...] il
n'est pas étonnant que la peinture, la sculpture, la poésie, l'éloquence, la philosophie,
fussent presque inconnues à une nation qui [...] aimant le luxe à l'excès, avait à
peine quelques manufactures grossières' (*OH*, p.618).

Juif ou à un Banian.[3] Enfin vers le commencement du dernier
siècle, il s'éleva dans Cachemire quelques hommes qui semblaient
n'être pas de la nation, et qui nourris de la science des Persans et   15
des Indiens[4] portèrent la raison et le génie aussi loin qu'ils peuvent
aller. Il se trouva un sultan qui encouragea ces grands hommes,
et qui à l'aide d'un bon vizir policia, embellit, et enrichit le
royaume.[5] Les Cachemiriens reçurent tous ses bienfaits en plaisan-
tant, et firent des chansons contre le sultan, contre le ministre,[6] et   20
contre les grands hommes qui les éclairaient.

Les arts languirent depuis à Cachemire. Le feu que des génies
inspirés du ciel avaient allumé, fut couvert de cendres.[7] La nature
parut épuisée. La gloire des arts à Cachemire ne consistait presque
plus que dans les pieds et dans les mains. Il y avait des gens fort   25
adroits, qui avaient l'art de passer une jambe par-dessus l'autre au
son des instruments avec une grâce merveilleuse; d'autres qui
inventaient toutes les semaines une façon admirable d'ajuster un
ruban; et enfin d'excellents chimistes, qui avec de l'essence de

[3] On the Banians, cf. *Essai sur les mœurs*, ch.102, where, in the context of
medieval trading prescriptions against the Jews, Voltaire writes: 'On ne traite point
ainsi dans les Indes les banians, qui y sont précisément ce que les Juifs sont en
Europe, séparés de tous les peuples par une religion aussi ancienne que les annales
du monde, unis avec eux par la nécessité du commerce dont ils sont les facteurs, et
aussi riches que les Juifs le sont parmi nous' (*Essai*, ii.58). Voltaire is presumably
alluding here to the English and the Dutch, who played an important part in the
cloth trade in the sixteenth and seventeenth centuries.

[4] Presumably the Romans and the Greeks, in that order if, as seems probable,
the 'Persans' represent the modern Italians.

[5] Cf. *Le Siècle de Louis XIV*, ch.29, 30.

[6] Colbert's economic policies were not always seen in a favourable light by his
contemporaries and were the subject of various satirical verses (see, for example,
Le Siècle de Louis XIV, ch.25). Voltaire may have been intending an allusion to
Maurepas, who was both reputed to be the author of mocking songs and verses
about those in prominent positions (A. Picciola, 'L'activité littéraire du comte de
Maurepas', *Dix-huitième siècle* 3, 1971, p.265-96), and was himself the subject of
them.

[7] Voltaire is less pessimistic about his own age in the *Précis du siècle de Louis
XV*, ch.43. But here he is thinking specifically of the decline in public works.

jambon, et autres semblables élixirs, mettaient en peu d'années   30
toute une maison entre les mains des médecins et des créanciers.
Les Cachemiriens parvinrent par ces beaux arts à l'honneur de
fournir de modes, de danseurs, et de cuisiniers presque toute
l'Asie. [8]

On parlait cependant beaucoup de rendre la capitale plus   35
commode, plus propre, plus saine, et plus belle qu'elle ne l'était.
On en parlait, et on ne faisait rien. Un philosophe de l'Indoustan,
grand amateur du bien public, et qui disait volontiers et inutilement
son avis quand il s'agissait de rendre les hommes plus heureux et
de perfectionner les arts, passa par la capitale de Cachemire; il eut   40
avec un des principaux bostangis [9] un long entretien sur la manière
de donner à cette ville tout ce qui lui manquait. Le bostangi
convenait qu'il était honteux de n'avoir pas un grand et magnifique
temple semblable à celui de Pékin, ou d'Agra; [10] que c'était une

[8] The tone is similar to that of the *Lettres persanes*, letter c. Voltaire's scathing
remarks here are in strong contrast with *Le Mondain* (1736; M.x.87):

> Allons souper. Que ces brillants services,
> Que ces ragoûts ont pour moi de délices!
> Qu'un cuisinier est un mortel divin!

and with his praise of La Camargo and of Mlle Sallé, in a madrigal of 1732
(M.x.492).

[9] Probably not the simple Turkish bostangi (gardener) but the bostangi bachi,
who was the superintendant of the gardens of the ruler and had a 'surintendance
générale sur toutes les maisons de plaisance du prince, à peu près comme en France
le directeur général des bâtiments' (*Encyclopédie*, art. 'Bostangi'; i.340). Voltaire
may have introduced the term to contrast with his use of 'vizir' to designate
Colbert (l.18). 'Visir' is used throughout in the manuscript (l.111a, variant).

[10] Voltaire is advocating the rebuilding of the cathedral of Notre-Dame. The
temples of Peking were not sufficiently remarkable to be described in Jean-Baptiste
Du Halde, *Description géographique, historique, chronologique, politique et physique de
l'empire de la Chine et de la Tartarie chinoise* (La Haye 1736; BV, no.1132), i.135-
41; but the Taj-Mahal was much admired; see, for example, Jean-Baptiste Tavernier,
Les Six voyages en Turquie, en Perse et aux Indes (Paris 1692), ii.75-76 (BV,
no.3251: Paris 1679). Voltaire is no doubt alluding to St Peter's basilica in Rome
and St Paul's cathedral in London (cf. *Des embellissements de Paris*, l.71-72, 75-
77).

pitié de n'avoir aucun de ces grands bazars, c'est-à-dire, de ces   45
marchés et de ces magasins publics entourés de colonnes, et
servant à la fois à l'utilité et à l'ornement. [11] Il avouait que les
salles destinées aux jeux publics étaient indignes d'une ville du
quatrième ordre; [12] qu'on voyait avec indignation de très vilaines
maisons sur de très beaux ponts, [13] et qu'on désirait en vain des   50
places, des fontaines, des statues, et tous les monuments qui font
la gloire d'une nation. [14]

Permettez-moi, dit le philosophe indien, de vous faire une
petite question. Que ne vous donnez-vous tout ce qui vous
manque? Oh, dit le petit bostangi, il n'y a pas moyen: cela   55
coûterait trop cher. Cela ne coûterait rien du tout, dit le philosophe.
On nous a déjà étalé ce beau paradoxe, [15] reprit le citoyen; mais

[11] Cf. *Des embellissements de Paris*, l.14-17.

[12] Cf. *Des embellissements de Paris*, l.10-14.

[13] In the 1740s the Pont au Change (built 1639-1647), the Pont Notre-Dame
(1507) and the Pont Saint-Michel (1616) carried houses for most of the way across;
the Pont Marie (1630) had houses on three of its five arches, but these were in the
process of being demolished; and the Pont de la Tournelle and the Pont-Neuf
(1578-1607) had no houses on them (J. Hillairet, *Dictionnaire historique des rues de
Paris*, 5th ed., Paris 1963). Voltaire was not alone in his condemnation of the
medieval practice of erecting shops and dwellings on bridges, but the removal of
the offending buildings was hampered by administrative and financial difficulties.
The 1752 edition of Brice's guide to Paris notes that the view east from the Pont-
Neuf was spoiled by 'les maisons bâties sur les ponts voisins': 'sans cette fâcheuse
interruption, la vue [...] serait infiniment plus parfaite et plus magnifique', but is
not particularly enthusiastic about the architecture of the encumbered bridges
(Germain Brice, *Description de la ville de Paris, et de tout ce qu'elle contient de plus
remarquable*, nouv. éd., Paris 1752, iv.165). Voltaire's 'de très beaux ponts' is the
exaggeration of antithesis.

[14] Cf. *Des embellissements de Paris*, l.17-20. On Voltaire's interest in the
improvement of Paris, see J. M. Fahmy, *Voltaire et Paris*, Studies 195 (1981),
p.121-42.

[15] Notably in *Des embellissements de Paris*. Voltaire is perhaps also thinking of
the *Lettre à l'occasion de l'impôt du vingtième* which again points to the financial
advantages to be derived from public works, and of *Ce qu'on ne fait pas et ce qu'on
pourrait faire* (1742; M.xxiii.185-87). On the financial implications of Voltaire's
suggestions, see Fahmy, p.133-34.

ce sont des discours de sage, c'est-à-dire, des choses admirables dans la théorie, et ridicules dans la pratique. Nous sommes rebattus de ces belles sentences. Mais qu'avez-vous répondu, dit   60
le philosophe, à ceux qui vous ont représenté qu'il ne s'agissait que de vouloir pleinement, [16] et qu'il n'en coûterait rien à l'Etat de Cachemire pour orner votre capitale, pour faire toutes les grandes choses dont elle a besoin? Nous n'avons rien répondu, dit le bostangi: nous nous sommes mis à rire selon notre coutume,   65
et nous n'avons rien examiné. Oh bien, dit le philosophe, riez moins, examinez davantage, et je vais vous démontrer ce paradoxe, qui vous rendrait heureux, et qui vous alarme. Le Cachemirien, qui était un homme fort poli, se mordit les lèvres de peur d'éclater au nez de l'Indien; et ils eurent ensemble la conversation suivante.   70

LE PHILOSOPHE

Qu'appelez-vous être riche?

LE BOSTANGI

Avoir beaucoup d'argent.

LE PHILOSOPHE

Vous vous trompez. [17] Les habitants de l'Amérique méridionale possédaient autrefois plus d'argent que vous n'en aurez jamais;

---

[16] Cf. *Des embellissements de Paris*: 'Qu'on ose élever son esprit et on fera ce qu'on voudra. Je ne demande autre chose, sinon qu'on veuille avec fermeté' (l.39-41); 'Encore une fois, il faut vouloir' (l.236).

[17] As well as mocking the notion that the wealth of a state is the same as the wealth of the individual, Voltaire is criticising the neo-mercantilism of, for example, John Law, for whom wealth consisted in abundance of money, in the form of metal or paper. Voltaire's criticism – which he also makes in the *Dialogue entre un philosophe et un contrôleur général des finances* (M.xxiii.502-503) – echoes that of Jean-François Melon, *Essai politique sur le commerce*, nouv. éd. (s.l. 1736; BV, no.2386), p.11-13.

mais étant sans industrie, ils n'avaient rien de ce que l'argent peut
procurer: ils étaient réellement dans la misère.[18]

75

LE BOSTANGI

J'entends; vous faites consister la richesse dans la possession
d'un terrain fertile.

LE PHILOSOPHE

Non: car les Tartares de l'Ukraine habitent un des plus beaux
pays de l'univers, et ils manquent de tout.[19] L'opulence d'un Etat
est comme tous les talents qui dépendent de la nature et de l'art.
Ainsi la richesse consiste dans le sol et dans le travail.[20] Le peuple
le plus riche et le plus heureux est celui qui cultive le plus le
meilleur terrain; et le plus beau présent que Dieu ait fait à l'homme,
est la nécessité de travailler.

80

85

LE BOSTANGI

D'accord; mais pour faire ce qu'on nous demande, il faudrait
le travail de dix mille hommes pendant dix années: et où trouver
de quoi les payer?

LE PHILOSOPHE

N'avez-vous pas soudoyé cent mille soldats pendant dix ans de
guerre?[21]

90

[18] Cf. *Essai sur les mœurs*, ch.145 (ii.330-39).
[19] 'Il s'en faut beaucoup que Rome et Constantinople qui ont dominé sur tant
de nations, soient des pays comparables pour la fertilité à l'Ukraine. La nature
s'efforce d'y faire du bien aux hommes; mais les hommes n'y ont pas secondé la
nature, vivant des fruits que produit une terre aussi inculte que féconde' (*Encyclopédie*, art. 'Ukraine'; xvii.371).
[20] This is a more balanced view than that put forward in the *Dialogue entre un
philosophe et un contrôleur général des finances*, where Voltaire omits the value of
natural resources, and states that 'La richesse d'un Etat consiste dans le nombre de
ses habitants et dans leur travail' (M.xxiii.502).
[21] Although he here prolongs the war of the Austrian succession by three years,

LE BOSTANGI

Il est vrai, et l'Etat ne paraît pourtant pas appauvri. [22]

LE PHILOSOPHE

Quoi! vous avez de l'argent pour envoyer tuer cent mille hommes, et vous n'en avez pas pour en faire vivre dix mille?

LE BOSTANGI

Cela est bien différent: il en coûte beaucoup moins pour envoyer un citoyen à la mort, que pour lui faire sculpter du marbre. [23]   95

LE PHILOSOPHE

Vous vous trompez encore. Trente mille hommes de cavalerie seulement sont beaucoup plus chers que dix mille artisans; [24] et la

---

Voltaire seems considerably to have under-estimated the number of soldiers in the army: according to A. Corvisier there were between 175,000 and 210,000, the second figure being 'plus vraisemblable' (*L'Armée française de la fin du XVIIe siècle au ministère de Choiseul*, Paris 1964, i.152). In the *Histoire de la guerre de 1741*, ch.28, Voltaire gives the more realistic figure of 220,000 for the year 1748 (ed. J. Maurens, Paris 1971, p.297).

[22] In the *Précis du siècle de Louis XV*, ch.30, Voltaire admits that French commerce was suffering from the effects of the war, and that after the treaty of Aix-la-Chapelle, 'la France se rétablit faiblement' (*OH*, p.1475). It was rumoured at the time that the public debt amounted to 180 million livres (M. Marion, *Machault d'Arnouville: étude sur l'histoire du contrôle général des finances de 1749 à 1754*, Paris 1891, p.17).

[23] Cf. *Observations sur MM. Jean Lass, Melon et Dutot* (1738), where Voltaire refutes Melon's assertion that 'Ce n'est point par la perte des soldats que les guerres sont les plus funestes. Cent mille hommes tués sont une bien petite portion sur vingt millions' (Melon, p.144; M.xxii.362-63).

[24] Corvisier has no information on the cost of the army to the national economy. In the last years of the seventeenth century the cost of providing for a cavalry officer was 39 sous per day, that is, about 2 livres (Nicolas de Lamoignon de Basville, *Mémoires pour servir à l'histoire de Languedoc*, Amsterdam 1734, p.89), while the average wage for a worker in a town in the middle of the eighteenth century was estimated at 10 sous (*Encyclopédie*, art. 'Fêtes des chrétiens'). Voltaire's assertion seems to be justified.

vérité est, que ni les uns ni les autres ne sont chers quand ils sont employés dans le pays. Que croyez-vous qu'il en ait coûté aux anciens Egyptiens pour bâtir des pyramides,[25] et aux Chinois pour faire leur grande muraille?[26] des oignons et du riz. Leurs terres ont-elles été épuisées pour avoir nourri des hommes laborieux, au lieu d'avoir engraissé des fainéants? 100

LE BOSTANGI

Vous me poussez à bout, et vous ne me persuadez pas. La philosophie raisonne, et la coutume agit. 105

LE PHILOSOPHE

Si les hommes avaient toujours suivi cette maxime, ils mange-raient encore du gland, et ne sauraient pas ce que c'est que la pleine lune. Pour exécuter les plus grandes entreprises, il ne faut qu'une tête et des mains, et on vient à bout de tout. Vous avez de belles pierres, du fer, du cuivre, de beaux bois de charpente; il ne vous manque donc que la volonté. 110

LE BOSTANGI

Nous avons de tout. La nature nous a très bien traités.[27] Mais quelles dépenses énormes, pour mettre tant de matériaux en œuvre!

108   MS: ^{V}entreprises ⟨dans tous les travaux publics⟩, il
109   MS: ^{V}mains †et$^+$ on
       K: et l'on
       MS: ^{V}⟨N'avez-vous pas⟩ †Vous avez$^+$
110-111   MS: ^{V}charpente? ['il ne vous manque donc que la volonté' added later]
111a   MS: ^{V}Le visir [passim]
112   MS: ^{V}Nous avons de tout ⟨cela⟩.
112-113   MS: ^{V}Mais †⟨encore une fois⟩$^+$ quelles
113   MS: ^{V}en œuvres.

[25] Cf. Des embellissements de Paris, l.66-70.
[26] Cf. Essai sur les mœurs, ch.1 (i.211).
[27] Cf. Des embellissements de Paris, l.134-137.

LE PHILOSOPHE

Je n'entends rien à ce discours. De quelles dépenses parlez-vous donc? Votre terre produit de quoi nourrir et vêtir tous vos   115
habitants. Vous avez sous vos pas tous les matériaux; vous avez autour de vous deux cent mille fainéants[28] que vous pouvez employer: il ne reste donc plus qu'à les faire travailler, et à leur donner pour leur salaire de quoi être bien nourris et bien vêtus. Je ne vois pas ce qu'il en coûtera à votre royaume de Cachemire;   120
car assurément vous ne payerez rien aux Persans et aux Chinois pour avoir fait travailler vos citoyens.

LE BOSTANGI

Ce que vous dites est très véritable, il ne sortira ni argent ni denrées de l'Etat.

LE PHILOSOPHE

Que ne faites-vous donc commencer dès aujourd'hui vos tra-   125
vaux?

[28] This total may be made up of the 80,000 soldiers and 120,000 clergy mentioned by Voltaire in a dialogue of 1766 (*André Destouches à Siam*, V 62, p.118; see Voltaire, *Dialogues et anecdotes philosophiques*, ed. R. Naves, 2nd ed., Paris 1966, p.471, n.8). It is true that Voltaire there uses the words 'tous fainéants', but only to describe the clergy, not the soldiers, and, in view of lines 96-103 above, it could not be said that in 1749 he considered the army to be a burden on the state. In the *Dialogue entre un philosophe et un contrôleur général des finances* Voltaire distinguishes two kinds of 'mendiants', beggars and mendicant friars (M.xxiii.504), so it seems likely that the 'fainéants' referred to here belong to these categories, especially as in line 140 below he refers to the 'mendiants' who could be employed as labourers, and in lines 163-165 to the 'cordeliers', who could be labourers or artisans. There were approximately 60,000 monks in eighteenth-century France, but not all belonged to the mendicant orders (H. Sée, *La France économique et sociale au XVIIIe siècle*, Paris 1925, p.55).

LE BOSTANGI

Il est trop difficile de faire mouvoir une si grande machine.

LE PHILOSOPHE

Comment avez-vous fait pour soutenir une guerre qui a coûté beaucoup de sang et de trésors?

LE BOSTANGI

Nous avons fait justement contribuer en proportion de leurs   130
biens les possesseurs des terres et de l'argent. 29

LE PHILOSOPHE

Eh bien, si on contribue pour le malheur de l'espèce humaine, ne donnera-t-on rien pour son bonheur et pour sa gloire? Quoi! depuis que vous êtes établis en corps de peuple, vous n'avez pas

127 MS: ^V⟨il faut vous avouer que la capitale de Cachemire n'est pas assez riche pour entreprendre de si grands ouvrages⟩ ⟨[↑]qu'il est bien difficile d'engager ceux⁺⟩
⟨le philos
Encor une fois je ne vous entends point. Vous venez de m'avouer que votre royaume nourit des feneants. Je vous propose de les rendre utiles, et vous me dites que vous n'etes pas assez riches.⟩ [↑]β⁺
127a-133 MS, added later
130 MS: ^Vfait contribuer
132 MS: ^Vcontribue ⟨pour faire durer le plus horrible fleau qui puisse affliger⟩ pour
133 MS: ^Vne ⟨pouvez-vous pas faire contribuer pour⟩ donnera
         MS: ^Vpour la gloire?

29 An over-simplification. When Orry introduced the *dixième* in 1741 he intended that it should be based on wealth, but in practice it was levied as unfairly as the *taille*: neither tax touched the privileged orders (Marion, *Histoire financière*, i.167-69). Many other taxes were introduced as expedients to pay for the war, but they were mostly indirect, hence not proportional. In addition, loans were floated and offices created.

encore trouvé le secret d'obliger tous les riches à faire travailler   135
tous les pauvres? Vous n'en êtes donc pas encore aux premiers
éléments de la police?

LE BOSTANGI

Quand nous aurions fait en sorte que les possesseurs du riz, du
lin, et des bestiaux donassent du pilau et des chemises aux
mendiants qu'on emploierait à remuer la terre, et à porter les   140
fardeaux, on ne serait guère avancé. Il faudrait faire travailler tous
les artistes, qui le long de l'année sont employés à d'autres travaux.

LE PHILOSOPHE

J'ai ouï dire que dans l'année vous avez environ six vingts
jours, pendant lesquels on ne travaille point à Cachemire. [30] Que
ne changez-vous la moitié de ces jours oiseux en jours utiles? Que   145
n'employez-vous aux édifices publics pendant cent jours les artistes
désoccupés? Alors ceux qui ne savent rien, ceux qui n'ont que

138-139 ^{V}MS: aurions ⟨exigé des riches qu'ils fournissent du ris⟩ fait en sorte
que les possesseurs du ris et du lin donnassent
140   MS: ^{V}⟨faineans⟩ †mandiants$^+$
140-141   K: porter des fardeaux
143-144   MS: ^{V}environ cent cinquante fetes pendant lesquelles on
144-146   MS: ^{V}Que ne ⟨faites⟩ changez vous ces jours oiseux en jours utiles?
⟨les employez vous⟩ †Que n'employez$^+$ vous aux
146   MS: ^{V}pendant ⟨ces⟩ cent jours ⟨cinquante jours⟩ les
147-149   MS, sentence added later

[30] An exaggerated figure (even more exaggerated in the manuscript). During
the eighteenth century the tendency was to reduce the number of feast-days. In
Paris in the 1750s there were about 37, which, together with Sundays, gave a total
of 89 days on which no work was done; there were fewer feast-days in the
provinces. See *Encyclopédie*, art. 'Fêtes des chrétiens', where it is suggested that by
suppressing 19 feast-days 96 million livres would be added to the national economy,
a figure that corresponds fairly closely to Voltaire's calculations in the *Requête à
tous les magistrats du royaume* (1769; M.xxviii.346).

deux bras, auront bien vite de l'industrie: vous formerez un peuple d'artistes.

LE BOSTANGI

Ces temps sont destinés au cabaret et à la débauche, et il en revient beaucoup d'argent au trésor public.[31]   150

LE PHILOSOPHE

Votre raison est admirable; mais il ne revient d'argent au trésor public que par la circulation. Le travail n'opère-t-il pas plus de circulation que la débauche, qui entraîne des maladies? Est-il bien vrai qu'il soit de l'intérêt de l'Etat que le peuple s'enivre un tiers   155
de l'année?

Cette conversation dura longtemps. Le bostangi avoua enfin que le philosophe avait raison, et il fut le premier bostangi qu'un philosophe eût persuadé. Il promit de faire beaucoup; mais les hommes ne font jamais ni tout ce qu'ils veulent, ni tout ce qu'ils   160
peuvent.[32]

Pendant que le raisonneur et le bostangi s'entretenaient ainsi des hautes sciences, il passa une vingtaine de beaux animaux à deux pieds portant petit manteau par-dessus longue jacquette,

150   MS: ^Vsont consacrez au
153   MS: ^Vcirculation et ⟨un⟩ ↑le⁺ travail ⟨modéré et sain⟩ n'opere
154   MS: ^V⟨qu'une⟩ que la
155   MS: ^Vque ⟨d'enivrer⟩ le peuple ⟨au lieu de s'occuper⟩ β
157   MS: ^{V↑}Cette conversation dura longtemps⁺
157-158   MS: ^Vavoua ↑enfin⁺ que
158   MS: raison. ⟨ils entrerent dans de grands⟩ détails ⟨l'homme⟩. Les ⟨difficultez furent aplanies l'homme d'etat⟩ et il fut

[31] The Bostangi gives a justification of feast-days that is frequently attacked by Voltaire (*Pot-pourri*, M.xxv.274; *Dictionnaire philosophique*, art. 'Fêtes', M.xix.115).
[32] MS1 ends at this point, which would appear to indicate that the anti-clerical ending of the printed text was an after-thought.

260

capuce pointu sur la tête, ceinture de corde sur les reins. [33] Voilà   165
des grands garçons bien faits, dit l'Indien; combien en avez-vous
dans votre patrie? A peu près cent mille de différentes espèces, [34]
dit le bostangi. Les braves gens pour travailler à embellir Cachemire! dit le philosophe. Que j'aimerais à les voir la bêche, la
truelle, l'équerre à la main! Et moi aussi, dit le bostangi, mais ce   170
sont de trop grands saints pour travailler. Que font-ils donc? dit
l'Indien. Ils chantent, ils boivent, ils digèrent, dit le bostangi. Que
cela est utile à un Etat! dit l'Indien. Cette conversation dura
longtemps et ne produisit pas grand-chose.

165-166   w57p, k: Voilà de grands

[33] 'Les cordeliers sont habillés d'un gros drap gris: ils ont un petit capuce ou
chaperon, un manteau de la même étoffe, et une ceinture de corde nouée de trois
nœuds, d'où leur vient le nom de cordeliers' (*Encyclopédie*, art. 'Cordeliers'; iv.214).

[34] This figure corresponds to Voltaire's estimate in *Le Siècle de Louis XIV*,
ch.35, of 90,000 religious in France in 1700 (*OH*, p.1031); for the actual number
in the eighteenth century, see above, p.257, n.28.

La Vie de Paris et de Versailles

critical edition

by

Mark Waddicor

INTRODUCTION

This poem was first published in volume 3 of the 1750 Rouen edition of Voltaire's works (w50), which appeared in March 1751. The date of composition is easily established. In the note to line 36, which first appears in w70L, Voltaire tells us that it was written 'immédiatement après la guerre de 1741', in other words after October 1748, when the war was concluded by the signing of the treaty of Aix-la-Chapelle.[1] The evidence of Voltaire's correspondence, however, seems to narrow the date down to 4 or 5 January 1749. A definite *terminus ad quem* is provided by his letter to Mme Denis of 5 January 1749 (D3841). Referring to her letter of 2 January, and her intention of marrying and going to Italy, Voltaire writes: 'Lieutenant général! envoyé du roy en Italie! Ma chère enfant il n'y a pas moyen de refuser cela. Je vous faisois une épitre dont le sujet est qu'il faut rester chez soy. Elle commence ainsi'. He then gives the opening lines of the present text, and continues: 'Mais il faut changer d'avis. Il y a des circonstances où ce seroit se manquer à soy même de refuser sa fortune. Plus je vous aime, plus je vous conjure de me percer le cœur en acceptant la proposition.'

La Vie de Paris et de Versailles, which is a love poem as much as a satire, was written at a time of crisis for Voltaire, a crisis both in his personal relations, and in his relations with the court.

Throughout his long stay at Commercy and Lunéville in the summer and autumn of 1748 Voltaire had pined for his niece (D3726, D3733, D3794, etc.). He sends her the *Epître à M. le président Hénault* to read, adding, 'c'est à vous que je veux dédier

---

[1] See also the reference to 'la paix' (l.76) and to the negotiations at Aix-la-Chapelle (l.64-67v). In D3969, to Frederick, Voltaire merely states that the poem was written 'avant mon départ de Paris', i.e. before late June 1749.

la meilleure de mes épitres' (D3830). During the autumn he became aware of Mme Du Châtelet's liaison with Saint-Lambert, and by the end of the year he probably knew that she feared that she was pregnant. Having told Mme Denis that he hoped to leave Lunéville by early December (28 October; D3799), he sends messages that he will not be leaving until Christmas, that he will be at Cirey until Epiphany, until 20 January, until the end of January (D3821, D3830, D3836, D3840). At the same time he is uneasy at having no news of her, repeats his impatience to see her, and enquires about 'questo nuovo affare' at which she has hinted (D3833; also D3836). On 4 January he acknowledges with pleasure her letter of 29 December. She evidently appreciated the *Epître à M. le président Hénault*, and Voltaire sends her a revised opening with the words 'je veux vous faire une épitre qui soit mon petit chef d'œuvre' (D3840). It seems likely, therefore, that the lines quoted in D3841 are the beginning of the present poem, although Voltaire may well not have finished it by the following day.[2] On Mme Denis's side this episode was not the first matrimonial project of 1748,[3] although her idea of going to Italy was hardly a serious project in view of her love for Paris.

Voltaire's career as courtier resumed in the spring of 1745 with his appointment as royal historiographer and the promise of the next vacant position of *gentilhomme ordinaire de la chambre du roi* (D3092). This second post was eventually secured in December 1746, after a conflict with Maurepas who for some time blocked Voltaire's appointment (D3492 and commentary). As early as 1745-1746, however, his ambivalence towards court life is apparent

---

[2] An undated letter to Mme Denis seems to refer to *La Vie de Paris*: 'Je ne sçais mia cara si cette épitre que je vous adresse est digne de vous. Dites m'en votre avis, et renvoyez la moy pour la faire transcrire si vous l'aprouvez' (D3597). If so, it presumably belongs to the period February-June 1749 when Voltaire was in Paris, since he talks of seeing his niece later in the day.

[3] In July, and for some months, she was considering marriage to a 'commandant de Lille' (D3726, D3730a, D3733).

in a letter to Mme Denis, 'La corte, il mundo, i grandi, mi fanno noia' (D3272). In fact, although successful at first in his new role, Voltaire soon experienced the frustrations and humiliations which met those who danced attendance on the monarch: the necessity of taking sides between the queen and Mme de Pompadour and hence of making enemies, whom he could not avoid alienating further by his wit. To make matters worse, Voltaire was not personally liked by the king and on occasion felt that he was slighted by him. All this is summed up in a letter written from Berlin to the duc de Richelieu (D4206). At the time, Voltaire's sense of unease at Versailles also expressed itself in his literary productions, for example *Le Monde comme il va*, passages of which read like a prose version of this poem, and above all the 'anti-Versailles' *Zadig*. [4]

In October 1748 Voltaire learned that permission had been given for a parody of *Sémiramis* to be performed at court by the Théâtre-Italien. He feared that he would be made the laughing stock of Versailles, and felt strongly that out of respect to his position at court the parody should be banned. [5] In the end Voltaire had his way (D3844), but he was not certain of the outcome until January 1749, and only after much anguished correspondence. The incident heightened his dissatisfaction with court life, [6] and in May 1749 he resigned his post (D3933, D3934).

Voltaire loved Paris, but not the temptations it offered to his

[4] Voltaire, *Zadig*, ed. V.-L. Saulnier (Genève 1956), p.xiv.

[5] In the first of several letters on the subject to Berryer de Ravenoville, *lieutenant de police*, Voltaire talks about his fear that such a public affront will both oblige him to resign from court and affect Mme Denis's prospects: 'Une de mes nièces est prête à se marier à un homme de condition qui ne voudra point d'un oncle vilipendé' (10 October [1748]; D3776).

[6] Earlier in 1748 a letter that Voltaire had written to Louisa Ulrica of Prussia, crown princess of Sweden (D3110) satirising court life was rumoured by his enemies to have been addressed to the new dauphine (see D3616).

niece.[7] One of his many letters to her of 1748 has exactly the sense of *La Vie de Paris et de Versailles*: 'Que ne pui-je passer avec vous le reste de ma vie dans la plus vilaine citadelle du royaume à Perpignan, ou à notre dame de la garde? Je préférerois ce séjour à celuy de la cour la plus brillante' (D3733), and he had previously expressed similar thoughts more than once in his correspondence, 'o! quando potero vivere con voi ignoto a tutta la terra?' (D3299; see also D3287), sentiments which led René Pomeau to describe this poem as 'cet anti-*Mondain*'.[8]

During 1748 Mme Denis was working on her comedy *La Dame à la mode*,[9] in which Voltaire showed an encouraging interest (D3724, D3730a, D3774): it is possible that 'l'indolente Glycère' of lines 9-26 is in part a private joke. In a way it could be said that the satire of Parisian life was written for Mme Denis (with a few lines against gambling perhaps more appropriate for Mme Du Châtelet), while the picture of the court was for Voltaire himself.

In many ways the literary life of Paris displeased Voltaire as much as did life at court. After he had left both of them for Prussia he justified himself to d'Argental, 'Ah mon cher amy ce n'est pas vous que je quitte, ce sont les petites cabales, et les grandes haines, les calomnies, les injustices, tout ce qui persécute un homme de lettres dans sa patrie' (September [1750]; D4223). These trials were aggravated by Voltaire's inability to suffer for long either the fools and bores of Parisian society or their excessive and insipid pleasures.

For all his love of solitude, however, Voltaire was unable to do without these dangerous places: at Versailles he needed to carry out the duties attached to his post, and, more seriously, to

[7] See J. M. Fahmy, *Voltaire et Paris*, Studies 195 (1981), in particular p.55-56, 191-92.

[8] G. Lanson, *Voltaire*, ed. R. Pomeau (Paris 1960), p.230.

[9] Later entitled *La Coquette punie*. This comedy was neither publicly performed nor published.

have access to historical documents; and in Paris he found the stimulation that his intelligence needed.

In the early editions this poem was addressed simply to Madame De***. This was not a very heavy disguise, however, since line 2 mentions 'le sang qui nous lie' and — although it is perhaps easier to see this with the benefit of hindsight — line 163 is not reticent about the physical nature of Voltaire's relationship with his addressee.

After an opening apostrophe to 'Rosalie' the poem is divided into three main sections. It begins with a satire of Parisian society [10] in which the voices of Boileau, Molière and La Bruyère mingle with those of Pascal and Descartes, but the language is updated, full of Marivaldian clichés: 'conduit son insipidité' (l.11); 'Joignez un peu votre inutilité / A ce fardeau de mon oisiveté' (l.19-20); 'Tout plein d'orgueil et de saint Augustin' (l.43). Writing of the poem as a whole, R. Pomeau finds that 'la gaîté de Voltaire a un fond d'acidité', [11] but there is little personal acrimony in this opening section, only detached amusement and light irony — 'Fade plaisant, galant, escroc et prêtre' (l.29) — often underlined by the effect of the decasyllabic rhythm and by the brilliant imagery, and only occasionally marred by a certain straining after effect in the noble style — 'Ressemble aux vents l'un à l'autre opposés' (l.52).

During a short transition the philosophe 'qui pense' makes his appearance, summoning us to court in search of better things. With the change of scene there is a change of tone. No longer are we conveyed, like Don Cléofas, from salon to ridiculous salon, mocking all the while. The formerly detached observer is now exploited and belittled, now obsequious, 'Heureux qui peut de son maître approcher!' (l.103), and the reader, like the poet, begins to feel uneasy.

[10] Sending a copy of *La Vie de Paris et de Versailles* to Frederick in July 1749 he wrote, 'Vous y verrez sire la vie de Paris peinte assez au naturel' (D3969).
[11] R. Pomeau, *Voltaire par lui-même* (Paris 1970), p.62.

In desperation the poet turns to the world of literature, and particularly to the theatre, for consolation; but the public is blind and fickle and, in a burst of self-pity he renounces 'le monde' returning to the theme of the opening lines, love in a calm retreat, although the almost lyrical nature of the conclusion, 'Le soir serein d'un jour mêlé d'orages' (l.158), is cut short by the rather crude closing lines of Lucretian inspiration.

The anti-clerical conclusion, and the allusion to the poet 'qui pense', are the only specifically philosophical elements in the poem. Voltaire claimed to admire in James Thompson 'the poet and the true philosofer, j mean the Lover of mankind. J think that without a good stock of such philosofy a poet is just above a fidler, who amuses our ears and can not go to our soul' (17 May 1750; D4145). *La Vie de Paris et de Versailles* certainly shows no great love of mankind, but if we relate it to Voltaire's emotional life, it does 'go to our soul', and the satirist who manages to equal Boileau cannot be called a mere fiddler.

Manuscript and editions

MS

The first eight lines of the poem are quoted in the holograph of Voltaire's letter of 5 January 1749 to Mme Denis (D3841).

Pierpoint Morgan Library, New York.

w50 (1751)

La Henriade et autres ouvrages. Londres [Rouen], Société, 1750-1752. 10 vol. 12°. Bengesco iv.38-42; Trapnell 50R; BnC 39.

Volume 3 (1751): 402-408 Epître à madame De***.

This edition appeared in late February or early March 1751 (d'Hémery's 'Journal', Bn F22156, f.43v, 'Du 4 mars 1751').

Variant readings are found at l.14 and 29.

ImV: A 1751/1 (3).

W51

Œuvres de M. de Voltaire. [Paris, Lambert], 1751. 11 vol. 12°. Bengesco iv.42-46; Trapnell 51P; BnC 40-41.

Volume 3: 255-'260-242'[= 260] Epître à madame De***.

In D4381 Voltaire complained to Lambert that the poem had not appeared in w51. Lambert remedied the omission by inserting an extra sheet, whence the peculiar pagination.

Bn: Rés. Z Beuchot 13 (3).

W52 (1752)

Œuvres de M. de Voltaire. Dresde, Walther, 1752-1770. 9 vol. 8°. Bengesco iv.46-50; Trapnell 52 (vols 1-8), 70x (vol. 9); BnC 36-38.

Volume 3 (1752): 3-8 La Vie de Paris et de Versailles à madame De***.

An edition produced with the participation of Voltaire.

Bn: Rés. Z Beuchot 14 (3).

W48D (1754)

Œuvres de M. de Voltaire. Dresde, Walther, 1748-1754. 10 vol. 8°. Bengesco iv.31-38; Trapnell 48D; BnC 28-35.

Volume 10 (1754): 388-394 La Vie de Paris et de Versailles. A madame De***.

Bn: Rés. Z Beuchot 12 (10).

W56

Collection complette des œuvres de M. de Voltaire. [Genève, Cramer], 1756. 17 vol. 8°. Bengesco iv.50-63; Trapnell 56,57G; BnC 55-66.

Volume 2: 54-60 La Vie de Paris et de Versailles. Epître à madame De***.

The first Cramer edition, produced under Voltaire's supervision.

Bn: Z 24577.

W57G1

Collection complette des œuvres de M. de Voltaire. [Genève, Cramer], 1757. 10 vol. 8°. Bengesco iv.63; Trapnell 56,57G; BnC 67-69.

Volume 2: 54-60 La Vie de Paris et de Versailles. Epître à madame De***.

A revised edition of w56, produced with Voltaire's participation.

Bn: Rés. Z Beuchot 21 (2).

W57G2

Collection complette des œuvres de M. de Voltaire. [Genève, Cramer], 1757. 10 vol. 8°. Bengesco iv.63; Trapnell 56,57G; BnC 67-69.

Volume 2: 54-60 La Vie de Paris et de Versailles. Epître à madame De***.

A new edition of w57G1.

St Petersburg: 11-74.

W57P

Œuvres de M. de Voltaire. [Paris, Lambert], 1757. 22 vol. 12°. Bengesco iv.63-68; Trapnell 57P; BnC 45-54.

Volume 6: 46-51 La Vie de Paris et de Versailles. Epître à madame De***.

Taylor: VF.

OC61

Œuvres choisies de M. de Voltaire. Avignon, Giroud, 1761. 1 vol. 12°. Bengesco iv.205, 225; Trapnell 61A; BnC 430-433.

103-109 Epître VII. A madame De***. La Vie de Paris et de Versailles.

Variant readings are found at l.28-34, 43, 71-74, 137, 160, 162, 165-166.

Bn: Rés. Z Beuchot 53.

272

w64g

Collection complette des œuvres de M. de Voltaire. [Genève, Cramer], 1764. 10 vol. 8°. Bengesco iv.60-63; Trapnell 64,70G; BnC 89.

Volume 2: 66-72 La Vie de Paris et de Versailles. Epître à madame De***.

A revised edition of w57G, produced with Voltaire's participation.

Taylor: VF.

w64r

Collection complette des œuvres de M. de Voltaire. Amsterdam, Compagnie [Rouen, Machuel?], 1764. 22 tomes in 18 vol. 12°. Bengesco iv.28-31; Trapnell 64R; BnC 145-148.

Volume 3, part II: 7-13 La Vie de Paris et de Versailles. Epître à madame De***.

In part a reissue of the sheets of the 1748 Rouen edition, which had been suppressed at Voltaire's request.

Bn: Rés. Z Beuchot 26 (3,II).

w70g

Collection complette des œuvres de M. de Voltaire. [Genève, Cramer], 1770. 10 vol. 8°. Bengesco iv.60-63; Trapnell 64,70G; BnC 90-91.

Volume 2: 66-72 La Vie de Paris et de Versailles. Epître à madame De***.

A new edition of w64G.

Taylor: V1 1770G/1.

es71

Epîtres, satires, contes, odes et pièces fugitives du poète philosophe, dont plusieurs n'ont point encore paru, enrichies de notes curieuses et intéressantes. Londres, 1771.

213-220 La Vie de Paris et de Versailles. Epître à madame Denis, nièce de l'auteur.

Bn: Ye 9341.

w68 (1771)

Collection complette des œuvres de M. de Voltaire. [Genève, Cramer; Paris, Panckoucke], 1768-1777. 30 vol. 4°. Bengesco iv.73-83; Trapnell 68; BnC 141-144.

Volume 18 (1771): 289-294 La Vie de Paris et de Versailles. A madame De***.

Volumes 1-24 of this edition were produced by Cramer, under Voltaire's supervision.

Taylor: VF.

w70L (1772)

Collection complette des œuvres de M. de Voltaire. Lausanne, Grasset, 1770-1781, 57 vol. 8°. Bengesco iv. 83-89; Trapnell 70L; BnC 149-150

Volume 22 (1772): 177-183 La Vie de Paris et de Versailles. Epître à madame Dennis, nièce de l'auteur.

Some volumes of this edition, particularly the theatre, were produced with Voltaire's participation. A footnote is added to the *Vie de Paris*, at l.36.

Taylor: V1 1770L (22).

w72X

Collection complette des œuvres de M. de Voltaire. [Genève, Cramer?], 1772. 10 vol. 8°. Bengesco iv.60-63; Trapnell 72x; BnC 92-110.

Volume 2: 62-67 La Vie de Paris et de Versailles. Epître à madame De***.

A new edition of w70G, probably printed for Cramer, but there is no evidence of Voltaire's participation.

Taylor: V1 1770G/2.

w72P (1773)

Œuvres de M. de V... Neufchatel [Paris, Panckoucke], 1771-1777. 34 or 40 vol. 8° and 12°. Bengesco iv.91-94; Trapnell 72P; BnC 152-157.

Poésies, volume 1 (1773): 170-175 La Vie de Paris et de Versailles. A madame D***.

There is no evidence of Voltaire's participation in this edition.

Bn: Z 24809.

w71 (1774)

Collection complète des œuvres de M. de Voltaire. Genève [Liège, Plomteux], 1771-1777. 32 vol. 8°. Bengesco iv.89-91; Trapnell 71; BnC 151.

Volume 18 (1774): 245-249 La Vie de Paris et de Versailles. A madame D***.

Reproduces the text of w68.

Taylor: VF.

w75G

La Henriade, divers autres poèmes et toutes les pièces relatives à l'épopée. [Genève, Cramer & Bardin], 1775. 37 vol. (40 vol. with the *Pièces détachées*). 8°. Bengesco iv.94-105; Trapnell 75G; BnC 158-161.

Volume 12: 287-292 La Vie de Paris et de Versailles. Epître à madame Dennis, nièce de l'auteur.

The *encadrée* edition, produced at least in part under Voltaire's supervision. It provides the base text for the present edition.

Taylor: VF.

w75X

Œuvres de Mr de Voltaire. [Lyon?], 1775. 37 vol. (40 vol. with the *Pièces détachées*). 8°. Bengesco 2141; BnC 162-163.

Volume 12: 287-292 La Vie de Paris et de Versailles. Epître à madame Dennis, nièce de l'auteur.

An imitation of w75G, but with texts drawn from a variety of sources. Voltaire was aware of this edition, but there is as yet no evidence that it was prepared with his participation.

Taylor: VF.

κ84 (1784)

Œuvres complètes de Voltaire. [Kehl], Société littéraire-typographique, 1784-1789. 70 vol. 8°. Bengesco 2142; BnC 164-193.

Volume 13 (1784): 144-149 Epître LXIV. A madame Denis, nièce de l'auteur. La vie de Paris et de Versailles; 150 Variantes.

The first issue of the Kehl edition. Variant readings are found at l.63, 65-66, 111-119; the siglum κ*var* refers to the two variants printed on p.150 of κ84, for which no other source is known.

Taylor: VF.

Translations

Epistle to Madam De***, upon the manner of living at Paris and Versailles, in *The Works of M. de Voltaire*. London 1761-1763, xxxiii.197-204. Translated by T. Smollett and others.

Epístola, de M. de Voltaire, a madama Denis, sobrinha sua, in *Obras completas de Filinto Elysio*. Paris 1817-1819, xi.231-234. Dedicated by the translator to Antonio de Souza Dias. [12]

Editorial principles

The base text is w75G. The following sources were collated for variants: w50, w51, w52, w56, w57G, w57P, oc61, [13] w68 and κ.

Modernisation of the base text

The spelling of the names of persons and places has been respected and the original punctuation retained.

The following aspects of orthography and grammar in the base text have been modified to conform to modern usage:

[12] See Th. Besterman, 'Provisional bibliography of Portuguese editions of Voltaire', *Studies* 76 (1970), p.19.

[13] Variants included for the insight they provide into the Church's attitude towards attacks on religion. They are obviously not sanctioned by Voltaire.

1. Consonants
   - the consonant *p* was not used in: tems; nor in corromt, interromt, promt
   - the consonant *t* was not used in syllable endings *–ans* and *–ens*: pédans, puissans

2. Vowels
   - *i* was used in place of *y* in: empirée

3. Miscellaneous.
   - archaic forms were used in: dîné, hazard, phantôme, vuide

4. Accents
The acute accent
   - was used in place of the grave in: siécle
   - was not used in: deshonorer
The grave accent
   - was not used in: déja
The circumflex accent
   - was not used in: ame, connait

5. Capitalisation
   - an initial capital was attributed to: Champagne, Dieux

6. Points of grammar
   - agreement of the present participle was inconsistent
   - the final *-s* was not used in the second person singular of the imperative: atten, fui, vien

7. Various
   - the ampersand was used

Modernisation of quotations

The spelling, but not the punctuation, of quotations from printed sources has been modernised, except where a specific critical edition is used, in which case the spelling of the edition is followed.

LA VIE DE PARIS ET DE VERSAILLES

Epître à madame Dennis, nièce de l'auteur.

Vivons pour nous, ma chère Rosalie;
Que l'amitié, que le sang qui nous lie [1]
Nous tienne lieu du reste des humains;
Ils sont si sots, si dangereux, si vains!
Ce tourbillon, qu'on appelle le monde,   5
Est si frivole, en tant d'erreurs abonde,
Qu'il n'est permis d'en aimer le fracas
Qu'à l'étourdi qui ne le connaît pas.
    Après dîner, l'indolente Glycère
Sort pour sortir, sans avoir rien à faire;   10
On a conduit son insipidité
Au fond d'un char, où montant de côté,
Son corps pressé gémit sous les barrières
D'un lourd panier qui flotte aux deux portières; [2]
Chez son amie au grand trot elle va,   15

---

a-b w50, w51: EPÎTRE À MADAME DE***. //
     oc61: *A Madame De***. La vie de Paris et de Versailles.*
     к: A MADAME DENIS, NIÈCE DE L'AUTEUR. *La vie de Paris et de Versailles.*
b w52, w68: A MADAME DE***.
     w56-w70G: EPÎTRE À MADAME DE***.
14 w50-w52: qui passe aux

---

[1] Cf. D1408, where Voltaire describes Mlle Mignot (the future Mme Denis) to Thiriot as 'une personne à qui le sang et l'amitié m'unissent'.

[2] 'Ce vêtement a scandalisé dans les commencements: les ministres de l'Eglise l'ont regardé comme un encouragement à la débauche [...]. Ils ont beaucoup prêché; on les a laissé dire, on a porté des paniers, et à la fin ils ont laissé faire' (*Encyclopédie*, art. 'Panier', xi.819). By the late 1740s the fashion was for a gown and hooped underskirt with all the fullness at the sides.

Monte avec joie, et s'en repent déjà,
L'embrasse, et bâille; et puis lui dit, Madame,
J'apporte ici tout l'ennui de mon âme;
Joignez un peu votre inutilité
A ce fardeau de mon oisiveté.   20
Si ce ne sont ses paroles expresses,
C'en est le sens. Quelques feintes caresses,
Quelques propos sur le jeu, sur le temps,
Sur un sermon, sur le prix des rubans,
Ont épuisé leurs âmes excédées;   25
Elles chantaient déjà faute d'idées.
Dans le néant leur cœur est absorbé;
Quand dans la chambre entre monsieur l'abbé,
Fade plaisant, galant, escroc, et prêtre,
Et du logis pour quelques mois le maître.   30
        Vient à la piste un fat en manteau noir, [3]
Qui se rengorge et se lorgne au miroir.
Nos deux pédants sont tous deux sûrs de plaire.
Un officier arrive et les fait taire,
Prend la parole, et conte longuement   35
Ce qu'à Plaisance(a) eût fait son régiment,

(a) Il paraît que cette petite pièce fut faite immédiatement après la guerre de 1741, guerre funeste, [4] entreprise pour dépouiller l'héritière

21   w50, w51, w57P: ces paroles
28-34   oc61:

                        monsieur l'abbé:
              Notre pédant est déjà sûr de plaire.
              Un officier arrive et le fait taire;
29   w50, w52: Fade, plaisant,
      k: galant escroc, et
n. a   w50-w68, note absent

[3] Cf. *Le Monde comme il va* (M.xxi.6-7).
[4] This note first appeared in w70L. Voltaire is venting his spleen against Frederick. This is not echoed in the poem itself, which was in fact sent to Frederick

Si par malheur on n'eût pas fait retraite. [5]
Il vous le mène au col de la Boquette, [6]
A Nice, au Var, à Digne il le conduit: [7]
Nul ne l'écoute, et le cruel poursuit.   40

   Arrive Isis, dévote au maintien triste,
A l'air sournois. Un petit janséniste,
Tout plein d'orgueil et de saint Augustin, [8]
Entre avec elle en lui serrant la main.

   D'autres oiseaux de différent plumage,   45
Divers de goût, d'instinct et de ramage,
En sautillant font entendre à la fois
Le gazouillis de leurs confuses voix:
Et dans les cris de la folle cohue
La médisance est à peine entendue.   50
Ce chamaillis [9] de cent propos croisés

---

de la maison d'Autriche de la succession paternelle.

---

43   oc61: Plus plein d'orgueil que de saint Augustin,

---

in July 1749 (D3969), nor does it correspond with Voltaire's account of the origins of the war in the *Histoire de la guerre de 1741*, ch.1-2.

[5] The French and Spanish armies retreated from Piacenza in July 1746, under the comte de Maillebois. The town was taken the next day by the Austrian and Sardinian forces (*Histoire de la guerre de 1741*, ch.21, ed. J. Maurens, Paris 1971, p.235-36).

[6] This huge rock supposedly rendered Genoa impregnable. In September 1746, however, the French and Spanish were forced to abandon the town to the Austrians.

[7] After their withdrawal from Genoa the French and Spanish armies also had to abandon Nice. They recrossed the Var in a deplorable state (October 1746). Provence was ravaged by the Austrian troops. The maréchal de Belle-Isle eventually succeeded in pushing the Austrians back, recapturing Nice in September 1747 (*Histoire de la guerre de 1741*, ch.21-23; p.236-37, 247-55).

[8] An allusion to Jansenius's posthumously published *Augustinus de gratia*. Cf. *Le Siècle de Louis XIV*, ch.37 (*OH*, p.1066).

[9] By the early eighteenth century *chamaillis* was virtually obsolete except for the familiar sense in which Voltaire uses it here (*Trévoux*).

Ressemble aux vents l'un à l'autre opposés.
Un profond calme, un stupide silence,
Succède au bruit de leur impertinence:
Chacun redoute un honnête entretien;   55
On veut penser, et l'on ne pense à rien.
O roi David, (*b*) ô ressource assurée,
Viens ranimer leur langueur désœuvrée.
Grand roi David, c'est toi dont les sizains [11]
Fixent l'esprit et le goût des humains;   60
Sur un tapis dès qu'on te voit paraître,
Noble, bourgeois, clerc, prélat, petit-maître,
Femmes surtout, chacun met son espoir
Dans tes cartons, peints de rouge et de noir;
Leur âme vide est du moins amusée   65

(*b*) Tous les jeux de cartes sont à l'enseigne du roi David. [10]

63   K: Femme surtout
65-66 Kvar:
            Tu fais leur joie et l'âme est abusée
            Par l'avarice en plaisir déguisée.
            C'est là qu'on voit l'intérêt attentif,
            Qui d'un œil sombre et d'un esprit actif,
            En combinant que deux et deux font quatre,
            S'obstine à vaincre et se plaît à combattre.
            Saint-Séverin, et vous, grave du Theil,
            Travaillez-vous avec un soin pareil, [12]
            Quand dans les murs bâtis par Charlemagne
            Vous rajustez la France et l'Allemagne?

[10] 'Le roi de cœur s'appelle Charles; celui de carreau, César; celui de trèfle, Alexandre et celui de pique, David' (*Encyclopédie*, art. 'Cartes', ii.715).

[11] 'Les cartes se vendent au jeu, au sizain, et à la grosse' (*Encyclopédie*, art. 'Cartes', ii.715).

[12] The marquis de Saint-Séverin was one of the chief French spokesmen at the peace talks at Aix-la-Chapelle in October 1748. The diplomat Jean-Gabriel de La Porte Du Theil is best known as the addressee of Rousseau's letters of 1744 complaining about the comte de Montaigu (see Leigh 120). The use of the present tense seems to indicate that this variant is contemporary with the rest of the poem.

282

Par l'avarice en plaisir déguisée.

   De ces exploits le beau monde occupé
Quitte à la fin le jeu pour le soupé;
Chaque convive en liberté déploie
A son voisin son insipide joie.   70
L'homme machine,[13] esprit qui tient du corps,
En bien mangeant remonte ses ressorts;
Avec le sang l'âme se renouvelle,
Et l'estomac gouverne la cervelle.
Ciel! quels propos! ce pédant du palais   75
Blâme la guerre, et se plaint de la paix.[14]
Ce vieux Crésus, en sablant du champagne,
Gémit des maux que souffre la campagne;
Et cousu d'or, dans le luxe plongé,
Plaint le pays de tailles surchargé.   80
Monsieur l'abbé vous entame une histoire,
Qu'il ne croit point, et qu'il veut faire croire;
On l'interrompt par un propos du jour,
Qu'un autre conte interrompt à son tour.
De froids bons mots, des équivoques fades,   85
Des quolibets et des turlupinades,
Un rire faux, que l'on prend pour gaité,
Font le brillant de la société.
   C'est donc ainsi, troupe absurde et frivole,
Que nous usons de ce temps qui s'envole;   90

71-74 oc61, absent
75 w57p, oc61: quel propos!

[13] La Mettrie's *L'Homme machine* was first published in 1748.

[14] 'Bête comme la paix' was a catch-phrase expressing popular dissatisfaction with France's gains at the treaty of Aix-la-Chapelle, considering her victories during the war. Voltaire expresses this more diplomatically in the *Précis du siècle de Louis XV*, ch.30 (*OH*, p.1474-75); see R. Vaillot, *Avec Mme Du Châtelet*, Voltaire en son temps 2 (Oxford 1988), p.341

C'est donc ainsi que nous perdons des jours,
Longs pour les sots, pour qui pense si courts.
    Mais que ferai-je? Où fuir loin de moi-même?
Il faut du monde; on le condamne, on l'aime:
On ne peut vivre avec lui ni sans lui;[15]   95
Notre ennemi le plus grand, c'est l'ennui.
Tel qui chez soi se plaint d'un sort tranquille,
Vole à la cour, dégoûté de la ville.
Si dans Paris chacun parle au hasard,
Dans cette cour on se tait avec art;   100
Et de la joie, ou fausse ou passagère,
On n'a pas même une image légère.
Heureux qui peut de son maître approcher!
Il n'a plus rien désormais à chercher.
Mais Jupiter au fond de l'empyrée   105
Cache aux humains sa présence adorée:
Il n'est permis qu'à quelques demi-dieux
D'entrer le soir aux cabinets des cieux.
Faut-il aller, confondu dans la presse,
Prier les dieux de la seconde espèce,   110
Qui des mortels font le mal ou le bien?

111-119   Kvar:
          A leurs autels porter son encensoir,
          Et de leurs mains attendre un billet noir,[16]
          Qui peut sortir de cette roue immense
          Où sont les lots que leur faveur dispense;
          A leurs humeurs faut-il s'assujettir,
          Importuner, souffrir, flatter, mentir,
          Remercier d'un dégoût, d'un caprice,
          Et pour loyer d'un si noble service,
          Obtenir d'eux après un an d'oubli,

[15] Cf. 'Sic ego nec sine te nec tecum vivere possum' (Ovid, *Amores*, III.xi.39).
[16] A winning lottery-ticket; see Furetière, *Dictionnaire universel* (La Haye 1690),
art. 'Billet'.

Comment aimer des gens qui n'aiment rien,
Et qui portés sur ces rapides sphères,
Que la fortune agite en sens contraires,
L'esprit troublé de ce grand mouvement,   115
N'ont pas le temps d'avoir un sentiment?
A leur lever, pressez-vous pour attendre,
Pour leur parler sans vous en faire entendre,
Pour obtenir, après trois ans d'oubli,
Dans l'antichambre un refus très poli.   120
   Non, dites-vous, la cour, ni le beau monde,
Ne sont point faits pour celui qui les fronde.
Fuis pour jamais ces puissants dangereux;
Fuis les plaisirs, qui sont trompeurs comme eux.
Bon citoyen, travaille pour la France,   125
Et du public attends ta récompense.
Qui? le public! ce fantôme inconstant,
Monstre à cent voix, Cerbère dévorant,
Qui flatte et mord, qui dresse par sottise
Une statue, et par dégoût la brise?   130
Tyran jaloux de quiconque le sert,
Il profana la cendre de Colbert;
Et prodiguant l'insolence et l'injure,
Il a flétri la candeur la plus pure.
Il juge, il loue, il condamne au hasard   135
Toute vertu, tout mérite et tout art.
C'est lui qu'on vit de critiques avide,
Déshonorer le chef-d'œuvre d'Armide, [17]
Et pour Judith, Pirame, et Régulus,

---

137   oc61: avides

[17] Although very popular, Quinault's *Armide* (1686) provoked several parodies, and Boileau's severe criticisms annoyed Voltaire (*Dictionnaire philosophique*, art. 'Critique'; M.xviii.285-86).

Abandonner Phèdre et Britannicus; [18]   140
Lui qui dix ans proscrivit Athalie, [19]
Qui protecteur d'une scène avilie,
Frappant des mains, bat à tort, à travers,
Au mauvais sens qui hurle en mauvais vers.
  Mais il revient, il répare sa honte;   145
Le temps l'éclaire, oui; mais la mort plus prompte
Ferme mes yeux dans ce siècle pervers,
En attendant que les siens soient ouverts.
Chez nos neveux on me rendra justice;
Mais moi vivant il faut que je jouisse.   150
Quand dans la tombe un pauvre homme est inclus,
Qu'importe un bruit, un nom qu'on n'entend plus?
L'ombre de Pope avec les rois repose; [20]
Un peuple entier fait son apothéose,
Et son nom vole à l'immortalité;   155
Quand il vivait il fut persécuté. [21]
  Ah! cachons-nous; passons avec les sages
Le soir serein d'un jour mêlé d'orages;
Et dérobons à l'œil de l'envieux
Le peu de temps que me laissent les dieux.   160

160   oc61: Le peu d'instants que nous

[18] Claude Boyer's *Judith* (1695) was not particularly well received. Voltaire has perhaps intentionally opposed Pradon's *Pyrame* (1673 or 1674) and *Régulus* (1688) to Racine's *Phèdre* (1677) and *Britannicus* (1699) on account of the similarity in plot of the two pairs of plays.

[19] *Athalie* (1691) did not attract much public attention until 1702, and was not put on at the Comédie-Française until 1716, but it is not correct to talk of the public 'proscribing' the work. Voltaire makes a similar statement in the dedicatory preface to *Oreste* (V 31A, p.405).

[20] Pope was buried in Twickenham church (5 June 1744), as he had directed in his will. His facetious poem 'Lines on one who would not be buried in Westminster Abbey' was first published in 1738 (see *The Poems of Alexander Pope*, ed. J. Butt *et al.*, London 1961-1969, vi.376).

[21] On Voltaire and Pope, see below, *Des mensonges imprimés*, ch.1, l.353-370.

Tendre amitié, don du ciel, beauté pure,
Porte un jour doux dans ma retraite obscure.
Puissé-je vivre et mourir dans tes bras, [22]
Loin du méchant qui ne te connaît pas,
Loin du bigot, dont la peur dangereuse   165
Corrompt la vie et rend la mort affreuse!

162   oc61:   jour pur dans
165-166   oc61, absent

[22] Cf. 'Sera t'il dit que je ne passe pas avec vous les derniers temps de ma vie, et que je n'aye pas la douceur de la finir dans vos bras?' (to Mme Denis, 19 July [1748]; D3724).

Lettre à l'occasion de l'impôt du vingtième

édition critique

par

Henri Duranton

INTRODUCTION

1. *Le contexte historique*

Cet opuscule nous renvoie à l'histoire compliquée des finances royales sous l'ancien régime, à un monde d'expédients et d'injustices, aussi d'efforts sincères mais toujours vains pour porter remède à une situation dont tous les observateurs du temps, à condition d'être lucides et honnêtes — il y en eut — s'accordaient à dire qu'elle n'était pas supportable, ce que l'avenir, en 1789, devait confirmer comme on sait.

Pour faire face aux obligations de la guerre de Succession d'Autriche, le contrôleur général Orry avait, selon la tradition, fait décréter en août 1741 le principe d'un impôt exceptionnel, pesant sur tous, le dixième. On l'avait voulu efficace et, selon la tradition encore, il ne le fut guère. Par la faute d'une administration peu nombreuse et mal soutenue, plus encore parce que les plus gros propriétaires, surtout les parlementaires, s'arrangèrent, de fait, pour ne pas payer. En 1749, on estimera que le rapport réel de cette charge contributive s'élevait à 36 millions, ce qui était très en-dessous du rendement théorique qu'on pouvait espérer.[1]

Impôt de circonstance, lié à l'effort de guerre, le dixième se devait de disparaître avec la cause qui lui avait donné naissance. Un édit de décembre 1746 en promettait donc la suppression dès signature de la paix.

Sur ces entrefaites, un changement, directement lié aux intrigues de cour, se produisit à la tête des finances royales. Trois mois

---

[1] L'essentiel des renseignements qui suivent sont empruntés aux travaux de Marcel Marion, *Machault d'Arnouville: étude sur l'histoire du contrôle général des finances de 1749 à 1754* (Paris 1891) et *Histoire financière de la France depuis 1715*, tome I, 1715-1789 (1914).

après la présentation officielle de la nouvelle maîtresse, Mme de Pompadour, Orry était écarté le 4 décembre 1745, et Jean-Baptiste Machault d'Arnouville, pour lors intendant du Hainaut, nommé nouveau contrôleur général des finances.

Machault héritait d'une situation difficile. Il y fit face jusqu'à la signature de la paix d'Aix-la-Chapelle, survenue le 21 octobre 1748, grâce aux expédients éprouvés, menus impôts et taxes diverses que les successifs responsables des finances avaient su inventer.

Le retour de la paix et l'obligation de supprimer le dixième, l'incitèrent à aller au-delà de cette gestion au quotidien. Son énergie personnelle l'y poussait, plus encore la situation financière critique d'une France sortie mal en point d'une guerre coûteuse. L'arriéré des dépenses de guerre était estimé à 180 millions. Or les rentrées exceptionnelles d'argent allaient s'interrompre. Par ailleurs, on estimait qu'en année moyenne il entrait 190 millions dans les caisses royales et qu'il en sortait... 220. Machault voulut mettre à profit la période de paix pour rétablir l'équilibre financier, liquider l'arriéré, éteindre graduellement la dette publique. Pour cela, il conçut un nouvel impôt, le vingtième, qui devait succéder immédiatement au dixième et porter sur la totalité des revenus du royaume, sans exception ni privilèges. Le produit ainsi collecté serait versé dans une caisse d'amortissement, uniquement destinée au remboursement des dettes de l'Etat et qui de ce fait serait distincte du Trésor royal.

La nouvelle décision présentait au moins trois originalités capitales. D'abord, elle était prise en temps de paix, alors que les innovations en matière fiscale dans la monarchie des Bourbons de France se prenaient traditionnellement au moment des déclarations de guerre. Ensuite, il ne lui était assigné aucun terme, ce qui suggérait implicitement que le nouvel impôt n'était pas entendu comme un expédient, mais bien comme une institution destinée à durer. Enfin, il était explicitement déclaré qu'il devait porter sur tous, propriétaires et *usufruitiers*. Par là, était sans nul doute visé le clergé, qui affectait volontiers de déclarer modestement n'être pas propriétaire des immenses biens qu'il gérait, ce qui l'autorisait à ne pas se sentir concerné par des mesures pesant sur les détenteurs de biens.

A ces innovations, on en pourrait ajouter une dernière, capitale bien que non écrite. Le contrôleur général était fermement décidé à faire appliquer intégralement sa décision, n'entendant pas en rester au stade des généreuses déclarations d'intention, comme tant d'autres de ses prédécesseurs. Mais cela, nul ne pouvait encore le savoir. Aussi, dans un premier temps, la résistance au contrôle général ne dépassa-t-elle pas les bornes admises. Le Parlement fit sans doute les difficultés qu'on attendait de lui. Il ne manqua pas d'adresser de solennelles protestations, sous forme de remontrances en bonne et due forme. Mais sur instance royale il se laissa forcer la main et enregistra l'édit rendu à Marly au début de mai 1749, qui supprimait le dixième à partir du 1er janvier 1750 pour lui substituer le nouvel impôt.

Les vraies résistances commencèrent quand on s'aperçut que Machault d'Arnouville cherchait à traduire dans les faits les termes de cet édit devenu loi, et qu'en particulier il entendait que tous fissent une déclaration exacte de leurs biens. Il ne voulait pas non plus que l'effort exigé pût être éludé par les détours usuels, en particulier l'abonnement.

De fait, le contrôle fiscal se faisait d'ordinaire de manière anarchique, ou plutôt dans trop de cas ne se faisait pas du tout, chacun déclarant pour son propre compte, avec les possibilités de fraude qu'on imagine. La volonté du ministre des finances de remédier à cet état de fait fut perçu comme une intolérable mesure policière. 'On fait actuellement', écrira le parlement de Toulouse dans ses remontrances du 17 septembre 1757, 'une recherche générale de toutes les possessions de vos sujets. Ce genre d'inquisition, aussi peu digne de Votre Majesté que du peuple belliqueux qui lui est soumis, ressemble en quelque sorte à un dénombrement d'esclaves. Tout y est mis à découvert, discuté, apprécié, taxé comme biens, dont l'usufruit nous serait laissé par grâce et dont la propriété appartiendrait au fisc.'[2] Vertueux mouvement d'éloquence, pour stigmatiser une vérification de déclarations dont tout le monde savait fort bien qu'elles étaient outrageusement mensongères!

Bref, l'opposition fut unanime parmi les privilégiés, qu'elle fût individuelle ou collective, menée dans ce cas par les parlements et les différents Etats provinciaux, qui se chargèrent de justifier la révolte fiscale sous de nobles motifs. Et le clergé, explicitement invité à participer au nouvel effort, ne fut pas en reste de protestations, à l'occasion par exemple de ses assemblées générales.

La suite s'inscrit dans l'histoire si souvent répétée des échecs de rénovation de la fiscalité qui scandent le dix-septième et plus encore le dix-huitième siècle français. Le pouvoir peu à peu s'enlisa dans les compromissions, finit par admettre les vieilles exceptions, bref laissa dénaturer son projet, définitivement enterré avec le retrait de Machault d'Arnouville en 1754.

Mais auparavant la lutte fut intense, et les résultats pas tout à fait négatifs. La caisse d'amortissement fonctionna à peu près régulièrement, même si ce fut avec difficulté, ayant été dès le début, et en contradiction formelle avec les déclarations solennelles du pouvoir, surchargée de fonctions sans rapport avec sa mission supposée exclusive, le remboursement du capital des emprunts.

Surtout, l'initiative de Machault d'Arnouville étant apparue sous son vrai jour – une volonté de modifier en profondeur la perception de l'impôt en France – ce fut une occasion pour débattre au grand jour de ce que devait être le régime fiscal d'un Etat moderne. Le désir de se rendre l'opinion publique favorable dans un domaine particulièrement sensible fit fleurir les écrits les plus divers, favorables ou, bien plus souvent, hostiles au courant de réformes. La *Lettre* de Voltaire s'inscrit directement dans cette

---

[2] Cité dans Marion, *Histoire financière*, i.181.

polémique, avec pour originalité première d'avoir ouvert un débat qui devait être ressassé *ad nauseam* dans les années suivantes.

2. *L'intervention de Voltaire*

Les personnalités impliquées sont bien connues. Et d'abord le destinataire de l'écrit. Jean-Baptiste Machault d'Arnouville (1701-1794) est une des grandes figures du personnel administratif de la monarchie française: conseiller au Parlement de Paris (1721), maître des requêtes (1728), président au grand conseil (1738), intendant du Hainaut (1743), il avait été placé sur le devant de la scène par sa nomination quelque peu inattendue à la très haute fonction de contrôleur général (1745-1754), qui lui vaudra en outre d'être ministre d'Etat (1749) et garde des sceaux (1750). Cet authentique homme d'Etat, secret et bourru mais intelligent et tenace, aurait pu prêter une oreille intéressée à ce secours bénévole, sinon être très favorable à une initiative venant d'un homme au tempérament si différent du sien, et qu'il ne connaissait d'ailleurs pas, tous deux ne semblant s'être jamais rencontrés. Du moins n'ont-ils eu aucun contact épistolaire connu. En tout cas le contrôleur général ne méconnaissait pas le rôle de l'opinion publique. La suite des événements devait le démontrer, puisque certaines brochures suscitées par l'affaire du vingtième sont à l'évidence influencées par le ministère, si elles ne sont pas même directement un ouvrage de commande.

Resterait tout de même à savoir si le ministre aurait accepté d'être soutenu par une personnalité aussi tapageuse et controversée que Voltaire. Mais la question ne s'est pas posée du fait de la défection de l'intermédiaire désigné. Le choix paraissait pourtant judicieux. Hilaire-Armand Rouillé Du Coudray (1684-1772), conseiller au Parlement de Paris (1708), maître des requêtes (1716), était en 1749 intendant des finances sous les ordres directs du contrôleur général, qui se trouvait de plus être son beau-frère.[3] On ne pouvait souhaiter meilleur introducteur auprès du puissant contrôleur général, connu pour être difficile d'accès. La fonction de Rouillé Du Coudray, ses liens familiaux avec le ministre furent à l'évidence les seuls motifs pour que Voltaire s'adressât à lui, puisque par ailleurs ils ne semblent avoir eu aucun autre contact avant ni après l'épisode.

Mais Voltaire ne pouvait imaginer que Rouillé Du Coudray n'aurait qu'un tort, celui de dédaigner l'initiative, puisqu'il n'a pas transmis le document à son véritable destinataire, ni même eu l'élémentaire courtoisie de le renvoyer comme il lui était demandé.

Voltaire en effet avait flanqué l'envoi du manuscrit d'un petit billet qui a été conservé. Il y disait:

Voyla ce qu'un citoyen fort zélé et peut-être un peu bavard avait grifoné il y a quelques jours. Si cela amuse Mr du Coudray, s'il daigne en amuser un moment M le Controlleur général, le bavard sera très honoré.

M. Du Coudray est très humblement supplié de renvoyer le manuscrit à Paris, dans la rue Traversière, quand il s'en sera ennuyé.

Or les deux documents ont été retrouvés dans les archives de Rouillé Du Coudray, preuve qu'il n'a ni transmis, ni renvoyé les documents à lui confiés. Il s'est contenté d'accuser réception le 25 mai par une lettre fleurie et vague, toute en compliments n'engageant à rien (D3935).

Il est tout à fait évident que Voltaire a réagi à chaud. Sa lettre au contrôleur général est datée du 16 mai. Or le texte de l'édit avait été rendu public à Marly au tout début du même mois. Il avait été déféré au Parlement le 8 mai, toutes chambres assemblées. Par 106 voix contre 49 l'enregistrement en avait été refusé et des remontrances décidées. Le 13 mai, la cour arrêta les thèmes que les commissaires désignés le 8 avaient été d'avis de développer dans les remontrances, et le premier président fut prié de les

---

[3] Machault d'Arnouville avait épousé en 1737 Geneviève-Louise Rouillé Du Coudray.

rédiger. Le 18 mai, ce dernier les soumit au Parlement qui les approuva et le chargea de les présenter au roi, ce qui fut fait le jour même. Le roi ayant persisté dans sa décision, l'édit fut définitivement enregistré le 19 mai.

Voltaire a rédigé son texte à la volée entre le moment où l'on sut que le Parlement allait rédiger des remontrances et celui de l'enregistrement de l'édit. Le contenu de la lettre confirme tout à fait l'hypothèse d'un Voltaire répondant à l'avance au Parlement. Il y réfute en effet tous les arguments qui seront contenus dans les remontrances. Point n'est d'ailleurs besoin de supposer qu'il a eu connaissance, par une indiscrétion, des thèmes que le premier président devait développer, tant ces derniers étaient traditionnels, voire stéréotypés.

Tout se passe comme si Voltaire avait spéculé sur une plus longue résistance du Parlement et voulu bien disposer le public en faveur du projet ministériel par un plaidoyer complaisant. Mais, prudent, il a souhaité connaître la réaction du principal intéressé avant de se lancer dans la bataille. La forme du manuscrit plaide aussi en faveur d'une dictée à Longchamp, suivie d'une relecture immédiate et d'ajouts, l'urgence n'ayant pas permis une mise au propre ultérieure par le secrétaire. Mais du coup Voltaire n'a plus disposé d'une copie qui aurait permis l'impression.

L'initiative de Voltaire n'a donc servi à rien par la faute de Rouillé Du Coudray. Au reste, ce genre d'écrit de circonstance ne supporte pas les longs délais et l'auteur trahi a sans doute eu raison de le passer à profits et pertes. En outre, l'acceptation du Parlement, fût-elle de mauvaise grâce, lui ôtait de son actualité, du moins dans un premier temps. Le petit ouvrage pouvait donc bien être considéré comme perdu, jusqu'à sa redécouverte fortuite par le comte de La Bédoyère au début du siècle suivant.

Voltaire n'a pas pour autant renoncé à intervenir dans la bataille de pamphlets qui faisait rage autour du vingtième.[4] Il l'a fait à

---

[4] Voir M. Marion, *Machault d'Arnouville*, ch.10, en particulier l'analyse du plus célèbre libelle dit des *Lettres Ne repugnate* (p.241-51), attribuées à Daniel Bargeton,

deux reprises dans l'*Extrait du décret de la sacrée congrégation de l'Inquisition de Rome à l'encontre d'un libelle intitulé Lettres pour le vingtième* (daté du 20 mai 1750) et dans *La Voix du sage et du peuple* (mai/juin 1750), deux écrits visant à répondre à la question: le clergé doit-il payer le vingtième? On imagine la solution défendue par les opuscules.

L'intervention de Voltaire frappe par sa pertinence, et on peut regretter pour le ministère qu'il ait été sottement privé d'une voix aussi autorisée dans la polémique qui allait s'enflammer. Même si la décision n'était pas désintéressée, car à l'évidence Voltaire tenait à se faire bien voir du ministère et de la cour par une prise de position sans ambiguïté dans le conflit du moment.

3. *L'apologie d'un impôt égal et juste*

Derrière l'aspect plaisant de l'anecdote, se cache une réfutation en règle des arguments des adversaires du vingtième, tels qu'ils allaient s'exprimer dans les remontrances du Parlement de Paris.

Ce dernier use d'un argument pour lui classique quand il s'agit de refuser une nouvelle charge fiscale. Il se pose en défenseur du pauvre peuple, écrasé par la misère. Il ne manque pas d'invoquer l'affreux dénuement, sinon de Paris, du moins de la province et du petit peuple des campagnes.[5] A quoi leurs adversaires ripostaient par des témoignages de la prospérité de la bonne société, tant parisienne que provinciale, et en définitive, par effet d'entraîne-

---

qui constituent le reflet direct de la pensée ministérielle (*Lettres*, Londres [Paris] 1750; BV, no.265).

[5] Il allait jusqu'à craindre le dépeuplement généralisé d'un pays rendu à la misère. Cf. 'Des familles éteintes, réduites à la plus affreuse indigence, craindraient de laisser après elles une postérité qui leur serait à charge [...] Le nombre des enfants qui sont l'appui et l'espérance de l'Etat diminuerait considérablement; les villages seraient dépeuplés, le commerce interrompu, les terres incultes' (*Remontrances du Parlement de Paris au XVIIIe siècle*, éd. J. Flammermont, 1888-1898, i.399).

ment, du pays tout entier. Cette dernière opinion est partagée par les principaux mémorialistes, observateurs attentifs de la société de leur temps, tels Barbier, Luynes ou d'Argenson. La recherche historique ultérieure a aussi confirmé ce diagnostic. Voltaire emboîte le pas, en comparant la France avec l'Angleterre et les Pays-Bas, puis avec des périodes antérieures. Ce faisant, Voltaire agit en fonction du moment, mais aussi d'une conviction personnelle profonde. Le pamphlétaire anti-parlementaire n'avait qu'à se souvenir des tirades du *Mondain*! Il en vient donc à la conclusion que la France est prospère et peut supporter ce fardeau, qu'on lui met d'ailleurs sur le dos pour son bien.

Car l'autre grande idée du texte, elle aussi ardemment combattue par les conservateurs parlementaires, c'est la nécessité de l'impôt, à condition qu'il soit égal et juste. Voltaire n'était d'ailleurs pas seul à soutenir cette thèse, hérétique dans le contexte fiscal inégalitaire de l'ancien régime. Vauban le premier l'avait fait avec éclat. D'autres avaient suivi, même dans des milieux peu suspects de vouloir ébranler de fond en comble l'ordre social, par exemple Boulainviller et la petite coterie active autour du duc de Bourgogne. On se souvient aussi que des initiatives du pouvoir royal avaient timidement tenté d'aller dans ce sens; ainsi la capitation instituée en 1695, ou le dixième de 1710, conçu dans un esprit d'équité, puisqu'il devait frapper tous les Français en fonction de leurs revenus et non de leur situation sociale.

Mais tous ces projets avaient échoué contre la réaction systématiquement hostile des ordres privilégiés, la résistance étant même parfois organisée en sous-main par les subdélégués, chargés de faire appliquer la loi, mais qui prenaient fait et cause pour ceux qui étaient, comme eux-mêmes, des propriétaires.

L'affaire du vingtième n'était donc qu'un épisode dans un conflit séculaire. Les arguments de part et d'autre étaient déjà bien rodés. On relèvera pourtant le raisonnement singulièrement captieux des parlementaires, qui n'hésitent pas à dénoncer par avance l'injustice des nouvelles dispositions, qui frapperaient les riches en état de payer et non les misérables insolvables, ce qui à l'évidence introduirait une choquante inégalité!

Enfin Voltaire soutient l'idée que l'Etat doit être le garant de lui-même vis-à-vis de ses propres obligations, ce que les remontrances étaient loin de concevoir. Le Parlement en effet n'hésitait pas à suggérer au pouvoir de ne pas honorer ses engagements et donc de faire banqueroute sur les dettes de guerre, au prétexte que les fournisseurs s'étaient déjà bien assez enrichis pendant le conflit.[6] Voltaire n'a pas de peine à faire valoir une conception plus digne d'un Etat responsable.

4. Le texte

Le comte Henri-Noël-François de La Bédoyère avait eu connaissance un peu par hasard de ce texte ignoré, qui était en possession de la marquise d'Estampes, sa belle-mère, qui l'avait elle-même trouvé dans les papiers du marquis Rouillé Du Coudray, son père. Il l'a donné au public en 1829, avec sa lettre d'accompagnement, dans le tome VI des *Mélanges publiés par la Société des bibliophiles français*, publication confidentielle, puisque tirée à seulement trente exemplaires.

Le texte a ensuite été repris dans les éditions des œuvres complètes de Voltaire, la première en date étant l'édition Delangle, en 1832, qui apporte quelques modifications et le place dans le premier tome des *Mélanges littéraires*.

Moland a repris le texte de l'édition Delangle et range le texte dans les mélanges et non dans la correspondance.

Besterman adopte le principe inverse. Tout en admettant qu'il

---

[6] En effet, disaient benoîtement les remontrances, cette décision de surseoir indéfiniment au règlement des dettes 'ne préjudicierait qu'à un petit nombre de particuliers en état de s'en passer et dont les fortunes pourraient peut-être paraître suspectes par leur rapidité' (*Remontrances*, i.400).

s'agit d'une lettre d'un genre particulier, il veut quand même la considérer comme telle, puisqu'elle a effectivement été envoyée à un destinataire bien vivant. Lui aussi reprend le texte de l'édition Delangle. Il reproduit donc dans la correspondance le mémoire et sa lettre d'accompagnement (D3927, D3928).

Tous les éditeurs ont donc reproduit le texte de La Bédoyère tel qu'il a été transmis par l'édition Delangle. La Bédoyère avait été peu explicite sur le document qu'il exhumait. Il se contentait de dire: 'Le manuscrit est de l'écriture de Longchamp, secrétaire de Voltaire. Un grand nombre de corrections, quelques additions et le billet d'envoi sont de la main de l'illustre auteur.' Il faisait état de deux documents, alors qu'il y en avait trois. L'ensemble appartenait à la collection du comte de La Bédoyère et a figuré dans sa vente (1862, no.70).

Une description plus précise a été faite par François Moureau dans *Recherches sur Diderot et sur l'Encyclopédie* 6 (avril 1989), p.186-88, reprenant le catalogue de 1988 (voir ci-dessous). En particulier, il est le premier à faire état de la réponse de Rouillé Du Coudray. Nous en extrayons les informations matérielles qui n'étaient pas dans La Bédoyère:

1. Lettre à l'occasion de l'impôt du vingtième. A M. le Président de... le 16 May [1749]. Manuscrit de l'écriture de Longchamp, secrétaire de Voltaire, avec titre ci-dessus et importantes additions autographes de la main de Voltaire (environ 45 lignes); sur 17 pages in-folio. – Billet autographe de Voltaire envoyant ce mémoire à M. Du Coudray; 1 page in-12 autographe. – A M. de Voltaire le 25 May 1749 en Réponse d'une Lettre qu'il m'avait écrite en forme de Mémoire ou de dissertation sur les Edits qui établissaient le 20e et en ordonnaient la perception; 1 page in-4 manuscrite. – Ens. 3 pièces.

A l'angle du premier feuillet se lit cette note: 'Cecy est de Voltaire écrit de sa propre main qu'il a fait remettre au Suisse de M^r Du Coudray, désirant qu'il le remette à Mr de Machault...

lequel je pense, ne s'en souciait point, ce qui fait que je ne lui ay point remis.'

2. Lettre autographe de Voltaire (non signée) à Rouillé Du Coudray: 1 page in-12, accompagnant l'envoi du mémoire.

3. 'Réponse à Mr de Voltaire le 25 May 1749 en Réponse d'une Lettre qu'il m'avait écrite en forme de Mémoire ou de dissertation sur les Edits qui établissaient le 20e et en ordonnaient la perception': 'Le stile... découvre la plume d'un homme qui n'ignore que ce qui n'est pas, que dis-je? d'un esprit de Lumière et de Feu qui vole rapidement au But que l'on s'est proposé dans les deux derniers Edits du Roy', mais le mémoire n'était pas signé, et Du Coudray ajoute:

> pourquoy ne pas signer l'Apollon de la France
> Le Favory des Dieux, dès sa plus tendre Enfance
> C'est en vain que l'on cherche à me cacher un Nom
> que les Muses voudraient adopter pour Surnom.

MS I

Copie par Longchamp avec additions de la main de Voltaire, 17 pages in-folio (voir ci-dessus). Localisation actuelle inconnue. Vente La Bédoyère (Paris, 24 avril 1862), p.188, dans le no. 70; vente par J. Vidal-Mégret et D. Gomez (Paris, 30 novembre 1988), dans le no. 215.

ED I

LETTRE / DE VOLTAIRE / A M. DE MACHAUT, / CONTRÔLEUR-GÉNÉRAL; / A L'OCCASION DE L'IMPOT DU VINGTIEME. / [*filet orné*] / IMPRIMÉE POUR LA SOCIÉTÉ DES BIBLIOPHILES FRANÇAIS. / Année 1829. /

[1] titre; [2] note par La Bédoyère; [3] Billet de Voltaire à M. le marquis Rouillé du Coudray; [4]-17 Lettre à l'occasion de l'impôt du vingtième.

Bn: 8° Z 41826 (réimpression photographique de l'édition originale).

5. *Principes de cette édition*

Nous reproduisons le texte de La Bédoyère, ED1.

LETTRE
À L'OCCASION DE L'IMPÔT
DU VINGTIÈME

Paris, le 16 mai 1749

Monsieur,

Vous vous souvenez de la journée que j'eus l'honneur de passer avec vous, lorsque l'on fit la revue des gardes.[1] Parmi les carrosses brillants dont la plaine était couverte, le vôtre fut remarqué;[2] et parmi les diamants dont les dames étaient parées, ceux de madame votre femme furent vus avec admiration. Au retour nous descendîmes chez vous, et nous nous trouvâmes au nombre de quatorze ou quinze personnes. On joua quelque temps dans ce magnifique salon que vous avez orné avec tant de goût; il y eut environ trois cents louis de perte, et la gaîté de la compagnie n'en fut point altérée. Les gagnants payèrent les cartes,[3] selon l'usage, vingt fois au-dessus de ce qu'elles coûtent. Nous soupâmes ensuite: vous savez combien la beauté de votre vaisselle frappa tout le monde; vos doubles entrées[4] furent encore plus applaudies. On loua

[1] On remarquera que la première moitié de cet opuscule destiné à justifier la création d'un nouvel impôt, ne parle pas de politique fiscale. Il n'y est question que d'illustrer la prospérité du royaume. En fait, Voltaire prévient les objections des adversaires du futur vingtième, et plus particulièrement du Parlement de Paris, qui tiraient argument d'une supposée misère générale pour refuser toute nouvelle charge contributive. Toute la lettre est à lire comme un négatif de la démonstration que vont présenter deux jours plus tard les remontrances du Parlement.

[2] Scène fictive. Il ne faut pas y reconnaître Machault d'Arnouville, que Voltaire ne fréquentait pas.

[3] *Cartes* signifie aussi: 'ce que les joueurs laissent pour la dépense des cartes' (*Académie 18*). *Payer les cartes* doit donc s'entendre de l'argent laissé aux domestiques de la maison où le jeu a eu lieu.

[4] 'On appelle *entrées de table* certains mets qui se servent au commencement du repas' (*Académie 18*).

beaucoup votre cuisinier, et on avoua que vous aviez raison de lui donner quinze cents livres de gages, ce qui fait cinq cents francs de plus que ce que vous donnez au précepteur de M. votre fils, et près de mille francs au-delà des appointements de votre secrétaire.[5] Quelqu'un de nous fit réflexion qu'il y avait dans Paris cinq ou six cents soupers qui ne cédaient guère au vôtre. Cette idée ne vous déplut point: vous n'êtes pas de ceux qui voudraient qu'il n'y eût qu'eux d'heureux sur la terre.[6]

Un homme de mauvaise humeur prit ce temps-là, assez mal à propos, pour dire qu'il y avait aussi dans des quatrièmes étages bien des familles qui faisaient mauvaise chère. Nous lui fermâmes la bouche en lui prouvant qu'il faut absolument qu'il y ait des pauvres, et que la magnificence d'une maison comme la vôtre suffisait pour faire vivre dans Paris deux cents ouvriers, au moins, de ce qu'ils gagnaient avec vous.

On remarqua ensuite que ce qui rend Paris la plus florissante ville du monde, n'est pas tant ce nombre d'hôtels magnifiques, où l'opulence se déploie avec quelque faste, que ce nombre prodigieux de maisons particulières, où l'on vit avec une aisance inconnue à nos pères, et à laquelle les autres nations ne sont pas encore parvenues. Comparons en effet Paris avec Londres, qui est sa rivale en étendue de terrain, et qui est assurément bien loin de

[5] On sait mal ce que gagnait un bon cuisinier. En revanche, 500 livres pour un secrétaire, 1000 pour un précepteur sont à peu près dans les normes du temps. Jean Sgard, par exemple, fixe entre 300 et 1000 livres la zone de salaire où se situent la plupart des travailleurs intellectuels; voir 'L'échelle des revenus', *Dix-huitième siècle* 14 (1982), p.425-33. Sur les 448 salaires versés par la maison d'Orléans, une quinzaine seulement dépassent les 2000 livres par an (p.427).

[6] Cette apologie du luxe est bien entendu une constante de la pensée voltairienne. On constate qu'elle vient toujours en appui à toute discussion sur le système fiscal. Le luxe y fait figure de signe extérieur des capacités contributives d'une nation. 'Le luxe général est la marque infaillible d'un empire puissant et respectable', lit-on dans les *Observations sur MM. Jean Lass, Melon et Dutot* (1738; M.xxii.364). Melon y est loué pour sa 'sage apologie du luxe' (p.363), car 'la vraie richesse d'un royaume n'est […] pas dans l'or et l'argent: elle est dans l'abondance de toutes les denrées' (*Dialogue entre un philosophe et un contrôleur général des finances*; M.xxiii.502).

l'être en splendeur, en goût, en somptuosité, en commodités recherchées, en agréments, en beaux-arts, et surtout dans l'art de la société. Je ne craindrai point de me tromper en assurant qu'il y a cinq cents fois plus d'argenterie chez les bourgeois de Paris que chez les bourgeois de Londres. Votre notaire, votre procureur, votre marchand de drap, sont beaucoup mieux logés, mieux meublés, mieux servis, qu'un magistrat de la première cité d'Angleterre.

Il se mange en un soir, à Paris, plus de volailles et de gibier que dans Londres en une semaine; il s'y brûle peut-être mille fois plus de bougies; car à Londres, si vous exceptez le quartier de la cour, on ne connaît que la chandelle. Je ne parlerai point des autres capitales. Amsterdam, la plus peuplée de toutes après Londres, est le pays de la parcimonie; Vienne et Madrid ne sont que des villes médiocres; Rome n'est guère plus peuplée que Lyon, et je doute fort qu'elle soit aussi riche. En faisant ces réflexions, nous jouissions du plaisir de nous rendre compte de notre félicité; et si Rome a de plus beaux édifices, Londres des flottes plus nombreuses, Amsterdam de plus grands magasins, nous convînmes qu'il n'y a point de ville sur la terre où un aussi grand nombre de citoyens jouisse de tant d'abondance, de tant de commodités, et d'une vie si délicieuse. [7]

L'examen assez long que nous fîmes des richesses de Paris, nous conduisit à parler des autres villes du royaume; et ceux des

---

[7] Cette apologie sans nuances de Paris contraste avec bien d'autres passages où Voltaire stigmatise la misère, les ridicules ou les laideurs architecturales de la capitale du royaume. Voir par exemple le sombre tableau que dressent *Des embellissements de Paris*. Nulle contradiction en cela, mais choix tactique, car cette image antinomique de Paris, tantôt ville-lumière, tantôt indigne capitale d'un grand royaume, sert à illustrer la même conception fondamentale: la nécessité de faire contribuer les riches particuliers au bien-être général. Sur ces attitudes contrastées de Voltaire en face de la capitale, on se reportera à l'analyse exhaustive de Jean Mohsen Fahmy, *Voltaire et Paris*, Studies on Voltaire 195 (1981). Voir en particulier p.243-44 sur l'image de Londres, exacte contrepartie de celle de Paris, et subissant, inversée, les mêmes vicissitudes.

convives qui n'étaient pas sortis de la capitale, furent étonnés
d'apprendre combien de belles maisons on avait bâties depuis
quarante ans dans les principales villes des provinces, et combien
d'équipages et de meubles somptueux on y voyait. Un homme de   65
la compagnie assura qu'il n'y a point de petite ville dans laquelle
il n'y ait au moins un orfèvre, et qu'il y en a plusieurs du dernier
ordre qui en ont deux ou trois. C'est sur cela qu'un autre homme
très instruit nous dit qu'il y a en France pour plus de douze cents
millions d'argent orfévré. Il paraît qu'il a passé depuis près de   70
vingt-cinq ans autant d'espèces à la Monnaie.[8] On sait à quel
point la balance du commerce nous a été favorable dans les années
de paix, et nous avons certainement plus gagné dans ces années
que nous n'avons perdu dans celles de la guerre. A peine cette
guerre a-t-elle été terminée, que nous avons vu tout d'un coup le   75
change en notre faveur avec toutes les villes de l'Europe. Tous
les effets commerçables ont augmenté de prix sur la place. L'argent
qui était à six pour cent d'intérêt est retombé à cinq. Vous savez
que le prix des effets publics, de l'argent, et celui du change, sont
le pouls du corps politique, qui marque évidemment sa santé ou sa   80
maladie. Vous savez avec quelle rapidité prodigieuse le commerce
immense de nos villes marchandes a repris vigueur; vous savez
qu'actuellement M. de Regio[9] ramène à Cadix les trésors de la
Havanne dans lesquels il y a plus de quatre-vingts millions pour
notre compte.   85

Ce sont là des faits qui furent avoués par tout ce qui était chez
vous, et qui ne purent être contestés par personne. Le même
homme un peu contrariant, qui avait déjà parlé des pauvres de
Paris, parla alors des pauvres de province. 'J'avoue, dit-il, que les
villes paraissent assez à leur aise; mais la campagne est entièrement   90

---

[8] Voltaire, qui pourrait donc être cet 'homme très instruit', avait déjà dit
exactement la même chose en 1738 dans ses *Observations sur MM. Jean Lass,
Melon et Dutot* (M.xxii.368).

[9] Personnage inconnu.

ruinée.'[10] Un bon citoyen, homme de sens, prit la parole et dit: 'Quand vous vivez abondamment dans un château du produit de votre terre, c'est une marque infaillible que cette terre rapporte. Or, certainement les villes ne vivent que de la culture des campagnes voisines; car ce ne sont pas les plaines de Magdebourg qui font subsister Orléans et Dijon: or, si l'on vit dans l'abondance à Orléans et à Dijon, il est démontré que les champs d'alentour ne sont pas en friche. On dit toujours que la campagne est désolée; on ne cessait de s'en plaindre du temps du grand Colbert, et c'est surtout à Paris qu'on le dit. On s'avise à l'entremets, en mangeant des petits pois qui coûtent cent écus le litron, de se donner le plaisir de gémir sur la destinée des paysans; et depuis le temps que l'on étale si gaîment cette pitié, le royaume devrait avoir péri cent fois. Mais je vous demande dans quel temps vous pensez que les habitants de la campagne aient joui d'un sort plus heureux, aient eu plus de facilité dans le débit de leurs denrées, aient été mieux nourris et mieux vêtus? Serait-ce quand la taille arbitraire était établie dans presque tout le royaume? Serait-ce en 1709, quand le prêt et le pain manquèrent au soldat, quand l'officier était obligé d'escompter à soixante et dix pour cent de perte les billets qu'on lui donnait en paiement? Serait-ce dans les années où les ministres de Louis XIV firent des affaires extraordinaires pour plus de deux cents millions, qui reviennent à près de quatre cents millions de notre monnaie courante? Voudriez-vous remonter plus haut, et voir si les provinces, et la capitale, et les campagnes étaient plus florissantes quand les ennemis vinrent jusqu'à l'Oise, du temps du cardinal de Richelieu? quand ils prirent Amiens, sous

95

100

105

110

115

[10] 'Pour connaître sa véritable situation [celle du peuple] il ne faut pas en juger par l'opulence qui règne dans la capitale et qui se trouve concentrée dans un petit nombre de particuliers', diront les remontrances du Parlement de Paris, en prélude à un tableau très sombre de la misère paysanne. 'Pour en avoir une idée juste, il faut porter ses vues jusque dans le fond des provinces, que l'on doit regarder comme les véritables sources des forces et des richesses de l'Etat' (*Remontrances*, i.399).

Henri IV? Remontez encore. Songez aux guerres civiles, aux guerres des Anglais, au temps où les paysans, opprimés par les seigneurs des châteaux, se soulevèrent contre eux et assommèrent ceux qui tombèrent dans leurs mains; au temps où les campagnes étaient désertes, où les grands chemins étaient couverts de ronces, où l'on criait dans Paris: *Terrains abandonnés à vendre!* où l'on faisait son testament quand on entreprenait le voyage d'une province à une autre. Comparez ces siècles et le nôtre, si vous l'osez.'

L'homme à contradiction n'eut rien à répliquer; mais après avoir parlé vaguement, comme font presque tous les critiques, 'Convenez pourtant, dit-il, que tout est perdu si, pour acquitter les dettes de l'Etat, on réduit l'impôt du dixième au vingtième, et si, de ce vingtième, on fait un fonds d'amortissement pour éteindre les capitaux des autres impôts établis pendant la guerre, et pour rembourser les rentes.' [11]

L'homme qui avait déjà battu notre contradicteur tira alors un petit papier de sa poche, et nous demanda à tous si nous savions ce que Louis XIV avait levé sur la nation pendant les soixante et douze années de son règne?

Vous vous souvenez, monsieur, avec quelle sincérité nous répondîmes unanimement que nous n'en savions rien. 'Eh bien, moi, je le sais, dit-il, par le moyen d'un citoyen très éclairé et très sage, qui, après avoir longtemps servi le roi, dans ses armées, en qualité d'officier, le sert actuellement dans ses finances. [12] Il s'est donné la peine de faire cet immense calcul de toutes les impositions, ventes d'offices, et droits de toute espèce, établis dans ce long et glorieux règne. En voici le résultat. Il monte à dix-huit milliards:

[11] C'était très explicitement la destination du nouvel impôt, tel qu'il venait d'être présenté au Parlement pour enregistrement.

[12] La description conviendrait bien à François Véron de Forbonnais. Mais ses *Recherches et considérations sur les finances de France, depuis l'année 1595 jusqu'à l'année 1721* (BV, no.3431), où abondent les calculs de ce genre, ne paraîtront qu'en 1758.

310

ce qui compose, année commune, deux cents millions cinq cent mille livres, l'argent étant de vingt-sept à trente francs le marc. Or, ces deux cents millions cinq cent mille livres que Louis XIV retira chaque année, reviennent à trois cent trente millions de notre monnaie. [13]

'Maintenant je demande si Louis XIV, malgré la faute qu'on fit de livrer tout aux traitants, a laissé son royaume moins riche, moins étendu, moins florissant, moins peuplé, moins puissant, qu'il ne l'avait reçu de Louis XIII? Les dettes de l'Etat se trouvèrent à sa mort monter à plus de deux milliards. [14] C'est moins que ce que doit aujourd'hui l'Angleterre, qui n'a pas la moitié de l'argent comptant que nous possédons; mais ces deux milliards, qui faisaient tant de bruit, à qui les devait-on? Une partie de la nation devait cet argent à l'autre. Cette dette énorme donna-t-elle à l'Etat de plus violentes secousses qu'il n'en reçut du système de Law? Bouleversa-t-elle plus de fortunes? Et y a-t-il aujourd'hui un homme de bons sens qui ne convienne qu'il eût mieux valu continuer le dixième, pour faire un fonds d'amortissement à la manière anglaise, en faisant d'ailleurs de justes réductions, que d'avoir recours aux dangereux et chimériques projets de Law? S'il fallait prendre un système étranger, c'était plutôt celui du ministère de Londres, que celui d'un banquier de pharaon, fugitif de Londres. Maintenant, continua le même homme, vous savez, messieurs, ce que paie, en temps de paix, la Grande-Bretagne, pour parvenir à éteindre ses dettes, et pour soutenir son fonds d'amortissement. Elle donne encore, outre les autres impôts, le dixième du revenu de ses terres. Elle vient récemment d'appliquer l'argent de ce fonds à l'acquit des dettes de la marine; elle vient

[13] *Des embellissements de Paris* proposent exactement les mêmes chiffres au service de la même analyse; voir ci-dessus, p.221-22.

[14] Même estimation dans les *Observations sur MM. Jean Lass, Melon et Dutot* (M.xxii.369).

d'en tirer un million de livres sterling pour son roi. [15] Pourquoi
donc ne voudriez-vous pas que, pour acquitter nos dettes, nous   175
donnassions la moitié de ce que donne l'Angleterre, nous qui
sommes du double plus riches qu'elle?'

Vous demandâtes alors ce que c'était que ces dettes que nous
avions contractées pendant la guerre. C'est, vous dit-on, ce que
le roi a emprunté afin de payer le sang qu'on a versé pour lui,   180
afin d'assurer des pensions aux officiers blessés, aux veuves, aux
enfants des morts, afin de secourir ses alliés, afin de payer ceux
qui ont nourri, habillé, armé le soldat. Il n'y eut jamais de dettes
plus légitimes, et il n'y eut jamais une manière plus sage, plus
aisée de les éteindre. Elle ne livre point le peuple en proie à la   185
rapine des partisans; elle porte avec égalité sur toutes les conditions,
qui toutes, sans distinction, doivent contribuer au bien commun:
et chaque année devient un soulagement par l'extinction d'une
dette. Qu'est ce qu'un impôt justement établi, et qui ne gêne point
le commerce? [16] c'est une partie de son bien qu'on dépense pour   190
faire valoir l'autre. La nation entière, en se payant un tribut à elle-

[15] Malgré le tableau optimiste proposé par Voltaire, l'Angleterre était aussi en
proie à de sérieuses difficultés financières, avec une dette nationale estimée à environ
68 millions de livres et une charge annuelle supérieure à deux millions. Mais il est
vrai que sous l'énergique direction d'Henry Pelham, elle essayait de réduire ses
dettes, notamment celles contractées pour la marine. Ainsi, comme le suggère
Voltaire, tout récemment, en avril 1749, Pelham avait réussi à rembourser trois
millions de la charge pesant sur la marine. Voir P. G. M. Dickson, *The Financial
revolution in England: a study in the development of public credit, 1688-1756* (London,
New York 1967), p.228-30. Au total, il semble qu'en effet la santé financière de
l'Angleterre était à ce moment meilleure que celle de la France.

[16] Voltaire va dépasser la défense d'un impôt conjoncturel destiné à éteindre des
dettes de guerre pour poser les bases d'une fiscalité juste. Sur ce point au moins il
est d'accord avec ses adversaires parlementaires qui eux aussi avaient compris que
le vingtième ne devait pas être une contribution exceptionnelle, comme le dixième,
mais un essai de mise en application d'une nouvelle philosophie de l'impôt. Les
remontrances, d'entrée de jeu, diront redouter 'une imposition fixe et déterminée
[...] qui pourrait devenir insensiblement un tribut irrévocable' (*Remontrances*,
i.398).

même, est précisément semblable au cultivateur qui sème pour recueillir. Je possède une terre sur laquelle je paie des droits à l'Etat; ces droits servent à me faire payer exactement mes rentes, mes pensions, à me faire débiter avantageusement les denrées que 195 ma terre me fournit. Le simple cultivateur est dans le même cas. S'il paie le dixième de sa récolte, il vend sa récolte un dixième plus cher. L'artisan taxé vend son travail à proportion de sa taxe. Un Etat est aussi bien gouverné que la faiblesse humaine peut le permettre, quand les tributs sont levés avec proportion, quand un 200 ordre de l'Etat n'est pas favorisé aux dépens d'un autre, quand on contribue aux charges publiques, non selon sa qualité, mais selon son revenu; et c'est ce qu'un tribut tel que le vingtième de tous les biens opère. Si on n'admet pas cet arrangement, il faudra nécessairement un équivalent; car il faut commencer par payer ses 205 dettes. [17]

Ce ne sont point les impôts qui affaiblissent une nation, c'est, ou la manière de les percevoir, ou le mauvais usage qu'on en fait. Mais si le roi se sert de cet argent pour acquitter des dettes, pour établir une marine, pour embellir la capitale, pour achever le 210 Louvre, pour perfectionner ces grands chemins, qui font l'admiration des étrangers, pour soutenir les manufactures et les beaux-arts, en un mot, pour encourager de tous côtés l'industrie, il faut avouer qu'un tel impôt, qui paraît un mal à quelques-uns, aura produit un très grand bien à tout le monde. Le peuple le plus 215 heureux est celui qui paie le plus et qui travaille le plus, quand il paie et travaille pour lui-même. [18]

[17] A l'inverse, le Parlement, tout en reconnaissant la légitimité 'd'éteindre peu à peu les dettes anciennes et nouvelles de l'Etat', concluait à l'urgence de n'en rien faire. Les prédécesseurs de Louis xv, dans une situation bien plus favorable, ne l'avaient pas fait. Et le 'peuple' était épuisé par le récent effort de guerre. Le remboursement de la dette 'n'annonce à votre peuple qu'un soulagement tardif et éloigné. Il a besoin, Sire, d'être actuellement soulagé' (*Remontrances*, i.399).

[18] L'argumentation repose sur un paradoxe, puisque la seconde partie de l'opuscule vise à démontrer qu'un pays soumis à un impôt juste – ce qui n'est pas le cas de la France – est prospère. Or la première partie avait complaisamment étalé les

Voilà, monsieur, à peu près ce qui fut dit chez vous. Je soumets ces idées au jugement de tous les bons citoyens.

J'ajouterai[19] qu'on m'a assuré que le roi avait proposé lui-même de diminuer les dépenses de sa propre maison:[20] mais que produirait cet excès de bonté? Le retranchement peut-être d'un million par an. L'Angleterre payerait-elle ses dettes en diminuant la liste civile de son roi d'environ cinquante mille guinées?

Il y aurait, j'ose le dire, bien peu de justice et de raison à prétendre que les dettes de la nation pussent être payées autrement que par la nation. Ce que j'ai vu dans les pays étrangers, ce que j'ai examiné depuis 1715, m'a pénétré de cette vérité: je ne prétends, en parlant ainsi, ni déplaire à personne, ni faire ma cour à personne. Je parle en bon citoyen qui aime sa patrie: c'est l'aimer, sans doute, que de la vouloir florissante: et il me paraît démontré qu'elle ne peut l'être qu'en se secourant elle-même.[21]

---

preuves de la richesse du royaume de France et sa supériorité sur toutes les autres nations civilisées. En fait, il s'agit d'avance de renverser la ligne d'argumentation des adversaires du nouvel impôt. Ils disent: la France, ruinée, ne peut pas payer un nouvel impôt qui l'enfoncera davantage dans sa misère. A quoi Voltaire répond: le royaume est prospère, peut payer l'impôt et s'en trouvera bien. Sur cette vision de l'impôt, très neuve par rapport aux vues traditionnelles, voir par exemple Paulette Triomphe, *Voltaire et la question financière au XVIIIe siècle*, II, 'Le procès du régime fiscal' (Diplôme d'Etudes Supérieures, dact., Lyon s.d.).

[19] La fin de la lettre est autographe.

[20] Les mémorialistes n'en disent rien, pas plus que les journaux.

[21] Un an plus tard Voltaire reprendra cette conversation imaginaire avec Machault d'Arnouville – sans plus de succès d'ailleurs – dans le *Dialogue entre un philosophe et un contrôleur général des finances*, 1750 (publié en 1751; M.xxiii.501-506).

Des mensonges imprimés

critical edition

by

Mark Waddicor

INTRODUCTION

Des mensonges imprimés is a violent but amusing attack on an abuse which touched Voltaire closely, and which had long pre-occupied him: the dishonesty of journalists, novelists, historians and publishers. The reader's first reaction may possibly be to accuse him of hypocrisy: how can he, for instance, castigate a writer for attributing a work to someone else, or for printing untruths, when he did the same thing himself on occasion? But there is an essential distinction to be made. The authors whom Voltaire has in mind were deliberately trying to deceive their readers, often for purely commercial reasons: they were impostors, trying to make a living by dishonesty and fraud. In adopting pseudonyms, or in printing ironical statements of orthodoxy, Voltaire was not for a moment trying to deceive the more intelligent and enlightened among his readers; he was being hypocritical only towards the authorities, and his motives were certainly not financial.

Although many of the 'mensonges' that Voltaire exposes are relatively harmless, some have implications that put them in a different category. The *Testament politique*, attributed by its pub-lisher and by several eminent men to one of the greatest statesmen France had known, the cardinal de Richelieu, is one such work. Although Voltaire does not stress here, as he was to do later,[1] the political dangers of the work, but concentrates on showing

---

[1] In the *Doutes nouveaux sur le Testament attribué au cardinal de Richelieu* (M.xxv.277-308), the first part of which was probably written a few months after the third chapter of *Des mensonges imprimés*.

that its errors and its banality make it unworthy of Richelieu, those dangers were not far from his mind.[2]

Des mensonges imprimés was not written as an entity. The present chapter 1 appeared first; chapters 2 and 3 were composed later to support and add to the single-chapter text. The most substantial part of the work is devoted to a detailed examination of the authenticity of the *Testament politique*. Voltaire's preoccupation with the work plainly dates from quite early in his life: 'J'eus quelques soupçons dès ma jeunesse, que l'ouvrage était d'un faussaire qui avait pris le nom du cardinal de Richelieu pour débiter ses rêveries' (1.69-71). Voltaire makes no published reference to the authenticity of the *Testament*, however, before the *Avis à un journaliste*, in which he first outlines some of the objections that later feature in *Des mensonges imprimés*. A comment in the *Avis* – 'je me souviens d'avoir entendu dire dans mon enfance à un vieillard très instruit, que le Testament politique était de l'abbé de Bourseis'[3] – suggests a connection with Louis-Urbain Lefèvre de Caumartin, at whose château Voltaire frequently stayed between 1714 and his imprisonment in May 1717, and whose erudition he admired.[4]

The *Testament politique d'Armand Du Plessis, cardinal duc de*

---

[2] He refers, for example, to his 'sentiments de citoyen' as one of his motives for attacking the *Testament* (below, III.2-3).

[3] *Mercure de France*, November 1744, p.33. This was the first publication of the *Avis* (now known as *Conseils à un journaliste*, M.xxii.241-66), although the text is dated '10 mai 1737'. The impetus for the comments on the *Testament politique* in this text may be found in Voltaire's statement, 'Si on réimprime (comme on me le mande) le livre fameux, connu sous le nom du Testament politique du cardinal de Richelieu' (p.30). If we accept the date of 1737 this could refer to the edition of the *Testament* published in The Hague in 1740. If the *Avis* dates from 1744, however, Voltaire is presumably referring to the *Recueil* of 1749 cited below (p.321), since no edition of the *Testament* appeared between that of 1740 and the *Recueil* of 1749.

[4] See R. Pomeau, *D'Arouet à Voltaire*, Voltaire en son temps 1 (Oxford 1985), p.65.

Richelieu first appeared in 1688,[5] with the imprint of the Amsterdam publisher Henri Desbordes, 'dans le Kalver-Straat, près le Dam'. In his 'Avertissement' the publisher gives no information about how he came by the manuscript, which, he admitted, showed signs of being defective and unfinished.[6] He explained the obvious chronological contradictions to be found in the work by suggesting that it had been composed by Richelieu at different times.[7] Above all he stressed 'l'élévation et la beauté de son génie' as it revealed itself in the work, the 'noblesse de ses expressions', the comprehensiveness, and usefulness of the contents of his work.[8]

The *Testament politique* proved popular: there had been at least eight different editions by 1740. Controversy regarding its authenticity began almost immediately after it appeared. 'Les adversaires seront toujours les moins nombreux, mais généralement les plus bruyants et les plus tenaces', wrote Louis André (p.47). The first adversary was Antoine Aubery, who had had access to Richelieu's papers, and who had written a biography of him;[9] two other historians, Michel Le Vassor[10] and René

[5] In the *Résumé historique et critique de ce qu'on a écrit pour et contre l'authenticité du Testament politique* (written in the middle of 1750 and later published as part of the *Doutes nouveaux*) Voltaire gives the date of the first edition of the *Testament* as 1687. He may have been so informed by d'Olivet, with whom he raised the point in 1739 (D1834); or he may be following Moreri (*Nouveau supplément au Grand dictionnaire historique*, Paris 1749, ii.364). I have found no record of any edition published in that year.

[6] *Testament*, 1688, i.[vii]; p.461-62 in the edition by Louis André (Paris 1947), who publishes the 'Avertissement' as appendix iv. With a few exceptions, references are given to André's edition only (his text is that of the Sorbonne manuscript mentioned below, p.328, n.41; see André, p.75).

[7] André, p.463-64.

[8] André, p.460-61.

[9] *Histoire du cardinal duc de Richelieu* (Paris 1660). Aubery's arguments against the authenticity of the *Testament* are in *L'Histoire du cardinal Mazarin* (1688; BV, no.210: Amsterdam 1718, iii.337-39); cf. below, iii.540 and note.

[10] *Histoire du règne de Louis XIII* (1700-1711; Amsterdam 1757), v.318-19 (cf. BV, no.2107).

Richard,[11] were more cautious than Aubery but were still inclined to throw doubts on Richelieu's full participation in the work. Scholars such as Bonaventure d'Argonne and Bernard de La Monnoye were also adversaries.[12] Those who believed in the authenticity of the work were generally more famous but less erudite: La Bruyère,[13] le maréchal de Villars, Fleury, Fénelon; but there were historians and scholars too, such as Lenglet Dufresnoy, Amelot de La Houssaye[14] and Jacques Lelong.[15]

Voltaire was to become the most *bruyant* and the most *tenace* of the adversaries. But in spite of the fact that he was probably concerned with the question by 1737 if not earlier, he seems to have been still unaware of the literature on the subject in March 1739, when we find him asking d'Olivet for information about the opponents of authenticity (D1934). By June of that year, however, he had at least read d'Argenson's *Considérations sur le gouvernement ancien et présent de la France*,[16] which rejected the authenticity of the *Testament* on the grounds that it supported 'la vénalité des charges' (D2035).

Although Voltaire's role at court took up much of his time during the 1740s, he was still able to pursue his historical research for *Le Siècle de Louis XIV* and for the *Essai sur les mœurs*, which brought him into contact with innumerable examples of 'mensonges imprimés'. Like the *Remarques sur l'histoire* (1742) and the *Nouvelles considérations sur l'histoire* (1744), *Des mensonges imprimés* is a methodological guide designed to show the historian how to distinguish the true from the false. It is, however, different

---

[11] *Parallèle du cardinal de Richelieu et du cardinal Mazarin* (Amsterdam 1716); see below, p.424, n.112.
[12] See below, p.424, n.113, 114.
[13] See below, p.354, n.8.
[14] See André's introduction, p.49.
[15] See below, p.423, n.108.
[16] This work was not printed till 1764 (BV, no.98).

from these earlier works in that it is more anecdotal and amusing, and in that it is centred on one important example of fraud.

The manuscript, at least in a preliminary form, of the first, single-chapter version of *Des mensonges imprimés* must have been ready by the end of 1748 or by the very beginning of 1749, since it reached Stanislas Leszczynski before 19 January (D3852); but it did not appear in print until November 1749,[17] in *La Tragédie de Sémiramis*, published by the Parisian publishers Le Mercier and Lambert.

It is usually said that Voltaire's decision to write a full-scale attack on the authenticity of the *Testament* was prompted by the publication in Holland in 1749 of the *Recueil des testaments politiques du cardinal de Richelieu, du duc de Lorraine, de M. Colbert et de M. de Louvois*.[18] The exact date when this *Recueil* appeared is not known, but since a manuscript of the first version of *Des mensonges imprimés* was ready by early January 1749, Voltaire could not have awaited its appearance before starting work. It is, however, possible that he had heard that a new edition of the *Testament* was shortly to be published in a *recueil* which flouted all his historical principles, and that he began work in anticipation. This conjecture is supported by the fact that he seems not to have used the *Recueil* as his source of reference.[19] It is true that *Des mensonges imprimés* mentions the testaments of Colbert, Louvois

---

[17] On the date of publication, see D4061.

[18] Bengesco, ii.52; and Moland, xxiii.427, n.1, quoting Beuchot. J. H. Brumfitt presents the gestation of the work in a similar light (*Voltaire historian*, London, Oxford 1958, p.148). Besterman is more cautious (D3852, n.2).

[19] The reference in 1.121, to 'le chapitre neuf' makes it unlikely that Voltaire is using the *Recueil*, where the section in question is numbered II.i.7 instead of II.ix.7 (ii.[III], 93-135). It is also unlikely that Voltaire was using the first edition, since this omits the words 'vous êtes parvenu [...] à la conclusion de la paix' (see below, III.213). The *Recueil* is present in Voltaire's library (BV, no.2907), but there is no way of telling when it was acquired.

and the duc de Lorraine, but all of these had been available for many years before the publication of the *Recueil*.[20]

The appearance of *Des mensonges imprimés* in its first version provoked several reactions. The Dutch 'Compagnie des libraires', stung by the scathing remarks about their practices, reacted in precisely the manner described by Voltaire in his text (1.8-27, 397-402): they pirated the work, adding what they called 'des remarques et des notes', which were in fact little more than a collection of personal insults and slanders.[21]

Although the value of the Dutch publishers' 'remarques' is minimal, the same cannot be said of other reactions to the first version of *Des mensonges imprimés*; these concentrate largely on the authenticity of the *Testament politique* which occupies slightly less than half of the text.[22]

In November 1749 Montesquieu made some notes on his first reading. Several of his points are shrewd.[23] His main contention, and his strongest argument, is that the *Testament politique* shows a tendency towards absolutism which is perfectly consistent with the cardinal's political policies. Montesquieu therefore decided to reject Voltaire's argument and to maintain, in the revised edition of *De l'esprit des lois* that he was preparing, the assertion he had first made in the 1748 edition, that the *Testament* had been 'fait sous les yeux et sur les Mémoires du Cardinal de Richelieu, par

[20] See below, 1.58, 200-203 and notes. These three works are definitely supposititious.

[21] For a description of this edition, see below, p.337-38.

[22] Exceptions are Raynal's first brief reference to *Des mensonges imprimés* (CLT, i.378-79) and *La Nouvelle Bigarrure* (1753), iv.100-103, which comment on Voltaire's anecdotes.

[23] Pensée 1962, *Œuvres*, ed. A. Masson (Paris 1950-1955), ii.595-600. Montesquieu's comments are given in the notes to chapter 1 below.

MM. de Bourseis et de ... qui lui étaient attachés',[24] a position fairly similar to that which Voltaire was to adopt in 1764.[25]

Montesquieu's reservations were probably not known to Voltaire. The first important printed objection to *Des mensonges imprimés*, by the historian Léon Ménard, *Réfutation du sentiment de M. de Voltaire, qui traite d'ouvrage supposé le Testament politique du cardinal de Richelieu* (s.l.n.d.), appeared at the end of 1749 or at the beginning of the new year. One of Ménard's principal arguments is, rather surprisingly, that the question of the manuscripts of the *Testament* is of little importance (p.7-10); he also tends to shelter behind the authority of others – La Bruyère or Lelong, for example (p.9) – in a way that does not inspire confidence. Altogether his *Réfutation* is somewhat petulant, even jejune and ill-informed; but it does make a few valid observations, particularly about the signature of the *Testament* (p.13-14), and about its tone and style (p.17-20).

Ménard's work was the subject of an article in the *Mémoires de Trévoux* for February 1750[26] which went beyond a review of his *Réfutation* to assess Voltaire's arguments and contribute to the authenticity debate. Ménard was held to have done insufficient justice to the case for authenticity: in particular, the reviewer gave a more plausible explanation than Ménard had done of the meaning of the term 'un million d'or' (p.348-50).[27] But his main objection was that Ménard had failed to deal adequately with the question of the manuscripts of the *Testament*. The reviewer tried to prove more substantially the truth of Lelong's account of how a

[24] *De l'esprit des lois*, ed. J. Brethe de La Gressaye (Paris 1950-1961), i.62, 253-55.

[25] In *Doutes nouveaux* and *Arbitrage entre M. de Voltaire et M. de Foncemagne* (M.xxv.321-34).

[26] *Mémoires de Trévoux* (February 1750), p.344-60. According to Sommervogel the reviewer was Guillaume-François Berthier, who took over the *Mémoires de Trévoux* in 1745 and worked with among others Routh and Fleuriau (*Table méthodique des Mémoires de Trévoux*, ed. C. Sommervogel, Paris 1864, i.LXXIX).

[27] See Ménard, p.22-23; also below, p.360, n.27 and p.416, n.84.

manuscript had been given to the duchesse d'Aiguillon (p.354-57), and produced a new and important piece of evidence: a note by Pierre-Daniel Huet, bishop of Avranches, to the effect that the duc de Richelieu had assured him 'que le livre était véritablement du cardinal son oncle; que ses papiers passèrent après son décès entre les mains de madame la duchesse d'Aiguillon' (p.357-58). [28] This was a serious challenge, to which Voltaire failed to respond adequately (see III.580-591).

Ménard's *Réfutation* is also named in Fréron's review of Voltaire's text in the *Lettres sur quelques écrits de ce temps* of 15 January 1750. [29] Fréron comments one by one on Voltaire's thirteen numbered arguments against the authenticity of the *Testament*, an approach also followed by the most important printed criticism of the single-chapter text, *Lettre sur le Testament politique du cardinal de Richelieu* which appeared at the beginning of April. [30] Its unnamed author was Etienne Lauréault de Foncemagne. Like Voltaire, Foncemagne was a member of the Académie française, and he was also a member of the Académie des inscrip-

---

[28] This manuscript, left by the cardinal to his niece, the first duchesse d'Aiguillon, passed to the second duchesse d'Aiguillon, from whose papers it was taken by royal order in 1705, and it entered the Dépôt des Affaires étrangères in 1710 (André, p.43). Its existence was not widely known, however, and Voltaire's ignorance of it (below, 1.72-79) can perhaps be pardoned, but he was hardly diligent in investigating the matter. On Lelong, see below, p.423, n.108.

[29] *Lettres sur quelques écrits de ce temps* (1750), iii.43-66. After the following issue (22 February) Voltaire's complaints about Fréron's periodical procured a suspension for six months (see J. Balcou, *Fréron contre les philosophes*, Genève 1975, p.55-56).

[30] *Lettre sur le Testament politique du cardinal de Richelieu* (s.l. 1750; BV, no.1356). The chronology is based on the statement by François-Louis-Claude Marin in the preface to the 1764 edition of the *Testament*, prepared by himself with help from Foncemagne: 'Dans le cours de la même semaine où cette lettre parut, on avait vu subitement éclore un supplément aux *Mensonges imprimés*' (*Maximes d'Etat, ou Testament politique d'Armand Du Plessis, cardinal duc de Richelieu*, Paris 1764; BV, no.2980, i.4). The 'supplément' is the second and third chapters of *Des mensonges imprimés*, which appeared in *Oreste, tragédie*, published in March 1750.

tions et belles-lettres. His principal preoccupation at this time was a history of Nîmes, and he was almost universally admired for his unassuming nature as well as for his erudition. In his *Lettre* he set out to prove, in his modest yet confident way, that:

le *Testament politique* est plein de traits qui caractérisent le cardinal, de la façon la plus sensible: réflexions, qu'il a été seul à portée de faire; maximes, que lui seul avait intérêt d'établir; sentiments, qui n'ont pu se former que dans son âme; expressions, qui n'ont pu naître que sous sa plume; *personnalités*, qui ne conviennent qu'à lui, et qui ne peuvent avoir été contrefaites. [31]

In most, though not all, cases Foncemagne succeeded in showing that Voltaire's points were not entirely sound. His tone was naturally less witty and sarcastic than Voltaire's, but his handling of the material, particularly in respect of the manuscripts of the *Testament*, was more scholarly, more urbane. [32]

The second and third chapters of *Des mensonges imprimés* augment the first. 'Chapitre II. Sur les mensonges imprimés' gives further examples of journalistic and historical inaccuracies, together with criteria for distinguishing the true from the false in such matters. 'Chapitre III. Sur les mensonges imprimés. Raisons de croire que le livre intitulé: *Testament politique du cardinal de Richelieu*, est un ouvrage supposé', is divided into 24 sections, [33] and develops most of the objections of chapter I, except for a few which are silently dropped, such as the out-dated metaphors used in the *Testament*, and the incongruous allusions to Louis XIII's chastity. [34] Voltaire also added several new objections, but like many of the earlier ones they were simply based on his own estimate of the cardinal's

[31] *Lettre* (1750), p.72. The *Lettre* was briefly reviewed by the *Journal des savants* (June 1750), p.441-42.

[32] See Brumfitt, p.152.

[33] Some critics, including André, refer to these sections as 'objections', but this is misleading, since several sections contain more than one objection.

[34] See below, variant to III.209a-210.

character and abilities. In particular, he pointed to the inherent improbability, as he saw it, of Richelieu having the time or the inclination to write a political testament (III.81-102); to the omission of any mention of the birth of a Dauphin in 1638 (III.115-120); to the arrogant tone of the *Testament* and to the insulting language used about the Spanish nation (III.201-204); to the dubious claims about reforms made in the chapter on ecclesiastical affairs (III.263-291); and to the apparently mistaken information given about Dutch colonial activities (III.325-335) and about the finances of France (III.390-525). Voltaire also elaborated what he had previously said about the lack of authentic manuscripts of the *Testament*, but, as in the first chapter, his arguments remain conjectural, and are not based on any new evidence (III.15-80).

It would appear, if we judge by what Voltaire wrote to Frederick II, that no amount of evidence would have made him change his mind (31 December 1749; D4081):

Madame la duchesse d'Aiguillon croit avoir trouvé un manuscrit du testament Politique du cardinal de Richelieu et un manuscrit autentique. [35] Je crois la chose impossible, parce que je crois impossible que le Cardinal de Richelieu ait écrit ce fatras de puérilitez, de contradictions et de faussetez dont ce testament fourmille.

This letter is an indication that Voltaire intended to answer any criticisms of his original text in an *a priori* manner. It is also an indication that he was aware that criticism was imminent, and it is possible that by late December Ménard's *Réfutation* had already appeared.

Raynal's comment on the stir created by the first version of the text probably belongs at about this point:

Notre nation [...] vient de se partager avec beaucoup de vivacité sur une question assez peu importante. Il s'agit de savoir si le testament

[35] Anne-Charlotte de Crussol-Florensac, third duchesse d'Aiguillon, cousin of the duc de Richelieu. Is Voltaire referring to the Sorbonne manuscript mentioned below (p.328, n.41)?

politique du cardinal de Richelieu est réellement de ce grand ministre, ou si c'est un ouvrage supposé. L'opinion commune l'attribuait à ce politique; M. de Voltaire a cru qu'on se trompait, et il a osé le dire. [...] Mme la duchesse d'Aiguillon a cru devoir se fâcher, et elle a fait faire une dissertation pour restituer à son grand-oncle ce qu'elle imagine lui appartenir. Voltaire va répliquer par un écrit qu'il m'a fait l'honneur de me lire. [36]

The 'dissertation' is presumably an allusion either to Ménard's *Réfutation* or to Foncemagne's *Lettre*, [37] but if the latter Raynal is mistaken in his belief that chapter 3 of *Des mensonges imprimés* was a reply to Foncemagne. The Swedish diplomat Carl Fredrik Scheffer, writing on 26 January 1750 in similar terms of the affair, tells his correspondent Tessin that he is enclosing a copy of the 'réfutation'. If Foncemagne's *Lettre* was not published until early April this could only be Ménard. Scheffer adds: 'Le Sr de Voltaire est furieux de cette indocilité de Mad^e Aiguillon; il veut soutenir sa thèse quoi qu'elle en dise, et il nous promet une replique qui sera victorieuse'. [38]

Voltaire must have begun work before the end of 1749, since on 4 January 1750 he sent chapter 3 at least [39] to Berryer de

[36] *Nouvelles littéraires* (CLT, i.393). Raynal's comments can be dated to the end of December 1749 or the beginning of January both by his next statement, 'On représente sur le Théâtre-Italien une comédie française en trois actes et en vers intitulée, *La Fausse prévention*', which had its first performance on 29 December and its last for the season on 17 January (Clarence D. Brenner, *The Théâtre-Italien: its repertory, 1716-1793*, Berkeley 1961, p.172), and by his reference in the following issue (i.399) to the first performance of *Oreste*, which took place on 12 January. Further evidence of the general interest in the dispute can be gathered from a similar passage, dated 9 March, which appeared in *La Bigarrure* (1750), ii.148-49, from the fact that excerpts from the text were printed by Formey in *L'Abeille du Parnasse* (14 February 1750), i.49-56 and from the review by Pierre Clément in *Les Cinq années littéraires*, dated 15 June 1750 (La Haye 1754), ii.87-91.

[37] Foncemagne was acquainted with the third duchesse d'Aiguillon (see D9870).

[38] Carl Fredrik Scheffer, *Lettres particulières à Carl Gustaf Tessin, 1744-1752*, ed. J. Heidner (Stockholm 1982), p.204.

[39] In D4086 Voltaire sends 'un petit factum'. Berryer's reply carries the heading only of the present chapter 3 (D4089).

Ravenoville, the *lieutenant de police*: 'Je vous suplie de le lire, vous êtes assurément un juge compétent. Il y a dix ans que Le procez dure. [40] Si vous trouvez mes raisons bonnes je le gagneray. Je vous demande aussi en grâce de trouver bon que le Mercier imprime ce plaidoier' (D4086).

On 6 January, however, Voltaire asked Berryer to return his manuscript: 'j'ay encor de très fortes raisons à y ajouter, et j'ay surtout à faire voir ce que c'est que le manuscrit qui est à la Sorbonne depuis l'an 1664. [41] C'est assurément une nouvelle preuve de L'imposture, et qui sert à découvrir le nom de l'imposteur' (D4087).

Chapters 2 and 3 of the text were not published until March, when they formed a supplement to the volume containing the first edition of *Oreste*. The reason for the delay was plainly that Voltaire was making last-minute additions to answer certain criticisms, actual or anticipated, of the first version.

The indirect references in chapter 3 to Ménard, Fréron and the *Mémoires de Trévoux* review are among the changes made after the manuscript had been returned by Berryer: they all occur towards the end of the chapter and bear traces of having been composed in a hasty and careless fashion. [42] This chapter is not a reply to Foncemagne, [43] but an attempt by Voltaire to forestall him by strengthening his own defences, combined with an ill-

[40] Presumably an allusion to the 1740 edition of the *Testament*.

[41] Voltaire probably learned of this manuscript from Ménard's *Réfutation* (p.9-10). It was given to the Sorbonne in 1646 (not 1664) by Michel Le Masle, prieur des Roches, a protégé of Richelieu, and is now in the Bibliothèque nationale (Bn F23247); see below, III.544-566.

[42] See below, III.415-457. Brumfitt says that the last sections of chapter 3 were 'possibly added to the work just before going to press, which may account for their lack of cogency' (p.151). I suggest that this lack of cogency is also due to Voltaire's unwillingness, at this stage, to embark on arguments based on facts that he did not have the leisure or the inclination to examine.

[43] See, however, below, III.186-189 and note.

prepared rearguard action directed against Ménard, Fréron and the *Mémoires de Trévoux*.

Voltaire's work on *Des mensonges imprimés* did not end with the publication of chapter 3, since this unnecessarily duplicated some of the material that had already appeared in the first version. When he printed all three chapters together, in volume 2 of w50 (the early volumes of which probably appeared in late February or early March 1751),[44] he made one major change to the text of chapter 1: the deletion of the attack on the authenticity of the *Testament politique*. He also made a small change to the text of chapter 3, in connection with the meaning of 'un million d'or', probably in reply to a point raised by both Fréron and the *Mémoires de Trévoux*.[45] He added two short paragraphs after section IX of chapter 3, but they merely repeat arguments already put forward in chapter 1.

Voltaire prepared at least two draft replies to Foncemagne before his departure for Prussia in June 1750,[46] but neither was published at the time and none of the variants in subsequent editions of *Des mensonges imprimés* is a direct reply to the *Lettre*. It was not until 1764 that Voltaire replied publicly to Foncemagne, in the *Doutes nouveaux sur le Testament attribué au cardinal de Richelieu*. Until then he must have believed that his own views, as expressed in 1750, were sufficiently cogent to command the assent of all unprejudiced readers.

---

[44] D'Hémery, Journal de la librairie (Bn F22156, f.43v), 'Du 4 mars 1751', which records the appearance of volume 1 of w50. Bengesco (iv.39) would seem to be mistaken in saying that the first volumes of w50 appeared 'très probablement au commencement de 1750'.

[45] See below, III.395-406v and n.82.

[46] The *Résumé historique et critique*, and the first part of the *Doutes nouveaux*. The existence of manuscripts of these texts in Longchamp's hand shows that they were almost certainly written before Voltaire left Paris. A third comment, probably written for insertion into one of the other two, survives in Voltaire's hand; see A. Brown, 'Calendar of Voltaire manuscripts other than correspondence', *Studies* 77 (1970), p.75-76.

What, then, is the value of Voltaire's arguments as they appeared in 1750? It is difficult to reach any conclusion on this question without first establishing whether he was right about the authenticity of the *Testament politique*.

Since the publication in 1880 of a collection of Richelieu's *Maximes d'Etat*,[47] which in André's words constitute 'un canevas, un premier jet' of the *Testament* (p.57), it has become impossible to deny that the cardinal was responsible for a large part of it. This is not to say, however, that he wrote every line. As Besterman says (D1834, commentary), and as even the most ardent champions of authenticity admit, some sections of the *Testament* were entrusted to, or based on the work of, others: for example, parts of the long chapter on ecclesiastical history,[48] of the chapter on 'la puissance de la mer',[49] of the chapter on finance.[50] On the other hand, the spirit of the work, its emphasis on the importance of ecclesiastical affairs, its concern with limiting the power of the parlements and of the nobility, its generally harsh tone, are all characteristic of Richelieu. It is therefore possible to call him the 'author' of the *Testament politique* in the sense that he wrote some of it, and that it presents his views,[51] but he is not its author in the sense that, say, Voltaire is the author of the *Histoire de Charles XII*. If Voltaire had concentrated on making this distinction (as he was to do in 1764), instead of trying to establish that the *Testament* was a complete forgery, his views would still command respect.

But if it is impossible to agree with Voltaire that the work is a forgery, it is equally impossible to maintain that all his arguments

[47] Richelieu, *Maximes d'Etat et fragments politiques*, ed. G. Hanotaux (Paris 1880).

[48] *Testament*, I.ii; see André, p.178, n.1.

[49] *Testament*, II.ix.5; see André, p.400-401, n.2, p.407, n.1 and 2, p.409, n.4.

[50] *Testament*, II.ix.7; see André, p.427, n.1.

[51] Hence in the notes to this edition Richelieu is treated as the 'author' – in the sense just defined – of the *Testament*.

are worthless, and that he has nothing of value to say on the question of the accuracy and authenticity of historical works. While parts of *Des mensonges imprimés* reveal, as Brumfitt says (p.160), Voltaire's 'superficiality', others bear witness to his common sense. There is, for example, considerable justification for the criteria of historical accuracy, as set out in chapter 2: 'tout ce qui n'est conforme ni à la physique, ni à la raison, ni à la trempe du cœur humain n'est que du sable; le reste qui sera attesté par des contemporains sages, c'est la poudre d'or que vous cherchez' (II.23-27). These are the only criteria that an amateur historian (and that is what Voltaire was at this date, his post as *historiographe de France* notwithstanding) can reasonably apply, although they did at times lead him into subjective arguments, causing him to deny facts which seemed unreasonable to him, even though they were attested by good authority.

When Voltaire applies these criteria to the *Testament politique* he does so with varying degrees of success. His objections can be divided into three categories. First are those based on the claim that there is no sound external evidence about authorship, whether from the publisher (III.73-77), or from the manuscripts (III.544-591), or from any other source (III.78-80). Voltaire's reasoning is sometimes quite convincing: in particular we must agree with his assertion that the publisher should have given an account of the origin of the manuscript, and with his basic assumption that a manuscript is not authentic just because its owners believe it to be so, even when they happen to be members of the aristocracy and related to the supposed author. Here, then, Voltaire has the right principles – as Lanson says: 'le doute de Voltaire amena la question du *Testament de Richelieu* à prendre une forme scientifique'[52] – but he does not always apply them properly, especially in the last sections of chapter 3 where he is rash in his assumptions,

[52] *Voltaire*, ed. R. Pomeau (Paris 1960), p.165.

relies too heavily on conjecture, and has obviously not examined for himself the material evidence he is discussing.

Then there are objections based on historical inaccuracies to be found in the *Testament*: it contains, Voltaire claims, chronological inconsistencies and is full of errors that Richelieu, a cardinal and a minister, would not have made. [53] Foncemagne replied that even great men, including Voltaire, sometimes get their facts wrong, [54] and it must be admitted that Voltaire's reasoning is often vitiated by his refusal to see that Richelieu was human and fallible. The same kind of prejudice is apparent in Voltaire's claim that the work is 'entièrement terminé' (III.39-40), when it shows obvious signs of being incomplete. Voltaire's argument is also sometimes spoiled by the way in which he misquotes or misunderstands passages from the *Testament*. [55]

Thirdly, there are objections based on a mixture of historical deduction and psychological conjecture (that is, on 'la trempe du cœur humain', II.25). Voltaire claims that if Richelieu had written a *Testament politique*, he would have taken steps to authenticate the work (III.29-38, 52-80); he forgets that Richelieu was writing for the king, not for the public. He argues that the cardinal was too preoccupied with defending himself against his enemies to have the opportunity to write a theoretical work (III.81-102) – a very unconvincing deduction. The claim that the work omits many important matters but includes a large number of trivialities (III.127-140, 348-359) is true but irrelevant to the issue of authenticity, especially in view of the fact that the *Testament* was unfinished. When Voltaire argues that Richelieu would not have

[53] See below, III.275-291, 458-478.
[54] *Lettre sur le Testament politique du cardinal de Richelieu, imprimée pour la première fois en 1750, et considérablement augmentée dans cette seconde édition* (Paris 1764), p.68-73. Unless otherwise indicated, all references to Foncemagne's *Lettre* are to this edition, in which he incorporates his comments on the points made by Voltaire in chapter 3.
[55] See below, p.359, n.26; p.404, n.49.

boasted about what he would do for the king (III.141-182), nor have advised Louis XIII to be chaste, he is displaying an inability to understand the character of people different from himself, to see that Richelieu might well boast, especially in retrospect, and that he might well caution his master against his own vices.

Altogether, Voltaire sets up too high an ideal of Richelieu, and is too scathing about the admittedly very real faults of the *Testament politique*. This is somewhat surprising in view of his dislike of the cardinal, as expressed for example in *La Henriade* (V 2, p.528):

> Henri, dans ce moment, voit sur des fleurs de lis
> Deux mortels orgueilleux auprès du trône assis. [...]
> Il les prend pour des rois.... 'Vous ne vous trompez pas;
> Ils le sont, dit Louis, sans en avoir le titre;
> Du prince, et de l'Etat l'un et l'autre est l'arbitre.
> Richelieu, Mazarin, ministres immortels,
> Jusqu'au trône élevés de l'ombre des autels,
> Enfants de la Fortune et de la Politique,
> Marcheront à grands pas au pouvoir despotique.

In the *Essai sur les mœurs*, ch.176, Voltaire emphasises Richelieu's violation of the laws of the land, and his 'rigueur hautaine' (*Essai*, ii.622). Why, then, in *Des mensonges imprimés*, did he see Richelieu as a great man and the *Testament* as unworthy of him?

Voltaire's adamant and prolonged opposition to the authenticity of the *Testament* has been explained by André (p.52-53) as the result of his opposition to absolutism. In that case, why did Montesquieu, who was more consistent and more ardent in his dislike of Richelieu, and who was certainly more opposed to absolutism, not agree with Voltaire? André's explanation would be plausible only if Voltaire were merely pretending to doubt the work's genuineness, while pointing insistently to the dangerous doctrines it contains – that is, if he were being ironical. [56] But no

---

[56] See Brumfitt, p.159.

such irony (or insincerity) is discernible in *Des mensonges imprimés*. It is only in the *Doutes nouveaux* that Voltaire seriously begins to draw attention to the political dangers of the work. His sincerity emerges clearly from a letter written in 1768: 'Je hais tant la tirannie du cardinal de Richelieu, que je souhaitterais que le testament fût de lui, afin de le rendre ridicule à la dernière postérité' (D14864). André, who quotes this letter, does not seem to appreciate that it proves that Voltaire was able to separate his dislike of the cardinal from his dislike of the *Testament*, and that absolutism has nothing to do with the case.

When writing *Des mensonges imprimés* Voltaire played down his hatred of the cardinal, calling him 'un des plus grands hommes d'Etat qu'ait jamais eus l'Europe', and 'un homme sage' (III.15-16, 205-206). Although he did not like Richelieu it is obvious, from chapter 176 of the *Essai sur les mœurs*, that he admired his astuteness; it seems likely that when he first read the *Testament politique* he was genuinely disappointed to find that it was written by a man who had a sincerely religious outlook, a rather common-place mind, and no sense of style or decorum, at least as these were understood in the eighteenth century. It is quite true, as Brumfitt suggests, that *Des mensonges imprimés* reveals Voltaire's 'lack of a full sense of historical relativism' (p.160), but this in turn is in large measure caused by Voltaire's taste, or rather by his distaste for modes of thinking or expression that were foreign to his own. As he says somewhat smugly about his assertion that the style of the *Testament* is not that of the cardinal's other works, 'cette preuve suffirait pour quiconque a le moindre goût et le moindre discernement' (III.188-189). Voltaire's reasons for opposing the authenticity of the *Testament* were basically aesthetic.

However, *Des mensonges imprimés* itself leaves much to be desired on the aesthetic level. Since it does not have either the chronological framework of Voltaire's historical works, or the thematic development of his philosophical treatises, it lacks both direction and unity. It deals, without clearly distinguishing

334

between them, with two distinct types of 'mensonge imprimé': the intentional and the unintentional, that is, the fraud and the myth. Chapter 3 is more weighty, both in tone and in content, than the other two, and this makes the work unbalanced. The first chapter, apart from the arguments about the *Testament politique*, is largely concerned with modern examples of 'mensonges' and is more a collection of anecdotes than a serious piece of reasoning. Even the second chapter, which claims to deal with principles, soon becomes another amusing catalogue of examples, drawn this time from ancient or religious history.

The disparate nature of *Des mensonges imprimés* is due in large measure to the intensity of Voltaire's feelings on the subject of historical fraud. The work as a whole is written with immense verve and wit, and the 'libraires hollandais' were merely being peevish when they said (*Défense*, p.2) of the first chapter, in its first version, that it has neither 'son style, ni ce brillant' found in his other works. However, it is not only Voltaire's style that makes *Des mensonges imprimés* an important work in the struggle engaged by the Enlightenment for greater accuracy and honesty in historical studies, but also his powers of critical analysis and the correctness of his basic principles.

Editions

The first chapter of *Des mensonges imprimés* first appeared with *Sémiramis* in 1749 (s49PA). It was also included in two unauthorised editions of the play (s49PB and s49PC), in a small collection of texts (50P), in the *Abeille du Parnasse* (AP), in the Dresden *Œuvres* (w48D) and in a separate volume (50H). Chapters 2 and 3 first appeared (without the first) in *Oreste* (50A). All three were brought together in 1751 (w50, w51), a pattern followed by all subsequent editions. The choice of base text is discussed below, p.347.

S49PA

LA TRAGÉDIE / DE / SÉMIRAMIS, / *Et quelques autres piéces de littérature.* / [*intaglio engraving, 'VENTIS CONCUSSA RESURGIT', signed 'Gravé par de Lafosse', plate mark 69 x 63 mm*] / A PARIS, / Chez P. G. Le Mercier, Imprimeur-Libraire, / rue S. Jacques, au Livre d'or. / Et chez Michel Lambert, Libraire. / [*thick-thin rule, 57 mm*] / M. DCC. XLIX. /

12°. sig. π1 A-P⁸,⁴ (− P8, + χ1); pag. [2] 182 [183-184]; $4,2 signed, roman; sheet catchwords.

[*1*] title; [*2*] blank; [1]-157 other texts; [158] blank; [159] N8*r* 'DES MENSONGES / *IMPRIME'S*.'; [160] blank but for catchword 'DES'; [161]-182 Des mensonges imprimés; [183] Approbation; [183-184] Privilège du roi.

This is probably the first edition of the single-chapter version of the text. It provides the base text for chapter 1 of the present edition.

Bn: Yf 6695; − 8° Yth 16295.

S49PB

LA / TRAGÉDIE / DE / SEMIRAMIS, / Par M. de VOLTAIRE. / Et quelques autres Piéces de Littérature du / même Auteur qui n'ont point encore paru. / [*ornament*] / A PARIS, / Chez P. G. Le Mercier, Imprimeur-Libraire, / ruë St. Jacques, au Livre d'or. / Et chez Michel Lambert, Libraire. / [*thick-thin rule*] / M. DCC. XLIX. /

8°. sig. A-I⁸; pag. 143; $4 signed, arabic (− A1); sheet catchwords.

[1] title; [2] blank; [3]-125 other texts; 126-143 Des mensonges imprimés.

A provincial printing, based on s49PA. It introduces errors at lines 58, 207 and 221 but corrects the errors of s49PA at lines 200 and 355.

Bn: Rés. Z Beuchot 861.

S49PC

LA TRAGÉDIE / DE / SÉMIRAMIS, / *Et quelques autres Piéces de Littérature.* / [*type ornament*] / A PARIS, / Chez P. G. Le Mercier,

Imprimeur-Libraire / rue S. Jacques, au Livre d'Or. / Et chez MICHEL LAMBERT, Libraire. / [*thick-thin rule*] / M. DCC. XLIX. /

8°. sig. A-B⁴ C² D-O⁴; pag. 108; $2 signed, arabic (− C2); sheet catchwords.

[1] title; [2]-94 other texts; 95-108 Des mensonges imprimés.

Based on s49PA, this edition offers variants or errors at lines 21, 55, 60 and 280. It was reissued in 1750.

Bibliothèque de la Sorbonne, Paris: Rés. R 888 8° (1749 version); Taylor: V3 S6 1750 (1) (1750 version).

<h2 style="text-align:center">50A</h2>

ORESTE, / *TRAGÉDIE.* / [*type ornament*] / A PARIS, RUE S. JACQUES. / Chez [*bracket linking next three lines*] / P. G. LE MERCIER, Imprimeur- / Libraire, au Livre d'or. / M. LAMBERT, Libraire. / [*thick-thin rule, 56 mm*] / M. D. CC. L. /

[*half-title*] ORESTE, / *TRAGEDIE.* /

8°. sig. a⁸ b⁶ A-F⁸ G² π² H-N⁸ O⁴ ¹π² (± a2.7; ¹π2 blank); pag. [*6*] xxj [xxii] 100 [*4*] [109]-212 [213-214]; $4 signed, roman (− a1-2, b4, G2); sheet catchwords (− G, O).

[*1*] half-title; [2] blank; [*3*] title; [*4*] blank; [*5-6*], [i]-xxj, [xxii], [1]-156 other texts; [157] L1*r* 'MENSONGES / *IMPRIMÉS.* / L'; [158] blank; 159-169 Chapitre II. Sur les mensonges imprimés [with note, 'Le premier se trouve dans le volume où est Sémiramis.']; 170-203 Chapitre III. Sur les mensonges imprimés. Raisons de croire que le livre intitulé: Testament politique du cardinal de Richelieu, est un ouvrage supposé; 204-[214] other texts.

The first publication of chapters 2 and 3. It provides the base text for chapters 2 and 3 of the present edition. For a description of the various states of this edition, see V 31A, p.372-74.

Bn: Yb 2438 (2).

<h2 style="text-align:center">50H</h2>

LES / MENSONGES / IMPRIMEZ, / Par Mr. ARROUET DE

VOLTAIRE | *De l'Académie Françaiſe* | NOUVELLE EDITION. | Avec des Remarques & des Notes. | *Et ſcio expertum eſſe hominum genus & in- | ſolens & ignarum, qui quidquid vel nolunt, | vel neſciunt, vel non poſſunt in aliis repre- | hendunt, ad hoc unum docti & arguti, ſed | elingues ad reliqua.* Petrarc. ad Bocc. | [*type ornament*] | EN HOLLANDE, | Par la Compagnie des Libraires. | M. DCC. L. |

8°. sig. π² A⁶ B-D⁸ E1; pag. [*4*] 62; $5 signed, arabic (− A5); page catchwords.

[*1*] title; [2] blank; [*3*] π2r 'DÉFENSE / DES / LIBRAIRES HOLLAN-DOIS / CONTRE / LES / MENSONGES IMPRIMEZ / DE / Mr. de VOLTAIRE.'; [*4*] blank; [1]-4 Avertissement; [5]-28 Des mensonges imprimés; 29-62 Remarques sur les mensonges imprimés.

A Dutch edition of the first chapter, with a hostile commentary. It follows s49PA.

Bn: Yf 6610.

50P

DISSERTATION | *SUR* | LA TRAGEDIE | ANCIENNE | ET MODERNE, | *SUIVIE* | DES MENSONGES IMPRIME'S, | *AVEC* | L'ELOGE FUNEBRE | DES OFFICIERS | *Qui ſont morts à la Guerre de* 1741. | Par M. DE VOLTAIRE. | [*type ornament*] | A PARIS, | Chez | [*bracket linking the next three lines*] | P. C. Le Mercier, Imprimeur-Libraire, | ET | Michel Lambert, Libraire. | [*rule, 69 mm*] | M. DCC. L. | *Avec Approbation & Privilege du Roy.* |

12°. sig. A-G⁸ (G8 blank); pag. 80; $2 signed, roman (− A1, C2, F2, G2; + D3); sheet catchwords.

[1] title; [2] blank; [3]-35 Dissertation sur la tragédie ancienne et moderne, à son éminence monseigneur le cardinal Querini, noble venitien, évêque de Brescia, bibliothécaire du Vatican; [36] blank; [37]-57 Des mensonges imprimés; [58] blank; [59] Eloge funèbre des officiers qui sont morts dans la guerre de 1741.

Another edition, of uncertain origin, based on s49PA.

Taylor: V8 A2 1750.

AP

L'Abeille du Parnasse. Berlin, Etienne de Bourdeaux, 1750.

Tome I, no. VII, 14 février 1750, p.[49]-56 Des mensonges imprimés, par M. de Voltaire.

Tome I, no. XXVI, 27 juin 1750, p.[225]-233 Des mensonges imprimés, par M. de Voltaire. Chapitre second.

The text is similar to that of w50, except that the last paragraph of the first chapter is absent.

Bn: Z 27432.

w48D (1750)

Œuvres de M. de Voltaire. Dresde, Walther, 1748-1754. 10 vol. 8°. Bengesco iv.31-38; Trapnell 48D; BnC 28-35.

Volume 9 (1750): [137] I5*r* 'DES / MENSONGES / *IMPRIME'S*. / I5'; [138] blank; [139]-154 Des mensonges imprimés.

An edition produced with Voltaire's participation. It prints only the single-chapter version in a text close to that of s49PA.

Bn: Rés. Z Beuchot 12 (9).

w50 (1751)

La Henriade et autres ouvrages. Londres [Rouen], Société, 1750-1752. 10 vol. 12°. Bengesco iv.38-42; Trapnell 50R; BnC 39.

Volume 2 (1751): 371-384 Des mensonges imprimés. Chapitre premier; 385-394 Sur les mensonges imprimés. Chapitre II; 395-424 Sur les mensonges imprimés. Chapitre III. Raisons de croire que le livre intitulé: Testament politique du cardinal de Richelieu, est un ouvrage supposé.

One of the first editions (with w51) of all three chapters of the text. It omits from chapter 1 the thirteen-point attack on the authenticity of the *Testament* (1.69-199) and gives a new conclusion to the chapter (1.416-422). In chapter 3 substantial changes are introduced at: III.209a-210, 382-383, 385-390, 395-406.

ImV: A 1751/1 (2).

W51

Œuvres de M. de Voltaire. [Paris, Lambert], 1751. 11 vol. 12°. Bengesco iv.42-46; Trapnell 51P; BnC 40-41.

Volume 8: 169-182 Discours sur les mensonges imprimés. Chapitre premier; 183-192 Discours sur les mensonges imprimés. Chapitre II; 193-220 Discours sur les mensonges imprimés. Chapitre III. Raisons de croire que le livre intitulé: Testament politique du cardinal de Richelieu, est un ouvrage supposé.

An edition produced with the participation of Voltaire. The text is similar to that of w50, but there are several minor differences.

Bn: Rés. Z Beuchot 13 (8)

W52

Œuvres de M. de Voltaire. Dresde, Walther, 1752. 9 vol. 8°. Bengesco iv.46-50; Trapnell 52 (vol. 1-8), 70X (vol. 9); BnC 36-38.

Volume 2: 228-238 Chapitre XLI. Des mensonges imprimés; 239-246 Chapitre XLII. Des mensonges imprimés; 247-265 Chapitre XLIII. Des mensonges imprimés. Raisons de croire que le livre intitulé Testament politique du cardinal de Richelieu, est un ouvrage supposé.

Based on w48D, with revisions, and produced with the participation of Voltaire. Variants at I.211, 215, 325, 373; II.48-50; III.28-33 (deletion), 56-65 (deletion), 91, 107-108, 179-180, 365-459 (deletion).

Bn: Rés. Z Beuchot 14 (2)

W56

Collection complette des œuvres de M. de Voltaire. [Genève, Cramer], 1756. 17 vol. 8°. Bengesco iv.50-63; Trapnell 56,57G; BnC 55-66.

Volume 4: 277-289 Chap. quarante-cinquième. Des mensonges imprimés; 290-297 Chap. quarante-sixième. Des mensonges imprimés; 298-320 Chap. quarante-septième. Des mensonges imprimées. Raisons de croire que le livre intitulé: Testament politique du cardinal de Richelieu, est un ouvrage supposé.

The first Cramer edition, produced under Voltaire's supervision.

Variants at 1.298-299; 11.76, 81, 86-146 (praise of Frederick 11 omitted); 111.43, 94, 179-180, 510-511.

Bn: Z 24579.

W57G1

Collection complette des œuvres de M. de Voltaire. [Genève, Cramer], 1757. 10 vol. 8°. Bengesco iv.63; Trapnell 56,57G; BnC 67-69.

Volume 4: 277-289 Ch. quarante-sixième. Des mensonges imprimés; 290-297 Chap. quarante-septième. Des mensonges imprimés; 298-320 Chap. quarante-huitième. Des mensonges imprimés. Raisons de croire que le livre intitulé: Testament politique du cardinal de Richelieu, est un ouvrage supposé.

A revised edition of w56, produced with Voltaire's participation. Variants at 111.291, 299, 355, 540.

Bn: 8° Z 26655 (4).

W57G2

Collection complette des œuvres de M. de Voltaire. [Genève, Cramer], 1757. 10 vol. 8°. Bengesco iv.63; Trapnell 56,57G; BnC 67-69.

Volume 4: 277-289 Ch. quarante-sixième. Des mensonges imprimés; 290-297 Chap. quarante-septième. Des mensonges imprimés; 298-320 Chap. quarante-huitième. Des mensonges imprimés. Raisons de croire que le livre intitulé: Testament politique du cardinal de Richelieu, est un ouvrage supposé.

A new edition of w57G1.

St Petersburg: 11-74.

W57P

Œuvres de M. de Voltaire. [Paris, Lambert], 1757. 22 vol. 12°. Bengesco iv.63-68; Trapnell 57P; BnC 45-54.

Volume 3: 76-93 Des mensonges imprimés; 93-103 Des mensonges imprimés; 104-134 Des mensonges imprimés. Raisons de croire que le livre intitulé Testament politique du cardinal de Richelieu, est un ouvrage supposé.

Based in part upon w56 and produced with Voltaire's participation. Minor variants at 1.265, 285, 356; III.70, 234-235.

Bn: Z 24649.

w64G

Collection complette des œuvres de M. de Voltaire. [Genève, Cramer], 1764. 10 vol. 8°. Bengesco iv.60-63; Trapnell 64,70G; BnC 89.

Volume 4: 294-306 Chapitre quarante-sixième. Des mensonges imprimés; 307-314 Chapitre quarante-septième. Suite des mensonges imprimés; 315-337 Chapitre quarante-huitième. Seconde suite des mensonges imprimées. Raisons de croire que le livre intitulé: Testament politique du cardinal de Richelieu, est un ouvrage supposé,

A revised edition of w57G, produced with Voltaire's participation. The text introduces an error at III.116-117.

Taylor: VF.

w64R

Collection complette des œuvres de M. de Voltaire. Amsterdam, Compagnie [Rouen, Machuel?], 1764. 22 tomes in 18 vol. 12°. Bengesco iv.28-31; Trapnell 64R; BnC 145-148.

Volume 17,1: 184-194 Des Mensonges imprimés; 194-200 Des Mensonges imprimés; 200-217 Des mensonges imprimés. Raisons de croire que le livre intitulé: Testament politique du cardinal de Richelieu, est un ouvrage supposé.

Bn: Rés. Z Beuchot 26 (17,1).

w68 (1771)

Collection complette des œuvres de M. de Voltaire. [Genève, Cramer; Paris, Panckoucke], 1768-1777. 30 vol. 4°. Bengesco iv.73-83; Trapnell 68; BnC 141-144.

Volume 15 (1771): 170-178 Des mensonges imprimés; 178-183 Suite des

Mensonges imprimés; 184-198 Seconde suite des Mensonges imprimés. Raisons de croire que le livre intitulé: Testament politique du cardinal de Richelieu, est un ouvrage supposé

The quarto edition, produced by Cramer; based upon w64G. Variants at 1.304; III.325.

Taylor: VF.

W70G

Collection complette des œuvres de M. de Voltaire. [Genève, Cramer], 1770. 10 vol. 8°. Bengesco iv.60-63; Trapnell 64,70G; BnC 90-91.

Volume 4: 294-306 Chapitre quarante-sixième. Des mensonges imprimés; 307-314 Chapitre quarante-septième. Suite des mensonges imprimés; 315-337 Chapitre quarante-huitième. Seconde suite des mensonges imprimées. Raisons de croire que le livre intitulé: Testament politique du cardinal de Richelieu, est un ouvrage supposé.

A new edition of w64G, with few changes.

Bn: Z 24745.

W70L (1773)

Collection complette des œuvres de M. de Voltaire. Lausanne, Grasset, 1770-1781, 57 vol. 8°. Bengesco iv. 83-89; Trapnell 70L; BnC 149-150.

Volume 32 (1773): 41-54 Des mensonges imprimés; 54-62 Suite des Mensonges imprimés; 63-86 Seconde suite des Mensonges imprimés. Raisons de croire que le livre intitulé, Testament politique du cardinal de Richelieu, est un ouvrage supposé.

The text appears to be based on w68.

Taylor: V1 1770 (32).

W71 (1773)

Collection complète des œuvres de M. de Voltaire. Genève [Liège, Plomteux], 1771-1777. 32 vol. 8°. Bengesco iv.89-91; Trapnell 71; BnC 151.

Volume 15 (1773): 185-194 Des mensonges imprimés; 195-200 Suite des

Mensonges imprimés; 201-217 Seconde suite des Mensonges imprimés. Raisons de croire que le livre intitulé: Testament politique du cardinal de Richelieu, est un ouvrage supposé.

The text follows w68.

Taylor: VF.

W71P (1771)

Œuvres de M. de V.... Neufchatel [Paris, Panckoucke], 1771. 6 vol. 12°. BnC 152.

Mélanges, volume 2 (1771): [3]-19 Des mensonges imprimés; 20-30 Suite des Mensonges imprimés; 31-60 Seconde suite des Mensonges imprimés. Raisons de croire que le livre intitulé, Testament politique du cardinal de Richelieu, est un ouvrage supo. [*sic*].

This edition reproduces the text of w68.

Bn: Z 24791.

W72X

Collection complette des œuvres de M. de Voltaire. [Genève, Cramer?], 1772. 10 vol. 8°. Bengesco iv.60-63; Trapnell 72X; BnC 92-110.

Volume 4: 294-306 Chapitre quarante-sixième. Des mensonges imprimés; 307-314 Chapitre quarante-septième. Suite des Mensonges imprimés; 315-337 Chapitre quarante-huitième. Seconde suite des Mensonges imprimés. Raisons de croire que le livre intitulé, Testament politique du cardinal de Richelieu, est un ouvrage suposé.

A new edition of w70G, probably printed for Cramer, but there is no evidence of Voltaire's participation.

Stockholm: Litt. fr.

W72P (1773)

Œuvres de M. de V.... Neufchatel [Paris, Panckoucke], 1771-1777. 34 or 40 vol. 8° and 12°. Bengesco iv.91-94; Trapnell 72P; BnC 152-157.

Mélanges, volume 2 (1773): 59-74 Des mensonges imprimés; 75-84

344

Suite des mensonges imprimés; 85-114 Seconde suite des mensonges imprimés. Raisons de croire que le livre intitulé, Testament politique du cardinal de Richelieu, est un ouvrage supposé.

A new version of w71P.

Bn: Z 24812.

W75G

La Henriade, divers autres poèmes et toutes les pièces relatives à l'épopée. [Genève, Cramer & Bardin], 1775. 37 vol. (40 vol. with the *Pièces détachées*). 8°. Bengesco iv.94-105; Trapnell 75G; BnC 158-161.

Volume 33: 214-223 Des mensonges imprimés; 223-230 Suite des mensonges imprimés; 230-247 Seconde suite des mensonges imprimés. Raisons de croire que le livre intitulé: Testament politique du cardinal de Richelieu, est un ouvrage supposé.

The *encadrée* edition, produced at least in part under Voltaire's supervision. Variants at 1.62 (error taken up by K84), 217; III.74.

Taylor: VF.

W75X

Œuvres de Mr de Voltaire. [Lyon?], 1775. 37 vol. (40 vol. with the *Pièces détachées*). 8°. Bengesco 2141; BnC 162-163.

Volume 33: 217-227 Des mensonges imprimés; 227-233 Suite des mensonges imprimés; 233-250 Seconde suite des mensonges imprimés. Raisons de croire que le livre intitulé: Testament politique du cardinal de Richelieu, est un ouvrage supposé.

An imitation of w75G, but with texts drawn from a variety of sources. Voltaire was aware of this edition, but there is as yet no evidence that it was prepared with his participation.

Bn: Z 24912.

K84

Œuvres complètes de Voltaire. [Kehl], Société littéraire-typographique, 1784-1789. 70 vol. 8°. Bengesco 2142; BnC 164-193.

Volume 28: [241] Q1*r* 'DES / MENSONGES IMPRIMÉS / ET DU TESTAMENT POLITIQUE / DU CARDINAL DE RICHELIEU &c. / *Mélanges hift.* Tome II. Q'; [242] blank; [243]-263 Des mensonges imprimés et du testament politique du cardinal de Richelieu etc.; 264-285 Raisons de croire que le livre intitulé, Testament politique du cardinal de Richelieu, est un ouvrage supposé.

The first octavo issue of the Kehl edition. Variants at 1.206, 229, 237, 273; II.154; III.113, 322.

Taylor: VF.

Translations [57]

English

A discourse on printed lies, in *Select pieces of M. de Voltaire*. London 1754, p.195-212. Translated by Joseph Collyer. An incomplete translation of the single-chapter text.

On printed lies, in *The Works of M. de Voltaire*. London 1761-1763, xvii.226-268. Translated by T. Smollett and others.

Dutch

In *Mengelwerken van wysbegeerte Geschied en Letterkunde door den Herrn de Voltaire*. Rotterdam, Hendrik Beman, 1768.

German

Gedruckte Lügen, in *Des Herrn von Voltaire kleinere historische Schriften*. Rostock, Johann Christian Koppe, 1752. Translated by G. E. Lessing.

---

[57] See H. B. Evans, 'A provisional bibliography of English editions and translations of Voltaire', *Studies* 8 (1959), p.16, 38; J. Vercruysse, 'Bibliographie provisoire des traductions néerlandaises et flamandes de Voltaire', *Studies* 116 (1973), p.24; H. Fromm, *Bibliographie deutscher Übersetzungen aus dem Französischen 1700-1948* (Baden-Baden 1950-1953), p.262; P. Wallich and H. von Müller, *Die Deutsche Voltaire-Literatur des achtzehnten Jahrhunderts* (Berlin 1921), p.25.

Editorial principles

There are five possible choices of base text for *Des mensonges imprimés*: 1) κ. The text of the Kehl edition presents a few improvements on earlier editions, but they are merely stylistic, and seems to have no Voltairean authority. 2) w75G. The few new readings, later taken up by κ, are not important (two are probable errors), and there is no evidence, from the text, that this edition of the *Des mensonges imprimés* had Voltaire's collaboration. 3) w57G. This edition might be chosen on the grounds that Voltaire himself commended it (*Doutes nouveaux*; M.xxv.293-94). However, there are good reasons for not using it: some of the changes it makes, particularly the deletion of the passage on Frederick, are based on momentary personal needs, and have nothing to do with correctness. 4) w50. This is the first edition where all three chapters of *Des mensonges imprimés* appear together. But to choose this edition as base text would mean printing a long and important section of chapter 1, on the *Testament*, as a variant, a disadvantage that also applies to choices 1-3. We feel that the discussion of the *Testament* is the most important element of the work, and that it should feature in the body of the text; hence we choose: 5) The first printed text of each of the three chapters: s49PA for chapter 1; 50A for chapters 2 and 3. The disadvantage of this solution is that it involves a certain amount of apparent repetition, since the objections to authenticity of the *Testament*, originally printed in s49PA, are taken up again in modified form in chapter 3. Further, it can be argued that to adopt this choice is to print the work in a form that Voltaire did not authorise. However, the solution proposed here does have the overwhelming advantage that it enables the reader to see Voltaire's original reaction to the *Testament*, in 1748-1749, and then to follow his struggles with the question, as he modifies his text in the light of various criticisms and as a result of his further reading and research, and of his personal experience. *Des mensonges imprimés* is a polemic work, which deserves to be read in its original form.

Variants are drawn from: S49PB, S49PC, W48D, W50, W51, W52, W56, W57G, W57P, W64G, W68, W70L, W75G, K.

Modernisation of the base texts

Unless otherwise specified the following points apply to both S49PA and 50A.

The spelling of the names of persons and places has been respected, with the following exceptions: the accent has been added to Homere, Leopold (S49PA); Marc-Aurele, Remi, Seguier, Séneque, Treville (50A); the inverted *s* and *t* in Portsmouth has been corrected (S49PA). The punctuation of the base texts has been retained, with the exception, in running text, of the full point that normally followed both arabic and roman numerals. The italic of the base texts has been retained.

The following aspects of orthography and grammar in the base texts have been modified to conform to modern usage (words given for one text only may occur in that text only; they do not necessarily imply a discrepancy between the two texts):

1. Consonants
   - the consonant *p* was not normally used in *tems*, or its compound *long-tems*
   - the consonant *t* was not generally used in syllable endings *—ans* and *—ens*: cens, comptans, correspondans, élémens, fondemens, pédans, raissonemens, etc. (principal exception: testaments; S49PA)
   - the consonant *d* was not used in: différens (S49PA)
   - double consonants were used in: appeller, jetter, secrette; s'apperçurent, complette, loyallement (S49PA); platte, rappellant, serrail (50A)
   - single consonants were used in: bonet, rafinés, suprime (S49PA); acréditer, dévelopés, échaper, frapans (50A)

2. Vowels
   - *y* was used instead of *i* in: croyent (S49PA); ayent, s'effraye, voyent (50A)
   - *i* was used instead of *y* in: sistême, stile; phisionomies, tiran (but also: tyrans) (S49PA); mistere, pithien (50A)

348

— *oi* was used for *ai* in: the imperfect and conditional tenses; monnoie (50A)

3. Various

— archaic forms were used: avanture, sçavoir and its forms (but also: sait, savaient, savait) (s49PA); fond (for: fonds) (s49PA); bisarre, cahos, éxemt, (un lieu) puérile, sçavant, solemnelle, solemnisé, solemnités (50A)

— dequoi was printed as one word (s49PA); mal habile (s49PA) and mal adroit (50A) were printed as two words.

4. Accents

The acute accent

— was used in: éxagéré, éxamine, éxemt, éxister, réfléxion (50A)

— was used instead of the grave in: bibliothéque, célébre, piéce, siécle; the suffix *-ième*, éléve, espéce, exigérent, fidéle, fidélement, modéle, privilége, régne, zéle (s49PA); colléges, décélent, Gréce, guéres, niéce, régle, régnent, ténébres (50A)

— was used instead of the circumflex in: bétises (s49PA)

— was not used in: regnante (50A)

The grave accent

— was used in: celà, relèverent (s49PA)

— was not generally used with *er* + mute *e* (derniere, pere, resterent, etc)

— was not used in: décele, déja, pese secrette; complette (s49PA); se leve, regne (50A)

The circumflex accent

— was used in: plûpart (but also: plupart; 50A)

— was sometimes used with the past participle: eû, lû, pû, vû

— was not used in: couté; disgrace, maitresse, parait (but also: paraît), sur, traitre (s49PA); acariatres, dégoutant, grace infame (but also: infâme) (50A)

— was not always used with the imperfect subjunctive

The dieresis

— was not used in: oui (for: ouï) (s49PA)

5. Capitalisation

— initial capitals were generally attributed to: Barons, Dames, Fables, Monsieur, Palatins, Polémiques, Roy (but also: roi), Ville (but also:

ville) (s49PA); Arrêt, Auto-da-fé, Chrétienté, Cordeliers, Dieux, Ecclésiastique, Jésuites, Testament (50A); adjectives denoting nationality; months of the year (50A)

- initial capitals were not attributed to: (le) conseil, (l')état; (les) anglais, europe (but also: Europe) (s49PA); chambre des comptes, méditerranée (50A)
- initial capitals were not always attributed to titles of publications: annales de l'europe, mémoires du cardinal de Rets, testament, transactions de l'Europe (s49PA); alcoran, dictionnaire de Trévoux, mémoires du comte de Grammont (50A)

6. Points of grammar
   - agreement of the past participle was not consistent
   - adverbial *s* was used in: guères; jusques-là (s49PA)
   - adverbial *tout* took the feminine form before *autre* followed by a feminine noun: toute autre chose (50A)
   - the plural in -*x* was used in: loix
   - the cardinal number *cent* was invariable (50A)
   - est il, persuadera-t'on (s49PA); a-t'il, dira-t'il, faudra-t'il, oublie-t'on (50A)

7. Miscellaneous
   - the ampersand was used
   - the hyphen was used in: très-bien, très-honorable, très-important, etc.; aussi-tôt, de-là, non-seulement (s49PA); bien-séant, (je) dis-là, long-tems, mal-à-propos, par-là, par-tout (also: par tout), sur-tout (also: sur tout), trois-quarts (50A)
   - the hyphen was not used in: au dessus, sang froid (s49PA); grand écuyer (50A)
   - St was abbreviated S.

Modernisation of quotations

The spelling, but not the punctuation, of quotations from printed sources has been modernised, except where a specific critical edition is used, in which case the spelling of the edition is followed.

DES MENSONGES IMPRIMÉS

On peut aujourd'hui diviser les habitants de l'Europe en lecteurs et en auteurs, comme ils ont été divisés pendant sept ou huit siècles en petits tyrans barbares qui portaient un oiseau sur le poing, et en esclaves qui manquaient de tout.

Il y a environ deux cent cinquante ans que les hommes se sont ressouvenus petit à petit qu'ils avaient une âme; chacun veut lire, ou pour fortifier cette âme, ou pour l'orner, ou pour se vanter d'avoir lu. Lorsque les Hollandais s'aperçurent de ce nouveau besoin de l'espèce humaine, ils devinrent les facteurs de nos pensées, comme ils l'étaient de nos vins et de nos sels. Et tel libraire d'Amsterdam qui ne savait pas lire, gagna un million, parce qu'il y avait quelques Français qui se mêlaient d'écrire. Ces marchands s'informaient par leurs correspondants, des denrées qui avaient le plus de cours, et selon le besoin ils commandaient à leurs ouvriers des histoires ou des romans, mais principalement des histoires, parce qu'après tout on ne laisse pas de croire qu'il y a toujours un peu plus de vérité dans ce qu'on appelle histoire nouvelle, mémoires historiques, anecdotes, que dans ce qui est intitulé roman. C'est ainsi que sur des ordres de marchands de papier et d'encre, leurs metteurs en œuvre composèrent les Mémoires d'Artagnan, de Pointits, de Vordac, de Rochefort,[1] et tant

a   w50: Des mensonges imprimés./ Chapitre premier
    w51: Discours sur les mensonges imprimés./ Chapitre premier
    k: Des mensonges imprimés, et du testament politique du cardinal de Richelieu, etc.
19   w57p: ordres des marchands
20   w51: en œuvres
21   s49pc: d'Artaignan
    w48d: Pointis   w50, w52: Pontits   w51-k: Pontis

[1] The *Mémoires de M. d'Artagnan, capitaine-lieutenant de la première compagnie*

351

d'autres, dans lesquels on trouve au long tout ce qu'ont pensé les
rois ou les ministres quand ils étaient seuls, et cent mille actions
publiques dont on n'avait jamais entendu parler. Les jeunes barons
allemands, les palatins polonais, les dames de Stokolm et de   25
Copenhague lisent ces livres, et croient y apprendre ce qui s'est
passé de plus secret à la cour de France.

Varillas était fort au-dessus des nobles auteurs dont je parle,
mais il se donnait d'assez grandes libertés.[2] Il dit un jour à un
homme qui le voyait embarrassé: J'ai trois rois à faire parler   30
ensemble; ils ne se sont jamais vus, et je ne sais comment m'y
prendre. Quoi donc, lui dit l'autre, est-ce que vous faites une
tragédie?

Tout le monde n'a pas le don de l'invention. On fait imprimer
in-12 les fables de l'histoire ancienne, qui étaient ci-devant in-   35

---

des mousquetaires du roi (Cologne 1700; BV, no.3083: Amsterdam 1715), and the
Mémoires de M. L. C. D. R. [le comte de Rochefort], *contenant ce qui s'est passé de
plus particulier sous le ministère du cardinal de Richelieu et du cardinal Maʒarin* (s.l.
1687) are by Gatien de Courtilz de Sandras, whose specialisation in the pseudo-
mémoire infuriated Voltaire (*Le Siècle de Louis XIV*, 'Catalogue des écrivains';
OH, p.1151-52). Courtilz was not, however, as Voltaire supposed, the author of
Les Mémoires du comte de Vordac, général des armées de l'empereur (Paris 1702-
1723), which were written by André Cavard and J. Olivier. The *Mémoires du sieur
de Pontis* [...] *contenant plusieurs circonstances des guerres et du gouvernement sous les
règnes des rois Henri IV, Louis XIII et Louis XIV* (Paris 1676), were written by
Pierre-Thomas Du Fossé from first-hand reminiscences by Pontis (see V. Mylne,
The Eighteenth-century French novel: techniques of illusion, Manchester 1965, p.35).
In the 'Catalogue des écrivains', Voltaire went so far as to claim that Pontis had
never existed (*OH*, p.1194). There is no doubt that these pseudo-mémoires were
popular, judging by the number of editions that were printed, but by no means all
of them bore the imprint of a Dutch publisher.

[2] Antoine Varillas specialised in the history of France and Italy; 'historien plus
agréable qu'exact' is Voltaire's judgement on him in the 'Catalogue des écrivains'
(*OH*, p.1212). Elsewhere he calls him 'archi-menteur' (D2609). Varillas's historical
methods do indeed leave much to be desired from the point of view of accuracy.
Voltaire had two of Varillas's works in his library, *Histoire de l'hérésie de Viclef,
Jean Hus, et Jérôme de Prague* (Lyon 1682; BV, no.3400) and *La Minorité de Saint-
Louis, avec l'histoire de Louis XI et de Henri II* (La Haye 1685; BV, no.3401).

folio.[3] Je crois que l'on peut retrouver dans plus de deux cents auteurs les mêmes prodiges opérés et les mêmes prédictions faites du temps que l'astrologie était une science. On nous redira peut-être encore que deux Juifs, qui sans doute ne savaient que vendre de vieux habits et rogner de vieilles espèces, promirent l'empire à Léon Lisaurien, et exigèrent de lui qu'il abattît les images des chrétiens quand il serait sur le trône; comme si un Juif se souciait beaucoup que nous eussions ou non des images.[4] Je ne désespère pas qu'on ne réimprime que Mahomet II surnommé le grand, le prince le plus éclairé de son temps, et le rémunérateur le plus magnifique des arts, mit tout à feu et à sang dans Constantinople, (qu'il préserva pourtant du pillage) abattit toutes les églises (dont en effet il conserva la moitié), fit empaler le patriarche, lui qui rendit à ce même patriarche plus d'honneurs qu'il n'en avait reçu des empereurs grecs: qu'il fit éventrer quatorze pages, pour savoir qui d'eux avait mangé un melon, et qu'il coupa la tête à sa maîtresse pour réjouir ses janissaires. Ces histoires dignes de Robert-le-diable et de Barbe-bleue, sont vendues tous les jours avec approbation et privilège.[5]

40

45

50

43   k: images. ¶Je ne

[3] Charles Rollin's thirteen-volume *Histoire ancienne* began to appear in 1730 (BV, no.3008: Paris 1731-1737). It was duodecimo, as were most of the subsequent editions before 1750. The edition of 1740 was quarto. The precise meaning of lines 34-36 is thus somewhat obscure.

[4] This story is related by Louis Maimbourg, *Histoire de l'hérésie des iconoclastes* (2nd ed., Paris 1675, i.21-41), who sees it as the 'occasion qui fit naître l'hérésie' (i.21); cf. CN, iii.156. Voltaire had already referred to this episode in the preface to the 1748 edition of the *Histoire de Charles XII* (M.xvi.124), and he returned to it again in the *Essai sur les mœurs*, ch.14.

[5] Voltaire's ironic wish was soon to come true: most of these legends, which had been retailed by Moreri (*Le Grand dictionnaire historique*, Lyon 1683, ii.505), were repeated by his revisers in the 1759 Paris edition (vii.55), published 'Avec approbation et privilège'. Bayle had already voiced doubts about these legends (see *Dictionnaire*, 'Mahomet II', Rem. G and I, Rotterdam 1720, iii.1870; BV, no.202: Rotterdam 1697). Voltaire made the same point in an addition of 1751 to the 1748

Des esprits plus profonds ont imaginé une autre manière de   55
mentir. Ils se sont établis héritiers de tous les grands ministres, et
se sont emparés de tous les testaments. Nous avons vu les
testaments des Colbert et des Louvois, 6 donnés comme des pièces
authentiques par des politiques raffinés qui n'étaient jamais entrés
seulement dans l'antichambre d'un bureau de la guerre ni des   60
finances. Le testament du cardinal de Richelieu fait par une main
un peu moins malhabile, a eu plus de fortune, et l'imposture a
duré très longtemps. 7 C'est un plaisir surtout de voir dans des
recueils de harangues, quels éloges on a prodigués à l'*admirable*
testament de cet *incomparable* cardinal: on y trouvait toute la   65
profondeur de son génie;8 et un imbécile qui l'avait bien lu, et

55   s49PC: plus formels ont
58   s49PB: testaments de Colbert
60   s49PC: du bureau
62   w75G, K: moins habile

preface to the *Histoire de Charles XII* (M.xvi.127) and in the *Essai sur les mœurs*,
ch.91.
   6 The *Testament politique de messire Jean-Baptiste Colbert* [...] *où l'on voit tout ce
qui s'est passé sous le règne de Louis le Grand, jusqu'en l'année 1684* (La Haye 1693)
and the *Testament politique du marquis de Louvois* [...] *où l'on voit ce qui s'est passé
de plus remarquable en France jusqu'à sa mort* (Cologne 1695) are often attributed to
Courtilz de Sandras, but B. J. Woodbridge considers this attribution to be
'douteuse' (*Gatien de Courtilz: étude sur un précurseur du roman réaliste en France*,
Baltimore, Paris 1925, p.207). Like the *Mémoires* mentioned above (p.351, n.1),
these *Testaments* were popular; Voltaire acquired them in the *Recueil des testaments
politiques* of 1749. Elsewhere he describes the *Testament de Colbert* as 'une rapsodie
ridicule' (*L'Homme aux quarante écus*, M.xxi.328).
   7 The *Testament politique d'Armand Du Plessis, cardinal duc de Richelieu* was
probably first published in 1688; see above, p.318-19.
   8 In his 'Discours de réception', given on 15 June 1693, La Bruyère had
exclaimed: 'Ouvrez son Testament politique, digérez cet ouvrage: c'est la peinture
de son esprit; [...] l'on y voit sans peine qu'un homme qui pense si virilement et
si juste a pu agir sûrement et avec succès, et que celui qui a achevé de si grandes
choses, ou n'a jamais écrit, ou a dû écrire comme il l'a fait' (*Recueil des harangues
prononcées par messieurs de l'Académie française, dans leurs réceptions, et en d'autres
occasions, depuis l'établissement de l'Académie jusqu'à présent*, 2nd ed., Paris 1714-
1787, ii.414).

qui en avait même fait quelques extraits, se croyait capable de gouverner le monde. [9]

J'eus quelques soupçons dès ma jeunesse, que l'ouvrage était d'un faussaire qui avait pris le nom du cardinal de Richelieu pour débiter ses rêveries; [10] je fis demander chez tous les héritiers de ce ministre, si on avait quelque notion que le manuscrit du testament eût jamais été dans leur maison; on répondit unanimement que personne n'en avait eu la moindre connaissance avant l'impression. [11] J'ai fait depuis les mêmes perquisitions, et je n'ai pas trouvé le moindre vestige du manuscrit; j'ai consulté la bibliothèque du roi, les dépôts des ministres, jamais je n'ai vu personne qui ait seulement entendu dire qu'on ait jamais vu une ligne du manuscrit du cardinal. [12] Tout cela fortifia mes soupçons, et voici les présomp-

70

75

68-200   w50-к: le monde. ¶On n'a

[9] Is Voltaire referring to the 'Observations de monsieur l'abbé de S. Pierre sur le Testament politique du cardinal de Richelieu', first published in the 1740 edition of the *Testament* and republished in the *Recueil des testaments politiques*, ii.197-257?

[10] Cf. Voltaire's words in the *Avis à un journaliste*, quoted above, p.318.

[11] Ménard contradicts this affirmation: 'M. de V. […] a sans doute oublié que le digne chef de cette maison à qui il s'adressa, il y a près de vingt ans, lui répondit qu'on n'avait jamais douté que ce Testament ne fût véritablement l'ouvrage du cardinal; que feu M. le duc de Richelieu son père le lui avait toujours assuré de même' (*Réfutation*, p.4-5). Cf. Scheffer: 'Tout le monde icy sait les grandes liaisons et pour ainsi dire la familiarité dans lesquelles Voltaire a toujours vecu avec M. le Duc de Richelieu et Mad[e] la Duchesse d'Aiguillon; par consequent cet argument contre l'autenticité du Testament parut convaincant […] si M. de Richelieu et Mad[e] d'Aiguillon ne se fussent déclarés aussitot contre Voltaire, en assurant qu'ils n'ont jamais été consultés par lui sur cet article' (p.204). See also André, p.50-51 and appendix III (the testimony of Mme d'Egmont, daughter of the duc de Richelieu, who also refutes Voltaire's statement).

[12] It is hard to believe this. There are at least 17 known manuscripts of the *Testament*, 12 of which date from the seventeenth century (André, p.37-39; above, p.324, n.28, p.328, n.41). Voltaire could at least have discussed the conjectures made by Jacques Lelong (*Bibliothèque historique de la France*, Paris 1719, p.711; see below p.423, n.108) and he cannot have been unaware of the opinion of the duc de Richelieu. He lays himself open to criticism from Ménard and the *Mémoires de Trévoux*, with which he deals in his late additions to chapter III (l.532-599).

tions et les raisons qui me persuadent que le cardinal n'a pas la   80
plus petite part à cet ouvrage. (*a*)

1°. Le testament ne parut que 38 ans après la mort de son
auteur prétendu. [13] L'éditeur dans sa préface ne dit point comment
le manuscrit est tombé dans ses mains. [14] Si le manuscrit eût été
authentique, il était de son devoir et de son intérêt d'en donner la   85
preuve, de le déposer dans quelque bibliothèque publique, de le
faire voir à quelque homme en place. [15] Il ne prend aucune de ces
mesures, (que sans doute il ne pouvait prendre) et cela seul doit
lui ôter tout crédit.

2°. Le style est entièrement différent de celui du cardinal de   90

(*a*) Une partie de ces réflexions avait déjà paru dans les papiers
publics. [16]

[13] Cf. *Avis*, §2. Foncemagne replied that the first edition of the *Testament* in
fact appeared 46 years after the cardinal's death, but that such delay was no proof
of inauthenticity (*Lettre*, p.3-4), while Montesquieu commented: 'Ce livre n'était
point de nature à être publié dès qu'il a été fait' (*Œuvres*, ii.596).

[14] Cf. *Avis*, §3. The editor of the first edition of the *Testament* admits that the
manuscript, 'qui paraît au moins de trente ans', is full of errors; however, he does
not say how it reached him, nor does he even describe it in detail (André, p.462).

[15] Cf. *Avis*, §3. This suggestion strikes the modern reader as sensible. Ménard,
on the other hand, was surprised by this passage: to insist that the publisher should
have taken such precautions is to propose a 'loi [...] singulière [...] et qu'on ne
voit guère pratiquer' (p.8), a view endorsed by Fréron (p.50-51); Foncemagne
similarly implies that the publisher was not obliged to discuss the origin and
authenticity of the manuscript (1750, p.3-7).

[16] This note is not asterisked, but surely belongs here. It refers to the *Mercure*
of November 1744, which printed the *Avis à un journaliste* (p.1-41) where Voltaire
attacked the authenticity of the *Testament*, using many, though not all, of the
objections subsequently made here.

356

Richelieu. [17] On a cru y reconnaître la main de l'abbé de Bourzeis, [18] mais il est plus aisé de dire de qui ce livre n'est pas, que de prouver de qui il est.

3°. Non seulement on n'a pas imité le style du cardinal de Richelieu, mais on a l'imprudence de le faire signer *Armand Duplessis*, lui qui n'a de sa vie signé de cette manière. [19]

4°. Dès le premier chapitre on voit une fausseté révoltante. On y suppose la paix faite, et non seulement on était alors en guerre,

[95]

[17] Cf. *Avis*, §4. Both Ménard (p.10) and Foncemagne (p.13) reproach Voltaire with not having named the works of the cardinal that he had in mind. Fréron (iii.51-52) argues that a writer's style can vary from work to work. The subjectivity of Voltaire's argument is revealed by Montesquieu's comment: 'Il me sembla que l'âme du cardinal y était tout entière [...] je jugeai [...] que le *Testament politique* était du cardinal de Richelieu parce que j'y trouvais toujours l'esprit du cardinal de Richelieu' (*Œuvres*, ii.595).

[18] Amable de Bourzeis, a protégé of Richelieu, whose writings he corrected and who secured him a seat in the Académie française. Voltaire's opinion on whether or not Bourzeis was the author of the *Testament* varied considerably. In 1739 he was telling d'Olivet that Bourzeis 'n'y a plus de part que vous', on the grounds that his style was greatly superior to that of the *Testament* (D1934); but three months later he wrote to d'Argenson that 'cet ouvrage fut fait par l'abbé de Bourzeis dont j'ay cru reconnaître le stile' (D2035). As Brumfitt says, this change of opinion 'does not inspire confidence in his powers of stylistic analysis' (p.148), but in 1739 Voltaire had not yet gone very deeply into the question of authenticity. Here he does not commit himself; later, in the *Doutes nouveaux*, he reaffirms his belief that Bourzeis was responsible for some of the *Testament*. Montesquieu's reply to Voltaire's objection is ingenious: 'Serait-ce M. de Bourzeis, janséniste décidé, qui aurait voulu anéantir les appels comme d'abus?' (*Œuvres*, ii.598), but he did not deny that Bourzeis wrote some of the *Testament* (see above, p.322-23).

[19] Cf. *Avis*, §5. The first edition of the *Testament* prints the signature 'Armand du Plessis' after the 'Epître au roi' (i.4); but this particular signature does not feature in any of the known seventeenth century manuscripts, which are either unsigned or give the signature 'Armand, cardinal duc de Richelieu' (the cardinal's usual signature) or 'Armand-Jean Du Plessis, cardinal duc de Richelieu' (André, p.39). It is not known from which manuscript the first edition was printed (see André, p.462, n.2) and it is quite possible, as Fréron (iii.52) and Foncemagne (p.17) suggest, that the signature 'Armand du Plessis' was added when the work was at press. Voltaire's objection had already been made by Aubery (*L'Histoire du cardinal Mazarin*, iii.338).

mais le cardinal de Richelieu n'avait nulle envie de faire la paix. [20]
Une pareille absurdité est une conviction manifeste de faux.   100

5°. Aux louanges ridicules que le cardinal se donne à lui-même
dans ce premier chapitre [21] et qu'un homme de bon sens ne se
donne jamais, on ajoute une condamnation encore plus indécente
de ceux qui étaient dans le Conseil quand le cardinal y entra. [22]
On y appelle le duc de Mantoue, *ce pauvre prince*. [23] Quand on y   105

[20] Voltaire could be referring to the title of the opening chapter of the *Testament*:
'Succincte narration de toutes les grandes actions du roi, jusqu'à la paix, faite en
l'an...' (1688, i.5; cf. André, p.466); Ménard points out that the Sorbonne manuscript
does not give the words 'jusqu'à la paix faite en l'an...' (p.14-15), but he does not
seem to have noticed that, in the same chapter, there is another reference to the
end of the war: 'Plusieurs choses sont à remarquer dans cette guerre. La première
est que V. M. n'y est entrée que lorsqu'Elle n'a pu l'éviter, et qu'Elle n'en est sortie
qu'alors qu'Elle l'a dû faire' (André, p.143). Thus Voltaire's objection stands. The
advocates of authenticity reply that the cardinal was anticipating events, hoping
that peace would soon be achieved (Foncemagne, p.20-21; André, p.55). It is
possible that in particular he was looking forward to the negotiations at Munster,
which, however, eventually proved to be abortive. Voltaire's statement that 'le
cardinal de Richelieu n'avait nulle envie de faire la paix' is not correct.

[21] Voltaire did not make this objection in the *Avis*, but cf. §6. It is true that the
cardinal praises himself in chapter 1 of the *Testament*, but not excessively, and
usually with some justification. Foncemagne argues that 'Puisque le cardinal avait
été l'âme de ces événements; il fallait ou qu'il s'abstînt d'en écrire l'histoire ou que
l'histoire qu'il écrivait fût la sienne propre' (p.25; see also Ménard, p.19-20).

[22] Voltaire did not make this objection in the *Avis*, but cf. §7. He is probably
referring here to the fourth paragraph of the 'Succincte narration', where Richelieu
accuse 'ceux qui avoient la principale conduite de vos affaires' of having preferred
private to public interest and of having degraded 'la dignité de la Majesté Royale'
(André, p.94). Richelieu is alluding to certain members of the *Conseil du roi*, such
as the cardinal de La Rochefoucauld, and La Vieuville, the *surintendant des finances*,
and his condamnation of them would appear to be justified (cf. Foncemagne, p.28;
André, p.94, n.2; V.-L. Tapié, *La France de Louis XIII et de Richelieu*, Paris 1952,
p.160-61).

[23] Cf. *Avis*, §6. Voltaire is quoting the words 'ce pauvre prince' out of context:
Richelieu used them to express compassion: 'Le Cardinal de Bérulle et le garde des
sceaux de Marillac conseilloient à V. M. d'abandonner ce pauvre prince à l'injustice
et à l'avidité insatiable de cette nation, ennemie du repos de la chrétienté, pour
empêcher qu'elle ne le troublât' (*Testament*, 1.i; André, p.105). The 'pauvre prince'
is Charles 1 de Gonzague, duc de Nevers, the legitimate successor to Vincent II,

mentionne les intrigues que trama la reine mère pour perdre le cardinal, on dit la *Reine* tout court, comme s'il s'agissait de la reine épouse du roi. [24] On y nomme la marquise du Fargis, femme de l'ambassadeur en Espagne, et favorite de la reine mère, *la Fargis*, comme si le cardinal de Richelieu eût parlé de Marion de Lorme; [25] il n'appartient qu'à quelques pédants grossiers qui ont écrit des histoires de Louis xiv de dire la Montespan, la Maintenon, la Fontange, la Portsmouth. Un homme de qualité et aussi poli que le cardinal de Richelieu, n'eût pas assurément tombé dans de telles indécences. Je ne prétends pas donner à cette probabilité plus de poids qu'elle n'en a; je ne la regarde pas comme une raison décisive, mais comme une conjecture assez forte.

6°. Voici une preuve qui me paraît entièrement convaincante. Le testament dit au chapitre premier, que les cinq dernières années de la guerre ont coûté chacune *soixante millions de livres* de ce temps-là, sans moyens extraordinaires, et dans le chapitre neuf, il dit, qu'il entre dans l'épargne *trente-cinq millions* tous les ans. Que peut-on opposer à une contradiction si formelle? n'y découvre-t-on pas évidemment un faussaire qui écrit à la hâte, et qui oublie au neuvième chapitre ce qu'il a dit dans le premier. [26]

duc de Mantoue, who died in 1627; Charles was supported by Louis XIII, and opposed by the emperor and the duc de Savoie. Marillac, unlike Richelieu, advocated a policy of appeasement towards Spain.

[24] Voltaire did not make this objection in the *Avis*. Richelieu usually talks of 'la Reine, sa mère' (André, p.96-97) or of 'la Reine, votre mère' (p.112-13); when he does use simply 'la Reine' (p.114) the context makes it abundantly clear that it is the queen mother who is referred to (cf. Ménard, p.18; Foncemagne, p.31-32).

[25] Cf. *Avis*, §6. It is true that 'La Fargis' (André, p.132) is a disdainful way of referring to Madeleine de Silly, marquise Du Fargis, but the fact that she was one of Richelieu's greatest enemies, as well as her notoriously dissolute conduct, explains his use of the expression, which is also found in other works of his (cf. Foncemagne, p.32-34; André, p.99, n.3). Marion de Lorme was of course reputed to be one of Richelieu's mistresses.

[26] Cf. *Avis*, §8. Voltaire is referring to the following passage in *Testament*, I.i: 'la dépense de chacune des 5 années, que la France a supporté la guerre, a monté à plus de 60 millions, ce qui est d'autant plus admirable qu'elle a été soutenue sans prendre les gages des officiers, sans toucher au revenu des particuliers et même

7°. Quel est l'homme de bon sens qui pourra penser qu'un ministre propose au roi de réduire les dépenses secrètes de ce qu'on appelle *comptant* à un million d'or? Que veut dire ce mot vague un million d'or?[27] ces expressions sont bonnes pour un homme qui compile l'histoire ancienne sans entendre ce que valent les espèces: est-ce un million de livres d'or, de marcs d'or, de louis d'or? dans ce dernier cas, qui est le plus favorable, le million d'or comptant aurait monté à vingt-deux millions de nos livres numéraires[28] d'aujourd'hui;[29] et c'était une plaisante réduction

130

---

sans demander aucune aliénation du fonds du clergé, tous moyens extraordinaires, auxquels vos prédécesseurs ont été souvent obligés de recourir en de moindres guerres' (André, p.147-48). As Foncemagne points out (p.37-38), Richelieu is not saying that no 'moyens extraordinaires' were used, only that the three mentioned were not. In fact, the period 1635-1640 saw a great increase in the use of these 'moyens': extra subsidies from the clergy, creation of new *offices* and *rentes*, loans from provincial Etats, and changes in the value of money (François Véron de Forbonnais, *Recherches et considérations sur les finances de France, depuis l'année 1595 jusqu'à l'année 1721*, Bâle, Liège 1758, i.228-34; BV, no.3431). As regards the reference to a figure of 35 million livres in II.ix.7 (1688, ii.152; cf. André, p.436: 25 million), this is the revenue in peace time, after deduction of *les charges*, so it cannot be compared with the wartime revenue mentioned in I.i (see below, p.419, n.95).

[27] Voltaire's doubts are unjustified: the *Mémoires de Trévoux* proves conclusively that the expression is not vague and that 'un million d'or vaut un million d'écus ou trois millions de livres' (February 1750, p.347-49); cf. Foncemagne, p.41-43, Fréron, iii.55; see also below, p.416, n.84.

[28] Under the ancien régime, the value of coinage was expressed in two different ways: the *valeur réelle* or *intrinsèque*, which depended on the number of coins struck from a given quantity of precious metal; and the *valeur de compte* or *numéraire* (supposed to be used for all commercial dealings), expressing in livres and sous the value assigned by the government to any given coin. Ministers of finance frequently increased the *valeur numéraire* of coins in order to increase the value of the treasury's stocks of gold and silver, thus enabling it to pay government debts more cheaply (see R. Picard, 'Les mutations des monnaies et la doctrine économique en France, du XVIe siècle à la Révolution', *Revue d'histoire des doctrines économiques et sociales* 5, 1912, p.343-67, and *Encyclopédie*, art. 'Espèces, Comm.').

[29] Although Voltaire's assumption that 'un million d'or' is 'un million de louis d'or' is incorrect, his calculation is approximately correct: between 1611 and 1669 the *louis d'or* was worth, in *valeur de compte*, 10 livres; since 1740, it had been worth

qu'une dépense qui aurait monté alors à près du tiers du revenu 135
de l'Etat. [30]

D'ailleurs est-il croyable qu'un ministre insiste sur l'abolition
de ce comptant? c'était une dépense secrète dont le ministre était
le maître absolu. C'était le plus cher privilège de sa place.

L'affaire des comptants ne fit du bruit que du temps de la 140
disgrâce du célèbre Fouquet qui avait abusé de ce droit du
ministère. Qui ne voit que le Testament prétendu du cardinal de
Richelieu n'a été forgé qu'après l'aventure de monsieur Fouquet? [31]

8°. Est-il encore d'un ministre d'appeler les rentes constituées
au denier vingt *les rentes au denier cinq*? Il n'y a pas de clerc de 145
notaire qui tombât dans cette méprise absurde. Une rente au
denier cinq produirait la cinquième partie du capital. Un fonds de
cent mille francs produirait vingt mille francs d'intérêt, il n'y a

---

24 (not 22) livres (J.-A. Blanchet and A.-E. Dieudonné, *Manuel de numismatique
française*, Paris 1912-1936, iii.344, 350, 363, 365).

[30] According to J.-J. Clamageran, total government revenue in 1640 was 80
million livres; *les charges* amounted to 47 million livres, leaving a net revenue of
about 33 million livres (*Histoire de l'impôt en France*, Paris 1867-1876, ii.510-11).
Forbonnais gives much the same figure for 1639 (i.242): he does not give details
of the budget of 1640. The figure of 33 million livres corresponds fairly closely to
that given by Richelieu in the *Testament* (II.ix.7).

[31] This objection does not feature in the *Avis*. Richelieu says of *les comptants*,
Testament, II.ix.7: 'Bien qu'il soit utile d'en user en quelques occasions et qu'il
semble nécessaire en d'autres, néanmoins les grands inconvénients et les abus, qui
en arrivent, surpassent tellement leur utilité qu'il est absolument nécessaire de les
abolir. [...] Cependant, pour n'interrompre pas les moyens de faire quelque dépense
secrète à son avantage [celui de l'Etat], on peut laisser la liberté à un million d'or
pour les Comptants, à condition que le même en soit signé par le Roi' (André,
p.430-31). Richelieu goes on to explain why, 'connaissant l'usage des comptants
mauvais', he did not abolish them: the excuse he gives is that he was preoccupied
with his other tasks. This statement would tend to vitiate Voltaire's reasoning: it
is not impossible that Richelieu should wish to reduce *les comptants*, and their
danger was known before the Fouquet affair (see Foncemagne, p.41). Nicolas
Fouquet, *surintendant des finances* under Mazarin, was arrested for embezzlement of
public funds in 1661; his trial lasted for three years (*Le Siècle de Louis XIV*; *OH*,
p.898-901).

jamais eu de rentes à ce prix. Les rentes au denier vingt produisent
cinq pour cent, mais ce n'est pas là le denier cinq.[32] Il est clair   150
que le Testament est l'ouvrage d'un homme qui n'avait pas de
rentes sur la ville.[33]

9°. Il paraît évident que tout le chapitre neuf, où il est question
de la finance, est d'un faiseur de projets, qui dans l'oisiveté de son
cabinet, bouleverse paisiblement tout le système du gouvernement,   155
supprime les gabelles, fait payer la taille au parlement, rembourse
les charges sans avoir de quoi les rembourser.[34] Il est assurément
bien étrange qu'on ait osé mettre ces chimères sous le nom d'un
grand ministre,[35] et que le public y ait été trompé. Mais où sont
les hommes qui lisent avec attention? je n'ai guère vu personne   160

[32] Cf. *Avis*, §9. Voltaire is probably referring to this passage in *Testament*,
II.ix.7: 'Les premières rentes constituées sur la taille, qui se vendent d'ordinaire au
denier cinq, ne doivent être considérées ni remboursées que sur ce pied, selon
lequel leur propre jouissance en fait le remboursement entier en sept ans et demie'
(1688, ii.167; cf. André, p.446: 'Les dernières rentes [...] remboursées selon leur
propre jouissance, en faisant le remboursement'). There is some justification for
Voltaire's objection: 'au denier cinq' would have been 20 per cent, a rate of interest
that did not exist on government stock at that time. Ménard (p.25) and Foncemagne
(p.43) argue unconvincingly that the cardinal meant 'au denier cinq pour cent'.
However, it should be noted that the *Testament* does not read: 'rentes au denier
cinq' but 'qui se vendent [...] au denier cinq'; hence the author could be referring
to their market value rather than to the rate of interest they gave, as the editor of
the first edition suggests (ii.167, note). But this explanation does not tally with the
figure of seven and a half years.

[33] *Rente sur la ville*, est celle qui étant assignée sur les revenus du roi, se paye
au bureau de la ville' (*Encyclopédie*, art. 'Rentes', xiv.119): in this case, Paris.

[34] Cf. *Avis*, §10 and 11. *Testament*: 'supprime les gabelles' (André, p.438-39);
'fait payer la taille au parlement' (p.486); 'rembourse les charges' (p.446-47).

[35] Attempts have been made to rehabilitate Richelieu as an economist (see
Forbonnais, ii.61-62; H. Hauser, *La Pensée et l'action économique du cardinal de
Richelieu*, Paris 1944, p.171-84), but it is generally admitted that his talents in that
field were limited (André, p.427, n.1), and that the calculations in this section of
the *Testament* are muddled (Hauser, p.178). Some of the contradictions may be
due to copyists' errors (André, p.436, n.1). Although Voltaire is justified in drawing
attention to the mistakes in II.ix.7, these do not constitute a proof of inauthenticity
(cf. Foncemagne, p.120).

lire avec un profond examen autre chose que les mémoires de ses propres affaires. De là vient que l'erreur domine dans tout l'univers. Si l'on mettait autant d'attention dans la lecture, qu'un bon économe en apporte à voir les comptes de son maître d'hôtel, de combien de sottises ne serait-on pas détrompé?

10°. Est-il vraisemblable qu'un homme d'Etat qui se propose un ouvrage aussi solide, dise *que le roi d'Espagne en secourant les huguenots, avait rendu les Indes tributaires de l'enfer;*[36] *que les gens de palais mesurent la couronne du roi par sa forme qui étant ronde n'a point de fin;*[37] *que les éléments n'ont de pesanteur, que lorsqu'ils sont en leur lieu; que le feu, l'air ni l'eau ne peuvent soutenir un corps terrestre, parce qu'il est pesant hors de son lieu;*[38] et cent autres absurdités pareilles, dignes d'un professeur de rhétorique de pro-

[36] Cf. *Avis*, §6. *Testament*, I.i: '[Le roi d'Espagne] venoit fraîchement de faire un traité avec le Duc de Rohan pour former dans cet Etat un corps de rébellion à Dieu et à V. M. tout ensemble, moyennant un million qu'il devoit donner tous les ans et dont, par ce moyen, il rendoit les Indes tributaires à l'Enfer' (André, p.108). As Ménard says (p.27), this kind of *fausse pointe* was popular in the early seventeenth century: the metaphor refers to the fact that the duc de Rohan, a protestant, was being paid by Philip IV in gold from the Spanish colonies.

[37] The words are used satirically by Richelieu in a passage where he is contrasting the extreme positions taken up by the lawyers and the theologians over the relative rights of the pope and the king, *Testament*, I.v.9: 'En telle matière, il ne faut pas croire, ni les gens de palais, qui mesurent d'ordinaire [la puissance] du Roi par la forme de sa Couronne, qui, étant ronde, n'a point de fin, ni ceux, qui, par l'excès d'un zèle indiscret, se rendent ouvertement partisans de Rome' (André, p.203). Foncemagne gives similar examples from contemporary works (p.49-50).

[38] Voltaire is quoting loosely from *Testament*, I.v.1: 'Comme c'est une chose très certaine que les Eléments, qui sont capables de poids, n'ont point de pesanteur, lorsqu'ils sont en leur lieu, c'est chose aussi très assurée qu'aucun des ordres de votre Etat ne sera à charge à l'autre, lorsque chacun sera Contraint d'être en la place qu'il doit avoir par sa nature. Et, comme le feu, ni l'air, ni l'eau ne peuvent soutenir un Corps terrestre, parce qu'il est pesant hors de son lieu, il est certain que ni l'Eglise, ni la noblesse ne sauroient supporter la charge des officiers, lorsqu'ils voudront être hors de leur place' (André, p.257). Foncemagne shows that such metaphors were not unusual at the time (p.50-51; cf. Ménard, p.27-28). Montesquieu comments ironically: 'apparemment que le cardinal de Richelieu n'avait point étudié la philosophie cartésienne!' (*Œuvres*, ii.599).

vince dans le seizième siècle, ou d'un répétiteur irlandais qui
dispute sur les bancs. 175

11°. Se persuadera-t-on que le premier ministre d'un roi de
France ait fait un chapitre tout entier pour engager son maître à
se priver du droit de régale dans la moitié des évêchés de son
royaume. Droits dont les rois ont été si jaloux?[39]

12°. Serait-il possible que dans un testament politique adressé 180
à un prince âgé de quarante ans passés, un ministre tel que le
cardinal de Richelieu eût dit tant d'absurdités quand il entre dans
les détails, et n'eût en général annoncé que des vérités triviales,
faites pour un enfant qu'on élève, et non pour un roi qui régnait
depuis trente années. Il assure *que les rois ont besoin de conseils;* 185
qu'un conseiller d'un roi doit avoir de la capacité et de la probité; qu'il
faut suivre la raison, établir le règne de Dieu; que les intérêts publics
doivent être préférés aux particuliers; que les flatteurs sont dangereux;
que l'or et l'argent sont nécessaires.[40] Voilà de grandes maximes

[39] This objection does not feature in the *Avis*. The chapter alluded to (I.iv;
André, p.174-81) is a historical survey as well as an attack on the extension of the
right of *régale* to all bishoprics. Foncemagne shows that there is nothing incongruous
in the cardinal's wish to limit the *régale*, which was not even claimed as a universal
right by the king until 1673 (p.51-57). Montesquieu remarks: 'ce ministre était
ecclésiastique, et, qui plus est, cardinal' (*Œuvres*, ii.599).

[40] Cf. *Avis*, §6. Voltaire is referring to the titles of chapters or sections of the
Testament: I.viii, 'Du conseil du prince', §1 'Qui montre que les meilleurs princes
ont besoin d'un bon conseil', §2 'Qui représente quelle doit être la capacité des
conseillers', §3 'Qui représente quelle doit être la probité des conseillers'; II.i, 'Le
premier fondement du bonheur d'un Etat est l'établissement du règne de Dieu';
II.ii, 'La raison doit être la règle de la conduite d'un Etat'; II.iii, 'Qui montre que
les intérêts publics doivent être l'unique fin de ceux qui gouvernent les Etats; ou
du moins qu'ils doivent être préférés aux particuliers'; II.viii, 'Du mal que les
flatteurs, médisants et faiseurs d'intrigues causent d'ordinaire aux Etats'; II.ix, 'De
la puissance du prince', §7 'Qui fait voir que l'or et l'argent sont une des principales
et plus nécessaires puissances de l'Etat' (1688, i.[XIII-XVIII]; cf. André, p.85-88).
This objection, which had previously been made by Aubery (*L'Histoire du cardinal
Mazarin*, iii.337-38), is rightly criticised by Foncemagne on the grounds that the
contents of the chapters are not so trivial as their titles suggest, and that in any
case works of the cardinal's time tended towards a certain heaviness of presentation
(p.57-62).

d'Etat à enseigner à un roi de quarante ans! Voilà des vérités 190
d'une finesse et d'une profondeur dignes du cardinal de Richelieu!

13°. Qui croirait enfin que le cardinal de Richelieu ait recommandé à Louis XIII la pureté et la chasteté par son Testament
politique? lui qui avait eu publiquement tant de maîtresses, et qui,
si l'on en croit les Mémoires du cardinal de Rets et de tous les 195
courtisans de ce temps-là, avait porté la témérité de ses désirs
jusqu'à des objets qui devaient l'effrayer et le perdre.[41]

Qu'on pèse toutes ces raisons, et qu'après on attribue ce livre,
si on l'ose, au cardinal de Richelieu.

On n'a pas été moins trompé au Testament de Charles v duc 200
de Lorraine, on a cru y reconnaître l'esprit de ce prince, mais ceux
qui étaient au fait y reconnurent l'esprit de M. de Chévremont
qui le composa.[42]

200 S49PA: Charles IV

[41] This objection does not feature in the *Avis*. Voltaire is referring to one of
two sentences in the *Testament*, either I.viii.5: 'Il n'y a rien de plus contraire à
l'application, nécessaire aux affaires publiques, que l'attachement que ceux qui en
ont l'administration peuvent avoir aux femmes' (André, p.300); or II.i: 'La pureté
d'un Prince chaste bannira plus d'impuretés de son Royaume, que toutes les
diligences qu'il sauroit faire à cette fin' (André, p.322). Foncemagne comments
that the second remark is too general to offend Louis XIII, and that the first, taken
in its context, is 'tout à la fois, une espèce d'aveu tacite, et une sorte d'apologie'
(p.64). Montesquieu makes a more subtle point: 'un ministre qui instruit les rois
est fort porté à leur donner des instructions pour faire ce qu'ils font [...]. Le
cardinal de Richelieu conseille au roi d'être pieux, parce qu'il l'était; il lui conseille
de n'avoir point de maîtresses, parce qu'il n'en avait point, et peut-être encore,
parce qu'il en avait lui-même' (*Œuvres*, ii.600). The cardinal's *galanteries*, and in
particular his infatuation with Anne of Austria, are mentioned by cardinal de Retz
(*Mémoires*, Paris 1956, p.7, 8, 14; BV, no.2967: Amsterdam 1731), and by Tallemant
Des Réaux (*Les Historiettes*, Paris 1960, i.236-37). Gui Patin alleges that in 1640
Richelieu still had three mistresses: his niece, the wife of the maréchal de Chaulnes,
and Marion de Lorme (*Lettres*, ed. J.-H. Reveillé-Parise, Paris 1846, i.493-94; BV,
no.2662: Francfort 1683); cf. also *Essai sur les mœurs*, ch.175 (ii.585).

[42] The *Testament politique de Charles duc de Lorraine et de Bar, déposé entre les
mains de l'empereur Léopold à Presbourg le 29 novembre 1687* (Lipsic 1696; BV,
no.715) is by H. de Straatman. It was probably edited by the abbé J.-B. de

Après ces faiseurs de testaments viennent les auteurs d'anecdotes. Nous avons une petite histoire imprimée en 1700 de la   205
façon d'une mademoiselle Durand, personne fort instruite, qui
porte pour titre: Histoire des amours de Grégoire VII, du cardinal
de Richelieu, de la princesse de Condé, et de la marquise Durfé.[43]
J'ai lu, il y a quelques années, les Amours du révérend père de la
Chaise, confesseur de Louis XIV.[44]   210

Une très honorable dame réfugiée à la Haye, composa au
commencement de ce siècle six gros volumes de Lettres d'une
dame de qualité de province, et d'une dame de qualité de Paris,
qui se mandaient familièrement les nouvelles du temps. Or, dans
ces nouvelles du temps, je peux assurer qu'il n'y en a pas une de   215
véritable. Toutes les prétendues aventures du chevalier de Bouillon, connu depuis sous le nom de prince d'Auvergne, y sont
rapportées avec toutes leurs circonstances.[45] J'eus la curiosité de
demander un jour à M. le chevalier de Bouillon, s'il y avait quelque
fondement dans ce que madame Dunoyer avait écrit sur son   220

---

206   K: d'une demoiselle
207   S49PB: Grégoire... du
211   W52-W75G: dame [with note:] C'est la du Noyer.
       K: [note:] La du Noyer
215   W52-K: je puis assurer
217   W75G, K: nom du prince

Chèvremont (cf. below, III.596-598). It was reprinted in the *Recueil des Testaments
politiques* of 1749.

[43] Catherine Bédacier, née Durand, specialised in stories about the love lives of
historical and mythological figures. The work Voltaire mentions here is *Histoire
des amours de Grégoire VII, du cardinal de Richelieu, de la princesse de Condé, et de
la marquise d'Urfé. Par mademoiselle D**** (Cologne 1700).

[44] *Histoire secrète des amours du père La Chaise, jésuite et confesseur du roi Louis
XIV* (Cologne 1702). In chapter 13 of *L'Ingénu*, Voltaire was to pretend, at least,
to believe in La Chaise's amorous proclivities (M.xxi.281).

[45] Frédéric-Jules de La Tour d'Auvergne, grand-nephew of Turenne. He fre-
quented *le Temple*.

compte. Il me jura que tout était un tissu de faussetés. Cette dame avait ramassé les sottises du peuple, et dans les pays étrangers elles passaient pour l'histoire de la cour.[46]

Quelquefois les auteurs de pareils ouvrages font plus de mal qu'ils ne pensent. Il y a quelques années qu'un homme de ma 225 connaissance ne sachant que faire, imprima un petit livre dans lequel il disait qu'une personne célèbre avait péri par le plus horrible des assassinats: j'avais été témoin du contraire; je représentai à l'auteur combien les lois divines et humaines l'obligeaient de se rétracter; il me le promit: mais l'effet de son livre dure encore, 230 et j'ai vu cette calomnie répétée dans de prétendues histoires du siècle.[47]

Il vient de paraître un ouvrage politique à Londres, la ville de l'univers où l'on débite les plus mauvaises nouvelles, et les plus mauvais raisonnements sur les nouvelles les plus fausses. *Tout le* 235 *monde sait*, dit l'auteur (pag. 17), *que l'empereur Charles VI est mort empoisonné dans de l'aqua tuffana; on sait que c'est un Espagnol qui était son page favori, et auquel il a fait un legs par son testament, qui lui donna le poison. Les magistrats de Milan qui ont reçu les dépositions de ce page quelque temps avant sa mort et qui les ont* 240

221   S49PB: tout était tissu de
229-230   K: l'obligeaient à se
237   K: *dans l'aqua*

---

[46] On Anne-Marguerite Petit Dunoyer and the *Lettres historiques et galantes* (1707-1717; cf. BV, no.1150), see *Dictionnaire des journaux, 1600-1789*, ed. Jean Sgard (Paris, Oxford 1991), ii.745-49. In volume 7 Mme Dunoyer gives a somewhat biased account of the affair Voltaire had had in 1713 with her daughter Catherine-Olympe, known as 'Pimpette' (p.176-246). Voltaire here denigrates the work on other grounds; the statement that the *Lettres* formed 'six gros volumes' is possibly an attempt to hide the existence of the compromising seventh volume. Volume 1 contains an account of the chevalier de B***'s affairs with his sister-in-law and with other women. Voltaire's statement that the chevalier denied Mme Dunoyer's allegations is hardly a convincing proof of their falsity.

[47] I have been unable to trace the author and work alluded to here.

envoyées à Vienne, peuvent nous apprendre quels ont été ses instigateurs
et ses complices, et je souhaite que la cour de Vienne nous instruise
bientôt des circonstances de cet horrible crime. [48]

Je crois que la cour de Vienne fera attendre longtemps les
instructions qu'on lui demande sur cette chimère. Ces calomnies   245
toujours renouvellées me font souvenir de ces vers:

> Les oisifs courtisans que leurs chagrins dévorent,
> S'efforcent d'obscurcir les astres qu'ils adorent;
> Si l'on croit de leurs yeux le regard pénétrant,
> Tout ministre est un traître et tout prince un tyran;   250
> L'hymen n'est entouré que de feux adultères;
> Le frère à ses rivaux est vendu par ses frères;
> Et sitôt qu'un grand roi penche vers son déclin,
> Ou son fils ou sa femme ont hâté son destin ...
> Qui croit toujours le crime en paraît trop capable. [49]   255

Voilà comment sont écrites les histoires prétendues du siècle.

La guerre de 1702 et celle de 1741, ont produit autant de
mensonges dans les livres, qu'elles ont fait périr de soldats dans
les campagnes; on a redit cent fois et on redit encore, que le
ministère de Versailles avait fabriqué le testament de Charles II   260

243-244   W52-K, continuous text

[48] I have been unable to trace the source of this legend. Voltaire also refers to
it in the *Histoire de la guerre de 1741*, ch.1 (ed. J. Maurens, Paris 1971, p.5). His
mot concerning the real cause of Charles VI's death, and its consequences: 'l'empereur
Charles VI mourut, au mois d'octobre 1740, d'une indigestion de champignons qui
lui causa une apoplexie; et ce plat de champignons changea la destinée de l'Europe'
(*Mémoires pour servir à la vie de M. de Voltaire*; M.i.18), is still referred to by
modern historians, who confirm that the emperor died of heart failure after eating
a large quantity of mushrooms cooked in oil (see, for example, R. Pick, *Empress
Maria Theresa: the earlier years, 1717-1757*, London 1966, p.55-56).

[49] *Eriphyle*, IV.i (M.ii.488-89). As *Eriphyle* was not published until 1779 these
lines would probably be unknown, except to those who had attended a performance
of the play, in 1732, or who had seen a manuscript. In the text printed by Moland
line 246 reads: 'Vos oisifs courtisans, que les chagrins dévorent'.

roi d'Espagne.⁵⁰ Des anecdotes nous apprennent que le dernier maréchal de la Feuillade manqua exprès Turin, et perdit sa réputation, sa fortune et son armée par un grand trait de courtisan;⁵¹ d'autres nous certifient qu'un ministre fit perdre une bataille par politique.⁵² On vient de réimprimer dans les Transactions de l'Europe qu'à la bataille de Fontenoi nous chargions nos canons avec de gros morceaux de verre, et des métaux venimeux: que le général Cambel ayant été tué d'une de ces volées empoisonnées, le duc de Cumberland envoya au roi de France, dans un coffre, le verre et les métaux qu'on avait trouvés dans sa plaie, qu'il mit dans ce coffre une lettre dans laquelle il disait au roi, *que les nations les plus barbares ne s'étaient jamais servies de pareilles armes*, et que le roi frémit à la lecture de cette lettre.⁵³ Il n'y a ni ombre de

265

270

261 K: d'Espagne. ¶Des anecdotes
265 K: politique. ¶On
   W57P: de le réimprimer
267 W51: et de métaux
273 K: a nulle ombre

⁵⁰ See Simon Reboulet, for example, who, writing of the quarrels concerning the succession of Charles II, says: 'Il n'y a pas à douter que le conseil de France n'entrât dans cette intrigue' (*Histoire du règne de Louis XIV*, Avignon 1746, iii.46; BV, no.2882). Cf. *Le Siècle de Louis XIV*, ch.17 (*OH*, p.798-803).

⁵¹ See Reboulet, viii.96. On 7 September 1706 the prince Eugène and the duc de Savoie forced the French, led by the maréchal de La Feuillade, the duc d'Orléans and the maréchal de Marcin, to lift their siege of Turin. This setback led to the loss of Milan, Mantua, Piedmont and Naples. In *Le Siècle de Louis XIV*, ch.20, Voltaire attempts to demolish the legend he mentions here: 'Presque tous les historiens ont assuré que le duc de La Feuillade ne voulait point prendre Turin: ils prétendent qu'il avait juré à madame la duchesse de Bourgogne de respecter la capitale de son père; ils débitent que cette princesse engagea Mme de Maintenon à faire prendre toutes les mesures qui furent le salut de cette ville. Il est vrai que presque tous les officiers de cette armée en ont été longtemps persuadés; mais c'était un de ces bruits populaires qui décréditent le jugement des nouvellistes, et qui déshonorent les histoires' (*OH*, p.842).

⁵² I have been unable to trace the source of this legend.

⁵³ See Samuel Boyse, *An historical review of the transactions of Europe, from the commencement of the war with Spain in 1739, to the resurrection in Scotland in 1745*

vérité ni de vraisemblance à tout cela. On ajoute à ces absurdes
mensonges, que nous avons massacré de sang-froid les Anglais   275
blessés qui restèrent sur le champ de bataille,⁵⁴ tandis qu'il est
prouvé par les registres de nos hôpitaux, que nous eûmes soin
d'eux comme de nos propres soldats.⁵⁵ Ces indignes impostures
prennent crédit dans plusieurs provinces de l'Europe, et servent
d'aliment à la haine des nations.   280

Combien de mémoires secrets, d'histoires de campagnes, de
journaux de toutes les façons, dont les préfaces annoncent l'impar-
tialité la plus équitable, et les connaissances les plus parfaites? On
dirait que ces ouvrages sont faits par des plénipotentiaires à qui
les ministres de tous les Etats et les généraux de toutes les   285
armées, ont remis leurs mémoires. Entrez chez un de ces grands
plénipotentiaires, vous trouverez un pauvre scribe en robe de
chambre et en bonnet de nuit, sans meubles et sans feu, qui
compile et qui altère des gazettes.

Quelquefois ces messieurs prennent une puissance sous leur   290

280 s49PC: d'aliments à
285 w57P: de tous Etats
289-290 w52-K, continuous text

(Reading 1747; BV, no.532): 'Pieces of thick glass, brass and iron buttons, were
taken out of the wounds of this general; and sent in a coffer to the French king,
with a letter from the duke of Cumberland, importing that the most barbarous
nations never made use of such kind of weapons in carrying on war. On reading
of which, it is said, his majesty turned pale, and left the room' (ii.150, note).

⁵⁴ 'The French on this occasion exercised unusual cruelty. The English who
were left wounded on the field of battle were many of them barbarously murdered
by the enemy, who knocked them on the head in cold blood, with such harsh
expressions as these, *You dogs! are you not dead yet?*' (*An historical review*, ii.153).

⁵⁵ See, for example, J.-L.-A. Colin, *Les Campagnes du maréchal de Saxe* (Paris
1901-1906), iii.151-52. Colin also cites documents to show that a considerable
number of English soldiers were treated for their wounds in Lille (p.424-25, 433),
as well as a letter from Cumberland to the maréchal de Saxe thanking Louis xv
for the treatment accorded by the French to Lieutenant-General Campbell and to
the wounded English (p.367); cf. *Précis du siècle de Louis XV*, ch.15.

370

protection; on sait le conte qu'on a fait d'un de ces écrivains qui
à la fin d'une guerre demanda une récompense à l'empereur
Léopold, pour lui avoir entretenu sur le Rhin une armée complète
de cinquante mille hommes pendant cinq ans. [56] Ils déclarent aussi
la guerre et font des actes d'hostilité, mais ils risquent d'être traités
en ennemis. Un d'eux nommé Dubourg, qui tenait son bureau
dans Francfort, y fut malheureusement arrêté par un officier de
notre armée en 1748, et conduit au mont St Michel où il est mort
dans une cage. [57] Mais cet exemple n'a point refroidi le magnanime
courage de ses confrères.

Une des plus nobles supercheries et des plus ordinaires, est
celle des écrivains qui se transforment en ministres d'Etat, et en
seigneurs de la cour du pays dont ils parlent. On nous a donné
une grosse histoire de Louis XIV écrite sur les mémoires d'un
ministre d'Etat. Ce ministre était un jésuite chassé de son ordre,
qui s'était réfugié en Hollande sous le nom de la Hode, qui s'est
fait ensuite secrétaire d'Etat de France en Hollande pour avoir du
pain. [58]

Comme il faut toujours imiter les bons modèles, et que le

295

300

305

298-299   W56-K: St Michel, dans une cage.
300-301   W52, continuous text
304   W68-K: une grande histoire

[56] I have found no other reference to this anecdote.
[57] Victor Dubourg de La Cassagne was the author of *L'Espion chinois*, a
periodical published at Frankfurt between January and July 1745. Its hostility
towards the Franco-Spanish alliance soon attracted attention and Dubourg was
arrested by the French authorities and imprisoned at Mont Saint-Michel 'sur lettre
de cachet' on 22 August 1745 (not 1748). He was placed in the 'cage de fer' where
he died on 2 August 1746 (see *Dictionnaire des journalistes, 1600-1789*, ed. Jean
Sgard, Grenoble 1976, art. 'Dubourg').
[58] The Jesuit was La Mothe, known as de La Hode, and Voltaire is referring to
the *Histoire de la vie et du règne de Louis XIV, roi de France et de Navarre. Rédigée
sur les Mémoires de feu monsieur le comte de ****, ed. Bruzen de La Martinière (La
Haye 1740-1742).

chancelier Clarendon et le cardinal de Rets ont fait des portraits 310
des principaux personnages avec lesquels ils avaient traité, [59] on
ne doit pas s'étonner que les écrivains d'aujourd'hui, quand ils se
mettent aux gages d'un libraire, commencent par donner tout au
long des portraits fidèles des princes de l'Europe, des ministres,
et des généraux dont ils n'ont jamais vu passer la livrée. Un auteur 315
anglais dans les Annales de l'Europe, imprimées et réimprimées, [60]
nous assure que Louis XV *n'a pas cet air de grandeur qui annonce un
roi*. [61] Cet homme assurément est difficile en physionomies. Mais
en récompense il dit que le cardinal de Fleury avait l'air d'une
noble confiance. [62] Et il est aussi exact sur les caractères et sur les 320
faits que sur les figures: il instruit l'Europe que le cardinal de

320   K: confiance. ¶Il est

[59] Clarendon's *History of the rebellion and civil wars in England begun in the year
1641* was first published in Oxford (1702-1704); the first French translation was
published in The Hague (1704-1709).
[60] Voltaire had received *The Annals of Europe for the year 1743* (London 1745;
BV, no.76) from Sir Everard Fawkener in early 1749 (D3897), but the work from
which he quotes is not that periodical (although it does refer to Fleury as 'prime
minister of France', p.282) but Boyse's *An historical review of the transactions of
Europe*. This work had only one edition, and was not 'printed and reprinted'; *The
Annals of Europe* ran to six volumes, covering the years 1739-1743. Voltaire here
seems to have confused the two works. It is interesting to note, in connection with
lines 309-315 above, that Boyse's work contains numerous 'characters', that is
character sketches or literary portraits, of European monarchs and political figures.
[61] Cf. *An historical review*, i.14, on Louis XV: 'As to his person, he is handsome,
and of a graceful size, his eyes large, brown eye-brows, and his mien rather gracious
than forbidding. Though his aspect be noble, it is yet destitute of that commanding
air, which denotes the sovereign'.
[62] Cf. *An historical review*, i.16, on Fleury's early career: 'His boundless ambition
[...] hurried him to court, where he appeared with good recommendations which
his youth and agreeable behaviour served to support. He distinguished himself on
this grand stage by a noble confidence, which rendered him soon remarkable'.
Voltaire's ironical intention becomes apparent when we look at his portrait of
Fleury in the *Histoire de la guerre de 1741*, ch.6, which brings out his essential
weakness of character (p.63-68).

Fleury donna son titre de premier ministre (qu'il n'a jamais eu) à
M. le comte de Toulouse. [63] Il nous apprend que l'on n'envoya
l'armée du maréchal de Maillebois en Bohême, que parce qu'une
demoiselle de la cour avait laissé une lettre sur sa table, et que cette   325
lettre fit connaître la situation des affaires; [64] il dit que le comte
d'Argenson succéda dans le ministère de la guerre à M. Amelot. [65]
Je crois que si on voulait rassembler tous les livres écrits dans ce
goût, pour se mettre un peu au fait des anecdotes de l'Europe, on
ferait une bibliothèque immense, dans laquelle il n'y aurait pas   330
dix pages de vérité.

Une autre partie considérable du commerce du papier imprimé,

325   w52-k: sur la table

[63] *An historical review*, i.16-18: 'The chief administration of affairs was in the
hands of cardinal Fleury, who was seventy-three years of age, when he was raised
to the dignity of prime minister. [...] Soon after the fall of [Chauvelin] the cardinal
formed the resolution of resigning in favour of the count of Tholouse. [...] After
long resisting both the king's and cardinal's importunity, he was at last prevailed
on to accept the important charge of prime minister. But death prevented the
execution of that scheme.' The comte de Toulouse, *fils légitimé* of Louis XIV and
madame de Montespan, died in 1737. Fleury had always refused the title of 'premier
ministre', preferring to be called 'ministre d'Etat'.

[64] Voltaire seems to be alluding to *An historical review*, i.243: 'If the change in
our ministry [resignation of Walpole, 1742] gave the French court uneasiness, they
received a much greater shock from the king of Prussia's deserting their alliance,
and accommodating matters with the queen of Hungary, by the treaty of Breslaw.
[...] It was insinuated that this monarch had been determined to take this step on
some discovery made of the cardinal's treating privately with that princess.'
Maillebois was sent to relieve the French troops in Prague in September 1742; see
Histoire de la guerre de 1741, ch.4, p.35.

[65] *An historical review*, i.246 (CN, i.509): 'Count d'Argenson, who now succeeded
M. Amelot, in the office of secretary of war'. Boyse has made an understandable
mistake, resulting from a confusion between two offices of state: Jacques Amelot
de Chaillou was *ministre des affaires étrangères* from 1737 to 1744, when he was
dismissed as a result of Louis XV's secret negotiations with Frederick; Marc-Pierre
Voyer de Paulmy, comte d'Argenson, Voltaire's friend, became *secrétaire d'Etat de
la guerre* in 1743, replacing François-Victor de Breteuil.

est celle des livres qu'on a appelés polémiques, par excellence; c'est-à-dire, de ceux dans lesquels on dit des injures à son prochain pour gagner de l'argent. Je ne parle pas des factums des avocats 335 qui ont le noble droit de décrier tant qu'ils peuvent la partie adverse, et de diffamer loyalement des familles; je parle de ceux qui en Angleterre, par exemple, excités par un amour ardent de la patrie, écrivent contre le ministère des Philippiques de Démostènes dans leurs greniers. Ces pièces se vendent deux sous la feuille, on 340 en tire quelquefois quatre mille exemplaires, et cela fait toujours vivre un citoyen éloquent un mois ou deux. J'ai ouï conter à M. le chevalier Walpole, [66] qu'un jour un de ces Démostènes à deux sous par feuille n'ayant point encore pris de parti dans les différends du parlement, vint lui offrir sa plume pour écraser tous ses 345 ennemis; le ministre le remercia poliment de son zèle, et n'accepta point ses services. Vous trouverez donc bon, lui dit l'écrivain, que j'aille offrir mon secours à votre antagoniste M. Pultney. Il y alla aussitôt, et fut éconduit de même. Alors il se déclara contre l'un et l'autre; il écrivait le lundi contre M. Walpole, et le mercredi 350 contre M. Pultney. Mais après avoir subsisté honorablement les premières semaines, il finit par demander l'aumône à leurs portes. [67]

Le célèbre Pope fut traité de son temps comme un ministre; sa réputation fit juger à beaucoup de gens de lettres, qu'il y aurait

[66] On Voltaire's acquaintance with Walpole, see A.-M. Rousseau, *L'Angleterre et Voltaire*, Studies 145-147 (1976), p.148-52.

[67] In England during the 1720s and 1730s most newspapers were deeply committed either to Walpole or to the opposition. Voltaire may be in part alluding to the three pamphlets comprising *The Occasional writer* of 1727. The writer addresses himself 'from my garret' to Walpole, purporting to offer to write a public defence of his policies, and also writes a fictitious reply from Walpole. The author was Bolingbroke, with whom William Pulteney, leader of the dissenting Whigs, became allied after his break with Walpole; see William Coxe, *Memoirs of the life and administration of Sir Robert Walpole* (London 1798), i.361. Voltaire was in London at the time of the publication of *The Occasional writer*; on his involvement in the incident, see A.-M. Rousseau, p.148-49. The letters were reprinted in Bolingbroke's *A collection of political tracts* (London 1748), p.1-66.

quelque chose à gagner avec lui. On imprima à son sujet pour 355
l'honneur de la littérature et pour avancer les progrès de l'esprit
humain, plus de cent libelles dans lesquels on lui prouvait qu'il
était athée; et ce qui est plus fort, en Angleterre on lui reprocha
d'être catholique. On assura quand il donna sa traduction d'Homère, qu'il n'entendait point le grec, parce qu'il était puant et 360
bossu. Il est vrai qu'il était bossu, mais cela n'empêchait pas qu'il
ne sût très bien le grec, et que sa traduction d'Homère ne fût fort
bonne. On calomnia ses mœurs, son éducation, sa naissance; on
s'attaqua à son père et à sa mère. Ces libelles n'avaient point de
fin. Pope eut quelquefois la faiblesse de répondre, cela grossit la 365
nuée des libelles. Enfin il prit le parti de faire imprimer lui-même
un petit abrégé de toutes ces belles pièces. Ce fut un coup mortel
pour les écrivains qui jusque-là avaient vécu assez honnêtement
des injures qu'ils lui disaient; on cessa de les lire, et on s'en tint à
l'abrégé, ils ne s'en relevèrent pas. [68] 370

J'ai été tenté d'avoir beaucoup de vanité quand j'ai vu que nos
grands écrivains en usaient avec moi comme on en avait agi avec
Pope. Je peux dire que j'ai valu des honoraires assez passables, à
plus d'un auteur. J'avais, je ne sais comment, rendu à l'illustre
abbé Desfontaines un léger service. [69] Mais comme ce service ne 375

---

355 s49PA: quelques choses
356 w57P: avancer le progrès
373 w52-K: Je puis dire

---

[68] Voltaire is probably referring to the 'Testimonies of authors concerning our poet and his works. M. Scriblerus Lectori S.', printed with the 1729 edition of the *Dunciad*, where Pope quoted many of the accusations alluded to here, as they appeared in the works of his enemies. Some of the calumnies have a grain of truth in them: for example, Pope's knowledge of Greek was somewhat limited. On Voltaire's acquaintance with and admiration for Pope, see A.-M. Rousseau, p.111-16; G. R. Havens, 'Voltaire and Alexander Pope', *Essays on Diderot and the Enlightenment in honor of Otis Fellows*, ed. John Pappas (Geneva 1974), p.124-50.

[69] On Voltaire's generosity when Desfontaines was imprisoned for sodomy in 1725, see Pomeau, *D'Arouet à Voltaire*, p.185-86.

375

lui donnait pas de quoi vivre, il se mit d'abord un peu à son aise, au sortir de la maison dont je l'avais tiré, par une douzaine de libelles contre moi, qu'il ne fit à la vérité que pour l'honneur des lettres et par un excès de zèle pour le bon goût. Il fit imprimer la Henriade, dans laquelle il inséra des vers de sa façon, et ensuite il critiqua ces mêmes vers qu'il avait faits. [70] J'ai soigneusement conservé une lettre que m'écrivit un jour un auteur de cette trempe. *Monsieur, j'ai fait imprimer un libelle contre vous, il y en a quatre cents exemplaires; si vous voulez m'envoyer 400 liv., je vous remettrai tous les exemplaires fidèlement.* Je lui mandai que je me donnerais bien de garde d'abuser de sa bonté, que ce serait un marché trop désavantageux pour lui, et que le débit de son livre lui vaudrait beaucoup davantage; je n'eus pas lieu de me repentir de ma générosité. [71]

Il est bon d'encourager les gens de lettres inconnus, qui ne savent où donner de la tête. Une des plus charitables actions qu'on puisse faire en leur faveur, est de donner une tragédie au public. Tout aussitôt vous voyez éclore des Lettres à des dames de qualité; Critique impartiale de la pièce nouvelle; Lettre d'un ami à un ami; Examen réfléchi; Examen par scènes: [72] et tout cela ne laisse pas de se vendre.

380

385

390

395

---

395   W51: scènes; tout

[70] See Marmontel's 'Préface' of 1746 to *La Henriade*: 'L'abbé Desfontaines en donna, peu de temps après, une édition à Evreux, aussi imparfaite que la première, avec cette différence qu'il glissa dans les vides quelques vers de sa façon' (V 2, p.327). The edition referred to is: *La Ligue ou Henry le Grand, poème épique* (Amsterdam, Bernard 1724; V 2, siglum IV.24[b]). The text of Desfontaines's edition may be based on an annotated copy of a previous edition lent to him by Voltaire (V 2, p.235).

[71] Voltaire tells the same story both in the *Mémoire sur la satire* (1739; M.xxiii.58) and in a letter to Prévost of 1740 (D2152). Moland and Besterman identify the author as La Jonchère.

[72] Voltaire is no doubt thinking of such works as: Desforges, *Lettre critique sur la tragédie de Sémiramis* (s.l.n.d.); J.-B. Dupuy-Demportes, *Lettre sur la Sémiramis* (Paris 1748); A.-C. Cailleau, *Critique, scène par scène, de Sémiramis* (Paris 1748).

376

Mais le plus sûr secret pour un honnête libraire, c'est d'avoir soin de mettre à la fin des ouvrages qu'il imprime, toutes les horreurs et toutes les bêtises qu'on a imprimées contre l'auteur. Rien n'est plus propre à piquer la curiosité du lecteur et à favoriser le débit: je me souviens que parmi les détestables éditions qu'on a faites en Hollande de mes prétendus ouvrages, un éditeur habile d'Amsterdam voulant faire tomber une édition de la Haye, s'avisa d'ajouter un recueil de tout ce qu'il avait pu ramasser contre moi. Les premiers mots de ce recueil disaient *que j'étais un chien rogneux*. [73] Je trouvai ce livre à Magdebourg entre les mains du maître de la poste, qui ne cessait de me dire combien il trouvait ce petit morceau éloquent.

En dernier lieu, deux libraires d'Amsterdam pleins de probité, après avoir défiguré tant qu'ils avaient pu la Henriade et mes autres pièces, me firent l'honneur de m'écrire que si je permettais qu'on fît à Dresde une meilleure édition de mes ouvrages qu'on avait entreprise alors, ils seraient obligés en conscience d'imprimer contre moi un volume d'injures atroces, avec le plus beau papier, la plus grande marge et le meilleur caractère qu'ils pourraient.

400

405

410

415

408-409   W52-K, continuous text

[73] Probably a reference to *Voltariana ou éloges amphigouriques de Fr. Marie Arrouet, sieur de Voltaire, gentilhomme ordinaire, conseiller du roi en ses conseils, historiographe de France [...] discutés et décidés pour sa réception à l'Académie française* (Paris 1748). The words about which Voltaire is angry appear on the first page of the 'Avis au public' to Desfontaines's *Voltairomanie* in the 1739 edition (*La Voltairomanie, avec le Préservatif, et le factum du Sr Claude-François Jore*, Londres 1739): '[Voltaire] n'a ménagé personne, et, comme un chien enragé, il s'est jeté sur tous les auteurs les plus distingués' (p.[i]); on p.[iv], Voltaire is called 'un chien hargneux'. The practice condemned by Voltaire here was continued in the *Défense des libraires hollandais contre les Mensonges imprimés de M. de Voltaire*, which accompanied its pirated text of the *Mensonges* (50H) with notes which are for the most part little more than slanders and insults against Voltaire.

Ils m'ont tenu fidèlement parole. [74] Ils ont eu même l'attention d'envoyer leur beau recueil à un des plus respectables monarques de l'Europe, à la cour duquel j'avais alors l'honneur d'être. [75] Le prince a jeté leur livre au feu, en disant qu'il fallait traiter ainsi messieurs les éditeurs. Il est vrai qu'en France ces honnêtes gens seraient envoyés aux galères. Mais ce serait trop gêner le commerce qu'il faut toujours favoriser.

420

416-422 w50-k: parole. C'est bien dommage que de si beaux recueils soient anéantis dans l'oubli: autrefois, quand il y avait huit ou neuf cent mille volumes de moins dans l'Europe, des injures portaient coup. On lisait avidement dans Scaliger, 'le cardinal Bellarmin est athée'; [76] 'le révérend père Clavius est un ivrogne'; [77] 'le révérend père Coton s'est donné au diable'. [78] Les savants illustres se traitaient réciproquement de *chien*, de *veau*, de *menteur*, et de *sodomite*. Tout cela s'imprimait avec la permission des supérieurs. C'était le bon temps. Mais tout dégénère.

[74] A Dutch publisher appears to have tried to deceive Voltaire into thinking that Walther had abandoned his intention of producing a more correct edition of his works (w48D); see D3574 (September 1747), D3578 (October 1747). Voltaire makes other references to his quarrels with the Dutch publishers in March 1748, where he alleges that 'Arkstée et Merkus' are trying to discredit Walther's edition (D3631), and in October 1748, when he writes to Walther: 'Je n'ay point encor entendu parler du septième tome que vous me dites imprimé en Hollande. Mais tel qu'il soit vous pouvez le désavouer en mon nom. C'est sans Doute un recueil de pièces supposées, et de misérables satires que les libraires hollandais n'impriment que trop souvent, et qui sont méprisées de tout le monde' (D3795). Voltaire had not always been so dissatisfied with the Dutch publishers of his works (cf. *La Henriade*, V 2, p.240).

[75] Stanislas Leszczynski, with whom Voltaire stayed at Lunéville during much of the second half of 1748 and to whom he sent a manuscript of the first version of this text in January 1749 (D3852).

[76] 'Bellarmin [...] planè est atheus' (*Scaligerana, Thuana, Perroniana, Pithoeana et Colomesiana*, ed. Pierre Desmaizeaux, Amsterdam 1740, p.225; BV, no.1012).

[77] 'Clavius bis jentat; teuto est, bene bibit. Nunquam diliunt vinum' (p.269).

[78] 'Un jour les jesuites nieront que Coton ait demandé au diable touchant le roi, et cela est fort véritable' (p.280).

CHAPITRE II (*a*)

Sur les mensonges imprimés.

On n'a dit que peu de choses sur les mensonges imprimés dont la terre est inondée: il serait facile de faire sur ce sujet un gros volume; mais on sait qu'il ne faut pas faire tout ce qui est facile.

On donnera ici seulement quelques règles générales, pour précautionner les hommes contre cette multitude de livres qui ont transmis les erreurs de siècle en siècle.

On s'effraie à la vue d'une bibliothèque nombreuse: on se dit: *Il est triste d'être condamné à ignorer presque tout ce qu'elle contient.* Consolez-vous, il y a peu à regretter. Voyez ces quatre ou cinq mille volumes de la physique ancienne, tout en est faux jusqu'au temps de Galilée: voyez les histoires de tant de peuples, leurs premiers siècles sont des fables absurdes.

Après les temps fabuleux viennent ce qu'on appelle les temps héroïques: les premiers ressemblent aux Mille et une nuits, où rien n'est vrai; les seconds aux romans de chevalerie, où il n'y a de vrai que quelques noms et quelques époques.

(*a*) Le premier se trouve dans le volume où est Sémiramis. [1]

---

a-204   w48D, absent

n.*a*   w50-k, note absent

b   w51:   Discours sur les mensonges imprimés

    w64G-w75G: Suite des mensonges imprimés

    k, absent

3-4   w52-k, continuous text

12-13   w52-k, continuous text

---

[1] This clumsily worded note, perhaps added by the publisher rather than by Voltaire, refers to the single-chapter text printed in s49PA. w50-k print all three chapters together, hence they suppress the note.

Voilà déjà bien des milliers d'années et de livres à ignorer, et de quoi mettre l'esprit à l'aise. Viennent enfin les temps historiques, où le fond des choses est vrai, et où la plupart des circonstances sont des mensonges. Mais parmi ces mensonges n'y a-t-il pas quelques vérités? oui, comme il se trouve un peu de poudre d'or dans les sables que les fleuves roulent.

On demandera ici le moyen de recueillir cet or, le voici: tout ce qui n'est conforme ni à la physique, ni à la raison, ni à la trempe du cœur humain n'est que du sable; le reste qui sera attesté par des contemporains sages, c'est la poudre d'or que vous cherchez. [2] Hérodote raconte à la Grèce assemblée l'histoire des peuples voisins: [3] les gens sensés rient quand il parle des prédictions d'Apollon et des fables de l'Egypte et de l'Assyrie; il ne les croyait pas lui-même: tout ce qu'il tient des prêtres de l'Egypte est faux; tout ce qu'il a vu a été confirmé. [4] Il faut sans doute s'en rapporter à lui quand il dit aux Grecs qui l'écoutent: Il y a dans les trésors des Corinthiens un lion d'or du poids de trois cent soixante livres, qui est un présent de Crésus: on voit encore la cuve d'or et celle d'argent qu'il donna au temple de Delphes, celle d'or pèse environ cinq cents livres, celle d'argent contient environ deux mille quatre

22-23   w52-k, continuous text
27   w56-k: cherchez. ¶Hérodote

[2] Cf. the 1748 preface to the *Histoire de Charles XII*: 'refusons notre créance à tout historien ancien et moderne qui nous rapporte des choses contraires à la nature et à la trempe du cœur humain' (*OH*, p.314).

[3] Cf. Rollin, *Histoire ancienne*, XXVII.ii.1.

[4] Cf. Th. Besterman, 'Voltaire's notebooks: thirteen new fragments', *Studies* 148 (1976), p.17: 'Hérodote raporte les Sottises qu'on lui a dites et des vérités qu'il a vues'; cf. *Notebooks* (V 82, p.641). Voltaire's attitude to Herodotus is studied in some detail in M. Mat-Hasquin, *Voltaire et l'antiquité grecque*, Studies 197 (1981), p.224-28. For the 'prédictions d'Apollon', see Herodotus, 1.47-49, 90-91, IV.155 and VI.76-80; for the 'fables de l'Egypte', II.35-182 (BV, no.1631: *Les Histoires d'Hérodote*, trans. Pierre Du Ryer, Paris 1713).

cents pintes.[5] Quelle que soit une telle magnificence, quelque supérieure qu'elle soit à celle que nous connaissons, on ne peut la révoquer en doute. Hérodote parlait d'un fait dont il y avait plus de cent mille témoins; ce fait d'ailleurs est très important, parce qu'il prouve que dans l'Asie mineure, du temps de Crésus, il y avait plus de magnificence qu'on n'en voit aujourd'hui; et cette magnificence qui ne peut être que le fruit d'un grand nombre de siècles, prouve une haute antiquité, dont il ne reste nulle connaissance. Les prodigieux monuments qu'Hérodote avait vus en Egypte et à Babylone, sont encore des choses incontestables.[6] Il n'en est pas ainsi des solennités établies pour célébrer un événement, il se peut très bien faire que ces fêtes soient vraies, et que l'événement soit faux.

Les Grecs célébraient les jeux pythiens en mémoire du serpent Pithon, que jamais Apollon n'avait tué;[7] les Egyptiens célébraient l'admission d'Hercule au rang des douze grands dieux,[8] mais il n'y a guère d'apparence que cet Hercule d'Egypte ait existé dix-sept mille ans avant le règne d'Amasis, ainsi qu'il était dit dans les hymnes qu'on lui chantait.

La Grèce assigna neuf étoiles dans le ciel au marsouin qui porta

40

45

50

55

46-47   w56-K: incontestables. ¶Il n'en
48-50   w52-K: événement; la plupart des mauvais raisonneurs disent: Voilà une cérémonie qui est observée de temps immémorial, donc l'aventure qu'elle célèbre est vraie; mais les philosophes disent souvent: Donc l'aventure est fausse. ¶Les Grecs
55-56   w52-K, continuous text

[5] Herodotus, I.50-51. Voltaire has condensed the passage.
[6] Herodotus, II.124-27 and I.178-83.
[7] Pytho, the site of the Pythian games is, according to Hesiod, so named because Apollo there slew the dragon ('The Homeric hymns', *Theogony*, III.370-73). Cf. Rollin, *Histoire ancienne*, x.iii.3: 'Il y avait quatre jeux solennels dans la Grèce: [...] *les pythiques*, consacrés à Apollon, surnommé *Pythien*, à cause du serpent Python qu'il avait tué'.
[8] Herodotus, II.43-44.

Arion sur son dos,[9] les Romains célébraient en février cette belle aventure. Les prêtres saliens portaient en cérémonie, le premier de mars, les boucliers sacrés qui étaient tombés du ciel, quand Numa ayant enchaîné Faunus et Picus, eut appris d'eux le secret de détourner la foudre.[10] En un mot il n'y a jamais eu de peuple qui n'ait solennisé par des cérémonies les plus absurdes imaginations.

Quant aux mœurs des peuples barbares, tout ce qu'un témoin oculaire et sage me rapportera de plus bizarre, de plus infâme, de plus superstitieux, de plus abominable, je serai très porté à le croire de la nature humaine. Hérodote affirme devant toute la Grèce que, dans ces pays immenses qui sont au-delà du Danube les hommes faisaient consister leur gloire à boire dans des crânes humains le sang de leurs ennemis, et à se vêtir de leur peau;[11] les Grecs qui trafiquaient avec ces barbares auraient démenti Hérodote, s'il avait exagéré. Il est constant que plus des trois quarts des habitants de la terre ont vécu très longtemps comme des bêtes féroces: ils sont nés tels. Ce sont des singes que l'éducation fait danser, et des ours qu'elle enchaîne. Ce que le czar Pierre le grand a trouvé encore à faire de nos jours dans le nord de ses Etats, est une preuve de ce que j'avance, et rend croyable ce qu'Hérodote a rapporté.

60

65

70

75

76   w56-κ: dans une partie de[12]

[9] Herodotus, 1.23-24, tells the story of Arion, but does not mention the nine stars; they are, however, mentioned by Ovid (*Fasti*, 11.79-118; BV, no.2628: *Opera omnia*, Lugduni Batavorum 1662).

[10] The story of how Numa captured the deities Faunus and Picus in order to learn from them how to avoid thunderbolts is told not by Herodotus but by Ovid (*Fasti*, III.259-398).

[11] Herodotus, IV.64-65 (about the Scythians).

[12] A change probably occasioned by the research Voltaire undertook in the 1750s into Russian history, resulting in the *Histoire de l'empire de Russie sous Pierre le Grand*; he there emphasises the barbarity of the Ukrainians, for example, who certainly did not inhabit the north of Russia (1.i; *OH*, p.364).

Après Hérodote le fond des histoires est beaucoup plus vrai; les faits sont plus détaillés, mais autant de détails, souvent autant de mensonges: et dans ce chaos de tant de guerres, dans ce nombre horrible de batailles, il n'y a guère que la retraite des dix mille de Xénophon,[13] la bataille de Scipion contre Annibal à Zama, décrite par Polibe,[14] celle de Pharsale racontée par le vainqueur,[15] où le lecteur puisse s'éclairer et s'instruire; partout ailleurs, je vois que des hommes se sont mutuellement égorgés, et rien de plus.[16]

80

85

81   w56-k: de mensonges. Ajouterai-je foi à l'historien Josèphe, quand il me dit que le moindre bourg de la Galilée renfermait quinze mille habitants?[17] Non, je dirai qu'il a exagéré; il a cru faire honneur à sa patrie; il l'a avilie. Quelle honte pour ce nombre prodigieux de Juifs, d'avoir été si aisément subjugués par une petite armée romaine! ¶La plupart des historiens sont comme Homère: ils chantent des combats; mais dans ce nombre

[13] See Xenophon, *La Retraite des dix milles* [...] *ou l'expédition de Cyrus contre Artaxerxes*, trans. Nicolas Perrot d'Ablancourt, nouv. éd. (s.l. 1695; BV, no.3855).

[14] Polybius, xv.8-16 (BV, no.2787: *Histoire de Polybe*, trans. Vincent Thuillier, Paris 1727-1730).

[15] Caesar's victory over Pompey at Pharsalus in 48, described by Caesar in *Bellum civile*, III.84-94.

[16] The following six paragraphs (l.87-145) were replaced in w56 and subsequent editions by five paragraphs on miracles. It is not difficult to see why Voltaire made this change: the effusive praise of Frederick was embarrassing by 1756, and the remarks on the tendency of historians to exaggerate the wickedness of rulers were not in accord with the increasing pessimism he felt as a result of his personal experiences and of his historical research.

[17] 'Il n'y a pas seulement quantité de bourgs et de villages, il y a aussi un grand nombre de villes si peuplées, que la moindre a plus de quinze mille habitants' (*Guerre des Juifs contre les Romains*, III.iv, in *Histoire des Juifs*, trans. Arnauld d'Andilly, nouv. éd., Paris 1735-1736, iv.294; BV, no.1743; cf. CN, iv.598).

Il y a une chose dans l'histoire qui paraîtrait incroyable à quiconque a un peu vécu; c'est qu'il y a eu des hommes tout-puissants qui ont été les plus vertueux et les plus sages de tous les hommes. C'est assez qu'un citoyen soit revêtu d'un petit emploi où il puisse faire du mal, pour qu'il en fasse, et cependant il n'est

90

87-146 w56-κ: On peut croire toutes les horreurs où l'ambition a porté les princes, et toutes les sottises où la superstition a plongé les peuples. Mais comment les historiens ont-ils été assez peuple pour admettre comme des prodiges surnaturels les fourberies que des conquérants ont imaginées, et que les nations ont adoptées? ¶Les Algériens croient fermement qu'Alger fut sauvé par un miracle lorsque Charles-Quint vint l'assiéger. Ils disent qu'un de leurs saints frappa la mer, et excita la tempête qui fit périr la moitié de la flotte de l'empereur. [18] ¶Que d'historiens parmi nous ont écrit en Algériens! Que de miracles ils ont prodigués, et contre les Turcs, et contre les hérétiques! Ils ont souvent traité l'histoire comme Homère traite le siège de Troie. Il intéresse toutes les puissances du ciel à la conservation ou à la perte d'une ville. Mais des hommes qui font profession de dire la vérité, peuvent-ils imaginer que Dieu prenne parti pour un petit peuple qui combat contre un autre petit peuple dans un coin de notre hémisphère? [19] ¶Personne ne respecte plus que moi saint François Xavier: c'était un Espagnol animé d'un zèle intrépide. C'était le Fernand Cortez de la religion. Mais on aurait dû peut-être ne pas assurer dans l'histoire de sa vie que ce grand homme existait à la fois en deux endroits différents. ¶Si quelqu'un peut prétendre au don de faire des miracles, ce sont ceux qui vont au bout du monde porter leur charité et leur doctrine. Mais je voudrais que leurs miracles fussent un peu moins fréquents; qu'ils eussent ressuscité moins de morts, qu'ils eussent moins souvent converti et baptisé des milliers d'Orientaux en un jour. Il est beau de prêcher la vérité dans un pays étranger, dès qu'on y est

[18] Laugier de Tassy's account of this episode is not 'peuple', but emphasises the religious quarrels it provoked. When in 1541 Charles v set out 'pour faire la conquête de la ville et du royaume d'Alger, et assujettir ensuite tout le reste de la Barbarie', a certain Isouf, 'eunuque noir qui était parmi le peuple en grande réputation de devin, mais méprisé des grands', predicted that God would punish the invader. Shortly afterwards a gale destroyed a large part of the Spanish fleet, causing the emperor to withdraw. Isouf was declared 'le libérateur d'Alger', but some claimed that the miracle was the work of another 'saint homme', Cid-Utica, and persuaded the people that 'dans un danger pressant, on n'aurait qu'à battre la mer avec les os de ce saint, pour exciter une semblable tempête; et c'est une opinion qui dure encore parmi le peuple' (*Histoire du royaume d'Alger*, Amsterdam 1725, p.42-50).

[19] Cf. *La Philosophie de l'histoire*, ch.33 (V 59, p.200-204).

384

pas permis de douter que Titus, Trajan, Antonin, Marc-Aurèle, Julien même (erreurs à part) n'aient fait tout le bien qu'on peut faire sur la terre.

Il y a un homme dans l'Europe qui se lève à cinq heures du matin[20] pour travailler à répandre la félicité sur quatre cents lieues de terrain: il est roi, législateur, ministre et général:[21] il a gagné

---

arrivé. Il est beau de parler avec éloquence et de toucher le cœur dans une langue qu'on ne peut apprendre qu'en beaucoup d'années, et qu'on ne peut jamais prononcer que d'une manière ridicule: mais ces prodiges doivent être ménagés, et le merveilleux, quand il est prodigué, trouve trop d'incrédules.[22] ¶C'est surtout

94-95   w52, continuous text

[20] Frederick II. In the *Mémoires* Voltaire says that Frederick 'se levait à cinq heures du matin en été et à six en hiver' (M.i.26).

[21] Frederick effectively controlled every department in his government (see G. P. Gooch, *Frederick the Great*, London 1947, p.28).

[22] Voltaire's remarks in this paragraph seem to apply to saints' lives in general, but they are particularly appropriate to that of St Francis Xavier: he is said frequently to have raised the dead (Dominique Bouhours, *La Vie de saint François Xavier, de la Compagnie de Jésus, apôtre des Indes et du Japon*, nouv. éd., Paris 1754; BV, no.502, i.58-59, 224-25; ii.21, etc.), to have converted large numbers of pagans at once (i.118), and to have been given by God the ability to talk in foreign languages (ii.10-11, 59). See also *Notebooks* (V 81, p.130, 166-67, 176); and CN, i.416-28. The anecdote referred to in the preceding paragraph is to be found in Bouhours, ii.157-58: 'on fut bien surpris d'apprendre qu'ils étaient venus au milieu de la plus horrible tempête qui se vit jamais, sans craindre ni de périr, ni de s'égarer; parce que, disaient-ils, le père François était leur pilote, et que sa présence ne leur laissait pas la moindre inquiétude. Comme les gens du navire soutenaient que le père ne les avait point quittés, ceux de la chaloupe qui l'avaient vu toujours auprès d'eux tenant le gouvernail, ne pouvaient croire ce qu'on leur disait. Après un peu de contestation, les uns et les autres jugèrent que le saint avait été au même temps en deux lieux; et un miracle si visible, fit tant d'impression sur l'esprit des deux esclaves sarrasins de la chaloupe, qu'ils abjurèrent le mahométisme' (CN, i.424: Voltaire comments 'delicieux'); cf. *Questions sur l'Encyclopédie*, art. 'François Xavier'; *Entretiens chinois* (M.xxvii.27); *Les Questions de Zapata* (V 62, p.401).

cinq batailles, et dans le sein de la victoire, il a donné la paix. [23]
Son pays a été enrichi, policé et éclairé par lui: il a fait ce qu'à
peine d'autres princes ont tenté: il a terminé dans ses Etats l'art   100
d'éterniser les procès, et a forcé la justice à être juste: [24] il donne
au moindre de ses sujets la permission de lui écrire, et si la lettre
est digne d'une réponse, il daigne la faire. Ses délassements sont
les occupations d'un homme de génie: [25] je ne crois pas qu'il y
ait en Europe un meilleur métaphysicien; [26] et s'il était né le   105
contemporain et le compatriote des Chapelle, des Bachaumont, des
Chaulieu, ces messieurs n'auraient pas eu la vogue. [27] Philosophe et
monarque, il connaît l'amitié; enfin s'il persiste, il fera voir qu'il
est possible que l'univers ait eu un Marc-Aurèle: ce que je dis là
n'est pas un mensonge imprimé.   110

Je crois qu'on rend un très grand service aux hommes en
rappelant souvent l'idée de ce petit nombre d'excellents rois qui
ont honoré la nature. C'est une très louable coutume de prononcer
tous les ans le panégyrique d'un fondateur devant la société qu'il
a fondée; mais célébrer les dernières années d'Auguste en détestant   115
les premières, mais louer les Marc-Aurèle, les Titus, les Henri IV
et ceux qui leur ressemblent, c'est plaider la cause de l'univers.

[23] In the war of the Austrian succession. Frederick's first two victories were at
Mollwitz and Chotusitz, after which he made peace with Maria Theresa, gaining
Silesia (treaty of Breslau). In 1744 he renewed hostilities, gaining the ascendant in
1745 with victories at Hohenfriedeberg, Soor, and Hennersdorf. By the treaty of
Dresden Maria Theresa acknowledged his possession of Silesia, a right confirmed
in 1748 by the treaty of Aix-la-Chapelle.

[24] On Frederick's mercantilist economic policies, and on the legal reforms
undertaken at his request by his grand chancellor Cocceji, see Gooch, p.28.

[25] Cf. *Mémoires* (M.i.27).

[26] An example of Frederick's metaphysics can be seen in D1413 (25 December
1737).

[27] This compliment to Frederick the poet is not particularly flattering, but the
Epicurean outlook of these minor writers makes it fairly appropriate. In *Le Siècle
de Louis XIV*, 'Catalogue des écrivains', Voltaire praised the abbé de Chaulieu for
his 'philosophie au-dessus des préjugés' and Chapelle and Bachaumont for their
'facilité', 'gaieté' and 'liberté' (*OH*, p.1148, 1147).

Les grands éloges qu'on a donnés pendant leur vie à des hommes médiocres, sont des mensonges ridicules. Les calomnies dont l'esprit de faction a flétri tant de princes, de ministres, d'hommes publics, sont des mensonges affreux. J'ai prouvé ailleurs, à ce que je crois, que le reproche dont plus de deux cents auteurs ont chargé le pape Alexandre VI, d'avoir voulu empoisonner douze cardinaux, est une calomnie insensée digne de la populace effrénée qui débita cette imposture contre un pontife qu'elle avait raison de haïr. Je crois avoir détruit les soupçons répandus partout que les personnes qui devaient le plus chérir le grand Henri IV eurent part à sa mort.[28] Pour croire de pareils crimes, il faut qu'ils soient prouvés; c'en est un de les croire sans preuves.

Quand je lis dans les histoires qu'un monarque absolu et paisible d'une nation policée et obéissante, a commis de ces injustices atroces, de ces cruautés qui font horreur, je n'en crois rien. Il n'est pas dans la nature qu'un roi qui n'est pas contredit veuille faire du mal, comme il n'est pas dans la nature qu'un propriétaire brûle son héritage, et qu'un père se prive de ses enfants.

Les historiens se plaisent encore à donner à tout premier ministre un esprit très profond et un cœur très pervers: c'est se tromper avec finesse; la plupart ont été des hommes médiocres par le génie, par les vertus et par les vices. Un sage historien, comme de Thou, Rapin-Thoiras, Giannoné,[29] ne s'y méprend

132-133 w51: commis des injustices

[28] Voltaire is referring to his *Dissertation sur la mort de Henri IV* (1745), written against the suppositions of Lenglet Dufresnoy. In this text he also mentions the rumour that Alexander VI died of poison prepared by himself for others, and is indignant about 'ces accusations sans preuve, dont les historiens se plaisent à noircir leurs ouvrages' (V 2, p.339-46).

[29] In the *Commentaire sur le livre Des délits et des peines* Voltaire refers to J.-A. de Thou as the 'seul bon historien dont la France pouvait se vanter' (the only one, that is, before the age of Louis XIV) (1766; M.xxv.563). In *Le Siècle de Louis XIV*

point; mais les faiseurs d'histoires les prennent pour de grands hommes, comme le vulgaire grand et petit prenait autrefois les physiciens pour des sorciers. 145

C'est surtout dans les voyageurs qu'on trouve le plus de mensonges imprimés. Je ne parle pas de Paul Lucas, qui a vu le démon Asmodée dans la haute Egypte;[30] je parle de ceux qui nous trompent en disant vrai; qui ont vu une chose extraordinaire dans une nation, et qui la prennent pour une coutume, qui ont vu un 150 abus, et qui le donnent pour une loi.[31] Ils ressemblent à cet Allemand qui ayant eu une petite difficulté à Blois avec son hôtesse, laquelle avait les cheveux un peu trop blonds, mit sur son album *Nota bene* que toutes les dames de Blois sont rousses et acariâtres. 155

Ce qu'il y a de pis, c'est que la plupart de ceux qui écrivent sur le gouvernement, tirent souvent de ces voyageurs trompés des exemples pour tromper encore les hommes.[32] L'empereur turc se

148   w50-K: je ne parle que de ceux
154   K: *bene*, toutes
155-156   w52, continuous text

he praised P. Rapin de Thoyras for his history of England, and Giannone for his history of Naples (*OH*, p.1197, 790).

[30] Paul Lucas makes no such claim. A Franciscan missionary tried to persuade him that the 'serpent de Taata', which supposedly had the ability to become whole again after having been cut into pieces, was the devil 'Asmodée'. Lucas comments: 'Le bon père me fit le discours avec tant de fermeté et de confiance, que je me détournai un peu pour lui cacher l'envie que j'avais d'en rire' (*Voyage du sieur Paul Lucas au Levant*, La Haye 1705, i.64-72; BV, no.2216: Paris 1714).

[31] For example, Paul Rycaut, who saw the power of the Turkish emperor as 'tout à fait absolue [...], sans raison, sans vertu et sans mérite' (*Histoire de l'état présent de l'empire ottoman*, trans. Pierre Briot, Amsterdam 1670, p.10; BV, no.3054: Amsterdam 1671). He talks of 'la sévérité, la cruauté et la violence' of the government (p.12); in particular, he claims that all property belongs to the emperor (p.15), and that, for this reason, inheritances are uncertain (p.196); cf. *Essai sur les mœurs*, ch.192.

[32] Montesquieu based his picture of the despotic form of government partly on Rycaut's account (*De l'esprit des lois*, v.xiv, *Œuvres*, i.78-84).

388

sera emparé des trésors de quelques pachas nés esclaves dans son
sérail, et il aura fait à la famille du mort la part qu'il aura voulu; 160
donc la loi de Turquie porte que le Grand Turc hérite des biens
de tous ses sujets: il est monarque, donc il est despotique, dans le
sens le plus horrible et le plus humiliant pour l'humanité.

Ce gouvernement turc dans lequel il n'est pas permis à l'empereur de s'éloigner longtemps de la capitale, de changer les lois, de 165
toucher à la monnaie, etc. sera représenté comme un établissement
dans lequel le chef de l'Etat peut du matin au soir tuer et voler
loyalement tout ce qu'il veut. L'Alcoran dit qu'il est permis
d'épouser quatre femmes à la fois, [33] donc tous les merciers et tous
les drapiers de Constantinople ont chacun quatre femmes, comme 170
s'il était si aisé de les avoir et de les garder. Quelques personnages
considérables ont des sérails; de là on conclut que tous les
musulmans sont autant de Sardanapales; [34] c'est ainsi qu'on juge
de tout. Un Turc qui aurait passé dans une certaine capitale, et
qui aurait vu un auto-da-fé, ne laisserait pas de se tromper s'il 175
disait: il y a un pays policé où l'on brûle quelquefois en cérémonie
une vingtaine d'hommes, de femmes et de petits garçons pour le
divertissement de leurs gracieuses majestés. La plupart des relations sont faites dans ce goût-là; c'est bien pis quand elles sont
pleines de prodiges: il faut être en garde contre les livres, plus 180
que les juges ne le sont contre les avocats.

Il y a encore une grande source d'erreurs publiques parmi nous,
et qui est particulière à notre nation; c'est le goût des vaudevilles:
on en fait sur les hommes les plus respectables; et on entend
tous les jours calomnier les vivants et les morts, sur ces beaux 185
fondements: *ce fait*, dit-on, *est vrai, c'est une chanson qui l'atteste.*

163-164   w52-k, continuous text

[33] Mahomet says: 'épousez celles qui vous agréeront, ou deux, ou trois, ou
quatre'; but he adds: 'si vous craignez de ne les pouvoir entretenir également, n'en
épousez qu'une' (*L'Alcoran*, trans. André Du Ryer, Paris 1647, p.73).
[34] Cf. *Notebooks* (V81, p.158).

N'oublions pas au nombre des mensonges la fureur des allégories. Quand on eut trouvé les fragments de Pétrone, auxquels Naudot a depuis joint hardiment les siens, tous les savants prirent le consul Pétrone pour l'auteur de ce livre; ils voient clairement   190
Néron et toute sa cour dans une troupe de jeunes écoliers fripons, qui sont les héros de cet ouvrage. On fut trompé, et on l'est encore, par le nom. Il faut absolument que le débauché obscur et bas qui écrivit cette satire plus infâme qu'ingénieuse, ait été le consul Titus Petronius; il faut que Trimalcion, ce vieillard absurde,   195
ce financier au-dessous de Turcaret, soit le jeune empereur Néron: il faut que sa dégoûtante et méprisable épouse soit la belle Acté; que le pédant, le grossier Agamemnon, soit le philosophe Sénèque:[35] c'est chercher à trouver toute la cour de Louis xiv dans Gusman d'Alfarache[36] ou dans Gil Blas. Mais, me dira-t-on,   200
que gagnerez-vous à détromper les hommes sur ces bagatelles? je ne gagnerai rien, sans doute, mais il faut s'accoutumer à chercher le vrai dans les plus petites choses; sans cela on est bien trompé dans les grandes.

[35] See *Histoire secrète de Néron, ou le Festin de Trimalcion*, trans. Guillaume de Lavaur (Paris 1726; BV, no.2707), 'Discours préliminaire' and notes. It is now generally agreed that the *cena Trimalchionis*, discovered in about 1650 by Marino Statileo, is, like the rest of the *Satiricon*, by the consul Petronius. But Nodot's additions, published in 1692, are spurious (see *Le Satiricon*, ed. A. Ernout, Paris 1958, p.xxii-xxiii, xxxv).
[36] The best known French translation of *Guzmán de Alfarache* was by Lesage (Paris 1732).

CHAPITRE III

Sur les mensonges imprimés.
Raisons de croire que le livre intitulé:
Testament politique du cardinal de Richelieu,
est un ouvrage supposé.

Mon zèle pour la vérité, mon emploi d'historiographe de France, qui m'oblige à des recherches historiques, mes sentiments de citoyen, mon respect pour la mémoire du fondateur d'un corps dont je suis membre, mon attachement aux héritiers de son nom et de son mérite: voilà mes motifs pour chercher à détromper ceux qui attribuent au cardinal de Richelieu un livre qui m'a paru n'être, ni pouvoir être de ce ministre.[1]

I.

Le titre même est très suspect; un homme qui parle à son maître n'intitule guère ses conseils respectueux du nom fastueux de *Testament politique*. A peine le cardinal de Richelieu fut-il mort, qu'il courut cent manuscrits pour et contre sa mémoire: j'en ai deux sous le titre de *Testamentum christianum*, et deux sous celui

---

a-605   w48D, absent
a   w51:   Discours sur
    w52, w56, w57G, w57P: Des mensonges
    w64G w75G: Seconde suite des

---

[1] As Brumfitt points out: 'Such a statement of motives hardly serves to create in the reader's mind a feeling of confidence in the impartiality of the author. Yet Voltaire appears to be completely unaware of this' (*Voltaire historian*, p.149). Voltaire was appointed *historiographe de France* on 1 April 1745, and was elected to the Académie française on 25 April 1746.

de *Testamentum politicum*: voilà probablement l'origine de tous les testaments politiques qu'on a fabriqués depuis. [2]

II.

Si un ouvrage dans lequel un des plus grands hommes d'Etat qu'ait jamais eus l'Europe est supposé rendre compte de son administration à son maître; et lui donner des conseils pour le présent et pour l'avenir, eût été en effet composé par ce ministre, il eût pris probablement toutes les mesures possibles pour qu'un tel monument ne fût pas négligé; il l'eût revêtu de la forme la plus authentique; il en eût parlé dans son vrai testament, qui contient ses dernières volontés; il l'eût légué au roi, comme un présent beaucoup plus précieux que le palais cardinal: [3] il eût chargé l'exécuteur de son testament de remettre à Louis XIII cet ouvrage important; le roi en eût parlé; tous les mémoires de ce temps-là auraient fait mention d'une anecdote si intéressante: rien de tout cela n'est arrivé. Le silence universel dans une affaire aussi grave, doit donner à tout homme de bon sens les plus violents soupçons. [4]

28-33   w52-k: soupçons. Pourquoi ni [5]

[2] The Jesuit priest Pierre Labbé published a *Testamentum christianum* and a *Testamentum politicum* in 1643, at Lyon. In a postscript to the 1750 edition of his *Lettre*, Foncemagne suggests that these two works were by the cardinal (p.88-96), an attribution he later regretted (1764, p.127). Labbé's works are not in Voltaire's surviving library. Voltaire had made no mention of these manuscripts or the pomposity of the title in chapter 1.

[3] Hôtel de Richelieu, or Palais-Cardinal, built for Richelieu by Jacques Lemercier between 1629 and 1636. The cardinal gave it to the king in 1639, after which it was known as the Palais-Royal (Germain Brice, *Description de la ville de Paris, et de tout ce qu'elle contient de plus remarquable*, nouv. éd., Paris 1752, i.245-52).

[4] Voltaire had not made this point in chapter 1, but see his marginal notes to Foncemagne's *Lettre*: 'nulle mention dans aucun mercure que ce manuscrit ait été présenté a Louis 13 nulle connaissance de ce manuscrit pendant 30 ans' (CN, iii.639-40).

[5] This deletion was probably made because lines 29-33 do little more than repeat what Voltaire had already said (l.15-20), and was going to say (l.567-571).

III.

Si un homme aussi passionné pour la gloire que le cardinal de Richelieu eût travaillé en effet à un corps de politique qui embrasse 30 toutes les parties de l'art de gouverner, par quelle étrange contradiction avec son caractère n'aurait-il recommandé à personne un dépôt qui devait lui être si cher? pourquoi ni le manuscrit original, ni aucune copie, n'auraient-ils jamais paru pendant un si grand nombre d'années?[6] On savait à la mort de César qu'il avait 35 fait des Commentaires:[7] on savait que Cicéron avait écrit sur l'éloquence;[8] un manuscrit de Raphaël sur la peinture n'eût pas été ignoré.

IV.

Cet ouvrage n'est point un projet informe, il est entièrement terminé;[9] la conclusion finit par une péroraison pleine de morale: 40 *Je supplie votre Majesté de penser dès à cette heure ce que Philippe II ne pensa peut-être qu'à l'heure de sa mort; et pour l'y convier par l'exemple, autant que par raison, je lui promets qu'il ne sera jour de*

38a   w52-k: III.
43   w56-k: *par la raison*

---

[6] Cf. above, 1.69-79.

[7] True; see F. E. Adcock, *Caesar as man of letters* (Cambridge 1956), p.6-7.

[8] Presumably an allusion to the *Rhetorica ad Herrenium*, since Cicero's main works on eloquence (*De inventione, De oratore*) were known well before his death. The *Rhetorica* is now considered not to be the work of Cicero (see H. Caplan's introduction to the Loeb edition, p.VIII-IX).

[9] On the contrary, the *Testament* is quite clearly not 'entièrement terminé', as the publisher of the first edition admitted in his 'Avertissement' (André, p.461-62; cf. André's introduction, p.68-69). Voltaire is making a new point here. His contention is that the inaccuracies in the *Testament* are a proof of forgery; he is not prepared to admit that they are rather a sign of hasty or uncompleted composition.

393

ma vie que je ne tâche de me mettre en l'esprit ce que je devrais avoir
à l'heure de ma mort sur le sujet des affaires publiques. [10] Rien ne   45
manque à l'ouvrage pour le rendre complet; on y trouve jusqu'à
l'épître dédicatoire qu'on a eu l'impudence de signer en Hollande
Armand du Plessis, quoique le cardinal n'ait jamais signé ainsi; [11]
on y trouve jusqu'à la table des matières que l'éditeur ose encore
dire rédigée par le cardinal même, [12] et dans cette épître dédicatoire   50
on le fait parler ainsi au roi: *Cette pièce verra le jour sous le titre de*
mon testament politique, pour servir après ma mort, etc. [13] Donc en
effet cette pièce devait voir le jour après la mort du cardinal; donc
elle devait être présentée au roi d'une manière solennelle; donc
l'original eût dû être signé, être connu; donc le jour où la famille   55
eût présenté au roi ce legs si important, eût été un jour mémorable;
et si le roi eût jugé à propos de garder le silence sur les choses
secrètes et intéressantes, sur la profonde politique, sur les conseils
délicats que ces mémoires devaient renfermer dans les conjonctures
hasardeuses où se trouvait la France, le roi du moins aurait publié   60
que son premier ministre lui avait laissé un trésor, sans dire ce
que ce trésor renfermait. En ce cas l'auteur de cet ouvrage, lequel
devait être un secret entre le roi et lui, n'eût point permis qu'on
en fît de copie; l'original seul eût été dans les mains de Louis XIII

56-65 W52-K: mémorable. /IV./ Si, après la mort de Louis XIII, ce manuscrit
eût passé entre [14]

---

[10] *Testament,* II.x (André, p.454).

[11] See above, 1.94-96.

[12] Voltaire had not previously referred to this part of the *Testament.* The
'Avertissement' to the first edition states: 'Il n'y a pas jusqu'à la table qui ne
paraisse avoir été faite par le cardinal de Richelieu lui-même' (André, p.462-63).
In answer to Voltaire's objection, Foncemagne suggested that Richelieu had drawn
up the plan at an early date, and then worked on individual sections as and when
he could (p.115; cf. André, p.88, n.1).

[13] *Testament,* 'Au Roi' (André, p.90); quotation abbreviated.

[14] Voltaire presumably made this alteration because of the conjectural nature of
the reasoning in lines 57-65.

394

et si après la mort du roi il eût passé entre les mains de quelque   65
ministre, et de là dans celles qui l'ont rendu public, on en aurait
dû savoir quelques circonstances; l'éditeur aurait dit par quelle
voie il aurait été mis en possession de ce manuscrit; il l'aurait dit
d'autant plus hardiment qu'il imprimait le livre dans un pays libre
environ quarante ans après la mort du cardinal, et lorsque le   70
souvenir des inimitiés entre ce ministre et plusieurs grandes
maisons était éteint.

L'éditeur, comme je l'ai déjà remarqué ailleurs, [15] était tenu
surtout de constater l'authenticité du manuscrit, sans quoi il se
déclarait indigne de toute croyance. Aucune de ces conditions,   75
absolument nécessaires à l'authenticité d'un tel livre, n'a été
remplie, et même pendant vingt-quatre années entières depuis la
prétendue date du manuscrit, [16] ni la cour, ni la ville, ni aucun
livre, ni aucun journal ne fit la moindre mention que le cardinal
eût laissé au roi un Testament politique.   80

v.

Comment, en effet, le cardinal de Richelieu qui, comme on
sait, avait plus de peine à gouverner le roi son maître qu'à tenir
le timon de la France, aurait-il eu le dessein et le loisir de faire un
tel ouvrage pour l'usage de Louis XIII? L'auteur du Nouvel abrégé
chronologique de l'histoire de France, qui peint si bien les siècles   85
et les hommes, avoue dans ce livre si utile que le cardinal de
Richelieu avait *autant à craindre du roi, pour qui il risquait tout, que*

70   W57P: cardinal, lorsque
72-73   W52-K, continuous text
74   W75G, K: de ce manuscrit,

[15] See above, I.82-89.
[16] Between 1664, when, according to Voltaire (see below, III.544-546), a
manuscript of the *Testament* was given by Michel Le Masle to the Sorbonne, and
1688, the date of the first edition.

395

du ressentiment de ceux qu'il forçait d'obéir:[17] les aigreurs, les
défiances, les mécontentements réciproques allaient tous les jours
si loin entre le roi et le ministre que le grand-écuyer Cinq-mars   90
proposa au roi de traiter le cardinal de Richelieu comme le
maréchal d'Ancre, et s'offrit pour l'exécution; c'est ce que Louis
XIII dit lui-même dans une lettre au chancelier Séguier, après la
conspiration de Cinq-mars.[18] Louis XIII avait donc mis son favori
à portée de lui faire cette proposition étrange.[19] Est-ce dans une   95
telle situation qu'on se donne la peine de faire pour un roi d'un
âge mûr, qu'on redoute et dont on est redouté, un recueil de
préceptes qu'un père oisif pourrait tout au plus laisser à son fils
encore dans l'enfance? il me semble que le cœur humain n'est
point fait ainsi. Cette raison ne sera pas d'un grand poids auprès   100
d'un savant, mais elle fait impression sur ceux qui connaissent les
hommes.[20]

91   w52-κ: roi d'assassiner le
94   w56-κ: Le roi avait donc

[17] Charles-Jean-François Hénault, *Nouvel abrégé chronologique de l'histoire de
France*, 3rd ed. (La Haye 1747), p.355; cf. BV, no.1618. Hénault is not here
concerned with the authenticity of the *Testament*, but with the difficulties encoun-
tered by Richelieu in carrying out his plans.
[18] Antoine Aubery, *Mémoires pour l'histoire du cardinal duc de Richelieu* (Paris
1660), 'Du roi à monsieur le chancelier': 'quand [Cinq-Mars] a passé jusqu'à cette
extrémité, que de me proposer qu'il se fallait défaire de mondit cousin [Richelieu],
et de s'offrir à le faire, j'ai eu en horreur ses mauvaises pensées et les ai détestées'
(ii.842); cf. *Essai sur les mœurs*, ch.176 (ii.620).
[19] Henri Coffier de Ruzé d'Effiat, known as Cinq-Mars, favourite of Louis XIII,
was appointed *grand-écuyer* in 1639. He plotted to eliminate Richelieu, by murder
if necessary, and to end the war with Spain. The king, torn between his fear of
Richelieu and a desire to be freed from his influence, appears to have half consented
to the plot, but Richelieu eventually persuaded him to have Cinq-Mars arrested.
He was tried, and executed in September 1642.
[20] Voltaire had not made this objection in chapter 1, but he had alluded to it in
the *Avis*, §7.

VI.

Supposons pourtant qu'un homme tel que le cardinal de Richelieu, eût voulu donner en effet au roi son maître des conseils pour gouverner après sa mort, comme il lui en avait donné pendant sa vie: quel est l'homme qui en ouvrant ce livre ne s'attendra pas à voir tous les secrets du cardinal de Richelieu développés, et toute la grandeur et la hardiesse de son génie respirant dans son Testament? qui ne se flattera pas de lire des conseils fins et hardis, convenables à l'état présent de l'Europe, à celui de la France, de la cour, et surtout du monarque? Par le premier chapitre il est évident que l'auteur feint d'écrire en 1640, car il fait dire au cardinal de Richelieu dans un jargon barbare, en parlant de la guerre avec l'Espagne: *Ce n'est pas que dans cette guerre, qui a duré cinq ans, il ne vous est arrivé aucun accident, etc.* [21] Or cette guerre avait commencé en 1635 et le dauphin était né en 1638. Comment dans un écrit politique, qui entre dans les détails des cas privilégiés, des appels comme d'abus, du droit d'indult, et des vents qui règnent sur la Méditerranée, [22] oublie-t-on l'éducation de l'héritier de la monarchie? [23] certes le faussaire est bien maladroit. La

105

110

115

120

107-108   W52-K: et la grandeur
113   K: barbare, parlant
116-117   W64G-W70L: 1638. Comme dans

[21] *Testament*, I.i (André, p.136); the text reads: 'que pendant le cours de cette' and 'aucun mauvais accident'; see also above, p.358, n.20.

[22] *Testament*, I.ii.3, 'Des cas privilégiés' (André, p.169-73); I.ii.2, 'Des appels comme d'abus' (André, p.157-69); I.ii.12, 'Le droit d'indult' (André, p.215-17); II.ix.5, 'De la puissance de la mer' (André, p.400-14; Mediterranean winds are discussed at p.409-12. This section was probably compiled with the help of the marine expert Georges Fournier; see André, p.60, n.1).

[23] It is true that the *Testament* contains no reference to the birth or education of the dauphin. To this objection (which Voltaire had not previously made, either in the *Avis*, or in chapter 1), Foncemagne gives a somewhat unconvincing reply: 'Des conseils sur l'éducation d'un enfant qui venait de naître, n'auraient-ils pas été prématurés?' (p.136, n.*a*).

véritable cause de cette faute d'omission c'est que dans plusieurs autres endroits du livre, l'auteur oubliant qu'il a feint d'écrire en 1639 et en 1640, s'avise ensuite d'écrire en 1635. Il donne à Louis XIII vingt-cinq ans de règne, au lieu de lui en donner trente;[24] contradiction palpable, et démonstration évidente d'une supposi-   125 tion que rien ne peut pallier.

VII.

Quoi! Louis XIII est engagé dans une guerre ruineuse contre la maison d'Autriche, les ennemis sont aux frontières de la Champagne et de la Picardie,[25] et son premier ministre, qui lui a promis des conseils, ne lui dit rien ni de la manière dont il faut soutenir   130 cette guerre dangereuse, ni de celle dont on peut faire la paix, ni des généraux, ni des négociateurs qu'on peut employer?[26] quoi! pas un mot de la conduite qu'on doit tenir avec le chancelier Oxenstiern, avec l'armée du duc de Veimar,[27] avec la Savoye,[28]

---

121   w51: cette omission

[24] Cf. *Testament*, i.vi: 'L'expérience que 25 *ans de règne et de gouvernement* donne à V. M.' (André, p.269).

[25] The French army, led by the comte de Guiche, was defeated by the Spaniards under Francisco de Mello, at Honnecourt (Nord) on 26 May 1642. The French position along the northern frontier was weak, compared with their advantageous position along the eastern and southern frontiers.

[26] In fact, as Foncemagne points out (p.107-108), the *Testament* does deal with the question of 'négociateurs' – in fairly general terms, however (André, p.347-56).

[27] At Richelieu's death the peace negotiations supposed to have begun at Munster in March 1642 had still not started. France was allied with Sweden, whose position was growing stronger after her successes in Saxony (November 1642); the Franco-Weimar army, led by the maréchal de Guébriant, and then by Turenne, was having considerable success on the eastern front.

[28] A few months before his death Richelieu had succeeded in obtaining the recognition of Christine, daughter of Henri IV, and widow of Victor-Amédée, as regent to Charles-Emmanuel II.

avec le Portugal et la Catalogne?²⁹ on ne trouve rien sur les   135
révolutions que le cardinal lui-même fomentait en Angleterre,³⁰
rien sur le parti huguenot qui respirait encore la faction et la
vengeance.³¹ Il me semble voir un médecin qui vient pour prescrire
un régime à son malade, et qui lui parle de tout autre chose que
de sa santé.³²   140

VIII.

Celui qui a débité ses idées sous le nom du cardinal de Richelieu
commence par se servir des succès mêmes que ce grand homme
avait eus dans son ministère, pour lui faire avancer qu'il avait
promis ces succès au roi son maître. Le cardinal avait abaissé les
grands du royaume qui étaient dangereux, les huguenots qui   145
l'étaient davantage, et la maison d'Autriche qui avait été encore
plus à craindre; de là il infère que le cardinal avait promis ces
révolutions au roi dès qu'il était entré dans le Conseil. Voici les
paroles qu'il prête au cardinal: *Lorsque votre Majesté se résolut de
me donner en même temps et l'entrée de ses conseils et grande part en*   150
sa confiance, je lui promis d'employer toute l'autorité qu'il lui plairait
me donner pour ruiner le parti huguenot, rabaisser l'orgueil des grands,
remettre tous les sujets dans leur devoir, et relever son nom dans les

141 w50-k: débité ces idées

²⁹ Richelieu had given limited help to the Portuguese rebellion (1640), and more
considerable help to the Catalan revolt (1640-1641).

³⁰ Richelieu may have been in contact with Presbyterian elements in Scotland
opposed to Charles I's policy of Anglicanisation.

³¹ Voltaire is exaggerating. After the capture of La Rochelle (1628) the Huguenots
were no longer an important political force (see Le Vassor, *Histoire du règne de
Louis XIII*, iii.306, 351).

³² Voltaire had not made this general objection in precisely this way before, but
see above, I.180-191. His argument in this section shows that he considered that a
'testament politique' should be concerned with current issues, whereas Richelieu
clearly believed that it should be concerned mainly with principles.

nations étrangères au point où il devait l'être, etc.[33] Or il est de
notoriété publique que quand Louis XIII consentit à mettre le   155
cardinal de Richelieu dans le Conseil, il était bien éloigné de
connaître le bien qu'il procurait à la France et à lui-même. Il est
public que le roi, qui alors avait de l'éloignement pour ce grand
homme, ne fit que céder aux instances de la reine sa mère, qui
triompha enfin de la répugnance de son fils, après s'être donnée   160
les plus grands mouvements pour introduire dans le Conseil celui
qu'elle avait fait cardinal, qu'elle regardait comme sa créature, et
par qui elle espérait gouverner. On eut même besoin de gagner le
marquis de la Vieuville, surintendant des finances, qui consentit
avec beaucoup de peine à voir entrer le cardinal au Conseil en   165
1624.[34] Il n'y eut ni la première place, ni le premier crédit; toute
cette année se passa en jalousies, en cabales, en factions secrètes;
le cardinal ne prit que peu à peu l'ascendant.[35]

Quelques lecteurs apprendront peut-être ici avec plaisir que le
cardinal de Richelieu n'eut les provisions de premier ministre   170
qu'en 1629, le 21 novembre; Louis XIII les signa seul de sa main.

[33] *Testament*, I.i (André, p.93, 95). As Foncemagne points out (p.84-85), Voltaire
has omitted several paragraphs in which Richelieu talks of the parlous state of
France in 1624. If Richelieu really had used this language in that year, one might
perhaps accuse him of boasting, but since the passage is written retrospectively,
one can talk only of justifiable pride (see André, p.95, n.2).

[34] Charles de La Vieuville, *surintendant des finances* from 1623 to 1624. Soon
after Richelieu's entry to the *Conseil*, which he had supported in order to please
the queen mother, he was arrested.

[35] Voltaire's account of Richelieu's rise to power is in line with the version of
events given by various memorialists of the time – Bassompierre, Deageant, Rohan
(whom Voltaire specifically cites in the *Arbitrage*) – and by Le Vassor (ii.597-98,
616). All were to a greater or lesser extent prejudiced against Richelieu. The
Mémoires of the comte Loménie de Brienne (one of the four *secrétaires d'Etat*), on
the other hand, stress the fact that the king was aware of Richelieu's talents from
the start, and wanted to give him full powers (Amsterdam 1719, i.174-75; BV,
no.2159: Amsterdam 1720), a view endorsed by L. Batiffol, *Richelieu et le roi Louis
XIII: les véritables rapports du souverain et de son ministre* (Paris 1934), p.104-107.
The question has little relevance to the issue of authenticity.

Ces lettres patentes sont adressées par le roi au cardinal même; et
ce qu'il y a de très remarquable, c'est que les appointements
attachés à cette nouvelle dignité y sont en blanc, le roi laissant à
la magnificence et à la discrétion de son ministre le soin de prendre
au trésor public de quoi soutenir la grandeur de cette place. [36]

175

Je reviens, et je dis qu'il n'est pas vraisemblable que le cardinal
ait tenu en 1624 les discours qu'on lui prête. Il est beau de faire
tant de grandes choses, mais il est téméraire de les promettre. Il
raconte avec indécence et avec infidélité ce qu'il a fait: il ne dit
rien du tout de ce qu'il faut faire. Pourquoi? c'est que l'un était
fort aisé, et l'autre très difficile. [37]

180

IX.

Par le peu qu'on vient de dire, il paraît déjà que l'ouvrage
prétendu ne peut convenir, ni au caractère du ministre à qui on le
donne, ni au roi auquel on l'adresse, ni au temps où on le suppose
écrit: j'ajouterai encore, ni au style du cardinal. Il n'y a qu'à voir
cinq ou six de ses lettres, pour juger que ce n'est point du tout la
même main, et cette preuve suffirait pour quiconque a le moindre

185

179-180 w52: promettre. On lui fait raconter avec indécence
         w56-k: promettre: et c'eût été le comble du ridicule et de l'indécence,
de dire au roi son maître, en entrant dans ses conseils: Je relèverai votre nom. On
lui fait raconter sans bienséance et avec infidélité
181-182 w51: l'un est fort
185 w51: où l'on

[36] These *lettres patentes* are printed by Aubery, *Mémoires pour l'histoire du cardinal
duc de Richelieu*, i.308-309. They are signed by Loménie de Brienne as well as by
the king, and the 'gages et appointements' are not 'en blanc' but are 'par nous
ordonnés' (i.e. by the king).
[37] This objection had already been made by Voltaire in the *Avis*, §7, but not in
chapter 1 (though see above, 1.101-104).

goût et le moindre discernement.³⁸ D'ailleurs le cardinal de Richelieu obligé de faire quelquefois des actions violentes, ne   190 laissait point échapper dans ses écrits de paroles dures et indécentes. S'il agissait avec hardiesse, il écrivait de la manière la plus circonspecte. Il n'eût certainement pas appelé dans un ouvrage politique la marquise du Fargis, dame d'atour de la reine régnante, *la Fargis*.³⁹ C'est manquer aux premières lois du respect et de la   195 bienséance, en parlant au roi et à la postérité. Cette indigne expression est tirée d'un mauvais livre imprimé en 1649 intitulé: *Histoire du ministère du cardinal de Richelieu*. L'auteur du Testament a copié cet ouvrage de ténèbres, plus flétri, sans doute, par le mépris public que par l'arrêt qui le condamne.⁴⁰   200

Qui pourra se persuader qu'un premier ministre, qui suppose la paix faite avec l'Espagne,⁴¹ parle des Espagnols en ces termes: *cette nation avide et insatiable, ennemie du repos de la chrétienté?*⁴²

---

³⁸ The reference to the cardinal's letters (*Lettres du cardinal duc de Richelieu, où l'on voit la fine politique et le secret de ses plus grandes négociations*, Cologne 1695; BV, no.2979) was probably included by Voltaire to answer criticism of chapter 1 (see above, p.357, n.17). Cf. Voltaire's marginal note to Foncemagne's *Lettre*: 'quoy! on ne reconnait pas le stile de marot, de montagne, de rabelais, de cœffetau, de malherbe, de balzac surtout contemporain de Richelieu?' (CN, iii.640).

³⁹ See above, 1.108-111 and note.

⁴⁰ Foncemagne points out (p.35-36) that 'M. de V. a malheureusement confondu le *Journal* du cardinal avec *l'Histoire* de son ministère'. The first work is probably the *Journal du cardinal de Richelieu fait durant le grand orage de la cour en l'année 1630 et 1631* (s.l. 1648-1649), which is authentic; the second is the supposititious *Histoire du ministère d'A.-J. Du Plessis, cardinal duc de Richelieu* (s.l. 1649), written by Charles Vialart, and condemned by the parlement in 1650 (cf. Lelong, *Bibliothèque historique*, p.459-60). Foncemagne mockingly calls attention to the fact that it is the *Journal* which frequently refers to 'la Fargis', whereas the *Mémoires* use a more polite form.

⁴¹ See above, p.358, n.20.

⁴² Cf. *Testament*, 1.i (André, p.105); cf. also *Testament*, 11.ix.5 (André, p.406): 'Cette superbe et altière nation' and 'cette nation insolente'. It is quite plausible that Richelieu should have spoken in these terms of the Spanish, who were plotting with elements within France to undo his policies. Voltaire's argument (which he had not previously used) would be valid only if the insults were made in a document that might have been seen by the Spanish at the time.

C'est ainsi qu'on aurait pu parler de Mahomet II.[43] Serait-il
possible qu'un prêtre, un cardinal, un premier ministre, un homme   205
sage écrivant à un roi sage, et écrivant un Testament qui devait
être exempt de passion,[44] se fût emporté (dans le temps de cette
paix supposée) à des expressions qu'il n'avait pas employées dans
la déclaration de la guerre?

X.

Après de si fortes présomptions, quel homme de bon sens peut   210
résister à cette preuve évidente de faux qui se trouve dans le
premier chapitre: je veux dire à cette supposition que la paix est
faite. *Vous êtes parvenu*, dit-on, *à la conclusion de la paix*[45] ... *votre
Majesté n'est entrée dans la guerre ... etc. et n'en est sortie ... etc.*[46]

209a-210 W50-K: X.
Est-il vraisemblable qu'un homme d'Etat, qui se propose un ouvrage aussi
solide, dise que le roi d'Espagne, en secourant les huguenots, avait rendu les Indes
tributaires de l'enfer; que les gens de palais mesurent [K: mesurèrent] la couronne
du roi par sa forme, qui, étant ronde, n'a point de fin; que les éléments n'ont de
pesanteur que lorsqu'ils sont en leur lieu; que le feu, l'air, ni l'eau, ne peuvent
soutenir un corps terrestre, parce qu'il est pesant hors de son lieu, et cent autres
absurdités pareilles, dignes d'un professeur de rhétorique de province dans le
seizième siècle, ou d'un répétiteur irlandais qui dispute sur les bancs.[47]
                                   XI.
Y a-t-il encore une grande vraisemblance que le cardinal de Richelieu, si connu
par ses galanteries, et même par la témérité de ses désirs, ait recommandé la chasteté
à Louis XIII, prince chaste par tempérament, par scrupule, et par ses maladies?[48] /
XII. [with consecutive renumbering] ¶Après
214-215 W52-K, continuous text

[43] See above, p.353, n.5.
[44] Voltaire does not justify this dubious affirmation.
[45] *Testament*, I.i (not in first edition); André, p.149: 'd'une paix'.
[46] See above, p.358, n.20.
[47] Voltaire is restoring a passage from I.166-175.
[48] See above, I.192-197. Louis XIII behaved towards women 'un peu comme un
adolescent craintif' (Batiffol, p.80-81).

Un imposteur, dans la chaleur de la composition, oubliant le 215
temps dont il parle, peut tomber dans cette absurdité énorme;
mais un premier ministre, quand il fait la guerre, ne peut pas
assurément dire que la paix est conclue. Jamais la guerre ne fut plus
vive contre la maison d'Autriche, quoique toutes les puissances
négociassent, ou plutôt parce qu'elles négociaient. Il est vrai qu'en 220
1641 on jeta quelques fondements des traités de Munster, qui
ne furent consommés qu'en 1648, et l'auteur du Testament fait
parler le cardinal de Richelieu tantôt en 1640, tantôt en 1635. Le
cardinal ne pouvait ni supposer la paix faite au milieu de la guerre,
ni dire des injures atroces aux Espagnols, avec lesquels il voulait 225
traiter.

XI.

Faudra-t-il à cette preuve palpable de l'imposture, ajouter une
bévue moins forte, à la vérité, mais qui ne décèle pas moins un
menteur ignorant? Il fait dire à un premier ministre, tel que le
cardinal, dans ce même premier chapitre, que *le roi a refusé le* 230
secours des armes ottomanes contre la maison d'Autriche. S'il s'agit
d'un secours que le Turc voulait envoyer aux armées françaises,
le fait est faux, et l'idée en est ridicule: s'il s'agit d'une diversion
des Turcs en Hongrie ou ailleurs, quiconque connaît le monde,
quiconque a la moindre idée du cardinal de Richelieu, sait assez 235
que de telles offres ne se refusent pas.[49]

229   w51:   dire au premier
230   w51:   dans ce premier
233   w51:   ridicule: il s'agit
234-235   w57P: monde, et quiconque

[49] Voltaire had not previously made this objection. He is referring to *Testament*,
i.i: 'V. M. n'a pas voulu, pour se garantir du péril de la guerre, exposer la chrétienté
à celui des armes des Ottomans, qui lui ont souvent été offertes' (André, p.145).
What Voltaire does not say is that Richelieu adds that such an offer could have
been accepted 'avec justice', and that there had been several precedents, but that
the king did not want to 'prendre une résolution hasardeuse pour la religion'. It

XII.

Comme il paraît par le premier chapitre que l'imposteur écrivait après la paix des Pirénées, dont il avait l'imagination remplie, il paraît par le second qu'il écrivait après la réforme que fit Louis XIV dans toutes les parties de l'administration.

240

Je me souviens que j'ai vu dans ma jeunesse, dit-il, *les gentilshommes et autres personnes laïques, posséder par confidence* [50] *non seulement la plus grande partie des prieurés et abbayes, mais aussi des cures et évêchés. Maintenant les confidences ... sont plus rares que les légitimes possessions ne l'étaient en ce temps-là.* [51]

245

Or il est certain que dans les derniers temps de l'administration du cardinal, rien n'était plus commun que de voir des laïques posséder des bénéfices. Lui-même avait fait donner cinq abbayes

---

240-241   w52-k, continuous text
245-246   w52-k, continuous text

---

would seem that Richelieu is flattering the king's religious scruples while at the same time reserving his own opinion; Voltaire's objection is therefore not justified. As regards the historical evidence for such an offer, Foncemagne believed that the cardinal had made overtures to the Turks (p.75-78), but see André, p.145, n.2.

[50] André defines this term: 'en droit canonique, une promesse, secrète ou non, faite par un bénéficiaire, de rendre le bénéfice ou d'en donner les revenus ou une partie, au résignant ou au collateur ou à la personne désignée par l'un de ces derniers. Le pape Pie IV fut le premier à condamner, en 1564, ces cas de réelle simonie; il fut suivi par Pie V' (p.151, n.1).

[51] *Testament,* i.ii.1 (André, p.151). Voltaire had not previously made this objection. He has omitted several lines that refer to the reform of the monastic orders; Richelieu was somewhat more successful in this than in stopping the practice of laymen holding benefices. Nevertheless Foncemagne is overstating his case when he says that 'Il suffisait que l'abus fût devenu *plus rare*, pour que le cardinal fût en droit de s'applaudir' (p.79), since Richelieu is claiming almost total success. But such a claim is no proof of inauthenticity: Richelieu is exaggerating his achievements in order to please his pious master.

405

au comte de Soissons, qui fut tué à la Marfée; [52] M. de Guise en possédait onze; le duc de Verneuil avait l'évêché de Metz; [53] le   250
prince de Conti eut l'abbaye de S. Denis en 1641, le duc de Nemours eut l'abbaye de St Rémi de Reims; le marquis de Tréville celle de Moutier-Andé sous le nom de son fils; enfin le garde des sceaux Châteauneuf conserva plusieurs abbayes jusqu'à sa mort, arrivée en 1643, et on peut juger si cet exemple était suivi. Le   255
nombre des laïques qui jouissaient de ces revenus de l'Etat est innombrable. Il n'y a qu'à voir les Mémoires du comte de Grammont, pour se faire une idée de la manière dont on obtenait alors des bénéfices. [54] Je n'examine pas si c'était un mal ou un bien de donner les revenus de l'Eglise à des séculiers, mais je dis qu'un   260
imposteur habile n'eût jamais fait parler le cardinal de Richelieu d'une réforme qui n'existait pas.

253   w50-κ: Moutier-Ender
256   w51:   revenus d'Etat

[52] The comte de Soissons, the duc de Guise and the duc de Bouillon, in league with Spain, defeated the royal army at La Marfée near Sedan in July 1641, but the comte de Soissons was killed in the battle; his death was a severe setback for the rebels.

[53] Henri de Bourbon, marquis de Verneuil, illegitimate son of Henri IV, obtained the title of 'évêque de Metz' in 1608, while he was still a child (Sully, *Mémoires*, Paris 1827, iii.153-55, second pagination; BV, no.3223: Londres 1745); cf. *Notebooks* (V 81, p.230).

[54] In chapter 3 of Hamilton's novel Grammont tells his friend Matta about his early life. Destined for the Church, he pursues his theological studies with little fervour; his brother presents him to Richelieu in order to obtain a benefice for him. The cardinal is not impressed by Grammont's mixture of profane and religious attire, but still grants the benefice. Grammont resolves to 'renoncer à l'Eglise [...] à condition [...] que je garderai l'abbaye', and when he arrives at the siege of Trino (1643) he is both 'abbé' and 'chevalier' (Anthony Hamilton, *Mémoires du comte de Grammont*, 1713; BV, no.1592: Paris 1749).

XIII.

Dans ce même second chapitre le faiseur de projets, qui est indubitablement un homme d'Eglise trop prévenu en faveur des prétentions du clergé, et trop peu jaloux des droits de la couronne, déclame contre le droit de régale. [55] Il oubliait qu'en 1637 et en 1638 le cardinal de Richelieu avait fait rendre des arrêts du Conseil, par lesquels tout évêque qui se croirait exempt de ce droit, était tenu d'envoyer au greffe les titres de sa prétention. [56] Cet écrivain ne savait pas qu'un évêque ministre d'Etat, s'intéresse plus aux droits du trône qu'aux prétentions ecclésiastiques. Il fallait connaître le caractère d'un premier ministre pour le faire parler. C'est l'âne qui se couvre de la peau du lion, et qu'on reconnaît bientôt à ses oreilles. [57]

XIV.

Le faussaire ignorant, dans ce même chapitre second, où il entretient le roi des universités et des collèges, au lieu de lui parler de ses vrais intérêts, dit dans son style grossier (section x): 'L'histoire de Benoît xi contre lequel les cordeliers, piqués sur le sujet de la perfection de la pauvreté, savoir du revenu de St François, s'animèrent jusqu'à tel point, que non seulement ils lui firent ouvertement la guerre par leurs livres, mais de plus par les armes de l'empereur, à l'ombre desquels un antipape s'éleva au grand préjudice de l'Eglise, est un exemple trop puissant pour qu'il soit besoin d'en dire davantage'. [58] Certainement le cardinal de

265

270

275

280

[55] Cf. above, i.176-179; Voltaire refuses to believe that Richelieu could have had the outlook of an ecclesiastic as well as that of a politician.

[56] Voltaire is probably referring to the edict of 1639 that ordered the clergy to register all documents relating to their claims.

[57] La Fontaine, *Fables*, v.xxi.

[58] *Testament*, i.ii.10 (André, p.211-12): Richelieu is here trying to prove that 'Tout parti est dangereux en matière de religion'. Voltaire's criticism of the 'style grossier' is justified in respect of the early editions of the *Testament*, but in 1764 the correct reading of the manuscript, 'de la pauvreté, source du revenu', was

Richelieu, qui était très savant, n'ignorait pas que cette aventure, 285
dont parle le faussaire, était arrivé au pape Jean XXII et non pas
au pape Benoît XI. [59] Il n'y a guère de fait dans l'histoire ecclésiastique plus connu que celui-là, son ridicule l'a rendu célèbre; il
n'était pas possible que le cardinal s'y fût mépris. D'ailleurs,
pour apprendre à un roi combien les querelles de religion sont 290
dangereuses, on avait à citer des exemples plus frappants. [60]

XV.

Dans cette même section X du chapitre II où il est question des
jésuites: *Cette compagnie*, dit-il, *qui est soumise par un vœu d'obéissance aveugle à un chef perpétuel, ne peut, suivant les lois d'une bonne
politique, être beaucoup autorisée dans un Etat auquel une communauté* 295
puissante doit être redoutable. [61] Je sais bien que ce trait est adouci
quelques lignes après; mais de bonne foi, le cardinal de Richelieu
pouvait-il croire les jésuites redoutables, lui qui ne savait que les

291   W57G, W64G, W68-K: citer cent exemples

printed (see André, p.54, n.2, and Richelieu, *Maximes d'Etat*, 1764, i.176).

[59] Voltaire is correct; 'cette aventure' occurred during the pontificate of John
XXII (who lived in France). In 1323 Pope John condemned the doctrine of the
Franciscans (who were supported by the emperor Ludwig of Bavaria) that Christ
and his disciples had no possessions, and contested the legitimacy of the emperor's
election; Ludwig later retaliated by entering Rome with an army and electing an
anti-pope (Nicolas V); cf. *Essai sur les mœurs*, ch.68 (i.671-72).

[60] Voltaire had not previously made this objection.

[61] *Testament*, I.ii.10 (André, p.208). Richelieu actually says 'Une compagnie'.
He is pointing to the dangers of leaving education in the hands of one group only,
and he is probably referring to the unsuccessful attempts made by the Jesuits
(1622-1624) to gain control of education at the expense of the universities (see
Le Vassor, ii.651-54). Voltaire had not previously objected to this passage.

rendre utiles? [62] le cardinal de Richelieu avait exilé quelques jésuites
aussi bien que quelques pères de l'Oratoire [63] et d'autres religieux   300
qui étaient entrés dans des cabales; mais ni lui, ni l'Etat n'avaient
rien à craindre de ces compagnies. Il serait assurément bien étrange
que le vainqueur de la Rochelle se fût plus défié dans son Testament
politique, des jésuites que des huguenots. Cette réflexion n'est
pas une preuve convaincante; mais jointe aux autres, elle sert à   305
faire voir que l'auteur, en prenant le nom d'un premier ministre,
n'en a pu prendre l'esprit.

XVI.

    S'il fallait relever tous les mécomptes dont cet ouvrage four-
mille, je ferais un livre aussi gros que le Testament politique que
la fourberie a composé, que l'ignorance, la prévention, le respect   310
d'un grand nom ont fait admirer, que la patience du lecteur peut
à peine achever de lire, et qui serait ignoré, s'il avait paru sous le
vrai nom de l'auteur. J'ai déjà, dans un petit ouvrage qui ne
comportait pas d'étendue, indiqué quelques-unes de ces preuves
qui décèlent l'imposture aux yeux de quiconque a du jugement et   315
du goût. [64]
    En voici une qui est sans réplique: l'auteur qui étale, et encore

299   W57G, W64G, W68-K: utiles, et les punir souvent? lui qui ne craignait ni
la reine, ni les princes, ni la maison d'Autriche, aurait-il craint quelques religieux?
Il avait exilé plusieurs jésuites
316-317   W52-K, continuous text

    [62] Voltaire forgets that Richelieu is known to have disliked the Jesuits, and that
the king's confessors, who frequently opposed his policies, belonged to the Society:
for example, Père Caussin, who tried to upset his Italian policy (see Le Vassor,
ii.651-54, 800; v.364-65, 380, 492-93).
    [63] Perhaps a reference to Père Chanteloube, an Oratorian, who was *aumônier* to
Marie de Médicis and who was suspected of trying to assassinate the cardinal in
1633 (see Le Vassor, iv.369-73; *Essai sur les mœurs*, ch.176).
    [64] Either the *Avis* or the original one-chapter version of *Des mensonges imprimés*.

mal à propos, une vaine et fausse érudition sur l'histoire de l'Eglise, sur le commerce, sur la marine,[65] s'avise au chapitre IX, section VI, de dire, à propos d'établissements dans les Indes: *Quant*   320 *à l'Occident, il y a peu de commerce à faire. Drak, Thomas Cavendish, Sherberg, Lhermite, Lemaire, et le feu M. le comte Maurice, qui y envoya douze navires à dessein d'y faire commerce, ou d'amitié ou de force, n'ayant pu trouver lieu d'y faire aucun établissement.*[66]

Remarquez dans quel temps l'imposteur fait parler ainsi le   325 cardinal de Richelieu, c'est en 1640, c'est dans le temps même que le feu comte Maurice, qui était plein de vie, gouvernait le Brésil au nom des Provinces-Unies;[67] c'est après que la compagnie hollandaise des Indes occidentales avait fait des progrès considé-rables depuis 1622 sans interruption:[68] remarquez encore qu'au   330

321   w57G, w64G, w68-K: Dracke [*passim*]
322   w50-K: Herberg
322-323   K: qui envoya
324-325   w52-K, continuous text
325   w68-K: parler le

[65] See *Testament*, I.ii, on the church (André, p.150-217); II.IX.6, on commerce (André, p.415-26); and II.IX.5, on the navy (André, p.400-15). The chapter on the Church is long and contains much unimportant information, the section on commerce is fairly concise and relevant, but the section on the navy is somewhat jejune.

[66] *Testament*, II.ix.6 (André, p.422). Voltaire has made a few minor changes in the quotation. He had not previously referred to this passage as proof of inauthenticity.

[67] Foncemagne rightly points out (p.80-81) that Voltaire has confused John Maurice, prince of Nassau (1604-1679), governor of Brazil from 1636 to 1644, with his uncle, Maurice, count of Nassau and prince of Orange, who was born in 1567, and who was Stadtholder from 1585 until his death in 1625. As Stadtholder he was also responsible for Dutch colonial expeditions (see G. Edmundson, *History of Holland*, Cambridge 1922, p.167).

[68] Founded in 1621, for the purpose of plunder rather than trade, the Dutch West India Company made some headway in Spanish Brazil until about 1644, when John Maurice gave up the governorship. It also owned posts in Guiana, in the West Indies, and in North America, but these posts were comparatively unimportant in Richelieu's time (Edmundson, p.166-78).

commencement de cette même section vi, l'auteur avoue que *les Hollandais ne donnent pas peu d'affaires aux Espagnols dans les Indes occidentales, où ils occupent la plus grand partie du Bréʒil.* [69] En vérité, peut-on mettre sur le compte d'un homme d'Etat un tel fatras d'erreurs et de contradictions?

L'Angleterre, dont il parle, avait déjà des pays immenses dans l'Amérique. [70] Quant à Drak, et à Thomas Cavendish, leurs exemples sont cités très mal à propos: ils ne furent pas envoyés pour faire des établissements, mais pour ruiner ceux des Espagnols, pour troubler leur commerce, pour faire des prises, et c'est à quoi ils réussirent. [71]

335

340

XVII.

Si on voulait se donner la peine de lire le Testament politique avec attention, on serait bien surpris de voir qu'en effet ce livre est plutôt une critique de l'administration du cardinal qu'une

335-336   w52-k, continuous text

[69] *Testament*, ii.ix.6 (André, p.416); Voltaire had not previously referred to this passage. Richelieu is talking of the Dutch successes in Portuguese Brazil and in Spanish Brazil, and his statement corresponds fairly well to historical fact.

[70] Although England had several settlements in North America by 1640, she had comparatively few in South America and the West Indies, to which Richelieu is referring. It is not easy to see any substance in Voltaire's objection.

[71] Voltaire has somewhat over-simplified the question. John Hawkins made several voyages to the West Indies in the hope of establishing trade links with the Spanish colonies but he was unsuccessful, and his voyage of 1569 ended in disaster when his men suffered cruelly at the hands of the Spanish Inquisition. Drake and Hawkins then began a private war of revenge against the Spanish, but among the intentions of the voyages they made in the years 1570-1577 were undoubtedly the founding of settlements and the increase of trade. On the other hand, Thomas Cavendish's voyage of 1586-1588 seems to have been motivated primarily by a desire for booty (see A. L. Rowse, *The Expansion of Eliʒabethan England*, London 1955, p.174-88).

exposition de sa conduite, et une suite de ses principes:[72] tout y   345
roule sur deux points, dont le premier est indigne de lui, et dont
le second est un outrage à sa mémoire.

Le premier objet est un lieu commun, puéril, vague, un
catéchisme pour un prince de dix ans, et bien étrangement déplacé
à l'égard d'un roi âgé de quarante années; tels sont ces chapitres: 350
que *le fondement du bonheur d'un Etat est le règne de Dieu; que la
raison doit être la règle de la conduite; que les intérêts publics doivent
être préférés aux particuliers; que la prévoyance est nécessaire; qu'il
faut destiner un chacun à l'emploi qui lui est propre; qu'il est important
d'éloigner les flatteurs médisants, faiseurs d'intrigues,*[73] et vingt autres   355
découvertes de cette finesse et de cette profondeur, accompagnées
d'avis qui auraient été une insulte à Louis XIII, prince éclairé, et
qui eut été en droit de répondre à son ministre, à son serviteur,
Parlez ainsi à mon fils, et respectez plus votre maître.[74]

Le second point, qui est surtout renfermé dans le neuvième   360
chapitre, roule sur les projets d'administration imaginés par l'auteur; et de tous ces projets il n'y en a pas un seul qui ne soit
précisément le contrepied de l'administration du cardinal. L'auteur

---

355   w57G, w64G, w68-K: *flatteurs, médisants*

[72] A judgement of the *Testament* with which it is difficult to agree. The cardinal
certainly has moments of self-criticism, but they are rare: for instance, on a personal
level, he regrets his lack of affability (André, p.302); more generally, he regrets
the fact that military preoccupations have prevented him from carrying out certain
administrative reforms. Only in this sense is the work a criticism of his policies,
and an encouragement to Louis XIII to do better.

[73] In addition to the chapter titles he has already cited (1.185-189), Voltaire here
refers also to: II.iv, 'Combien la prévoyance est nécessaire au gouvernement d'un
Etat' and II.vii, 'Un des plus grands avantages qu'on puisse procurer à un Etat, est
de destiner un chacun à l'emploi qui lui est propre' (1688, i.[xvii-xviii]; cf. André,
p.87).

[74] This picture of an enlightened and strong-willed Louis XIII disciplining a
disrespectful minister does not correspond with the relationship between the king
and the cardinal: Louis XIII, in spite of fits of independence, relied on Richelieu
for advice on what he should do and say in almost every situation.

se met en tête d'abolir les comptants, ou de les réduire par grâce
à un million d'or;[75] réduction qui, comme je l'ai fait voir, eût   365
monté au tiers des revenus du roi, sans quoi l'expression vague
million d'or, ne peut avoir aucun sens.

Je dirai encore ici que ces mots vagues *un million d'or* sont
souvent employés au hasard par les compilateurs des histoires
anciennes, qui n'entendent pas mieux les finances que les lois et la   370
tactique des pays dont ils parlent. L'esprit philosophique qui de
nos jours doit réformer les belles-lettres, nous a fait comprendre
l'importance des finances. Nous savons que cette partie essentielle
de tout gouvernement exige un esprit géométrique pour la bien
conduire, et même un esprit d'invention pour la conduire supé-   375
rieurement. Il devient nécessaire qu'un historien en ait des connaissances, sans quoi il ne présente jamais au lecteur que des événements qui semblent n'avoir point de cause.[76]

Il est certain qu'aujourd'hui un historien qui écrirait qu'il en a
coûté à la France un million d'or pour une entreprise, ne serait   380
pas entendu. Il est certain que dans aucun bureau de ministre on

365-459   w52-K: d'or. Les comptants sont des ordonnances secrètes, pour des
affaires secrètes, dont on ne rend point compte. C'est le privilège le plus cher de
la place d'un premier ministre. Son ennemi seul en pourrait demander l'abolition.¶xx. Ce chapitre neuvième du Testament politique porte à[77]
366   w50, w51: revenus d'un roi,
381-382   w51: dans un bureau [...] sert point de[78]

[75] See above, I.126-143.
[76] This passage reads like a manifesto in favour of the historical methods that
characterise *Le Siècle de Louis XIV* and the *Essai sur les mœurs*.
[77] Voltaire no doubt made this deletion in w52 partly because he realised that
the information about 'la maison du roi' (l.418-450) was irrelevant, and partly
because of the force of the argument made by the *Mémoires de Trévoux* about the
meaning of the expression 'un million d'or' (see below, p.416, n.84). In the *Doutes
nouveaux* Voltaire describes the substance of this long passage as 'ces bagatelles', and
implies that the early editions were printed without his authority (M.xxv.293-94).
[78] The effect of the change in w51 is to make the affirmation more general, to
introduce the standard of *vraisemblance*, rather than to refer to fact.

ne se sert de ces expressions: il est certain qu'on ne s'en est jamais
servi, parce qu'elles ne forment aucun sens déterminé, et qu'on
ne pourrait deviner si c'est un million de marcs d'or, de livres
d'or, de louis d'or, ou de ducats, etc. 385

Jamais le ministère, en aucun temps, n'a désigné d'autre monnaie
que la monnaie de compte, monnaie fictive, monnaie invariable,
telle que les livres tournois, et les écus tournois valant trois livres
de compte. [79]

Sous Henri III on comptait par écus de trois livres, comme 390
nous faisons encore avec l'étranger quand nous disons: un écu de
compte de Paris est à trente-un trente-deux de change à Londres; [80]
mais jamais nous n'avons entendu par là des écus d'or: pourquoi?

382-383   w50, w51: expressions, parce qu'elles [81]
385-390   w50, w51: ducats d'or, ou d'écus d'or. ¶Quand on stipulait avec
l'étranger, on désignait quelquefois des écus d'or sol. Les dots des filles de France,
mariées à des rois de France, furent évaluées à cinq cent mille écus d'or sol: mais
les contrats ne portent ni cinq cent milliers d'or ni un million et demi d'or; parce
que ces expressions indéterminées, ne donnant aucune idée fixe, ne pouvaient
former que des contestations. ¶Sous Henri III,

[79] For the meaning of the terms used here, see above, p.360, n.28; it will be seen
that Voltaire is mistaken when he says that 'la monnaie de compte' is invariable.
For the meaning of 'livres tournois', see Picard, 'Les mutations des monnaies',
p.345. Cf. *Encyclopédie*, ix.621: 'la livre de France ou la livre tournois contient 20
sols ou chelins, et le sol 12 deniers aussi tournois; ce qui était la valeur d'une
ancienne monnaie de France appelée *franc*, terme qui est encore synonyme, ou qui
signifie la même chose que le mot livre'.

[80] These words become clear when we look at the rates of exchange quoted in
the press of the time: 'The course of exchange during the year 1743, from London
to [...] Paris: 32 7/8, highest; 31 5/8, lowest' (*The Annals of Europe for the year
1743*, p.567).

[81] w50 and w51 probably omit the words 'il est certain [...] servi' because of
the criticisms in the *Mémoires de Trévoux* (February 1750, p.348-50), which give
examples of the use of the term 'million d'or' — though not, admittedly, by a
'bureau de ministre'.

414

parce que les écus d'or ont toujours varié, et que l'écu fictice est
toujours le même. [82]

Ceux qui sans avoir examiné ce fait et cet usage, ont supposé
que le cardinal de Richelieu entendait par un million d'or, un
million d'écus d'or, pouvaient-ils imaginer qu'un ministre éclairé
se fût servi d'une expression si inusitée et si fausse? pouvaient-ils
croire qu'en 1640, lorsqu'on comptait par livres, le premier
ministre eût compté par écus d'or, quand jamais aucun ministre
précédent n'avait compté ainsi? enfin ils devaient lire le Testament
politique: ils auraient trouvé une absurdité au chapitre IX, qui leur
aurait ôté l'envie de défendre cet ouvrage, et de l'imputer à un
premier ministre: ils auraient vu que l'auteur, dans l'état qu'il lui
plaît de dresser à ce chapitre IX, évalue cette réduction des
comptants, ce million d'or à trois cent mille livres tournois, ce
qui est tout juste dix fois moins qu'un million d'écus: [83] ils auraient

395-406 w50, w51: même. Ainsi, quoique sous Henri III on eût d'abord
ordonné que l'on comptât en écus d'or, la sûreté du commerce établit bientôt que
l'on comptât par écus de trois livres. ¶Mais ce qui doit ouvrir les yeux à ceux qui
imputent le Testament politique au cardinal de Richelieu, c'est que dans l'état qu'il
plaît à l'auteur de dresser au chapitre IX, il évalue

[82] Voltaire's statement is partly correct. A royal decree of 1577 established the
écu as the basic coin by which the value of all others should be measured: its value
was fixed at 3 livres, hence the practice of mutation, by which the relationship
between the écu d'or and the écu fictice varied, was temporarily abandoned. But,
contrary to what Voltaire says in the base text, the écu mentioned in the royal
decree of 1577 was indeed the écu d'or (see Picard, 'Les mutations des monnaies',
p.350, and Blanchet and Dieudonné, Manuel de numismatique française, iii.332).
Voltaire's error was pointed out by the Mémoires de Trévoux (p.349), and it is not
unreasonable to suppose that the variant introduced by w50 is an attempt to meet
this criticism.

[83] Voltaire is correct in claiming that there is a discrepancy in the Testament,
II.ix.7, in the figures given for les comptants. Estimating the minimum expenditure
that would be necessary in peacetime if his reforms were carried out, Richelieu
allows 'trois cent mille livres' for 'le comptant du Roi' (André, p.443); but earlier
(p.430) he had suggested reducing les comptants to 'un million d'or' (i.e. 3 million
livres). There are two possible explanations of this discrepancy (apart from that of
inauthenticity): either Richelieu was hoping eventually to reduce les comptants to

vu par là que l'auteur du Testament écrivait sans règle, sans
principe, sans connaissance, sans la moindre attention, et qu'il   410
contredisait sans cesse une erreur par une erreur plus grande. Ils
auraient rougi, encore une fois, de chercher à flétrir la mémoire
du cardinal de Richelieu, en lui attribuant tant de méprises et tant
d'ignorance.

Ils ont cité le Dictionnaire de Trévoux, [84] comme si une erreur   415
d'un dictionnaire était une autorité. Je suis en droit d'avertir que
j'ai examiné à la Chambre des comptes les registres échappés à
l'incendie, depuis le temps de Louis XII jusqu'à nos jours. [85] J'ai
pris cette peine pour constater les droits de mes camarades les
gentilshommes ordinaires de la chambre et maison du roi: il   420
s'agissait de détruire un autre mensonge imprimé, dont je saisis
exprès l'occasion de parler ici. [86]

410   w51: principes,
419   w50, w51: mes confrères les

---

below 3 million livres (he had, after all, begun by suggesting that they be abolished
altogether); or there is an error in the manuscripts.

[84] The *Mémoires de Trévoux* reviewer cites the *Dictionnaire de Trévoux* as proof
of his interpretation of 'un million d'or' (p.348). In the *Dictionnaire de Trévoux* we
read, 'un million d'or, c'est un million d'écus, ou trois millions de livres' (art. 'Ecu
d'or', ii.523); but exactly the same definition had already been given by Furetière
in his *Dictionnaire universel*. Voltaire was clearly unaware that 'un million d'or' was
a term which continued to be used, in an imprecise sense, to mean 3 million livres,
long after the *valeur de compte* of the *écu d'or* had ceased to be 3 livres: by 1602, it
was already worth 65 sous, and under Louis XIV it had reached a value of over 5
livres (Blanchet and Dieudonné, iii.340, 344, 350).

[85] The fire which destroyed most of the documents relating to royal expenditure
housed at the Chambre des comptes occurred on 27 October 1737. Some documents
escaped damage, and some items were reconstituted after the fire. A proportion of
both eventually found their way to the Archives nationales; they are catalogued
under Series P, VI, and Series KK (see *Répertoire numérique des archives de la Chambre
des comptes, série P*, ed. A. Bruel, Paris 1896, and *Les Archives nationales: état
général des fonds publié sous la direction de Jean Favier*, Paris 1978, i.268ff.).

[86] Voltaire is referring to the research he undertook for the *Eclaircissements sur
quelques charges de la maison du roi* (ed. Mark Waddicor, see below, p.429ff.).

Parmi beaucoup d'erreurs qui se trouvent dans le livre intitulé: *Etat de la France*, il y en a une qui suppose que nous avons été créés par le roi Henri III au nombre de quarante-cinq;[87] erreur   425
offensante, qui nous confond avec les quarante-cinq Gascons que le duc d'Epernon mit en effet au service de Henri III, lesquels furent dispersés après la mort de ce monarque, et qui n'avaient jamais été réputés de la maison, jamais payés à l'épargne, mais soudoyés en secret par le duc d'Epernon; et ce furent eux qu'on   430
employa au meurtre du duc de Guise.[88] J'ai vérifié que nous étions appelés chambellans du temps de Louis XII et sous tous ses prédécesseurs; que ce fut François Ier qui dans les grands établissements de la maison du roi, qui durent encore, nous qualifia de gentilshommes ordinaires de sa chambre:[89] et je ne craindrai point   435
d'augmenter cette digression qui intéresse vingt-cinq officiers du roi, en disant que les premiers gentilshommes de la chambre ont été depuis tirés de notre corps; que celui qui d'abord eut des lettres patentes de premier gentilhomme de la chambre fut le maréchal de St André, qui ne fut longtemps que gentilhomme   440
ordinaire comme les autres, et qui lorsqu'il obtint cette distinction n'eut jamais d'autres gages que les nôtres, qui étaient de douze cents livres, somme assez forte en ce temps-là.[90] Sous Henri III et dans les premières années du règne de Henri IV, nos gages sont de six cent soixante-cinq écus tournois, spécifiés ainsi sur tous les   445
registres.[91] J'ajouterai encore en passant que le connétable Anne de Montmorenci ne fut jamais premier gentilhomme de la chambre, comme l'a dit Moréri:[92] il fut toujours gentilhomme ordinaire de

[87] Numerous works were published under this title, but Voltaire is probably referring to *L'Etat de la France, où l'on voit tous les princes, ducs et pairs, maréchaux de France et autres officiers de la couronne*, ed. N. Besogne (Paris 1676), i.123.

[88] Cf. *Essai sur les mœurs*, ch.173; and below, *Eclaircissements*, p.448-50, and notes.

[89] See *Eclaircissements*, l.21-25, and notes (p.438).

[90] See *Eclaircissements*, l.68-71, 80-81 and notes (p.443-44).

[91] See *Eclaircissements*, l.85-86, 135-138, and notes (p.445, 450).

[92] See *Eclaircissements*, l.60-68, and notes (p.442-43).

la chambre, jusqu'à ce qu'il fût connétable, et il est employé dans le rôle pour douze cents livres tournois. Je finis cette digression en certifiant qu'à la Chambre des comptes il n'y a pas un seul article spécifié en or;[93] et ayant remarqué en passant ces erreurs de l'*Etat de la France* et du *Moréri*, je finirai ce xviie article en disant que plus je lis, plus je suis épouvanté du nombre prodigieux de faussetés dont les livres sont remplis, et de la difficulté presque insurmontable d'écrire une histoire instructive et vraie, depuis la fondation de la monarchie jusqu'au règne de Henri le grand.

450

455

XVIII.

Je reviens à ce chapitre ix du Testament politique, chapitre qui porte à chaque page les preuves les plus évidentes de la supposition la plus maladroite; c'est là que tout est faux, réflexions, faits et calculs; c'est là que l'auteur avance que quand on établit un impôt on est obligé de donner une plus grande solde au soldat; ce qui n'est pourtant arrivé ni sous Louis xiii, ni sous Louis xiv;[94] c'est

460

449   w51:   il est dans
453   w50, w51:   xixe article
457a   w50, w51:   xx.

[93] My reading of certain of the documents from the Chambre des comptes (for example, Archives nationales, kk 98, kk 99) confirms Voltaire's assertion (which is, however, irrelevant to the question of the authenticity of the *Testament*): the payments made to members of 'la maison du roi' are recorded in livres or livres tournois.

[94] Voltaire had not previously referred to this passage, *Testament*, ii.ix.7: 'L'augmentation du Revenu du Roi ne se peut faire que par celle de l'Impôt qu'on met sur toute sorte de denrées et, partant, il est clair que, si on croît, par ce moyen, la recette, on croît aussi la dépense puisqu'il faut acheter plus cher qu'auparavant ce qui étoit à meilleur marché. Si la viande enchérit, si le prix des étoffes et de toutes autres choses augmente, le soldat aura plus de peine à se nourrir et à s'entretenir, et ainsi il faudra lui donner plus grande solde' (André, p.432). It will be noticed that Richelieu does not say that soldiers' pay was increased, only that it ought to be, if taxes are also increased; his argument appears logical (cf. Hauser, *La Pensée et l'action économique du cardinal de Richelieu*, p.145). However, A. Corvisier notes that although soldiers' pay was not increased to keep pace with

CHAPITRE III

là qu'en soulageant le peuple de dix-sept millions de taille, il porte
tout d'un coup à cinquante-sept millions les revenus du roi, qu'il   465
suppose n'aller d'ordinaire qu'à trente-cinq,[95] et il le suppose
encore avec ignorance; car les tailles allaient seules d'ordinaire à
trente-cinq millions,[96] les fermes à onze,[97] etc. C'est là qu'il se
propose de rembourser les rentes établies par le cardinal, dont
plusieurs étaient au denier vingt, qu'il appelle le denier cinq;[98]   470

---

the cost of living they were not necessarily worse off than other waged workers
since their clothing, and often their food, was provided (*L'Armée française de la fin
du XVIIe siècle au ministère de Choiseul*, Paris 1964, i.327); thus Richelieu does
appear to have been misinformed. Voltaire also discussed the question of *la solde*
in *Le Siècle de Louis XIV*, ch.30 (*OH*, p.996), and in *L'Homme aux quarante écus*
(M.xxi.328-29).

[95] Voltaire had not previously made this objection. The chapter of the *Testament*
devoted to finance is certainly one of the most confused in the whole work, not
only because it is incomplete, but also because Richelieu fails to distinguish clearly
between gross revenue and net revenue, and between actual revenue and future
revenue when his proposed reforms have been put into practice. If these distinctions
are borne in mind some of the contradictions can be resolved. The revenue from
la taille is given as a little over 17 million livres (André, p.436-37); however, this
figure is the sum that would reach the exchequer (a) 'en temps de paix' (p.435),
and (b) after payment of the cost of levying the tax. This estimate is not
unreasonable. As regards total government revenue, the *Testament* gives apparently
contradictory figures: 35 million livres (1688, ii.152; cf. André, p.436: 25 million)
in peacetime and after deduction of *les charges*; 50 million livres (p.438) after the
carrying out of certain reforms, including the total abolition of *la taille*, but before
deduction of *les charges*; 57 million livres (p.449) before deduction of *les charges*,
but after *la taille* has been reduced but not abolished. This confusing mixture of
fact and speculation certainly justifies Voltaire's annoyance, though not his basic
contention. The figure of 35 million livres corresponds most closely to fact: in
1640 total revenue was 80 million livres; *les charges* amounted to nearly 47 million
livres, leaving a net revenue of about 33 million livres to meet an annual expenditure
of over 60 million livres (Clamageran, *Histoire de l'impôt en France*, ii.510-11). The
deficit was filled by 'des moyens extraordinaires' (see above, p.359, n.26).

[96] Voltaire's figure seems conservative when it is compared with that given by
Clamageran (ii.495): over 45 million livres in 1639, over 43 million livres in 1640.

[97] Here Voltaire seems to be exaggerating. According to Clamageran (ii.507),
'les cinq grosses fermes' produced just over 3 million livres in 1640.

[98] A point already made, I.144-152.

419

d'ôter aux trésoriers de France les deux tiers de leurs gages; de faire payer la taille aux parlements, aux chambres des comptes, au grand conseil, à toutes les cours qu'il appelle souveraines, dans le temps même qu'il les met au rang des paysans. [99] N'était-il pas bienséant au cardinal de Richelieu de proposer cette extravagance, pour avilir un corps dont il avait l'honneur d'être membre par sa qualité de pair de France, dignité dont il faisait autant de cas que de celle de cardinal.

475

XIX.

A l'égard de la guerre on a déjà remarqué qu'il ne parle point de celle dans laquelle on était engagé. [100] Mais dans ses réflexions vagues, générales et chimériques, il recommande de taxer tous les fiefs des gentilshommes, pour enrôler et soudoyer la noblesse: il veut que tout gentilhomme soit forcé de servir à l'âge de vingt ans; qu'on ne prenne les roturiers, dans la cavalerie, qu'à l'âge de vingt-cinq; que les vivres ne soient confiés qu'à des gens de qualité; qu'on lève cent hommes quand on en veut avoir cinquante, et cela apparemment pour qu'il en coûte le double en engagements et en habits. Quel projet pour un ministre! [101] en vérité l'idée

480

485

485   w50-w75G: qu'à gens
486   w51: on veut en avoir

[99] Points already made, 1.156-157. At the time Richelieu was writing, the expression 'les cours souveraines' (André, p.486) was in current use to describe the five supreme courts (namely the *parlement*, the *chambre des comptes*, the *cour des aides*, the *Grand Conseil* and the *cour des monnaies*); however, by the end of the seventeenth century it had been superseded by the term 'cours supérieures' (Furetière, *Dictionnaire universel*, art. 'Souverain'). This objection testifies to Voltaire's 'goût' rather than to his 'jugement'.

[100] Presumably a reference to lines 210-226 of this chapter.

[101] Voltaire had not previously commented on these proposals, which are to be found in the *Testament*, II.ix.4 (taxation of fiefs, André, p.394; military service, age and status of recruits, p.477; 'Le soin des vivres doit être commis à des personnes de qualité', p.480; recruitment, p.478).

d'enrôler la noblesse de force, et de faire payer la taille au parlement, peut-elle partir d'une autre tête que de celle d'un de ces faiseurs de projets, qui dans leur oisiveté se mettent à gouverner l'Europe? 490

Dans le même chapitre ix il traite de la marine; il parle doctement des grands périls de la navigation d'Espagne en Italie, et d'Italie en Espagne, lesquels n'existent pas plus que ceux de Caribde et de Silla: il prétend que *la seule Provence a beaucoup plus de ports grands et assurés que l'Espagne et l'Italie tout ensemble*,[102] hyperbole qui ferait soupçonner que le livre serait d'un Provençal, qui ne connaîtrait que Toulon et Marseille, plutôt que d'un homme d'Etat qui connaissait l'Europe.[103] 495 500

Voilà une partie des chimères qu'un politique clandestin a mises sous le nom d'un grand ministre, avec cent fois moins de discrétion que l'abbé de St Pierre n'en a montré quand il a voulu attribuer une partie de ses idées politiques au duc de Bourgogne.[104]

Le projet de finances qui remplit presque tout le dernier chapitre, est tiré d'un manuscrit qui existe encore: je l'ai vu; il est de 1640.[105] Il porte les revenus du roi jusqu'à cinquante-neuf millions de ce temps-là par l'arrangement qu'il propose. L'auteur du Testament en retranche deux, tout le reste est conforme. Rien n'est si commun que des projets de cette espèce; les ministres en reçoivent souvent, et les lisent rarement. Le faussaire, en copiant 505 510

492-493   w52-k, continuous text
510-511   w56-k: en reçoivent, et

[102] Passages from the *Testament*, ii.ix.5, upon which Voltaire had not previously commented (André, p.407-12).

[103] According to André (p.407, n.2), Richelieu was probably relying on a report prepared by the *premier président de la cour des comptes de Provence*, Henri de Séguiran.

[104] See, for example, Saint-Pierre, 'Observations', *Recueil des testaments politiques*, ii.231-32.

[105] I have not been able to trace this manuscript.

ces idées, fait bien voir qu'il ne s'était pas donné la peine de connaître par lui-même les finances de Louis XIII. Il avance hardiment que chacune des cinq années de la guerre n'avait coûté que soixante millions, cela n'est pas vrai; j'ai en main l'état de 515 l'année 1639, il se monte à soixante-dix-huit millions neuf cent mille livres. Il est encore faux qu'on ait payé ces charges sans moyens extraordinaires: [106] il y eut beaucoup de taxations, beaucoup d'augmentations de gages dont la finance fut fournie: on augmenta les droits dans les provinces; on mit une taxe d'un écu 520 sur chaque tonneau de vin; on porta la taille de trente-six millions deux cent mille livres jusqu'à trente-huit millions neuf cent mille livres. [107] En un mot, la plupart des choses rapportées dans ce livre, sont aussi altérées que les propositions qu'on y fait sont étranges. 525

[106] It is necessary to refer back to I.118-125, where Voltaire had already made this point, in order to understand fully what he is trying to say here. I have shown (p.359, n.26) that Richelieu does indeed state that 'la dépense de chacune des cinq années que la France a supporté la guerre a monté à plus de soixante millions', but that he does not, contrary to what Voltaire alleges, claim that this sum was raised without recourse to 'moyens extraordinaires'. Here, Voltaire assumes that he has proved his allegation about 'moyens extraordinaires', but he does not make it clear that he is attributing to the author of the *Testament* the claim that no recourse was made to them. The elliptical nature of lines 518-519 suggests that this section of the *Mensonges* was composed in rather hasty fashion. With regard to the figure of 60 million livres, which Voltaire disputes: Véron de Forbonnais (*Recherches et considérations sur les finances de France*, i.242) also refers to an *état* of 1639, which shows that gross revenue from ordinary taxation was about 80 million livres; that *les charges* amounted to nearly 47 million livres, leaving about 33 million livres for the exchequer. Voltaire is obviously well informed, but his information does not prove that the figure of 60 million livres is incorrect. It has already been seen that, according to Clamageran, this was the expenditure in 1640. This sum was raised by a combination of ordinary taxation and of 'moyens extraordinaires' (see Forbonnais, i.228-34).

[107] Further evidence of hasty composition: Voltaire seems to have forgotten that he has already talked about *la taille* in lines 467-468, and has there given a somewhat different figure.

422

CHAPITRE III

XX.

On demandera, sans doute, comment on a pu faire à la mémoire du cardinal de Richelieu l'affront d'imaginer qu'un tel livre était digne de lui? Je répondrai que les hommes réfléchissent peu; qu'ils lisent avec négligence; qu'ils jugent avec précipitation; et qu'ils reçoivent les opinions comme on reçoit la monnaie, parce qu'elle est courante.   530

XXI.

Si on m'objecte que le père Lelong, et d'autres, ont cru le livre en effet l'ouvrage du cardinal, j'avouerai que le père Lelong a très bien compilé environ trente mille titres de livres, et j'ajouterai que par cette raison-là même il n'a pas eu le temps de les examiner: [108]   535
mais surtout je répondrai que quand on aurait autant d'autorités que le père Lelong a copié de titres, elles ne pourraient balancer une raison convaincante. Si pourtant la faiblesse des hommes a besoin d'autorités, [109] j'opposerai au père Lelong, et aux autres,

[108] It seems that Voltaire was unaware of Lelong's article on the *Testament* (*Bibliothèque historique*, p.711) until he read about it in Ménard's *Réfutation* (p.5-6). The 'on' of line 532 is presumably Ménard, and this section was probably added after the first draft of chapter 3 had been completed. Lelong begins by quoting from and summarising the 'Avertissement' to the first edition of the *Testament*; he continues with conjectures about the manuscripts of the work, and finally refutes the adversaries of authenticity, principally on the grounds that the *Testament* contains much that could have been written only by the cardinal. Lelong was the librarian of the Parisian Oratoire; the 1719 edition of the *Bibliothèque historique* lists 17,487 works, not 'trente mille'; it was not reprinted till 1768. The other authorities were principally La Bruyère, Lenglet Dufresnoy and Amelot de La Houssaye.

[109] This scornful remark is perhaps directed against Ménard, who had said: 'L'unanimité des suffrages qui donnent à ce ministre cet excellent ouvrage, ne devait-elle pas le [i.e. Voltaire] frapper?' (p.9).

Aubéry, qui a écrit la Vie du cardinal de Richelieu, [110] Ancillon, [111]   540
Richard, [112] l'écrivain qui a pris le nom de Vigneul de Marville, [113]
et enfin la Monoye, [114] l'un des critiques les plus éclairés du dernier
siècle, tous ont cru le Testament politique supposé.

540   W57G, W64G, W68-K: *du cardinal Mazarin*, Ancillon

[110] Aubery's arguments against the authenticity of the *Testament* appeared not
in *L'Histoire du cardinal duc de Richelieu* (which was written before the first
publication of the *Testament*), but in *L'Histoire du cardinal Mazarin* (iii.337-39; cf.
CN, i.167), as Voltaire realised by 1756. It is reasonable to assume that he had not
read either biography when he wrote this passage. Aubery bases his case on the
banality of the *Testament*, on its inaccuracies, its signature, its omission of the birth
of the dauphin, and its inconsistencies with regard to date of composition.

[111] Charles Ancillon, *Mémoires concernant les vies et les ouvrages de plusieurs
modernes célèbres dans la république des lettres* (Amsterdam 1709), merely reports
Aubery's opinion, saying it is worthy of note (p.369).

[112] Richard, *Parallèle du cardinal de Richelieu et du cardinal Mazarin*: 'ce que l'on
peut dire de celui [le *Testament*] de Richelieu, c'est qu'il est fait sur les *Mémoires*
qu'il a laissés, et qu'il peut passer pour un livre qui vient de lui. Ce sont ses
maximes, ses principes et la manière dont il voulait que l'Etat fût gouverné; mais
il ne l'a jamais dicté dans l'état que nous l'avons, nous l'aurions d'un de ses
secrétaires' (p.200-202). Voltaire is not really justified in citing in support of his
own extreme view Richard's moderate and reasonable judgement.

[113] Bonaventure d'Argonne, *Mélanges d'histoire et de littérature recueillis par M. de
Vigneul-Marville*, 2nd ed. (Rouen, Paris 1700-1701; BV, no.100) gives a much
more categorical denial of authenticity than Richard's, based on the lack of external
evidence, and on Richelieu's supposed reluctance to write about politics (i.166-67).

[114] Bernard de La Monnoye was responsible for certain notes added to the third
edition of the *Ménagiana* (Paris 1715; BV, no.2417: Paris 1729). Ménage thought
that it was probable that Richelieu was the author of the *Testament*, but in his note
La Monnoye says that 'L'opinion contraire paraît cependant plus vraisemblable'
(iii.76), without, however, giving his reasons. Foncemagne throws doubt on
La Monnoye's historical competence (p.79).

424

XXII.

Mais, dit-on, en 1664 l'abbé des Roches, ancien domestique du cardinal de Richelieu, donna sa bibliothèque à la Sorbonne, à l'exemple de son maître; et dans cette bibliothèque on trouve un manuscrit du Testament conforme à l'imprimé, avec la même épître dédicatoire et la même table des matières. [115] C'est ce manuscrit même, remis à la Sorbonne, qui achève de prouver l'imposture. [116] Il est remis 22 ans après la mort du cardinal sans aucun enseignement, sans la moindre indication de la part de l'abbé des Roches. Ce domestique du cardinal et la Sorbonne elle-même négligèrent cet ouvrage, et ce n'est que depuis deux ans qu'on lui a donné place sur des tablettes. Si le manuscrit avait été copié sur l'original, on l'aurait plus respecté, on trouverait quelques marques de son authenticité, on verrait à la fin de la lettre au roi la souscription du cardinal de Richelieu. Elle n'y est point. On n'a pas osé pousser l'effronterie jusqu'à signer ce nom. [117] Pour peu que le cardinal eût laissé seulement quelques mémoires qui eussent eu quelque rapport (même éloigné) avec le Testament, [118] on les eût rapportés, on eût donné quelque crédit à la

545

550

555

560

---

[115] In fact, the donation was made in 1646, that is, four not twenty-two years after Richelieu's death (see III.550). Voltaire also gives the date as 1664 in D4087. In the Sorbonne manuscript neither the text nor the 'Table des matières' is 'conforme à l'imprimé', as Voltaire alleges (see André, p.462, n.2, 3). Michel Le Masle, prieur Des Roches, was more than a 'domestique' in the modern sense: he was a secretary and an intendant to Richelieu, who also gave him various political missions. 'Dit-on' (l.544) probably refers to Ménard, who called attention to Des Roches's gift (p.9-10).

[116] Voltaire proceeds to develop the arguments he had already used in I.69-89, and in this chapter (III.15-38), against the existence of an authentic manuscript. Once more, his reasoning is *a priori*, and he has no new evidence to offer. The fact that he is more or less repeating material from earlier in this chapter indicates once more that this section is a late addition.

[117] A point already made in I.94-96, and in this chapter (III.45-48).

[118] Richelieu had written such works, but most of them were not published until 1880 (see André, p.57).

hardiesse de celui qui imputait tout l'ouvrage à ce ministre. Mais non. Il n'y a pas un mot à la fin ni à la tête du manuscrit, dont on puisse tirer la plus légère induction. Donc l'abbé des Roches regardait lui-même ce manuscrit avec la même indifférence qu'on l'a regardé très longtemps dans la Sorbonne. 565

Imaginons un moment que le testament soit l'ouvrage du cardinal; ce seul mot *testament* impose un devoir indispensable à son domestique de légaliser la copie. De la déclarer juridiquement collationnée avec l'original. S'il manque à ce devoir il est coupable; 570 il donne à tout le monde le droit de s'inscrire en faux contre lui:[119] mais l'abbé des Roches possédait ce manuscrit au même titre que d'autres curieux. Il fallait bien que cet ouvrage fût écrit à la main avant d'être imprimé; il fallait même pour le dessein de l'imposteur qu'il en courût plusieurs copies manuscrites et qu'on se les prêtât 575 avec mystère, comme un monument singulier. Le silence du domestique, encore une fois, prouve que le maître n'est point l'auteur du testament, et toutes les autres raisons prouvent qu'il n'a pu l'être.

XXIII.

Mais on dit qu'on disait il y a soixante et dix ans, que madame 580 la duchesse d'Aiguillon avait dit il y a quatre-vingt ans, qu'elle avait eu une copie manuscrite de cet ouvrage.[120] On a trouvé une

[119] A point already made in this chapter (iii.50-80).

[120] This section, like the previous one, seems to have been added after January 1750. The second 'on' is Lelong, who says that a 'personne de probité' (whom he does not name) told him that the cardinal gave one manuscript of the *Testament* to the king, and another to his niece, the first duchesse d'Aiguillon (p.711). Lelong does not, however, say, as Voltaire implies, that the duchesse d'Aiguillon stated her opinion of the authenticity of the manuscript. The first 'on' is almost certainly Ménard, who cites Lelong's account with considerable approval (*Réfutation*, p.6); hence Voltaire's scornful tone. Foncemagne was still unaware of the existence of this manuscript in 1749 (1750, p.4-5; like Voltaire, he showed a certain lack of interest in such practical matters) and did not see it until after 1755 (p.6-8 and Richelieu, *Maximes d'Etat*, 1764, i.10-11).

note marginale de M. Huet, et cette note dit qu'on avait vu le
manuscrit chez madame d'Aiguillon, nièce du cardinal.[121] Ne
voilà-t-il pas de belles preuves? Oui je crois sans peine que tous   585
ceux qui s'intéressaient à la mémoire du cardinal, voulaient avoir
un manuscrit qui portait son nom, et que l'auteur voulait accréditer
par ce nom même; et de là je conclus que ce manuscrit était
manifestement supposé, puisque de tous les parents, de tous les
domestiques, de tous les amis de ce ministre, aucun n'a jamais   590
pris la moindre précaution pour établir l'authenticité du livre.

XXIV.

Que la curiosité humaine se fatigue maintenant à chercher le
nom du faussaire, je ne perdrai pas mon temps dans ce travail.
Qu'importe le nom du fourbe pourvu que la fourberie soit
découverte? Qu'importe que Courtils ou un autre ait forgé le   595
testament de Mazarin, de Colbert, et de Louvois?[122] Qu'importe
que Stratman ou Chèvremont ait pris insolemment le nom de
Charles v duc de Lorraine?[123] mérite-t-on d'être connu pour avoir
fait un mauvais livre? Que gagnerait-on à connaître les auteurs de
toutes les plates calomnies, de toutes les critiques impertinentes   600
dont le public est inondé; il faut laisser dans l'oubli les auteurs
qui se cachent sous un grand nom, comme ceux qui attaquent

597   K: Statman

[121] 'On' here is the author of the article in the *Mémoires de Trévoux*, which
prints Huet's note for the first time (February 1750, p.357-58). This note is not
mentioned either by Ménard, or by Foncemagne in the 1750 edition of his *Lettre*,
but he did refer to it in the 1764 edition (p.8, n.*a*).
[122] The *Alcoran de Louis XIV, ou le Testament politique du cardinal Jules Mazarin*
(Rome 1695) is, like the *Testaments* of Colbert and of Louvois, generally attributed
to Courtilz, though Woodbridge calls the attribution 'douteuse' (p.206-207; cf.
above, p.354, n.6). Mazarin's *Testament* was printed together with those of Colbert,
Louvois and the duc de Lorraine in the *Recueil des Testaments politiques*.
[123] See above, p.365, n.42.

427

tous les jours ce que nous avons de meilleur, qui louent ce que nous avons de plus mauvais, et qui font de la noble profession des lettres un métier aussi lâche et aussi méprisable qu'eux-mêmes.   605

Eclaircissements sur quelques charges de la maison du roi

critical edition

by

Mark Waddicor

INTRODUCTION

The subject of the *Eclaircissements sur quelques charges de la maison du roi* is the history of the posts of *premier gentilhomme* and *gentilhomme ordinaire* in the French royal household. The work was first published in 1820. Its date of composition is uncertain, but it is unlikely that it was composed before Voltaire's appointment as *gentilhomme ordinaire*; he was promised the post in April 1745[1] and was eventually officially appointed on 22 December 1746.[2] It cannot have been written after April 1750, since Voltaire refers to the research he undertook for it in chapter 3 of *Des mensonges imprimés*, which was published in late March or early April of that year.[3] It is true that the passage of *Des mensonges imprimés* just referred to was probably added at the last minute, in February or March 1750, which might lead one to suspect that the research there referred to was of very recent date and had in fact been undertaken for this part of *Des mensonges imprimés*. However, such an inference is not justified, since Voltaire makes it clear, in that work, that he is using information already gathered for another purpose, namely, 'pour constater les droits de mes camarades les gentilshommes ordinaires de la chambre et maison du Roi'. All that can be said is that, in view of the close correspondence between the information given in the *Eclaircissements sur quelques charges de la maison du roi* and that to be found in chapter 3 of *Des mensonges imprimés*, it is possible that the former was written not long before the latter. Although there are many

---

[1] D3092 and Th. Besterman, *Voltaire* (Oxford 1976), p.288.

[2] D3494; see also Best.3161 (the same letter, in the first edition of the correspondence, n.1, where the original *brevet* is reproduced).

[3] See above, *Des mensonges imprimés*, III.416-421 (p.416).

references by Voltaire in the correspondance to his appointment as *gentilhomme ordinaire*, of which he was clearly very proud,[4] no reference has been found to the composition of the *Eclaircissements*. A passage in the research notes printed in the appendix[5] does, however, suggest that it was the publication in 1749 of the new edition of *L'Etat de la France*,[6] where Voltaire's name appeared for the first time in the list of *gentilshommes ordinaires* (i.328), that made him undertake further research in this field. The date of composition can thus tentatively be given as 1749 or early 1750.

The *Eclaircissements* are presented as a series of remarks on the posts of *premier gentilhomme* and *gentilhomme ordinaire*, mainly in chronological order; the work does not broaden out to provide any illumination of the place of such *charges* in the general structure of the monarchy as a historical institution (a perspective one might have expected from the future author of *Le Siècle de Louis XIV* and of the *Essai sur les mœurs*). It is rather to be regarded as simply a collection of notes, which Voltaire perhaps intended to use elsewhere or to rewrite in a more interesting form; one could argue that the initial impetus came from the fact that Voltaire's appointment as *gentilhomme ordinaire* was coincidental with his nomination as *historiographe du roi*:[7] what better subject for an *historiographe* to tackle than that of the origins of the former post? As the holograph draft circular preserved with the research notes show, his more immediate concern seems however to have been to clearly establish the rights and prerogatives of the *gentilhommes ordinaires de la chambre du roi* (l.168-180):

[4] See, for example, D3092, D3094, D3373, D3394, D3803. This pride continued to manifest itself even after Voltaire had sold the post (while retaining the title) in May 1749; see also D5665, D5669.

[5] See below, p.463, l.169-172.

[6] *L'Etat de la France*, éd. Jean de Bar, Nicolas Jallabert et François Pradier (Paris 1749).

[7] D3092 and Besterman, *Voltaire*, p.288.

Messieurs les gentilshommes ordinaires du roy sont avertis que dans la nouvelle edition de l'etat de la France, on a renouvellé, les erreurs prejudiciables qui tendent à avilir leur corps, et à les priver pour jamais de leurs prerogatives. Un de leurs confreres qui avoit deja fait plusieurs recherches importantes, offre de les faire continuer, de faire mettre en ordre les preuves justificatives de tous leurs droits, d'en faire delivrer à chacun une copie duement collationée et de deposer l'original signé par les gardiens des dépots l'égalisé, et en bonne forme chez un notaire; cet objet etant tres important, chacun de ces messieurs est prié d'y avoir egard. Il poura en couter tout au plus un louis d'or à chacun pour les frais; il ne s'agit que de donner à present 12^{ll} d'avance, que chacun peut envoyer chez etc.

This collection of notes, entitled *Eclaircissements sur quelques charges du roi*, could well have been drawn up to accompany this circular, which as far as we know was never sent.

It is very hard to judge the historical value of the *Eclaircissements*, because the documents from which Voltaire was mainly working (namely the *états* or lists of revenue and expenditure made at the Chambre des comptes du roi, or, in some cases, copies of such lists), already incomplete when he had access to them, owing to a fire which occurred in 1737,[8] were further decimated and dispersed at the time of the Revolution.[9] Some relevant documents do, however, remain,[10] though they are not necessarily those which Voltaire used; he does not give the exact titles of those he consulted, but merely refers to the *états* by date. Inevitably, there are many discrepancies between information given in the extant documents and Voltaire's statements, as will be shown below in the notes. A second way of checking Voltaire's work,

[8] This fire, which destroyed most of the 'comptes des deniers royaux' at the Chambre des comptes, occurred on 27 October 1737 (see Archives nationales, *Etat sommaire*, Paris 1891, col.357).

[9] See Archives nationales, *Etat général des fonds publié sous la direction de Jean Favier* (Paris 1978), p.26.

[10] In the Archives nationales, series O¹ and KK, and in the Bibliothèque nationale: see below, p.434, n.12.

and one which has also been adopted here, is to collate the information he gives with that provided by others working in the same field before the Revolution: for this purpose, I have mainly used Bn F7856, compiled anonymously in the latter half of the seventeenth century; and Bn F32772, a very comprehensive list, by the genealogist J.-F. d'Hozier, [11] of the *gentilshommes ordinaires* and *premiers gentilshommes* from the beginning of the reign of François I till near the end of the ancien régime, together with historical notes, completed in 1787; d'Hozier was, broadly speaking, working in similar conditions to those which applied to Voltaire, since both men were writing after the fire at the Chambre des comptes, but before the Revolution. Reference will also be made to certain other manuscripts and printed sources relevant to the subject. [12] Once more, there is some concordance but also

[11] For the years 1515-1589, d'Hozier worked mainly from the *états* of the Chambre des comptes; for the period after that, he used other sources; see below, n.56 (p.450-51).

[12] Manuscripts consulted: An, KK98, KK99, KK129, KK139, KK151 (these are registers originating from the Chambre des comptes, containing, among other items, lists of payments made to the *gentilshommes de la chambre* relevant to the years which Voltaire mentions; these lists are generally copies rather than originals but would appear to have been made in the sixteenth century); – O¹ 752-756, 'Maison du roy ou recueil général des ordonnances, règlements et autres pièces concernant les droits et fonctions des officiers de la maison du roy [...] le tout recueilly par le sr. Philipes Dancourt' (compiled in the early 1720s). Bn, F3898 (in spite of the binding title 'Règne de Henri II. Documents originaux', this collection contains certain pieces, probably copies, concerning the 1520s); – F7856, 'Ordonnances et estats des maisons des roys, reynes, dauphins, enfans et autres princes de France' covering the period 1231-1665; a seventeenth-century copy); – F32772, 'Les Deux cent gentilshommes de la maison du [roi] divisés en deux compagnies de cent chacune, la première établie par Louis XI et la seconde par Charles VIII. Chartres 1785' (f.1-2), 'Gentilshommes ordinaires du roy créés par François Iᵉʳ en 1515 et substitués aux anciens chambellans que ce monarque réforma à cette époque. Chartres 1787' (f.3-510); compiled by J.-F. d'Hozier; – N7225 (*collection de Brienne*, no.256), 'Premier volume des règlements qui contient ceux de la maison du roy et des principaux officiers servans en icelle et autres'.

434

much disagreement between the information provided by these sources and that given by Voltaire. [13]

Although there are some instances in the *Eclaircissements* where it can be shown that Voltaire is definitely mistaken, [14] and others where it is unlikely that he is right, [15] the main impression given by the work is one of seriousness of intent and thoroughness of method.

The *Eclaircissements* were first published in the *Pièces inédites de Voltaire* (Paris 1820), p.141-51, presumably from a manuscript, now lost. In the absence of any other source, the *Pièces inédites* provides the base text for the present edition.

The following errors in the base text, no doubt due to a misreading of the original manuscript, have been corrected: Reauté to Breauté, Mesie to Mesle.

[13] For reasons of concision, I have decided against including information provided by a third method of checking, namely the use of modern biographical sources (except in a very few cases).

[14] See below, n.17, 56.

[15] For example his contention that the office of *premier gentilhomme* did not exist under François 1 (l.34-38, 60-71, and n.26, 30); and his statement that the maréchal de Saint-André was sent to England in his capacity as *gentilhomme ordinaire* (l.71-73, and n.31).

ÉCLAIRCISSEMENTS SUR QUELQUES
CHARGES DE LA MAISON DU ROI[1]

On trouve depuis longtemps dans l'Etat de la France que les gentilhommes ordinaires du roi furent créés par Henri III au nombre de quarante-cinq. [2]

Cependant rien n'est plus faux, et ce qui a été écrit sur les autres officiers de la couronne, et particulièrement sur la charge   5
de premier gentilhomme de la chambre, n'a guère plus de vérité. [3]

Il eût été à désirer que ceux qui ont donné ces livres eussent compulsé les anciens comptes de l'épargne, ceux de la maison du roi qui sont encore à la Chambre des comptes, [4] les mémoires de Brienne, [5] les recueils faits anciennement chez quelques secrétaires   10
d'Etat; avec ces secours on rectifierait beaucoup d'erreurs, et on

---

[1] The editor of the first edition of this text gives no indication as to whether the title is Voltaire's or his own.

[2] *L'Etat de la France, où l'on voit tous les princes, ducs et pairs, maréchaux de France et autres officiers de la couronne*, éd. N. Besogne (Paris 1676): 'Les gentils-hommes ordinaires de la maison du roi [...] furent créés par Henry III au nombre de quarante-huit [*sic*]; Henry le Grand les réduisit à la moitié' (i.123).

[3] Cf. *Estat de la France, comme elle est gouvernée à présent* (Paris 1650): 'Ces charges ont été inventées par le roy François II, au lieu des chambellans' (p.7). This is untrue; see n.26 below.

[4] Voltaire is alluding to the fact that most *comptes* had been destroyed by a fire in 1737. The 'épargne' is the term which was used before the middle of the seventeenth century to describe what was subsequently called the 'trésor royal', that is, the Chambre des comptes (*Encyclopédie*, art. 'Epargne', v.745). The Chambre des comptes can be defined as 'la cour souveraine où se rendaient les comptes de tous les deniers royaux' (An, *Etat sommaire*, col.357).

[5] Voltaire is here referring to the large 'collection de Brienne', possibly to the manuscript which is now Bn F7225 (cf. below, p.465, l.226-229), rather than to Henri-Auguste de Loménie de Brienne, *Mémoires du comte de Brienne, ministre et premier secrétaire d'Etat* (Amsterdam 1719; BV, no.2159: Amsterdam 1720), which contain little that is relevant to the *gentilshommes ordinaires*.

437

mettrait plus d'un officier de S. M. au fait de ses fonctions et de ses prérogatives, qui sont souvent un sujet d'incertitude et de contestation.

Pour commencer par la prétendue institution des quarante-cinq gentilshommes de la chambre du roi par Henri III, cette fausseté est palpable.

1° Les Pandectes de Carondas disent expressément que François Ier donna aux chambellans le titre de gentilshommes ordinaires de sa chambre, et en fixa le nombre à vingt-cinq. [6]

Ces officiers, qui étaient nommés chambellans sous les rois prédécesseurs de François Ier, étaient aussi nommés chevaliers de l'hôtel, et sont aussi anciens que la monarchie, puisqu'il n'y a point eu de roi qui n'ait eu besoin d'avoir un certain nombre de gentilshommes pour le service auprès de sa personne. [7]

2° Le plus ancien compte de la maison du roi qui soit échappé à l'incendie de la Chambre des comptes est de l'année 1515. [8]

---

[6] L. Charondas Le Caron, *Pandectes ou digestes du droict françois* (1596; Paris 1637): 'le grand chambellan [...] doit le serment au roy, [...] il est conseiller en son privé conseil; il portoit seul manteau ou chappe, et en avoit chacun un aux despens du roy, et non les autres chambellans, lesquels sont aujourd'huy nommez gentilshommes de la chambre: nom inventé par le roy François premier, à la différence des valets de chambre, qu'il auroit faicts des roturiers. [...] Depuis il y a eu un premier gentilhomme de la chambre, du temps des rois François I, Henry II, Charles IX. [...] sous le roy Henry III il a esté démembré en 2, et depuis en 3' (p.159). Charondas makes no mention of the number of *gentilshommes ordinaires*. D'Hozier describes the origin of the post of *premier gentilhomme* thus: 'Le roi François Ier voulant favoriser la haute noblesse et la dedommager de la suppression qu'il avoit faite des chambellans [...], institua à son avènement à la couronne en 1515 les premiers gentilshommes de la chambre' (F32772, f.18r).

[7] Cf. *Des mensonges imprimés*, III.431-436. D'Hozier claims that the office, if not the title, of *gentilhomme ordinaire de la chambre* was in existence under Louis XI (f.33r).

[8] This was true in Voltaire's time (see appendix, l.20-39) but, perhaps because of the ravages of the Revolution, the oldest document from the Chambre des comptes still extant appears to be KK98, which begins with the year 1523.

On y trouve les vingt de la chambre et de la maison[9] ci-devant chambellans gentilshommes, qui sont, MM. de Montpipeau, Montréal, Montmorenci, d'Armagnac, Château-Morand,[10] et ils ont chacun quatre cents livres de gages,[11] à treize livres le marc, ce qui était alors considérable,[12] six chevaux entretenus aux dépens du roi, et une table.[13]

30

[9] F7856 (p.920) and F32772 (f.35-53) confirm that there were 21 *gentilshommes de la chambre* in 1515, though they do not concur precisely regarding actual holders of the office.

[10] 'Charles de Rochechouart [...] seigneur de Montpipeau [...] mourut en 1516' (F32772, f.7v; F7856, p.920); — 'Pierre de Pontbriant [...] sgr. de Montréal', served as *gentilhomme ordinaire* 1515-1522 and 1526-1543 (F32772, f.47v; F7856, p.920); — 'Anne, duc de Montmorency, pair, connétable [1536], maréchal et grand-maître de France [1522], chevalier de l'ordre du roy [...] et depuis premier gentilhomme de sa chambre [1520]. [...] Compris aux gages de 400^{ll} dans les états du roy depuis 1515 jusques en 1519' (F32772, f.45v; F7856, p.920, confuses the issue by naming two Anne de Montmorency who are in fact the same person); — 'Mess. Jacques de Genoillac, dit Galliot, sénéchal d'Armagnac' (F7856, p.920; not mentioned by d'Hozier); — 'Jean de Levis [...] sgr. et baron de Châteaumorand [...] sénéchal d'Auvergnac [...] compris [...] dans les états du roy depuis 1515 [...] jusques en 1542' (F32772, f.44r; F7856, p.921).

[11] The *gages* of the *gentilshommes ordinaires* (Armagnac, Château-Morand, Montréal, in Voltaire's list) were 400 livres, from 1515 till 1522; for the *gages* of the *premiers gentilshommes* see below, n.14 and 15.

[12] Under François 1 the marc d'argent fin was worth 12 to 13 livres (J.-A. Blanchet and A.-E. Dieudonné, *Manuel de numismatique française*, 1912-1936, ii.314); by the middle of the eighteenth century it had become, because of successive 'augmentations' (what we would call devaluations), worth about 50 livres (*Encyclopédie*, art. 'Espèces', v.959); thus 13 livres would have bought nearly four times as much in 1515 as in 1750.

[13] I have been unable to find a copy of the *règlements* for the *gentilshommes ordinaires de la chambre* earlier than those issued by Henri III in 1578 and 1585 (Bn N7225, f.35-50r, 85-119r; F32772, f.24-28r; printed in J. B. Saintot, *Ordre et règlement qui doit estre tenu et observé en la maison du roy* (Paris 1651), p.54-61. It seems likely that the earlier *règlements* were somewhat similar. Cf. Henri III's *règlement* of 1585: 'Sa Majesté ordonne [...] qu'à leur arrivée [les gentilshommes ordinaires] se presenteront [...] avec six chevaux pour le moins, à sçavoir 4. courtaux, et 2. de bagage, soit mulets ou chevaux' (no mention of these being provided by the King); 'Lorsque Sa Majesté se mettra à table, lesdits gentilshommes de la chambre s'en iront manger à celle qui est ordonée pour eux, qui sera aussitost

3° Aucun d'eux n'avait les patentes de premier gentilhomme de la chambre; mais le plus ancien des vingt prenait le titre de premier, sans autre avantage au-dessus de ses camarades que d'avoir six cents livres d'appointements quand les autres n'en avaient que quatre cents. [14] On voit par le registre de 1515 que M. de Montpipeau, comme le plus ancien, touchait six cents livres de gages. [15]

4° En 1516 et 1517 on trouve vingt et un gentilhommes ordinaires: [16] le roi ayant ajouté une nouvelle charge en faveur du fils d'Anne de Montmorenci, depuis connétable de France. [17]

5° Depuis 1520 jusqu'à la fin de 1523, le nombre est porté

---

servie que celle de Sa Majesté' (Saintot, p.54, 57).

[14] 'En 1515 le roy François Ier créa une de ces charges [premier gentilhomme de la chambre] en instituant les gentilshommes ordinaires de la chambre [...]; elle fut successivement possédée par M.M. de Rochouart [Montpipeau], de Gouffier-Bonnivet, de Puyguion, de Montmorency, de La Barre, d'Etampes, de Gouffier de Boisy et d'Annebaut, c'est-à-dire depuis l'époque de sa création en 1515 jusqu'en 1546. [...] Les gages de ces premiers officiers de la chambre du roy depuis 1515 jusques en 1522 étoient de 600[ll]' (F32772, f.6v-7v).

[15] '[Rochechouart] reçut 600[ll] pour son état de premier des gentilshommes de la chambre et valet de chambre du roy suivant l'état du roy de 1515' (F32772, f.7v); thus d'Hozier believes that Montpipeau received the extra 200 livres because he was *premier gentilhomme*, not because he was 'le plus ancien'.

[16] Confirmed by F7856, p.920.

[17] Not correct. Anne de Montmorency did not marry until 1526, his first son being born in 1531 (Anselme, *Histoire généalogique et chronologique de la maison royale de France, des pairs, grands officiers de la couronne et de la maison du roy*, 3rd ed., Paris 1726-1733, iii.604). It is true that Anne de Montmorency's brother, François (A. Duchesne, *Histoire généalogique de la maison de Montmorency et de Laval*, Paris 1624, p.380), was made a *gentilhomme ordinaire*, but not until 1520 (F32772, f.45v). What appears to have happened in 1516 is that one *gentilhomme ordinaire*, Guyot Pot, died, and was replaced by René d'Anjou, baron de Mésières, while Claude Gouffier was also made a *gentilhomme ordinaire* (F32772, f.35v, 42, 47v).

440

jusqu'à vingt-quatre,[18] et dans l'année 1523 on leur augmente   45
leurs gages jusqu'à 1200 livres.[19]

6° En 1524 le nombre de ceux qui eurent ce titre monta jusqu'à
trente et un,[20] mais les sept derniers étaient surnuméraires, ne
touchaient que trois cents livres de gages, et ne faisaient pas les
fonctions de service.[21]   50

7° Ces fonctions étaient de lever et de coucher le roi, de le
suivre partout, de lui servir d'aides-de-camp, d'aller de sa part
complimenter les souverains, etc.[22]

8° En 1529 et 1530, Anne de Montmorenci, grand-maître, et
maréchal de France, depuis connétable, se trouve dans le rôle des   55

[18] F7856, p.920: 24 in 1520, 23 in 1521 and 1522, 22 in 1523; from F32772, f.45v, one arrives at the following figures: 23 in 1520, 1521 and 1522, 24 in 1523. 1523 is the first year covered by KK98, which gives two lists, both of which consist of 23 names beginning with 'le bailly de Pavie'.

[19] The two lists in KK98 show that the *premier gentilhomme* and most of the *gentilshommes ordinaires* received 1,200 livres in 1523 (cf. F32772, f.18r).

[20] 1528 does not feature in KK98. F3898 gives a list for that year, on which there are 33 names, three of which have been deleted (f.418v-419v); F7856, p.920: 30 in 1524; from F32772, f.45v, one arrives at a much lower figure: 24.

[21] F3898, f.418v-419v, shows that seven *gentilshommes ordinaires* received only 300 livres; cf. F32772, f.18r and 20.

[22] Some of these functions are listed in Henri III's *règlement*: 'Ne faudront de se trouver lesdits gentils-hommes de la chambre [...] en la chambre d'Estat ou autre chambre de Sa Majesté, où il leur sera ordonné de se rendre tous les jours à six heures du matin précisément pour accompagner Sa Majesté lorsqu'elle sortira'; they must accompany him to dinner, and back to his 'cabinet'; then they are free till two o'clock, after which they must stay with him all afternoon till supper; 'après souper reviendront aussi trouver Sa Majesté pour ne la laisser qu'elle ne leur donne congé de se retirer' (Saintot, p.56-58). As regards the last functions listed by Voltaire, several *gentilshommes ordinaires* served as ambassadors and emissaries (for example, Louis Adhémar, comte de Grignan: F32772, f.35r; Claude d'Annebaut: f.35v; Guillaume Du Bellay: f.36v), but their ambassadorial functions do not seem to have been a necessary part of their rôle as *gentilshommes de la chambre*.

gentilshommes ordinaires, employé pour douze cents livres[23] avec les seigneurs de La Barre, de Tende, de Genneviliers, de Barbezieux, de Mouhi, de Montpesat, du Bellay, de Château-Morand,[24] etc.

On voit par là combien Moreri et ses continuateurs se sont trompés en attribuant la charge de premier gentilhomme de la chambre du roi à Anne de Montmorenci en 1520,[25] puisqu'en ce temps et pendant tout le règne de François Ier, cette charge n'existait pas.[26] Anne de Montmorenci est compris dans le rôle

60

[23] KK99 gives two similar lists of payments made to the *gentilshommes de la chambre* in 1529 (f.iiiv-ivv and xxxviii-xlviii); at the beginning of the second list we read: 'A messire Anne de montmorency grant maistre et maréchal de France chev. de l'ordre du roy et gentilhomme de sa chambre la somme de douze cens livres tournois A luy ordonnés par le roy'. These lists are both entitled 'Gentilzhommes de la chambre' - the word 'ordinaires' is not used at all, so either Voltaire was reading a different list (which is of course quite possible) or he is wrong in affirming that Anne de Montmorency is listed in the 'rôle des gentils-hommes ordinaires'.

[24] 'Jehan de la barre Bailly et prévost de Pavie' (KK99, f.xxxixr; cf. F7856, p.921 and F32772, f.36r); — 'Claude de Tende [...] comte de Villars' (KK99, f.xlr); also known as Claude de Savoie, cf. F7856, p.921 and F32772, f.50r); — Genneviliers: not found in any of the manuscripts consulted; — 'Antoine de la Rochefoucauld' (KK99, f.xlv), who was 'sgr. et baron de Barbézieux' (F32772, f.48v; not listed in F7856); — 'Charles de Moy, sgr. de la Meilleraie' (KK99, f.xliiir; cf. F7856, p.921 and F32772, f.46r); — 'Antoine de Montpezat' (KK99, f.xliir); cf. F7856, p.921 and F32772, f.44r: 'Antoine de Lettes dit des Prez, baron de Chadenac et de Montpezat'; — 'Guillaume du Bellay' (KK99, f.xlivv; cf. F7856, p.921 and F32772, f.36v). Guillaume Du Bellay was the great-uncle of the poet Joachim Du Bellay; — 'Jehan de Levis, sr. de Chateaumorand' (KK99, f.xliiir; cf. F7856, p.921 and F32772, f.44r).

[25] Moreri, *Le Grand dictionnaire historique* (Lyons 1683), art. 'Anne de Montmo-rency': after Montmorency had returned from England in 1515, François 1 'le fit premier gentilhomme de sa chambre' (ii.288-89). Voltaire renewed his attack on Moreri in *Des mensonges imprimés*, III.447-449.

[26] In KK98, which gives the list of *gentilshommes de la chambre* for 1523, and seems to be the earliest document on the subject, 'Monsr de Montmorency' is listed third, with the comment 'aussi gentilhomme de la chambre' (f.lxixv); but, contrary to what Voltaire here affirms, the first *gentilhomme* on the list, 'le bailly de Pavie', is styled 'premier gentilhomme de la chambre' (f. lxviiiv); in KK99, the list for

442

des gentilshommes ordinaires jusqu'à l'année 1538, où il fut fait   65
connétable. [27] Duchêne, plus exact, dans l'histoire de la maison de
Montmorenci, ne fait point le connétable Anne premier gentilhomme de la chambre; [28] ce n'est qu'en 1560, après la mort de
François II, que le maréchal de Saint-André, le premier de son
quartier [29] dans l'office de gentilhomme ordinaire, se fit donner les   70
provisions de premier gentilhomme de la chambre. [30] Il était
allé, en 1557, complimenter le roi d'Angleterre en qualité de

---

1529, Anne de Montmorency's name comes first, and he is described as 'grant
maistre' and 'gentilhomme de sa chambre' (cf. n.24 above). Thus KK98 seems to
invalidate, and KK99 to confirm, Voltaire's affirmation; but neither is conclusive,
since their actual date is uncertain. D'Hozier believes that the office of *premier
gentilhomme* did exist under François I.

[27] Anne de Montmorency was made *connétable de France* in 1536, for his part in
the campaign againt Charles V. I have not found any annual list of *gentilshommes
de la chambre* for the years 1530-1539; d'Hozier says Montmorency was listed as a
gentilhomme ordinaire only until 1519, and that although he ceased performing the
functions of *premier gentilhomme* in 1522, 'cependant le roy lui en conserva le titre
et les gages, étant couché sur l'état de 1524 aux mêmes gages de 600^{ll}, et aux gages
de 1200^{ll} sur les états suivans depuis 1526 jusqu'en 1543' (f.8r).

[28] If Voltaire means that Duchesne does not describe Montmorency as 'premier
gentilhomme' after he had been made *connétable*, he is correct; if, as seems more
likely, he means that Duchesne does not call Montmorency 'premier gentilhomme'
at any time, then he is incorrect: 'Anne de Montmorency estant de retour
d'Angleterre, le Roy remunera sa negociation de nouvelles faveurs & bienfaits.
Car il l'honora de l'Estat de premier Gentilhomme de sa Chambre le viii. jour
d'Avril mille cinq cents vingt' (p.378-79).

[29] Each *gentilhomme de la chambre* did not serve the king all the year round, but
for a limited period, probably six months in the first half of the sixteenth century,
and three months ('un quartier') from 1564 onwards (cf. F32772, f.18r, 20r).

[30] Cf. *Des mensonges imprimés*, III.435-443. I have not found a list for 1560, but
KK129 gives the list for the previous year; in it we find 'Monsieur le mareschal de
Sainct André' already qualified as 'premier'. Similarly d'Hozier's note on 'Jacques
d'Albon, seigneur de s^{t} André' does not confirm Voltaire's statement: 'compris en
qualité de premier gentilhomme de la chambre du roy aux gages de 1200^{ll} dans les
états de la maison d'Henry II^{d} (qui l'avoit nommé à cette charge à son avènement
à la couronne) depuis 1547 jusqu'à sa mort arrivée en 1562 à la bataille de Dreux'
(F32772, f.r).

gentilhomme ordinaire;[31] ses appointements furent toujours de douze cents livres, comme ceux des autres, quand il eut la patente de premier gentilhomme de la chambre du roi.[32]

75

9° Le maréchal de Saint-André ayant été tué à la bataille de Dreux, en 1562, personne n'eut le titre de premier gentilhomme de la chambre du roi, jusqu'en 1568, que le comte de Retz, Gondi, favori de Catherine de Médicis, gentilhomme ordinaire, obtint les mêmes provisions que le maréchal de Saint-André, sans avoir d'autres appointements que douze cents livres.[33]

80

10° En 1580, Henri III avait deux premiers gentilhommes de la chambre, le maréchal de Retz et le marquis de Villequier[34] à onze cent soixante et six écus de gages.[35]

[31] In 1557 England was ruled by a queen, Mary Tudor, not a king, and England and France were at war. Voltaire's reference should have been to 1550, when Edward VI was on the English throne: 'Après le traicté et l'accord de Bouloigne [March 1550] entre le roy Henry [II] et le petit roy Edouard d'Angleterre, le roy son maistre l'envoya [Saint-André] vers ledict roy Edouard, pour en faire un serment très-sollempnel, et luy porter aussy son Ordre' (Pierre de Bourdeille, seigneur de Brantôme, *Grands capitaines françois: M. le Mareschal de Saint-André*, *Œuvres complètes*, Paris 1864-1882, v.33; cf. BV, no.538). Brantôme does not say that Saint-André was sent in his capacity as *gentilhomme ordinaire*.

[32] Cf. *Des mensonges imprimés*, III.448-450. KK129 gives Saint-André's *gages* as 'xii^c ℔'. Cf. d'Hozier's note cited above, n.30.

[33] I have not found an annual list for the years 1560-1568. Once more, Voltaire's affirmation is not confirmed by d'Hozier: 'Philibert de Marcilly, seigneur de Cipierre' was nominated 'premier gentilhomme' in 1562, on the death of Saint-André; the duc de Retz (Albert de Gondy) in turn succeeded Marcilly on his death in 1565, and retained the title till 1581 (F32772, f.9; F7856, p.1296). Brantôme says of the duc de Retz: 'ladite reyne [Catherine de Médicis] l'a aimé tousjours' (*Œuvres complètes*, vii.357).

[34] René de Villequier was made *premier gentilhomme* under Charles IX in 1574, and retained the title till at least 1588 (F32772, f.10; F7856, p.1296). Voltaire omits to mention François d'O, who was made *premier gentilhomme* in April 1580 (F32772, f.10r).

[35] F7856, p.1354 and F32772, f.7r both state that the *gages* of the *premiers gentilshommes* were increased to this sum in 1585. D'Hozier states however that Retz received as much as 6000 livres in an earlier year, 1576, thus confirming Voltaire's affirmation about the amount of pay, while differing from him about the date of the increase. The only document concerning approximately this period is

444

Alors les vingt-quatre gentilshommes ordinaires, servant par   85
quartier, avaient six cent soixante et six écus.[36] C'étaient MM.
d'Argence, de La Bourdaisière, d'Urfé, du Châtelet, de Noaille,
de Hauterive,[37] de Creuilly, d'Harcourt, de Villarceaux, de Saint-
Chamarane, de Grand-Pré, de Breauté, de Listenois,[38] de Givry,

---

in KK134, f.11v-17r, where Retz's *gages*, as *premier gentilhomme de la chambre* for
the year 1573, are shown as 1,200 livres.

[36] This statement (cf. *Des mensonges imprimés*, III.443-446) would seem to be
incorrect; d'Hozier refers to the 'compte' of 1580, where according to him there
were listed 67 *gentilshommes de la chambre* for the January-March *quartier* (F32772,
f.22v); such 'gentilshommes ordinaires en fonction' (serving their *quartier*) were
paid 600 livres (f.20r); in addition there were four 'chambellans ordinaires', 'un
nommé à la tête de chaque quartier', with *gages* of 1,200 livres (f.22v); cf. F7856,
p.1354-68.

[37] 'Cibard Tizon d'Argence [...] aux gages de 1200^{ll} dans les états [...] depuis
1580 jusqu'en 1585 ce qui le mettoit dans la classe des [...] chambellans ordinaires'
(F32772, f.298r; F7856, p.1355); — 'Jean Babou, sgr. de la Bourdaisière [...]
compris aux gages de 600^{ll} dans les états du roy depuis 1574 jusques en 1583'
(F32772, f.187r; F7856, p.1355). References to years of service as a *gentilhomme*
ordinaire and to *gages* will subsequently be given in abbreviated form, e.g.: 1574-
1583; 600^{ll}; — 'Anne comte d'Urfé', 1580-1586?; 600^{ll} (F32772, f.307r); or possibly
either 'Claude d'Urfé, sgr. d'Entragues', 1575-1583; 600^{ll} (F32772, f.307r; F7856,
p.1357) or 'Jacques seigneur d'Urfé', 1580-1582 (F7856, p.1357); — 'Jean Baron
du Chastelet [...] sgr. de Châtillon', 1578-1584?; 600^{ll} (F32772, f.208; F7856,
p.1367); or another 'Jean baron du Chastelet, 1575-1588; 600^{ll} (F32772, f.208r);
— 'Henry de Noailles sgr. de Noailles', 1574-1580, 1583; 600^{ll} (F32772, f.263v;
not found in F7856); — Hauterive: not found listed for 1580 in either manuscript;
could be 'Louis de Cayres dit *d'Entragues* sgr. et baron d'Hauterive' (F32772,
f.204).

[38] 'Jehan de Sillans seigneur de Creuilly', 1580-? (F7856, p.1360; not found in
F32772); — D'Harcourt: probably 'Pierre de Harcourt marquis de Beuvron', 1578-
1586; 600^{ll} (F32772, f.237r; may correspond to F7856, p.1362); — 'Jean de Mornay
sgr. de Villarceaux', 1579-1585, 1588; 600^{ll} (F32772, f.260r; F7856, p.1357);
— 'Pierre de Peyronenc sgr. de s^t Chamarant', 1575, 1583-1585; 600^{ll} (F32772,
f.260r; may correspond to F7856, p.1358); in neither manuscript is the date 1580
specifically mentioned; — 'Robert de Joyeuse comte de Grandpré en 1580', or
'Claude de Joyeuse comte de Grandpré en 1580' (F7856, p.1357, 1364; not found
in F32772); — 'Adrien seigneur de Breauté en 1580' (F7856, p.1357; not found in
F32772); — 'Anne de Beaufremont, marquis de Listenois', 1575-1583; 600^{ll}
(F32772, f.190r; not found in F7856).

445

de Larchant, de Crillon, de Pardaillan, Marigny, d'Aubeterre, de   90
Villeroy, de Prie, [39] etc.

11° En 1585 il y eut trois premiers gentilshommes de la chambre
du roi, le marquis de Villequier, le duc de Joyeuse et le duc
d'Epernon, aux mêmes appointements de onze cent soixante-six
écus. [40]   95

12° Cette même année 1585, les gentilshommes ordinaires de
la chambre du roi servant près de sa personne (c'est ainsi qu'ils
sont qualifiés dans les rôles), [41] négligèrent de porter la clef d'or

[39] 'Claude de Beaufremont baron de Sennecey seigneur de Châtenny, d'Amilly
et de Givry', 1575-1583; 600^{ll} (F32772, f.190r; not found listed in F7856 for 1580,
but cf. p.1358); — 'Louis de Grimonville sgr. de Larchant dit *le jeune Larchant*',
1575-1585; 600^{ll} (F32772, f.234v; F7856, p.1356); or 'Nicolas de Grimonville baron
de Larchant', 1575-1583; 600^{ll} (F32772, f.190; not found in F7856); — 'Louis de
Berton seigneur de Crillon dit *le brave Crillon*', 1575, 1578-1583; 600^{ll} (F32772,
f.193r; F7856, p.1364); or 'Thomas de Berton sgr. de Crillon', 1579-1585; *gages*
not given (F32772, f.193r; not found in F7856); — 'Pierre de Segur seigneur de
Pardaillan en 1580' (F7856, p.1361; not found in F32772, but see f.266v); — Marigny; not found listed for 1580 in either manuscript. F7856, p.1358, records a
'seigneur de Marigny de la Touche en 1582'; — 'David Bouchard vicomte d'Aubeterre en 1580 hors en 1582' (F7856, p.1357; not found in F32772); — 'Nicolas de
Neuville sgr. de Villeroy', 1575-1585; 600^{ll} (F32772, f.268r; F7856, p.1360);
— 'René de Prie sgr. de Prie et de Montpoupon', 1575-1584; 600^{ll} (F32772, f.272v;
may correspond to F7856, p.1366).

[40] The manuscripts confirm this statement. Each of the three *premiers gentilshommes* served for four months in turn each year (F7856, p.1354). Cf. KK139,
f.[i], [10v]; — Villequier's *gages* were 1,200 livres from 1575 to 1584, and 3,500
livres from 1585 to 1588 (F32772, f.10v); — 'Anne duc de Joyeuse, pair et amiral
de France [...] nommé premier gentilhomme de la chambre du roy par Henri III;
est compris en cette qualité aux gages de 1300^{ll} dans les états du roy de 1582, 1583
et 1584, et aux gages de 3500^{ll}p.1354). Joyeuse, one of Henri III's favourites, was
killed in 1587; — 'Jean-Louis de Nogaret dit *de la Valette* duc d'Epernon, pair et
amiral de France [...] nommé premier gentilhomme de la chambre du roy par
Henry III, charge qu'il possédoit déjà en 1581 aux gages de 1200^{ll}; est compris sur
ce même pied dans les états de la maison de ce monarque des années 1582, 1583 et
1584; ce n'est que d'après ceux des années 1585, 1586, 1587 et 1588 qu'il est
employé à 3500^{ll} de gages' (F32772, f.9v-10r; F7856, p.1354).

[41] I have not found the expression 'servant près de sa personne' in the manuscripts
consulted. KK139 uses the expression 'gentilhomme servant de la maison dudict

qu'ils avaient toujours portée depuis François Ier; et Henri III leur enjoint expressément de la porter par son ordonnance du Ier janvier. [42] Il veut qu'ils produisent leurs titres de quatre races, à moins que S. M. ne les en dispense; [43] veut que le premier gentilhomme de la chambre en service tienne une table, en même temps que la table du roi, pour les gentilshommes ordinaires; et qu'en l'absence du premier gentilhomme, ce soit le plus ancien du corps qui tienne la table; [44] et défense à eux de manger ailleurs, le tout conformément aux anciennes ordonnances de François Ier. Il ordonne que les gentilshommes de quartier se tiennent toujours dans sa chambre, et qu'ils aient six chevaux qui seront entretenus aux dépens de S. M.; veut qu'ils soient continués dans la fonction de lui présenter son déjeuner, son épée et son chapeau, de l'habiller

100
105
110

---

seigneur'. The *règlements* of Henri III refer to the 'Gentilhommes qui [...] seront en service' (Saintot, p.54), and use other similar expressions.

[42] Henri III's *règlement* of 1 January 1585 makes only a passing reference to a key (Saintot, p.54). However, the golden key is mentioned in another, undated *règlement* by the same king, headed *L'ordre que le roy veut estre tenu par les premiers gentilshommes de sa Chambre* (Saintot, p.40-44; copied in F32772, f.3*v*-5*v*): '[Sa Majesté] ne souffrira qu'aucun desdits Gentils-hommes de la Chambre servent, qu'ils ne luy ait aupravant baillé la clef dorée, & qu'iceluy ne la porte tousjours durant son quartier' (Saintot, p.41). There is no specific reference here to a neglect of their duty by the *gentilshommes*: was Voltaire inferring such neglect from the wording of the *règlement*, or did he have access to other sources?

[43] 'déclarant desormais sa Majesté ny en vouloir recevoir ny admettre aucun qui ne soit Gentilhomme de trois races paternelles par dessus la personne de celuy qui sera honoré de ladite Charge' (Saintot, p.53). There is no mention of any dispensation.

[44] 'Lors que sa Majesté se mettra à table, lesdits Gentils-hommes de la chambre s'en iront manger à celle qui est ordonée pour eux qui sera aussi-tost servie que celle de sa Majesté, & en l'absence du premier Gentil-homme de la chambre servant en quartier, ou des autres premiers Gentils-hommes de la chambre & de ceux de ses affaires; lesquels doivent tenir ladite table, si aucun d'iceux ne s'y trouve. Sa Majesté veut que lesdits Gentils-hommes de la chambre servant en quartier ne laissent de la tenir, après avoir toutefois chacun d'eux accompagné sa Majesté jusque dans la sale' (Saintot, p.57).

et de le déshabiller;[45] renouvelle expressément l'ordre de s'inscrire eux-mêmes sur un rôle tenu par le premier gentilhomme, et en son absence par le plus ancien du corps, et à faute d'être inscrits, ils ne seront payés des gages de ce quartier.[46]   115

13° Quoiqu'il n'y eût que vingt-quatre gentilshommes ordinaires payés,[47] Henri III donna les honneurs de cette charge à vingt et un autres courtisans, qui eurent la clef d'or et qui lui faisaient cortège.[48]

Ce sont ces quarante-cinq gentilshommes[49] qu'on a toujours   120

[45] 'Lesdits Gentils-hommes de la chambre en quartier [...] n'iront [...] manger chez autres que chez eux-mesmes. [...] Des susdits Gentils-hommes en quartier [...] il y en auroit neuf par jour, qui seroient assidus particulierement prés de sa Majesté depuis les 5. heures du matin jusques au soir [...] lesquels auront [...] particulierement l'honneur d'entrer & demeurer en la chambre Royale qui seront, à sçavoir les deux qui apporteront le pain et le vin: Les deux qui bailleront l'Espée & la Cappe: Les deux qui seront pour voir faire le lict de la chambre Royale de sa Majesté, & les trois autres qui ne seront que pour recevoir les commandemens de sa Majesté' (Saintot, p.56-58).

[46] 'Ne faudront tous les Samedis apres disné quand sa Majesté sera retirée en son cabinet, de s'inscrire de leur propre main dans un rolle qui leur sera presenté par iceluy qui aura esté commis par le premier Gentil-homme de la chambre qui sera en service [...] lequel rolle à la fin du quartier presenté à sa Majesté par le susdit Gentil-homme de la chambre, avant qu'il ne leur soit baillé aucun certificat pour estre payez, sans lequel ils ne le pourront estre' (Saintot, p.55-56). The now archaic form 'à faute de' tended to be used in legal contexts (F. Brunot, *Histoire de la langue française*, Paris 1911-1967, vii.II.1524).

[47] See above, n.36.

[48] F7856, p.1369 mentions two other categories of *gentilshommes* besides those who were 'servans par quartier': those 'qui seront excusez de servir à cause de leur jeunesse. A ii^c escus de gages' (of whom there were nine in 1580); and those ' qui entreront en quartier és places des dessus nommez advenant vacation [...]. A ii^c escus de gages' (no numbers given for specific years; there is a total of nearly a hundred names for the whole of Henri III's reign, p.1369-71). D'Hozier states that the *gentilhommes* who were not 'en fonctions', but who were 'destiné à remplacer ceux qui quitteroient leurs charges', under Charles IX and Henri III, received no *gages* (F32772, f.20). Neither source mentions the golden key in connection with these supernumerary officers.

[49] This total of 45 *gentilshommes*, made up of 24 serving their *quartier* plus 21 supernumeraries, though certainly too small for the early 1580s, could be

confondus avec quante-cinq gentilshommes gascons fournis au roi par le duc d'Epernon, et qui assassinèrent le duc de Guise;[50] mais il y avait entre eux une extrême différence. Ceux qui furent employés à tuer le duc de Guise étaient du nombre de ces Gascons qui avaient à la vérité les mêmes appointements que les gentilshommes ordinaires de la chambre, mais ils n'étaient point payés à l'épargne; ils n'étaient point compris dans le rôle des grands officiers de la couronne, comme l'ont toujours été les gentilshommes ordinaires. Ils dépendaient du duc d'Epernon qui les avaient donnés au roi; ils recevaient leurs appointements du duc d'Epernon qui s'en faisait rembourser à l'épargne par un comptant particulier signé du roi.[51] Ces Gascons se nommaient

125

130

---

approximately correct for 1588, the year of the assassination of the duc de Guise, Unfortunately, F7856 does not give figures for that year; it is true that the number of *gentilshommes* 'servans par quartier' seems to have been diminishing during the decade, e.g. January quarter, 67 in 1580, 34 in 1583, 50 in 1586; October quarter, 68 in 1580, 33 in 1583, 38 in 1585 (p.1355, 1366): but had the figure reached 24 by 1588?

[50] Pierre de L'Estoile, in his *Journal pour le règne de Henri III* (BV, no.2063), uses the expression 'dix ou douze des quarante-cinq' (éd. L.-R. Lefèvre, Paris 1943, p.580) in referring to those who assassinated Guise (thus using neither 'gentilshommmes' nor 'gascons'); other writers and pampleteers did however use the epithet 'gascons' (see K. Cameron, *Henri III, a maligned or malignant king* Exeter 1978, p.141-42). Louis Maimbourg, in his *Histoire de la Ligue* (Paris 1633), ii.84, claims that the 'capitaine des quarante-cinq', Lognac (François de Montpezat, seigneur de Lognac or Laugnac), was 'premier gentilhomme de la chambre': this was not the case (F32772, f.9v-10v, 32v, 259r; Lognac had, however, contrary to what Voltaire implies, been a *gentilhomme ordinaire*). A twentieth-century historian, Pierre de Vaissière, claims that the 'quarante-cinq', though all Gascons, were all *gentilshommes ordinaires* (*De quelques assassins*, Paris 1912, p.242).

[51] Cf. the similar statement by d'Hozier: 'Il ne faut pas confondre les 45 gentilshommes ordinaires du roy institués par Henri III avec les 45 gentilshommes [mentioned by L'Estoile] appointés à 1200 écus de gages [...] que ce prince avait établis depuis les derniers troubles [...] c'étoit le duc d'Epernon qui avoit donné à ce monarque l'idée de former cette nouvelle compagnie; elle étoit payée au Trésor royal sur les billets de ce duc; on les appelloit aussi les 45 gentilshommes gascons' (F32772, f.32). Voltaire was to return to this subject in *Des mensonges imprimés*, III.424-431, and in *Essai sur les mœurs*, ch.173 (*Essai*, ii.524-25); cf. CN, i.628.

Lognac, Saint-Capaulet, Montsivri, Saint-Malin, Saint-Gaudin, La Bastide, d'Alfrenas, etc.,[52] leurs noms ne se trouvent dans aucun rôle des gentilshommes ordinaires. Ceux qui servaient en cette qualité l'année de la mort du duc de Guise, en 1588, étaient les mêmes qu'on a vus sous l'année 1580 n° 10,[53] et parmi eux on ne trouve aucun qui ait eu part à l'assassinat du Balafré.[54]

14° Henri IV eut trois premiers gentilshommes de la chambre comme son prédécesseur;[55] et ayant besoin d'économie, il réforma plusieurs officiers de sa maison; il ne remplit les charges de gentilshommes ordinaires de sa chambre que de dix personnes, dont cinq eurent douze cents écus d'appointements, les autres eurent les gages ordinaires;[56] ceux qui eurent douze cents écus

135

140

[52] The editor of L'Estoile's *Journal*, L.-R. Lefèvre, gives a somewhat different list: Montpezat, Jacques de La Bastide, des Effrantz, de Saintes-Malines, de Sariac, de Peytes, Saint-Gaudens, d'Arblade (p.738, n.546). Vaissière lists: Montsérié, Arblade, Sarriac, Saint-Malin (= Sémalens), Etienne de Ségure (= Des Francs), Saint-Gaudens, Saint-Paulet, and Jacques de Vignes or Jean de Bordes (p.269-71).

[53] In so far as it is possible to verify this statement by reference to the dates of service given in F32772, in 1588 only Villarceaux was still a *gentilhomme ordinaire*, and of the two *premiers gentilshommes* serving in 1580, only Villequier was still in office. There were, of course, other *gentilshommes ordinaires* not listed by Voltaire in 10°, in service both in 1580 and in 1588 (e.g. Nicolas d'Angennes, 1574-1588, F32772, f.183v), and there had been new appointments since 1580 (e.g. Robert de Courseilles, 1585, 1588, F32772, f.214r).

[54] Guise was nicknamed 'le Balafré' as a result of the wound he received at the battle of Dormans in 1575 (see L'Estoile, *Journal*, p.84, 580).

[55] Two, not three: on the death of Henri III in 1589, the duc de Bellegarde was the only surviving *premier gentilhomme*; Henri IV retained him, and also appointed the duc de Bouillon to the same office; Bellegarde later resigned in favour of his brother the baron de Termes (F32772, f.10v-11r, 7r; cf. F7856, p.1437). KK151, f.vi, provides confirmation, showing only two *premiers gentilshommes* for 1690.

[56] I have not located any early documents listing the *gentilshommes ordinaires* during the reign of Henri IV (KK151 gives only the *premiers gentilshommes*; KK152, which appears to cover the year 1610, has no list of *gentilshommes ordinaires*). The explanation of this lack seems to be provided by d'Hozier: in 1587, so he says, Henri III abolished the *gages* of the *gentilshommes ordinaires*, as an economy measure, so 'depuis ce temps il n'en est plus fait mention dans les états'. If this is so, one wonders on what documents Voltaire bases his statement about the *gages* of the *gentilshommes ordinaires* under Henri IV. D'Hozier's information concerning the

furent le vicomte de Canillac, du Martrey, Nancey, d'Elbène,   145
Champigny. [57] En 1600, le comte de Moret, Vilpion, Dugast,
Lachenaie, Strozzi, [58] n'avaient que six cent soixante-six écus, mais
ils avaient des pensions d'ailleurs.

15° Après la mort de Henri IV on remplit les vingt-quatre
charges aux appointements de deux mille écus. [59] On trouve en   150
1611 MM. de La Châstre, d'Angennes, d'Aumale, de Maroles, de
Saint-Odéol, Charles-Albert de Luynes, Honoré de Luynes, Léon
de Luynes, [60] La Chevallerie, Courtenay, de Marillac, de La
Chesnaie, de Villegagnon, de La Brosse, de Montmélian, de Mesle,

---

gentilshommes ordinaires under Henri IV, Louis XIII and Louis XIV comes from
sources other than *états*, such as receipts for gifts made by the king, letters patent
and family documents. In notes 57 and 58 I rely exclusively on d'Hozier; F7856
gives no information regarding the *gentilshommes ordinaires* under Henri IV, thus
perhaps indirectly confirming the truth of d'Hozier's remarks.

[57] Canillac, du Martrey: not found in F32772; — ? 'Marin de Vancey', made
gentilhomme ordinaire in 1596 (F32772, f.372v); — 'Alexandre d'Elbène', 1596;
'Julien d'Elbène', 1593; 'Pierre d'Elbène', 1602 (F32772, f.382v); — ? 'Louis de
Champagné', 1595 (F32772, f.326r).

[58] 'Philippe de Béthune, comte de Moret', 1595-1600 (F32772, f.319r); — Vilpion, Dugast, Lachenaie, Strozzi: not found in F32772.

[59] F7856 does not give the list of *gentilshommes ordinaires* under Louis XIII, only
that of the *premiers gentilshommes* (p.1539-40; they received 3,500 livres each). This
section of F7856 has been printed in E. Griselle, *Etat de la maison du roi Louis
XIII* (Paris 1912), p.10-11. I shall refer, in notes 60-62, mostly to d'Hozier.

[60] ? 'Calude de la Chastre, sgr. de Sandré', 1581 (F32772, f.209v); — ? 'Charles
d'Angennes, marquis de Maintenon'; no dates given, but he was serving 'vers le
règne de Henry IV' (F32772, f.377r); — ? 'Jacques d'Aumalle', who was made a
gentilhomme ordinaire during Louis XIII's reign (F32772, f.388v); — ? 'Claude de
Marolles', 1612-1613 (F32772, f.438r); — Saint-Odéol: not found; — According
to F32772, f.385v, 'Charles d'Albert, duc de Luynes' served as a *gentilhomme
ordinaire* only in 1615-1616; he was made *premier gentilhomme* in 1617 (F32772,
f.11v; F7856, p.1359); — ? 'Honoré d'Albert sgr. de Cadinet et de Péquigny', 1615
(F32772, f.385v); a brother of the duc de Luynes; — ? 'Léon d'Albert sgr. de
Brantes', 'vers le règne de Louis XIII' (F32772, f.173r); a brother of the duc de
Luynes.

de Clermont-Tallard, de Biragues, d'Entragues,[61] des Ursins, de   155
Tavannes, de Thiange, d'Ambre, de Simiane, de Grignan.[62]

16° Charles-Albert de Luynes, gentilhomme ordinaire, conserva
cette charge dans le temps de sa faveur jusqu'à ce qu'il fût
connétable,[63] et alors il voulut que ceux qui seraient revêtus de
cette dignité lui prêtassent serment, parce qu'ils étaient aides-de-   160
camp nés du roi, et que tout homme employé dans le service
militaire devait prêter serment entre les mains du connétable.
Cependant, ni Henri de Montmorenci,[64] ni Anne de Montmorenci,
ni le connétable de Bourbon[65] n'avaient exigé ce devoir, et tous

[61] La Chevallerie: not found; — ? 'Jacques de Courtenay sgr. de Chevillon',
1596, died 1617 (F32772, f.330r); — Marillac: probably 'Louis de Marillac, comte
de Beaumont', first nominated under Henri IV (F32772, f.350r); he was executed
in 1632; — La Chesnaie: not found; — ? 'Pierre Durand sgr. de Villegagnon, 1612
(F32772, f.414r); — ? 'Louis de Montberon baron de Fontaines, seigneur [...] de
La Brosse et de St Varens', 1607 (F32772, f.352v); or (though the dates do not
correspond exactly): 'Louis de Rochechouart, sgr. de La Brosse, 1595-1608 (F32772,
f.362v); or 'Louis de La Barre, sgr. de La Brosse, 1613-1634 (f.390v); — Montmélian, Mesle: not found; — 'Jacques de Clermont-Talart, [...] comte de Thonry',
1611 (F32772, f.408v); — Biragues: not found; — ? 'Louis de Cayres dit d'Entragues, sgr. et baron d'Hautrive', 1607 (F32772, f.325v).

[62] ? 'Mercure de Saint Chamans comte de La Chapelle de Ursins', 1599-1610
(F32772, f.365r); — Tavannes: probably 'Guillaume de Saulx dit le comte de
Tavannes', 1615, but already a gentilhomme ordinaire in earlier reigns (F32772,
f.461r); - Thiange, d'Ambre, Simiane: not found in F32772. Anselme mentions
three Simianes who were gentilshommes ordinaires under Henri IV (ii.248, 253, 254);
— ? 'Joachim-Anthide de Bussy [...] sgr. et baron de Meurville [...] de Grignan,
1604 (F32772, f.324r). Voltaire had in fact listed 25 names (not 24 as he said in
l.149). It is certain that there were many more than 24 gentilshommes ordinaires in
1611: a rapid check in F32772 reveals at least 45 names serving that year, and the
actual figure, since d'Hozier was working from documents other than états, is
probably nearer one hundred (cf. f.30r). Voltaire's figure probably corresponds to
the gentilshommes of one quartier.

[63] Luynes was made connétable early in 1621; he died in December of the same
year.

[64] Henri de Montmorency (1534-1614), second son of Anne de Montmorency,
made connétable in 1593.

[65] Charles de Bourbon (1490-1527), made connétable in 1514.

les connétables avaient laissé les gentilshommes ordinaires et   165
chambellans de la chambre du roi jouir de la prérogative de prêter
serment entre les mains du S. M.; [66] et Louis XIII ne jugeant point
ce différend, le serment ne fut prêté ni au roi ni au connétable;
ces officiers furent insensiblement dispensés de tout serment, de
sorte qu'aujourd'hui ils sont les seuls officiers de la couronne qui   170
n'en prêtent aucun; [67] ils sont au nombre de vingt-cinq payés sur
l'état. [68]

17° Pendant la minorité de Louis XIV, la table du premier
gentilhomme de la chambre et des gentilshommes ordinaires fut
supprimée. Ceux-ci, par une ordonnance particulière de 1656,   175
eurent celle du grand chambellan et ensuite celle du second grand-
maître. [69]

Le roi Louis XIV les maintint toujours dans leurs privilèges, [70] ils

[66] According to d'Hozier, the *gentilshommes ordinaires de la chambre* 'prêtoient
serment entre les mains du grand chambellan & en son absence au premier
gentilhomme de la chambre' (F32772, f.30r).

[67] The *gentilshommes ordinaires*, as distinct from the *gentilshommes ordinaires de
la chambre* (a distinction that d'Hozier makes only once, and that is not to be
observed in his lists), 'ne prêtoient point de serment' (F32772, f.31r).

[68] I have not been able to verify this figure; towards the end of the eighteenth
century, there were 28 *gentilshommes ordinaires*, 'servant sept par quartier' (F32772,
f.31v).

[69] Is Voltaire referring to paragraph 17 of the *Ordre et règlement que le roy veut
être tenu par monsieur le grand maître pour le règlement de sa maison*: 'Monsieur le
grand maître fera tenir sujets et assidus à la cour les maîtres d'hotel et gentilshommes
servants en quartier, sans qu'il leur soit permis d'aller dîner ny souper ailleurs que
chez sa Majesté ou chez eux' (o¹ 756, p.13-22)? This instruction is in fact very
similar to one already found in Henri III's *règlement*.

[70] According to d'Hozier, Louis XIV, in the early years of his reign, 'cessa de
faire expédier des provisions de cette charge [gentilhomme ordinaire de la chambre
du roi] dont le titre s'éteignoit successivement par la mort de ceux qui en avoient
été pourvus précédemment' (F32772, f.30r); his list of 'Gentilshommes ordinaires
de la chambre du roy Louis XIV' (F32772, f.481r-510v) shows that the majority of
appointments were made in the 1640s and 1650s, a few in the 1660s and 1670s, and
very few indeed after that. However, the *charge* was revived under Louis XV. The
charge of *premier gentilhomme de la chambre* continued to exist throughout Louis
XIV's reign, and in fact till the end of the ancien régime (F32772, f.14-17r).

ont toujours servi d'aides-de-camp à ce monarque, et mangeaient à sa table, à l'armée, quand ils avaient fait des fonctions d'aides-de- 180 camp. Ils sont envoyés dans le royaume auprès des ambassadeurs, quand ces ministres sont défrayés aux dépens du roi, et il y en a toujours quelques-uns de leurs corps employés en qualité d'envoyés auprès des princes souverains. [71]

18° A l'égard du rôle des grands officiers de la couronne dans 185 lequel les gentilshommes ordinaires de la chambre et maison du roi ont toujours été compris, ce n'est point une dignité particulière, et il n'y a aucun officier du roi qui ait dans ses provisions le titre de grand officier; l'usage avait donné seulement ce nom à ceux qui possédaient anciennement les principaux emplois auprès de la 190 personne des rois. Le titre de grand annexé à une charge n'a jamais été nécessaire pour constituer un grand officier. Les maréchaux de France, et le chancelier, qui sont grands officiers, n'ont pas le titre de grand-maréchal et grand chancelier. [72]

Voilà les principaux articles sur lesquels on a cru devoir donner 195 des lumières. Il n'y point de charge dans la maison du roi sur laquelle on ne dût faire les mêmes recherches pour rectifier les erreurs qui se sont glissées dans tous les livres.

[71] 'ce sont eux qui vont faire les complimens dans les cours étrangères lorsqu'il arrive quelque événement' (F32772, f.32r).

[72] Voltaire would seem to be correct: the adjective 'grands' in this context was used in a loose way to refer to the important posts in government and the king's household (cf. the title of Anselme's work, *Histoire généalogique et chronologique de la maison royale de France, des pairs, grands officiers de la couronne & de la maison du roy*), but was not included in most titles of those posts. There was, however, a 'grand maître', who performed functions somewhat similar to those of the *premier gentilhomme*, a *grand veneur*, a *grand aumônier*.

APPENDIX

Voltaire's research notes

These manuscript research notes, from which Voltaire obviously extracted most of the information contained in the *Eclaircissements sur quelques charges de la maison du roi*, are to be found in volume 4 of the manuscripts in Voltaire's library in St Petersburg.[1] Lines 1-19, 169-181 and 218-288 are holograph, lines 20-115 and 182-217 are in the hand of an unidentified scribe, and lines 116-168 in a second unidentified hand.

The orthography of the manuscript has been retained except in the following instances: two words joined together have been separated; the apostrophe, rarely used in this text, has been inserted ('jusquen', 'dabord', 'quil'); capital letters, very seldom used by Voltaire, have been added after the full point; proper names also have been given an initial capital; a grave accent has been added where its absence would create ambiguity: à, là, où; an accent has been added to the open or closed *e* of the final syllable ('auprès' for 'aupres', 'qualifié' for 'qualifie'). Voltaire rarely put a full stop at the end of a sentence; this has been added. Often instead of punctuation there is merely a larger space between the words; the minimum punctuation required for comprehension has been inserted; commas have been added in lists of words from which

[1] F. Caussy, *Inventaire des manuscrits de la bibliothèque de Voltaire conservée à la Bibliothèque impériale publique de Saint-Pétersbourg* (Paris 1913), p.20: tome IV, f.2-10, 12. Caussy gives this description: '2. "Mémoire sur les gentilshommes ordinaires de la chambre du Roy."; 3. Liste des gentilshommes de la chambre sous François Ier; 6. Circulaire autographe sur un mémoire relatif aux gentilshommes de la chambre; 7. "Manuscripts de Brienne" premier gentilhomme de la chambre du roi; 9. "Suitte des recherches."; 12. Extrait autographe de l'"Ordonnance de Henri III et Henri IV", le Ier janvier 1585.' This section was prepared by Ulla Kölving.

they were absent. The punctuation we have added to the text is printed in sans serif type.

———

[f.2r] NB Les ducs etant d'abord souverains, faisoient sans difficulté leurs enfans legitimez chevaliers de Rodes et puis de Malthe, les ducs leurs successeurs etant a leurs droits honorifiques. Ainsi Henri de Montmorency second duc de ce nom fit sans difficulté Annibal Jules son fils batard chevalier de Malthe.   5

Morery qui tombe en erreur à chaque page dans un livre qui demanderoit pour etre bien fait cinquante ecrivains judicieux, instruits, eclairez et laborieux, Morery dis je dit qu'Anne de Montmorency fut en 1520 premier gentilhomme de la chambre, en quoy il se trompe. Il etoit gentil^e ordinaire en 1516, 17, etc et   10
jamais premier et est payé comme tel jusqu'en 1738 [sic] et en 1738 etant connetable il donna sa charge. ²
Moreri dit encor qu'en 1549 St André fut fait 1er gentilhomme de la chambre, mais il n'etoit que le premier du quartier. ³
Les 3 freres de Luines 1613 gent ordinaires. ⁴   15
Moreri dit que le connetable de Luines fut d'abord gent ord de la chambre puis 1er commandant des gentilshommes. vide

———

2   MS: et ↑puis⁺
7   MS: ⟨personnes⟩ ↑ecrivains judicieux⁺
14 MS: chambre, ↑mais⁺ il

———

² Lines 8-12; cf. *Eclaircissements*, l.60-66.
³ Lines 13-14; cf. *Eclaircissements*, l.67-71.
⁴ Line 15; cf. *Eclaircissements*, l.152-153.

[f.2v] ceremonial de France; [5] / chambre des comptes / Carondas [6]
/ Florimond / grands officiers / le g prevost de /l'hotel

20 [f.3r] Maison du Roy gentil homme de la chambre   *sous François*
     Monpipeau, Montreal, Montmorency, d'Armagnac   *I[e]. 1515*
     Chateau Morant vingt gentil hommes ordinaires [7]

     Les gages du premier   600^{ll} *M[r] de*
     Les autres de   400^{ll} [8]   *Monpipeau*
25 personne n'est qualifié premier gentilhomme de la chambre
     Dans le compte [9]
     Consulter les pandectes de Charondas

     M[r]. Bonivet premier   *1516-17*
     Real, Pierre de Pont Briant
30 Bois rené, Anne de Montmorency,
     Brion Philippe Chabot, St Marceaux
     Le senechal Darmagnac, Pannart
     Moret, Poton Rafin, Bernardin de Clermont
     Bichot de Ste Mesme, vingt et un gentil homme ordinaire [10]

35 Il n'y a que vingt gentilhommes ordinaire   *1518 et 19*

     vingt quatre gentilhommes ordinaire de la chambre   *1520*

18-19   MS, text written in the left margin
19   MS: le †g+ prevost

[5] Théodore Godefroy, *Le Cérémonial de France, ou description des cérémonies, rangs, et séances observées aux couronnements, entrées, et enterrements des rois et reines de France, et autres actes et assemblées solennelles* (Paris 1619; BV, no.1478).
[6] See *Eclaircissements*, p.438, n.6.
[7] Lines 20-22; cf. *Eclaircissements*, l.28-30.
[8] Line 24; cf. *Eclaircissements*, l.31.
[9] Lines 23-26; cf. *Eclaircissements*, l.34-40.
[10] Line 34; cf. *Eclaircissements*, l.41-42.

1521 24 gentilhommes et memes gages

1522 25

1523 douze cent livres de gages 24 gentilhommes [11]
Anne Montmorency, Mr de Brillon,   40
Pierre de Montmorency, St Marceau, le senechal
Darmagnac, Moret &c.

1524 [3v] 31 gentil hommes ordinaire chacun à 600^{ll}
exepté les 7 derniers qui n'avoit que 300^{ll} [12]

1529 et 30 Anne de Montmorency depuis connetable etant grand maitre et   45
marechal de France gentilhomme ordinaire de la chambre du Roy
sans avoir le titre de 1er gentilhomme [13]
François de Montmorency son frere
Ledit marechal de Montmorency, le seigneur de Brillon
Gennevilliers, de la Barre. Le comte de Tende,   50
m^r de Barbesieux, m^r de Roche potte, m^r Poton, de
Mouhy, Mompesat, Chateau Moran, de la Tour
Le vicomte de la Mothe, de Cruye, de Bonivet,
du Prat, du Belley &c. [14]

1547-62 gentilhommes ordinaires m^r. Le marechal de S^t. André   55

40-41   MS: $^{v\uparrow}$Anne$^+$ Montmorency [...] $^{v\uparrow}$Pierre de Montmorency$^+$
44   MS: ⟨quatre⟩ $^\uparrow$7$^+$
48   MS, added by Voltaire between the lines
55   MS: $^\uparrow$m^r.$^+$ Le

[11] Lines 36-39; cf. *Eclaircissements*, l.44-46.
[12] Lines 43-44; cf. *Eclaircissements*, l.47-50.
[13] Lines 45-47; cf. *Eclaircissements*, l.54-55.
[14] Lines 49-54; cf. *Eclaircissements*, l.57-59.

458

qualifié de premier dans le royaume non pas dans les qualitez a
1200^{tl} de gages
et en 1557 va en cette qualité complimenter le roy d'Angleterre
et auroit de meme eté auprès du duc de Montmorency

60   on trouve encore le marechal de St André qualifié de premier   *1560*
     gentil homme de la chambre et les autres de gentilhommes
     ordinaires [15]

     M. le comt de Raix seul premier gentilhomme   *1568*
     les autres gentils homme servant par quartier et cinq servant toute
65   L'année en comptant le 1er.
     Les gages sont de 1200^{tl} et le premier gentil homme n'a pas d'autre
     gages que les autres [16]

     [f.4r] Trois premiers gentils hommes de la chambre   *1585*
     De Joyeuse, Duc Despernon, et Vilquiers
70   Onze cent soixante six ecus deux tiers de gage de l'année
     gentilshommes ordinaires de la chambre du roy servant par
     quartiers ayant six cent soixante six ecus d'un tiers de gages [17]
     Employé dans le comte des grands officiers de la Couronne - Mis
     Dargencs, de Breauté, de Hauterive, de Creuilly, du Saucey,
75   Darlé, de Launay, de S^t. Chamaran, de St Sauveur, de Grand Pré,
     de Fienne, de Luce, de Pralin, de Givry, D'Auchie, de Folle, de
     Marigny &c.

---

56   MS: premier $^\uparrow$dans le royaume non pas dans les qualitez$^+$
58-59   MS, added by Voltaire
63   MS: $^\uparrow$seul$^+$
70   MS: ecus $^\uparrow$deux tiers$^+$

[15] Lines 55-62; cf. *Eclaircissements*, l.69-75.
[16] Lines 63-66; cf. *Eclaircissements*, l.78-81.
[17] Lines 67-72; cf. *Eclaircissements*, l.92-95.

1580 Deux premiers gentils hommes de la chambre
Les autres ordinaires
  M^r le marechal de Rets   80
  et Mr Villequier premiers
Les autres gentilshommes de la chambre servant par quartier au
gage de 400 ecus le premier
M^{rs} d'Argens, de la Bourdaisiere, de Ste Marie
de Rochefort, de Larchant, de Noailles, d'Urfé   85
Villarseau, Breauté, Harancourt, d'Obterre.
de Villeroy, de Prie, de Polignac, de Listenoy
de Pardaillan, de Crillon &c du Châtelet [18]

1588 [f.4v] trois premiers gentils hommes de la chambre servant par
quartier de quatre mois chacun   90
Mrs de Joyeuse, D'Espernon, de Villequiers
  S'informer si cette année Les gentils hommes ordinaires ont
  pris le titre de chambellans
en laditte année 1588 Henry trois ordonne de sa main que certains
gentils hommes soient payé au tresor Royal   95
S'informer si cela ne regarde pas les 45 du Duc Despernon [19]

notte qui de la grou[?] fou[?] du roy reçu fou du roy après Sibillot
a trois cent vingt Ecus par an en 1588.

1600 Mr de Gondy gentilhomme ordinaire de la chambre du Roy

1599 Le comte de Moret gentilhomme ordinaire de la chambre 100
du Roy, Villepion, de Mont, Aus du Guail[?], Gabriel de Cachat,

  89 MS: ⟨se⟩ servant
  97 MS: ⟨après⟩ reçu
  98 MS: ⟨quatre⟩ trois cent

  [18] Lines 78-88; cf. *Eclaircissements*, l.82-91.
  [19] Lines 94-96; cf. *Eclaircissements*, l.121-137.

460

de Montbel, de Mainville, du Frelle, de Chaux, de la Chenaye,
Strossi, Champigny, Pierre d'Elbeine, Barthelmy d'Elbeine, de
Moiran, Beaupuis, du Fourny, du Haillant historiographe de
105 France douze cent Ecus de pension

gentils hommes ordinaires de la chambre du Roy   *1613*
Bernardin Narri, De Vienne, voiez si ceux-ci le sont *Lallier du
Pain, Castelnau, de Halot de Bouville, D'Archin, Voisin, Bernard
Mazun,*

110 le vicomt de Canillac gentil homme ordinaire de la chambre du *1600*
roy 1200 Ecus seul pour ses gages
Du Martret, idem – Nancel, idem, Delbeine, de Mainville, de
Genlin, La Chenaye, idem Champigny, Chauvigny, de la Chenale-
rie, Strossi NB qui prenne le titre gentilhomme de la chambre
115 cette année près la personne du Roy [20]

[f.5r] Papillon de Beaurirot Gentilhomme ordinaire de la Chambre *1613*
du Roy
Claude Rouillard, Charles de Chapex de Blainville
de La Luzerne, de Courtenay, d'Espondeillant, de Montigny tous
120 califiés gentilshommes ord^{res} de la Chambre, de L'Auzun idem

Charles de Baumont. Villegagnon, de Meausers, de Charon   *1615*
du Menil, de Montmelian, de L'Epinay, de Brular du Boulet
de la Chenais tous califié gentilhommes ordinaires de la Chambre
aux apointemens de 2000^{ll}. [21]

125 de Bonnevau, Martinville, Monmiral[?], Boutillier de Cerny.   *1620*

107 MS: ⟨du Pain⟩ ↑voiez si ceux-ci le sont⁺
123 MS: tous ↑califié⁺

[20] Lines 100-115; cf. *Eclaircissements*, l.144-148.
[21] Lines 123-124; cf. *Eclaircissements*, l.149-150.

461

de Biancourt, de Bussy, de Fenest
de Romain, de Bronel, de Bonneval, de Cangey,
Mandelot, de Marsilly, D'Argis, Arnault, mestre de camp des
carabiniers
tous califiéz gentilhommes ordinaire de la Chambre   130

1612 de Chenillon, de Courtenay, de Lopes, de Clavarin, Marillac
de Frontin de Mesce

1611 de la Châtre, D'Angenne, D'Aumalle, de Marolle, St Odeole,
Srs Honoré, Charles et Léon de Luines, L'un des trois est le
Connetable, La Chevallerie, Calvacabo, de Lachênaye, de Brular,   135
de Montmeliant, de Villegagnon, de la Brosse, de Clermont de
Tallard, D'Aunay, de Fornay &c tous gentilshommes ord^{res} de la
Chambre. Idem de Spondillan de Menil, de la Fraise de Salus,
de Birague, Deguillaumont, de la Condamine, D'Antragues, de
Trenel, des Hursins, de Tavanne, le Baron de Thiange. D'Ambres,   140
de Rochebaron, de la Châtre, Pibrac, du Fort, Simianne, le comte
de Grignan [22]

1653 on trouve 25 gentilshommes ordinaires
Mathieu historiographe de France trois mille six cents livres

1640 [f.5^v] de Lhermitte, de La Mésangeres, de Neully, du Fort,   145
Benoville, le mers de Damos, de Montigny, Destouche, de La
Fargue, de la Fons, de Fourny, de Bandole, de Lorigny, de Rodes,
de Cledier, de Bouvoust, Daumaille, du Morel, de L'Cuingue, de
Cavoye, de Lisle, califié gentilhomme ordinaire de la maison

127   MS: ⟨Bainville⟩⟨de Rebours⟩ de Romain [...] ⟨de Pietens⟩ de Bonneval
133   MS: ⟨de⟩ S^t. Odeole
143   MS, added by Voltaire

[22] Lines 133-142; cf. *Eclaircissements*, l.150-156.

150 Louis Sevolle de Sainte Marthe, historiographe du Roy
3000^{ll} d'apointements.

de Forts, de Lisle &c califié gentilshommes ordinaire de la chambre *1640*
et en meme année Balzac historiographe et conseiller du Roy en
ses conseils

155 de Neully, de Champarts, Danizy, Chevalier, Coterau *1653*
Lhuillier, Daubeville, de Lestre, de Bauvais, Derehiny
du Roulle, de Varenne, D'Aubigny, Archambau, Baimarest
de Cauny
gentilshommes ordinaires de la maison au nombre de 25 aux
160 apointements de deux mille livres.

de Livry, de Beaureperes, de Neully, le Maires de Damas, de la *1645*
Fargue, de la Mare califiés indistinctement gentilshommes ordinaires de la chambre et de la maison

du Verdier, Destouche, de Bauvais, Le vicomte de Porsien, de *1660*
165 L'Omon, de L'Huillier, de Courlebars, de la Vergne, de Voullesy,
de Fourny, de Neuilly, de la Salle de Beaumarchaye, califiés
gentilhommes ordinaires du Roy et de la maison aux apointements
de deux mille livres.

[f.6r] Messieurs les gentilshommes ordinaires du roy sont avertis
170 que dans la nouvelle edition de l'etat de la France, on a renouvellé,
les erreurs prejudiciables qui tendent à avilir leur corps, et à les
priver pour jamais de leurs prerogatives. Un de leurs confreres
qui avoit deja fait plusieurs recherches importantes, offre de les
faire continuer, de faire mettre en ordre les preuves justificatives
175 de tous leurs droits, d'en faire delivrer à chacun une copie duement
collationée et de deposer l'original signé par les gardiens des

176 MS: $^{v\uparrow}$et$^+$ de $^{v\uparrow}$deposer$^+$ l'original ⟨signé⟩ $^\uparrow$signé [...] dépots$^+$

dépots l'égalisé, et en bonne forme chez un notaire; cet objet etant tres important, chacun de ces messieurs est prié d'y avoir egard. Il poura en couter tout au plus un louis d'or à chacun pour les frais; il ne s'agit que de donner à present 12^{ll} d'avance, que chacun peut envoyer chez etc. [f.6*v* blank] 180

[f.7*r*]   premier gentilhomme de la chambre
                du Roy

Le Roy Charles ix par un reglement donné à Paris le 26 fevrier 1567. pour les choses qu'il vouloit être observées en sa chambre 185 et quand il ira dans son cabinet, ordonne que quand il plaira à sa majesté de tenir son conseil dans sa chambre qu'il n'y demeure autre que les conseilliers d'etat, Les secretaires d'etat, *et le comte de Raiȝ et en son absence le sieur de Rostaing pour le service du Roy.*

1er gentilhs de la chambre

Le Roy ayant vû et connu par experience qu'il y a plusieurs 190 des gentilshommes de sa chambre fort longs et tardifs à le venir servir en leur quartier, et d'autres qui singerent au service sous couleur de ce qu'ils ont seulement des lettres de retenüe, ce qui est cause de plusieurs inconvenients et amene quelque fois une telle confusion de personne en la chambre du Roy que sa majesté 195 s'en trouve fort pressée et meme plus mal servie. Il arrivoit [f.7*v*] d'ailleurs que les charges, *qui sont* dit le Roy *les premiers etats de sa maison*, se trouvoient par là en moindre honneur et reputation que par le passé. Le Roy voulant pourvoir à toutes les choses et les ramener au plus près qu'il poura de leurs anciennes formes, 200 deffend et ordonne qu'il n'y ait plus dorenavant de gentilshommes qui singerent de le servir en cette charge de gentilhomme ordns de sa chambre, si ce n'est ceux de cette qualitez qui seront couchez dans L'etat et départis par quartiers. Lesquels états et departemens seront faits ainsy qu'il est accoutumé, par *m^r le comte de Raiȝ* 205 *premier gentilhomme de sa chambre.*

179   MS: d'or $^{V\uparrow}$à chacun$^+$
202   MS: gentilhomme $^{V\uparrow}$ordns$^+$

464

Le Roy veut encore que s'il y a quelque gentilhomme de sa chambre qui manque au service pendant son quartier, que le comte de Raiz en avertisse sa majesté, Laquelle choisira ceux des autres
210 gentilshommes de sa chambre couchez dons on Etat qu'elle voudra subroger en la place des deffaillants, et le comte de Raiz les fera servir [f.8r] en leur place, et pour leur service ils seront payéz des gages des deffaillants par le tresorier des officiers domestiques du Roy suivant les ordonnances que sa majesté luy en fera expedier
215 sur les certificats du comte de Raiz du temps qu'ils auront servis en la place des autres.
manuscripts de Brienne [8v blank]

[9r]   SUITTE DES RECHERCHES
Chambellans sont les meme que chevaliers de l'hotel. 1er chambel-
220 lan ou grand chambelan, chef des chambellans ordinaires, appelez gentilshōes ordinaires de la chambre par François premier et par luy fixez au nombre de 20, charondas page 374 [23]

Albert de Gondy gent ord 1505, depuis 1er gent de la ch 1567

1578 Henri 3 remet sus la table des chambelans pour ses gentilshoes
225 de la chambre puis en 1585 à la table du 1er gentilhōe
ms brienne

1578 entreront toujours dans l'antichambre les gentilshōes ordinaires et de la ch et ecuiers
demain ms Brienne 256eme volume

230 Durant le diner du roy six gentilshōes ordinaires de la chambre,

217   MS, added later by Voltaire

[23] Lines 219-222; cf. *Eclaircissements*, l.18-25.

tenus de demeurer pres sa majesté jusqu'à ce que les autres seront
revenus de diner lesquels seront avertis par un des premiers
gentilshoēs de la chambre de s'y tenir sujets quand le roy viendra
de la messe entreront en sa chambre avec luy les gentilshoēs
ordinaires de la chambre qui l'auront suivi *idem. reglements*   235

[9*v*] NB dans les roles du tresor royal 88, 89. sous Henri 3 ne se
trouvent les noms d'aucuns des quarante cinq qui assassinerent
Le Duc de Guise [24]

L'etat de la France parle de 45 gentilshommes creez par Henri
3; [25] non de la chambre et Henri 3 dans les reglements cy dessus   240
ne parle que des gentilshoēs ordinaires de sa chambre

NB Duchene plus exact dans l'histoire de la maison de Montmorency ne fait point Anne 1er gent de la chambre [26]

[f.10*r*] en 1615 depuis le Connetable Luines, alors gentilhoe
ordinaire, a l'office de premier gentilhoe ordinaire (ce qui ne   245
s'etoit point encor vu dit le grain [27] livre 9) en quoi il se trompe,
car le plus ancien ou le plus favorizé prenoit le titre de premier
sous Fr 1er, Henri second, voyez chambre des comptes.

Le pere Anselme et du Fourni [28] disent qu'en 1615 il fut comman-

---

231   MS: ⟨assidus⟩, tenus
234   MS: sa ↑chambre+
244   MS: 1615 ↑depuis+ le

---

[24] Lines 236-238; cf. *Eclaircissements*, l.127-128.
[25] Lines 239-240; cf. *Eclaircissements*, l.1-3.
[26] Lines 242-243; cf. *Eclaircissements*, l.66-68.
[27] J.-B. Legrain, *Décade commençant l'histoire du roi Louis XIII* (Paris 1618),
p.269.
[28] Anselme (Pierre de Guibours) et Honoré Caille Du Fourny, *Histoire généalogique et chronologique de la maison royale de France* (Paris 1712).

250 dant les gentilshommes creez à l'instar des gentilshoes gardes du
corps, il se trompe

[f.10v] NB, du deffand pilavoine declaré exempt des francs fiefs
164

[f.11] [29]

[f.12r] ordon^ce de Henri 3 et H 4 1er janvier 1585
255 ord que les gent ord de la chambre nul domestique d'autre prince,
nul autre etat qu'aupres du roy

3 races à moins que le roy n'en dispense [30]

se presenter au 1er gentilhoe avec six chevaux, pour le quartier, au
levé et coucher du roy tous les jours [31]

260 deffense à sa cour de manger ailleurs que chez le roy [32]

table tenue par le premier gentilhomme de la chambre en meme
temps que celle du roy et en absence le plus ancien gentilhoē
ordinaire la tient [33]

sa majesté etant en son cabinet lesdits gentilshoes ord se tiendront

255   MS: gent ord ↑de la chambre⁺ nul
261-262   MS: chambre ↑en même [...] du roy⁺ et en

[29] This leaf belongs to some other document and is bound out of sequence: it
contains holograph notes relating to financial matters. Mention is made of an 'arrest
de la chambre 9 janvier 1749' and of one of '3 mars 1749'. Daubonne, Nourri,
Begon, Bouju are mentioned.
[30] Line 257; cf. *Eclaircissements*, l.101-102.
[31] Lines 258-259; cf. *Eclaircissements*, l.109-110.
[32] Line 260; cf. *Eclaircissements*, l.106.
[33] Lines 261-263; cf. *Eclaircissements*, l.102-106.

dans la chambre, suivront le roy et l'accompagneront partout sans 265
l'abandonner³⁴

deux presenteront au roy son dejeuné, aporteront son epee et son
chapeau³⁵

ordre de s'inscrire de sa main sur le role du premier gentilhoe,
sans quoy point payé³⁶ 270

en 1656

baucoup de changements etant faits dans la maison du roy, les 1ᵉʳ
gent pendant les troubles ne tenant plus table, les gentilshoēs ord
en 1644 par reglement du mois d'avril ont la table du gʳ chambellan

en 1656 2 gentilhoēs ordinaires à la table du g chambellan sans 275
prejudice aux autres de manger aux autres tables³⁷

[f.12v]   1ᵉʳ janvier 1585
Henri 3 ordonne que le premier gentilhomme ne soufrira qu'aucun
gent ord de la ch entre dans la chambre du roy sans avoir la clef
dorée et la portera tout le quartier³⁸ 280

chamb des c vide s'ils succedent aux chevaliers de l'hotel du roy
brulé copie au sous Louis Hutin 1315 semaine apres la Sᵗ louis 18 ſ par jour, et
depost 8 sous

269-270   MS, added later by Voltaire
282   MS: ↑semaine⁺ après

³⁴ Lines 264-266; cf. *Eclaircissements*, l.108-109.
³⁵ Lines 267-268; cf. *Eclaircissements*, l.111.
³⁶ Lines 269-270; cf. *Eclaircissements*, l.112-115.
³⁷ Lines 272-276; cf. *Eclaircissements*, l.173-177.
³⁸ Lines 277-280; cf. *Eclaircissements*, l.98-101.

renard tresorier de France mange avec le R de Pologne à Varsvie

285 mad^e Agnes la Finte dame des filles de joye suivant la cour

vide si Henri 3 a donné rang aux grs officiers immediatement après les pr. du sang. qui le premier les a nommez g^{rs} officiers. Le Gendre[39]

286 MS: rang ⟨entre⟩ aux

[39] This could possibly refer to Louis Le Gendre, *Nouvelle histoire de France, depuis le commencement de la monarchie jusqu'à la mort de Louis XIII* (Paris 1719; BV, no.2006) or Gilbert-Charles Le Gendre, marquis de Saint-Aubin, *Des antiquités de la maison de France* (Paris 1739).

Panégyrique de saint Louis

critical edition

by

Mark Waddicor

INTRODUCTION

The *Gazette de France* for 30 August 1749 carried the following entry (p.444):

Le 25 fête de saint Louis, la procession des carmes du Grand Couvent, à laquelle le corps de Ville assista, alla suivant la coutume à la chapelle du palais des Thuilleries, où ces religieux chantèrent la messe.

L'Académie française célébra le même jour la fête de saint Louis dans la chapelle du Louvre. Pendant la messe, à laquelle l'archevêque de Sens,[1] un des quarante de l'Académie, officia pontificalement, on chanta un psaume en musique, et le sieur d'Arty, prononça ensuite le panégyrique du saint.[2]

In the seventeenth and eighteenth centuries it was usual for the *fête de saint Louis*[3] to be celebrated not only by religious offices and public celebrations, but by discourses in praise of the saint. These panegyrics were generally delivered by an ecclesiastic, often in front of the royal family, the Academy, or some other official audience.[4] The panegyrist was often a well-known ecclesiastical

---

[1] Jean-Joseph Languet de Gergy, a staunch anti-Jansenist.

[2] An almost identical announcement appeared in the *Mercure de France*, where d'Arty is correctly designated 'abbé' (October 1749, p.201).

[3] Observed on 25 August. Louis IX died at Carthage on 25 August 1270 and was canonised in 1297.

[4] The description in the *Mercure* of the Carmelites' mass and the service in the chapelle du Louvre was immediately followed by that of a third celebration, held jointly by the Académie des inscriptions et belles lettres and the Académie des sciences at the Oratoire, where a panegyric was delivered by the abbé de Boismont (October 1749, p.201).

orator such as Bourdaloue,[5] Massillon,[6] Fléchier[7] and, more recently, Tournemine, Voltaire's former teacher at the college Louis-le-Grand.[8] Sometimes he was a relatively unknown man with influential friends and relations, and with a career to make: such was the young abbé d'Arty, to whom the *Gazette* refers.[9]

How is it that d'Arty's *Panégyrique de saint Louis* features in the works of Voltaire? Before 1951 the attribution rested on two sources of unproved validity. The first was the account given by Longchamp, Voltaire's secretary at the time. This provides much circumstantial evidence and is examined in detail below. The second source was two letters by Voltaire referring to the *Panégyrique* (D3941 and D3947). These were first printed in the nineteenth century,[10] but their authenticity was not established until 1951, when Th. Besterman was able to examine the holograph manuscripts. These two letters, together with a third (D3987, which did not come to light until 1957), prove beyond doubt that the *Panégyrique de saint Louis* attributed to d'Arty was in fact written by Voltaire (D.app.83).

Both letters are addressed to Mme Dupin (wife of the financier Claude Dupin). Mme Dupin ran an important salon and is known to literary history largely because of her protection of Jean-Jacques Rousseau. She was d'Arty's aunt, and was also an acquaintance of

---

[5] Louis Bourdaloue, 'Sermon pour la fête de saint Louis, roi de France', *Œuvres complètes* (Paris 1826), xi.123-65.

[6] Jean-Baptiste Massillon, 'Sermon pour le jour de saint Louis, roi de France', *Œuvres complètes* (Paris 1822-1825), xiv.254-301.

[7] Valentin-Esprit Fléchier, 'Panégyrique de saint Louis', *Panégyriques et autres sermons* (Paris 1711), i.300-34.

[8] Tournemine's panegyric was reviewed in the *Journal des savants* (1733), p.705-708. It was published by Coignard in the same year (Sommervogel, viii.182).

[9] Alexis-Armand Pineau d'Arty. Little is known about his previous or subsequent career. In 1756 he acquired the title *conseiller au grand conseil du roi* (Leigh 2033). The article in the *Dictionnaire de biographie française* (Paris 1933-) is based mostly on Longchamp (Sébastien G. Longchamp and Jean-Louis Wagnière, *Mémoires sur Voltaire et sur ses ouvrages*, Paris 1826, ii.235-45).

[10] *Le Portefeuille de madame Dupin* (Paris 1884), p.321-23.

Mme Du Châtelet.[11] The first letter (*c.* 10 June 1749; D3941) reads as follows:

Je serais indigne, madame, de la confiance dont vous m'avez honoré, si je ne vous disais pas la vérité. Il y a de belles choses dans le discours. Mais la première et la troisième partie doivent être entièrement refondues.

L'intérêt que je prends à tout ce qui vous regarde et celui que m'a inspiré m. l'abbé d'Arty m'ont fait lire l'ouvrage avec une grande attention, et m'obligent de vous dire qu'il se ferait un très grand tort s'il le débitait, je ne dis pas tel qu'il est, mais tel qu'il l'aurait corrigé en conservant les fondements vicieux de la première et de la seconde partie.[12] J'ai poussé la hardiesse de mon zèle jusqu'à mettre en marge ce que je vous dis ici. J'ai hasardé de lui déplaire, et je n'ai songé qu'à le servir.

J'ai l'honneur de vous renvoyer son panégyrique, en vous suppliant de lui dire la vérité aussi fermement que je prends la liberté de la lui dire.

Il ne peut reculer. Mais il vaudrait mieux manquer de parole que de s'annoncer dans le monde par un ouvrage qui ne répondrait pas aux talents et à l'esprit de l'auteur. Il n'y a pas un moment à perdre. Il faut travailler avec le plus grand soin, et presque en tout sur nouveaux frais.

Il serait nécessaire que je pusse demain avoir l'honneur de parler à m. votre neveu, en venant souper chez vous. Je suis prêt à lui donner tout mon temps: il disposera du peu de temps que j'ai encore à rester à Paris.[13] Je le croirai très bien employé, si je vous donne une marque de mon zèle et d'un attachement dont ma hardiesse doit vous prouver la vérité.

[11] D'Arty's mother, Marie-Anne-Guillaume de Fontaine, was one of three natural daughters of the financier Samuel Bernard, the other two being Mme Dupin and Mme de La Touche. She was for many years the mistress of the duc de Conti, rumoured to be d'Arty's father (see Leigh 2033; Desnoiresterres, ii.291). Voltaire's acquaintance with Mme Dupin may date from 1738, when he arranged the purchase of the hôtel de Lambert from the Dupins for Mme Du Châtelet (Th. Besterman, *Voltaire*, 3rd ed., London 1976, p.250).

[12] There is a contradiction here: in the first paragraph Voltaire said that it was the first and third parts that needed rewriting.

[13] Voltaire and Mme Du Châtelet were about to leave for Cirey, whence they were due to go to Lunéville.

All that Voltaire has done at this stage is look over a draft panegyric by d'Arty and make a number of critical comments in the margin. Although he avoids criticism of d'Arty's talent, he makes it fairly clear that he does not think the young man capable, on his own, of improving on the original draft. Since d'Arty cannot, at this late stage, withdraw, Voltaire offers to help with the preparation of a new panegyric. The words 'Il faut travailler avec le plus grand soin, et presque en tout sur nouveaux frais' leave it in doubt whether he is thinking simply of giving advice to d'Arty, or rather of writing a new sermon for him.

The second letter (*c.* 15 June 1749; D3947) resolves this doubt. It begins: 'Voici l'esquisse d'une main profane. Une main sacerdotale achèvera le tableau.' The 'esquisse d'une main profane' is presumably the *Panégyrique de saint Louis* in more or less the form in which it was pronounced by d'Arty some two months later and in which it was printed before the end of the year – although it is possible that the abbé made one or two minor changes to Voltaire's text. A fair copy made for d'Arty by Jean-Jacques Rousseau, in his capacity as tutor in the household of Mme Dupin, is still in existence (see below, p.489).

The third letter (D3987) provides a supporting postscript to the events just outlined. Writing to Mme Denis on 16 August from the court of Stanislas Leszczynski at Lunéville, Voltaire makes what would be, if we did not have Longchamp's story and the two earlier letters, a strange request:

Si vous pouviez aller entendre l'abbé Darty le jour de s[t] Louis, allez y avec m[e] Dupin. Informez vous du lieu et de l'heure, et dites moy des nouvelles du panégirique d'un saint. Ce saint étoit un héros et je m'intéresse aux héros et à mad[e] du Pin.

Whether Mme Denis went to the chapelle du Louvre to hear d'Arty deliver the panegyric is not known.

Longchamp's *Mémoires* contain many interesting further details, but these do not always agree with Voltaire's account and

476

their reliability is questionable since the *Mémoires* were written many years after Longchamp left Voltaire's service.[14]

The beginning of Longchamp's narrative confirms in the main what we know from the correspondence, with a description of the events which led up to the unexpected visit to Voltaire. D'Arty, having worked on his panegyric for nearly three months, had shown the draft to several 'gens de lettres [...] et n'ayant pas été satisfait de leurs jugemens il vint à M. de Voltaire pour le prier de lui dire naturellement ce qu'il pensoit de son discours' (f.53r). Voltaire was reluctant to give an opinion, on the grounds that 'il n'étoit guère fait pour juger de tels discours, et que ce n'étoit point du tout son genre' (f.53r) and that he was too busy in view of his impending departure for Cirey. Further solicitations, however, induced him to agree (f.53v-54r):

il prit le cahier et êtant resté seul il jetta les yeux dessus, à la première ligne il raya deux ou trois mots. Ayant voulu en continuer la lecture n'en trouvant ny le stile ny la matiere traitée comme il auroit désiré qu'elle fut, il prit un plume et batona toutes les pages depuis la première jusqu'à la dernière. Le lendemain après midy M. l'abbé d'Arty revint chez M. de Voltaire accompagné de sa tante et de M.^de du Chatelet; après les premières civilités M. de Voltaire lui remit son cahier en lui disant qu'il ne lui conseilloit point de débiter son sermon tel qu'il êtoit, qu'il falloit le recommencer parce qu'il n'avoit employé que des capucinades et des lieux communs et qu'un ecolier de sixieme auroit aussi bien fait.

This does not tally with the facts as they emerge from D3941, which makes it clear that Voltaire returned the *cahier* by post or messenger in the first instance, and in which he spontaneously volunteered to help with a revised version. Further, in D3941 Voltaire says that he had made marginal notes, not that he had

---

[14] We use the holograph manuscript (Bn N13006) since Longchamp's editor admits that he tampered with the text (Longchamp, i.107-108; see also, W. H. Barber, 'Penny plain, twopence coloured: Longchamp's memoirs of Voltaire', *Studies in the French eighteenth century presented to John Lough*, Durham 1978, p.9-21).

struck out the entire text. Longchamp is no doubt exaggerating. It is of course possible that, having received the criticisms via Mme Dupin, d'Arty paid a second visit to Voltaire to solicit further advice and that events then took the course here described.

Longchamp next sketches a little scene in which a distraught d'Arty, seconded by his aunt and Mme Du Châtelet, beg Voltaire for further help (f.54). Eventually

il se laissa vaincre et comme il partoit cette même nuit pour Ciray, il leur promit qu'aussitôt qu'il y seroit arrivé, il s'en occuperoit, et feroit un discours analogue ou relatif à son objet, et que M. l'abbé arrangeroit après comme il le trouveroit bon et jugeroit à propos n'etant pas dans cet usage. [...] Arrivé à Ciray il ne fut pas plus tôt entré dans son appartement qu'il demanda de quoi écrire et le lui ayant préparé il se mit à l'ouvrage sans aucuns livres ny autre préparation que ce qu'il avoit pu penser en chemin. Ayant achevé son discours il me donna ce qu'il venoit d'écrire pour le mettre au net et me dit qu'aussi tôt que cela seroit fini d'y mettre une enveloppe et de l'adresser à M.ʳ l'abbé d'Arty, qui le reçut le sixième jour après notre départ de Paris.

In D3947, however, Voltaire sends the revised text to Mme Dupin before he leaves Paris.

The speed of composition which Longchamp attributes to Voltaire is by no means incredible. During the 1740s and earlier Voltaire had been continually deepening his knowledge of history in preparation for *Le Siècle de Louis XIV* and the *Essai sur les mœurs*. A re-reading of the principal sources for the reign of Louis IX and a glance at a few previous panegyrics would probably have been sufficient preliminaries for this short work.

Longchamp continues the story with an account of d'Arty's reaction on receiving Voltaire's text (f.54*v*-55*r*):

M. l'abbé ayant trouvé ce discours ou panégérique de son goût se dépecha de l'apprendre pour le débiter. Une seule chose l'embarassoit. M. de Voltaire ne l'avoit point divisé par exorde, premier, et second point. Enfin M. l'abbé ayant trouvé la fin d'une phrase propre à un

478

point de repos, y ajouta heureusement *ave Maria*; qui est tout ce qui est de lui dans ce sermon, qui lui a valu depuis un évêché.

Leaving aside the factual inaccuracy – d'Arty was not given a bishopric – the headings and the words 'Ave Maria' may well have been added by him. Lines 30-35 announce that the subject is going to be treated under three heads (le sage, le héros, le saint), and Voltaire's first letter on the subject to Mme Dupin shows that d'Arty's original draft had three divisions. It was customary to have such divisions in sermons and panegyrics and Voltaire knew this.[15] It is possible either that he omitted the headings, the salutation and the Amen as a protest against the convention, or that he did not trouble to write them into a hastily composed manuscript.

Longchamp finishes his story with an account of the delivery and publication of the panegyric (f.55v):

Le jour arrivé, il le débita et fut applaudi. M. l'abbé tout glorieux d'un succes si inespéré et qu'il n'attendoit pas de ses forces fit imprimer ce discours comme êtant de lui et sorti de sa tête. Il eût l'honnêteté d'en envoyer un exemplaire à M.ʳ de Voltaire, que j'ai gardé, et remis avec d'autres papiers relatifs à la dernière édition de ses œuvres qu'avoit entrepris M. Pankouke et qu'il a recèdé à M. de Beaumarchais. J'ignore s'il en a fait usage.

I have found no reference to the success of the panegyric. The edition printed under d'Arty's name by Brunet is the first and only separate edition of the work. The 'dernière édition' of Voltaire's works to which Longchamp refers is the Kehl edition, which places the *Panégyrique* with other texts attributed to Voltaire.

---

[15] In *Le Siècle de Louis XIV*, ch.32, he refers to the usage as 'une coutume gênante' (*OH*, p.1005). The panegyric given by the cardinal de Retz in 1648 is not divided into parts and, indeed, lacks a clear structure ('Sermon de saint Louis, roi de France', *Œuvres*, Paris 1870-1920, ix.112-31). I am grateful to Dr D. A. Watts for drawing my attention to this panegyric.

Kehl's 'Avertissement' to the attributed works gives a brief account of the composition of the panegyric (perhaps based on what Longchamp told the editors when he gave them the 1749 text), preceded by a statement about the attribution of the work (xlviii.283-84):

Le Panégyrique de St Louis a passé pour être de M. de Voltaire dans le temps où il fut prononcé. [16] Les traits heureux répandus dans cet ouvrage, l'esprit philosophique qui y règne, et qui était alors inconnu dans la chaire; le style qui est à la fois simple et noble, mais éloigné de ce style oratoire, si propre à cacher sous la pompe des mots le vide des idées; tout cela nous porte à croire que cette opinion n'était pas destituée de fondement.

These comments raise questions regarding the content and form of the Panégyrique: what were Voltaire's sources, and how far has he transformed them by the introduction of 'l'esprit philosophique' and by a different style?

The subject of the heroic deeds and saintly virtues of Louis ix was, as the numerous panegyrics testify, a piece of national and Christian folklore. To find his material, Voltaire need have done no more than look at a number of these panegyrics, [17] but it is inconceivable that, as a historian, he should have resorted to such biased and third-hand sources. The first work to which anyone studying the life and reign of Louis ix would turn is the Histoire de S. Louys, written by the king's friend and companion Jean, sire de Joinville, sénéchal de Champagne, who accompanied him on the Seventh Crusade. The Histoire de S. Louys, which presents the king's reign in a personal and highly coloured narrative, was available only in somewhat unsatisfactory editions, of which the best were those by Claude Ménard (1617) and Charles Du Fresne,

[16] There is no hint of this in Longchamp's manuscript account.

[17] A number were collected together in Les Panégyristes de saint Louis, roi de France, ou les panégyriques de Bourdaloue, Massillon, Fléchier, La Rue, Ségaud, Neuville, Elisée, de Beauvais et de Gayet de Sansale (Paris 1714).

sieur Du Cange (1668).[18] The *Essai sur les mœurs*, ch.58, shows
that Voltaire was familiar with Joinville;[19] we may be fairly certain
that the *Histoire de S. Louys* was one of his sources in writing the
Panégyrique.

Among possible secondary sources, two that are likely to have
been used by Voltaire are the chapters on Louis IX by Mézeray[20]
and Daniel.[21] Although Voltaire had reservations about the style
of both writers, as well as about the accuracy of the first and the
prejudices of the second, he made considerable use of them in
his main historical works,[22] and with good reason: both show
considerable erudition and, more important, a certain critical
acumen. The *Panégyrique* contains passages reminiscent of these
writers, especially Daniel, although of course the similarities may
be accidental.

Another probable source is Fleury's *Histoire ecclésiastique*,
which Voltaire knew well and which deals with Louis IX and the
Seventh Crusade in books LXXXIII-LXXXV.[23] Fleury specifically
says, for example, that St Louis was captured 'sans armes', that

[18] The original manuscript was not discovered and published until 1760-1761.
Quotations are from the the 1668 edition: *Histoire de S. Louys, IX du nom, roy de
France* [...] *enrichie de nouvelles observations et dissertations historiques* (Paris 1668),
I, p.1-130. The observations by Du Cange and Ménard, which occupy most of
part II, may well have been of use to Voltaire.

[19] *Essai*, i.595. Since chapter 58 of the *Essai sur les mœurs*, on Louis IX and his
crusade, formed part of the *Histoire des croisades* published in the *Mercure* between
September 1750 and February 1751 (see *Essai*, i.VI, LXVII) it is probably safe to
assume that Voltaire's work on this chapter had been done, or was in hand, at the
time of the composition of the *Panégyrique*.

[20] François Eudes de Mézeray, *Histoire de France depuis Faramond jusqu'à maintenant* (Paris 1643-1651).

[21] Gabriel Daniel, *Histoire de France, depuis l'établissement de la monarchie française
dans les Gaules* (1713; BV, no.938: Paris 1729).

[22] Voltaire's debt to and opinion of these historians is excellently summarised in
J. H. Brumfitt, *Voltaire historian* (London, Oxford 1958), p.27-28.

[23] Claude Fleury, *Histoire ecclésiastique* (Paris 1691-1738; BV, no.1350: Paris
1720-1738); cf. CN, iii.552-55.

'les Arabes le guérirent promptement par un breuvage propre à sa maladie', and that 'les Sarrasins s'étaient mécompté de plus de dix mille livres'. [24] Again, however, the similarities may be coincidental. Voltaire may also have known of the detailed study of Louis ix by Filleau de La Chaise. [25]

In so far as the political ideas which emerge from the *Panégyrique* are Voltaire's own, no study of sources is necessary. However, in so far as they are commonplaces, an obvious source suggests itself, namely Bossuet's *Politique*. [26] Voltaire, like Bossuet, alludes to the features which should characterise royal authority, and talks of the repentance of kings who have erred from the path of righteousness, the royal duty of clemency, and the spiritual dangers run by monarchs surrounded by flattering courtiers. [27] These reminiscences of Bossuet do not of course imply that his absolutist political outlook was necessarily espoused by Voltaire. [28]

The genre of the panegyric obviously does not lend itself to the expression of personal ideas. Nevertheless, in spite of the limitations imposed by the nature and form of the work, Voltaire does put across a large number of views that we can recognise as his own. A comparison of various aspects of the content of his panegyric with those by Retz, Bourdaloue, Massillon and Fléchier, will help to make this clear.

The relationship between politics and justice is an area where commonplaces abound, and where the similarities between Vol-

[24] *Histoire ecclésiastique*, book LXXXIV (see below, l.306, 312-313, 325-327).

[25] Jean Filleau de La Chaise, *Histoire de saint Louis* (Paris 1688).

[26] Jacques-Bénigne Bossuet, *Politique tirée des propres paroles de l'Ecriture sainte*, written as part of his scheme for the education of the Dauphin, and published posthumously in 1709 (BV, no.485: Bruxelles 1710).

[27] Cf. epigraph and l.10-14, 239-241, 353-355.

[28] See P. Gay, *Voltaire's politics: the poet as realist* (Princeton 1959), p.93; Th. Besterman, 'Voltaire, absolute monarchy, and the enlightened monarch', *Studies* 32 (1965), p.7-21; and *Politique de Voltaire: textes choisis*, ed. R. Pomeau (Paris 1963), p.38-43, 89-102. A source common to both Bossuet and Voltaire was of course the Bible.

taire and the other panegyrists are greatest. However, Voltaire's attack on political realism (l.158-170), which is reminiscent of, among other works, the 'Préface' to the *Anti-Machiavel* (1740), goes well beyond the remarks on Louis's political integrity made by Bourdaloue, Massillon and Fléchier. [29] Louis's generosity towards his enemies is mentioned by some of the ecclesiastical panegyrists, [30] but Voltaire gives it a distinctive quality by making allusions to Louis xv (l.175-180). [31] The admiration expressed by Voltaire for heroic deeds in war (l.212-244, 293-307) is not characteristic of the other panegyrists, [32] but it is characteristic of Voltaire the historian. [33] Although Voltaire makes some attempt to understand and justify Louis's crusades (l.260-286), his disapproval is obvious (l.246-260). No such disapprobation is expressed (or, presumably, felt) by the other panegyrists; on the contrary, they are enthusiastic about the crusades, [34] and whereas Voltaire stresses the humanity and magnanimity of the Muslims (as he had done in *Zaïre*, for example), the preachers describe them as '[les] peuples les plus barbares' and 'des vainqueurs barbares', or treat them simply as 'ennemis du nom chrétien'. [35]

Much is said by Voltaire about the art of government, and, in particular, about the difficulties of governing well (l.41-56). Such considerations are found only in Massillon, where they are treated

[29] Cf. Bourdaloue, xi.157; Massillon, xiv.277-78: Fléchier, i.323. Retz does not touch on this.

[30] Retz, ix.124; Bourdaloue, xi.150; Fléchier, i.307-308.

[31] In 1748 Voltaire had anonymously published a *Panégyrique de Louis XV* (M.xxiii.268-80), praising the king's leadership in war. This work attracted much attention and was translated into several languages.

[32] Only Bourdaloue (xi.150-52), and to a lesser extent Retz (ix.125), show enthusiasm for Louis's military prowess.

[33] See particularly the *Histoire de Charles XII* and *Le Siècle de Louis XIV*, ch.7-14.

[34] Retz, ix.125; Bourdaloue, xi.133, 151; Massillon, xiv.281-82; Fléchier, i.319. Daniel is critical, however; see below, p.509, n.71.

[35] Retz, ix.126; Massillon, xiv.283; Bourdaloue, xi.133.

with much less precision. [36] The strong attack on feudalism (l.57-68) is a commonplace of Voltaire's political thought, but it is not found in any of the other panegyrics, although some of them do condemn the factious *seigneurs* who tried to rebel against Louis IX. [37] On the other hand, Voltaire's opposition to ultramontanism (l.185-195) is not exclusive to him, and we find similar sentiments expressed (though less strongly) by Bourdaloue and Fléchier. [38]

Voltaire's *Panégyrique* is also distinguished from the others by the attention it pays to historical perspective; the ecclesiastics are simply not interested in this aspect of the subject. This quality is manifest in the albeit far from impartial remarks about feudalism, in the closing invocation to St Louis (who is seen as the spiritual father of the more enlightened of his successors, l.436-444), and in what Voltaire has to say about legislation, commerce and finance. Voltaire's interest in these practical questions gives his text a special flavour. Although the other panegyrists mention Louis's legal reforms, they show (Bourdaloue excepted) no interest in the commercial and financial ones. [39] Like Voltaire (l.198-205), however, both Bourdaloue and Massillon praise Louis's restoration of the arts and sciences. [40]

The differences between Voltaire and the other panegyrists are no less marked when we turn to the subject of Louis's piety. There is some common ground: the king's humility, [41] his charity towards the poor, and his ministering to their needs personally. [42]

[36] Massillon, xiv.262-63.

[37] Bourdaloue, xi.156; Massillon, xiv.279; Fléchier, i.305.

[38] Bourdaloue, xi.156; Fléchier, i.317.

[39] Retz, ix.123; Bourdaloue, xi.155; Massillon, xiv.271; Fléchier, i.308. Bourdaloue refers to Louis's measures against usury (xi.137) but, unlike Voltaire (l.141-143), makes no allusion to the Jews.

[40] Bourdaloue, xi.155; Massillon, xiv.264.

[41] Below, l.350-369; Bourdaloue, xi.130; Massillon, xiv.294-95; Fléchier, i.317.

[42] Below, l.370-373; Retz, ix.127; Bourdaloue, xi.141-43; Massillon, xiv.265-68, 294-95; Fléchier, i.318, 330. Bourdaloue, Massillon and Fléchier also refer to Louis's establishment of charitable institutions, an aspect of his beneficence that Voltaire, surprisingly, does not mention.

Voltaire refers only in passing to Louis's austerity and self-chastisement (which is not surprising in view of his condemnation elsewhere of such practices),[43] and not at all to Louis's other religious observances, such as his appetite for masses.[44] All this is underlined by the other panegyrists,[45] who also take pleasure in stressing Louis's harsh measures against blasphemers[46] and heretics,[47] against those in positions of responsibility whose private morality was not exemplary,[48] and against actors.[49] Unsurprisingly, Voltaire fails to mention these matters.

They must, however, have appeared to his eyes as blots on an otherwise exemplary record. For it would be wrong to think that Voltaire is being insincere in writing a panegyric of the canonised king. The opening paragraphs of the chapter on Louis IX in the *Essai sur les mœurs* testify to Voltaire's admiration for the king's political and moral qualities (an admiration which Voltaire goes on to temper, however, by criticism of his crusades; i.592). It is Louis's qualities as a monarch that are above all emphasised in the *Panégyrique*: his concern for the good of his people, his desire to create a unified and prosperous France, his moral and political integrity. When Bourdaloue refers to Louis IX as 'un héros chrétien', he is thinking primarily of St Louis the crusader;[50] when Voltaire uses the same epithet (l.426-427), he is alluding partly to the king's piety but above all to his humanity and to his qualities of kingship. For Bourdaloue the stress is on the 'chrétien' in St Louis; for Voltaire it is on the 'héros', the hero in peace as well as in war.

[43] Below, l.433-435; cf. *Discours en vers sur l'homme* (V 17, p.505-10).
[44] Although some relevant passages in his copy of Fleury are lightly annotated (CN, iii.553-54).
[45] Bourdaloue, xi.138-39; Massillon, xiv.259, 289-91; Fléchier, i.315, 322.
[46] Retz, ix.123-24; Bourdaloue, xi.136-37; Fléchier, i.327.
[47] Retz, ix.119; Bourdaloue, xi.135-36; Fléchier, i.326.
[48] Bourdaloue, xi.137-38; Massillon, xiv.270-71.
[49] Massillon, xiv.270, 272; Fléchier, i.329.
[50] Bourdaloue, xi.150.

It can be seen from the example above and other instances that sometimes when the language of Voltaire and of an earlier panegyrist is identical the import of that language is not. It remains to be examined how far the vocabulary and form of Voltaire's text resemble that of the earlier panegyrists.

The similarities of language testify to Voltaire's knowledge of and competence in the rhetorical tradition of the religious sermon,[51] a tradition which, with reservations, he admired.[52]

Naturally enough, the other four panegyrists do not all write in an identical style.[53] Retz's style is somewhat uneven, less polished than that of the later ecclesiastics, who share a common respect for the classical dictates regarding nobility of language and bienséance. Of these three, Bourdaloue is the most steeped in the devices of rhetoric, such as repetition and question,[54] and the least concise; Massillon is more direct, and familiar; Fléchier displays even more simplicity of style, and is not above a certain lyricism.[55]

[51] For an example of Voltaire's successful assimilation of the style of the traditional panegyric, compare lines 342-349 below with a similar passage from Fléchier: 'Il ne nous appartient pas, je l'avoue, de former de ces nobles et vastes desseins, qui ne conviennent qu'à la grandeur et à la puissance royale; mais nous ne pouvons nous dispenser d'imiter ses vertus chrétiennes [...]. Conformons-nous à ce saint roi, afin que pratiquant les mêmes vertus, nous arrivions à la même immortalité bienheureuse' (i.334). There is an obvious difference in emphasis at the end of the two passages (Voltaire avoids any allusion to heavenly recompense), but there are clear resemblances, in content, vocabulary and manner of exhortation.

[52] See Le Siècle de Louis XIV, ch.32, where Voltaire praises Bourdaloue and Massillon for their eloquence, and criticises the style of their predecessors (OH, p.1004); also the articles 'Bourdaloue', 'Fléchier' and 'Massillon' in the 'Catalogue des écrivains français'.

[53] See P. Jacquinet, Des prédicateurs du XVIIe siècle avant Bossuet (Paris 1863), p.260-320, and A.-J. Hurel, Les Orateurs sacrés à la cour de Louis XIV (Paris 1872), i.L-LVII, 317-51; ii.63-65, 104-107.

[54] For example, Bourdaloue, xi.124, 133. The structure of Bourdaloue's sermon, based on an obscure distinction between 'dignité' derived from 'sainteté' and 'sainteté' derived from 'dignité' (xi.127), leaves much to be desired.

[55] For example, Massillon, xiv.293, 295-98; Fléchier, i.309-10.

An analysis of the vocabulary of Voltaire's panegyric and that of the others reveals, not surprisingly since they are all on the same subject, many resemblances. Words expressing Louis's attitudes (soumission, constance), his qualities (sagesse, piété, charité, valeur, fermeté, clémence) and his stature (le saint, le héros, le sage, le modèle, l'exemple) are common to all the panegyrists, including Voltaire. There is a resemblance, too, in the use of figurative expressions. This is partly because they all make use of biblical phraseology: 'la veuve et [...] l'orphelin' (l.114-115) and '[le] Dieu des armées' (l.282)[56] are two obvious examples. It is also partly a matter of the common use of metaphorical expressions appropriate to the subject: for example, Voltaire's 'Dieu donna S. Louis à la terre' (l.56) echoes Massillon's 'le Seigneur donna autrefois à la France le saint roi' (xiv.258); Voltaire's 'l'éducation qu'il reçut ne fut qu'un développement continuel du germe de toutes les vertus que Dieu avait mises dans cette âme privilégiée' (l.101-103) compares with Fléchier's '[Dieu] permit qu'une sainte éducation fît fructifier dès son enfance ces premières semences de vertu, qu'il avait versées dans son âme' (i.334).

Voltaire uses several rhetorical devices in the same manner as his predecessors: rhetorical questions, for example,[57] and – a device that he disapproved of in serious historical writing[58] – invented speeches attributed to his hero.[59] Voltaire is less evocative than the other panegyrists in his references to the three standard tableaux of Louis's life: the crossing of the bridge at Taillebourg, the landing at Damietta, and the informal tribunals 'sous les chênes de Vincennes'. He seems to be diffident about tilling yet again such over-cultivated ground: 'Votre imagination se peint

[56] Bourdaloue, xi.140, 150; Massillon, xiv.279.
[57] Below, l.1-4, 276, 280-281; Bourdaloue, xi.124, 136.
[58] See Brumfitt, p.161-62.
[59] Below, l.169; Bourdaloue, xi.131-32, 158. Voltaire's invented speech is one line long, those of Bourdaloue, 10 and 13 lines long.

ici, sans doute, ce pont devenu si célèbre', [60] 'Assez d'autres, sans moi, l'ont peint s'élançant de son vaisseau', [61] 'Quelles voix ne l'ont pas célébré de siècle en siècle, assis sur un gazon, sous les chênes de Vincennes'. [62] For this last example, a comparison with Fléchier's panegyric is interesting: like Voltaire, Fléchier acknowledges the tableaux of previous historians, but he is more openly enthusiastic, more effusive:

Que j'aime à me le représenter, ce bon roi, comme l'histoire le représente, dans le bois de Vincennes, sous ces arbres que le temps a respectés, s'arrêtant au milieu de ses divertissements innocents pour écouter les plaintes et pour recevoir les requêtes de ses sujets; grands et petits, riches et pauvres, tout pénétrait jusqu'à lui indifféremment [...]. Son tribunal le suivait partout où il allait, sous un daïs de feuillage et sur un trône de gazon, comme sous le lambris doré de son palais et sur son lit de justice. [63]

Some of the similarities of form between Voltaire's panegyric and the others – the division into parts, the invocation, the Amen – have already been discussed. There are several more: the theme-setting biblical quotation at the beginning of the sermon, the use of further biblical quotations in the body of the sermon, the concluding prayer to St Louis.

There are a number of differences too. Voltaire does not address his audience specifically as Christians, he avoids direct moral exhortation (although he does draw moral lessons, l.162-169), he does not quote from patristic writings, he does not indulge in theological discussion – all these departures from the standard form make his panegyric more likely to appeal to the general reader.

[60] Below, l.226-27. Cf. Retz, ix.120; Fléchier, i.305.
[61] Below, l.293. Cf. Retz, ix.125; Bourdaloue, xi.151; Massillon, xiv.282; Fléchier, i.320.
[62] Below, l.115-116. Cf. Bourdaloue, xi.140; Massillon, xiv.278-79; Fléchier, i.309-10.
[63] Fléchier, i.309-10.

A number of positive features of form and style further reveal the hand of Voltaire: phrases such as 'ce siècle éclairé' (l.247) and 'Tout homme est conduit par les idées de son siècle' (l.270); slightly irrelevant historical details added parenthetically, such as 'Ce port d'Aigues-mortes, devenu aujourd'hui une place inutile' (l.287-288); the presence in one or two phrases of an irony subtle enough to pass unnoticed by the philosophically uninitiated (l.209, 391); the quotation from *La Henriade* (l.442).

The *Panégyrique de saint Louis*, while conforming successfully to a well-established tradition, breaks new ground in ways that bear witness to the stylistic sense and critical spirit of its author. In this respect it can be compared with Voltaire's *Discours de réception à l'Académie française* (1746). Although the material at Voltaire's disposal is second-hand, the selection that he makes from it in order to emphasise Louis's political qualities, and in particular his concern for the prosperity of his subjects and for the creation of a united France free from the worst evils of feudalism, transforms what appears to be a sermon into a historical and philosophical essay.

Manuscripts and editions

MS1-2

A manuscript draft in Longchamp's hand and a copy made by Jean-Jacques Rousseau were originally in the possession of Mme Dupin and passed by inheritance to the comtesse de Montgermont. They were sold at her sale by Cornau (Paris 17 mai 1951), in no. 51, and at a sale by Charavay (Paris 22 novembre 1985). Their present whereabouts are unknown. [64]

[64] See D.app.83; Leigh 2033; A. Sénéchal, 'Jean-Jacques Rousseau, secrétaire de Mme Dupin: d'après des documents inédits, avec un inventaire des papiers Dupin dispersés en 1957 et 1958', *Annales de la Société Jean-Jacques Rousseau* 36, 1963-1965, p.176n).

49

PANEGYRIQUE / DE / SAINT LOUIS, / ROI DE FRANCE, / *PRONONCÉ* / DANS LA CHAPELLE DU LOUVRE, / En préfence de Meffieurs de l'Académie Françoife, / *Le 25 Août MDCCXLIX.* / Par M. l'Abbé D'ARTY. / [*ornament, enclosing the words* L'IMMORTALITE, *57 x 45 mm*] / A PARIS, / DE L'IMPRIMERIE DE BERNARD BRUNET, / Imprimeur de l'Académie Françoife, rue S. Jacques. / [*thick thin rule, 62 mm*] / MDCCXLIX. /

4°. sig. A-B⁴ C²; pag. 20; $2 signed, roman (- A1, C2); sheet catchwords.

[1] title; [2] blank; [3]-20 Panégyrique de Saint Louis, roi de France, prononcé dans la chapelle du Louvre, en présence de messieurs de l'Académie françoise, le 25 août 1749, par M. l'abbé d'Arty; 20 Approbation (18 août 1749, A. Le Seigneur).

Bn: 4° Lb¹⁸ 125.

K84 (1784)

Œuvres complètes de Voltaire. [Kehl], Société littéraire-typographique, 1784-1789. 70 vol. 8°. Bengesco 2142; BnC 164-193.

Volume 48 (1784), p.417-437: [417] Dd1r 'PANEGYRIQUE / DE / SAINT LOUIS / ROI DE FRANCE, / *Prononcé dans la chapelle du louvre, en préfence / de Meffieurs de l'académie françaife, le 25 août / 1749, par M. l'abbé d'Arty.* / Mélanges littér. Tome II. Dd'; [418] blank; [419]-437 Panégyrique de saint Louis roi de France.

The first issue of the Kehl edition, which provides the base text for the present edition. It differs from 49 at l.87, 116, 152, 301-302, 322, 337 and 367.

Taylor: VF.

Editorial principles

The publication of the first edition (49) was supervised not by Voltaire but by the abbé d'Arty, whereas the Kehl text was probably prepared from a copy of 49 sent by d'Arty to Voltaire and passed to the Kehl editors by Longchamp (see above, p.479).

The changes made by Kehl are minor, but since some of them may have been Voltaire's emendations on Longchamp's copy of 49, we use K84 as the base text.

Modernisation of the base text

The spelling of the names of persons and places has been respected and the original punctuation retained. The italic of the base text has been respected, with the exception of personal names, which were almost invariably italicised.

The following aspects of orthography and grammar in the base text have been modified to conform to modern usage:

1. Consonants
   - the consonant *t* was not generally used in syllable endings *–ans* and *–ens*: descendans, égaremens, enfans, momens, monumens, etc.
   - double consonants were used in: fidelles

2. Vowels
   - archaic forms were used: fesaient, fesant, Mamelus

3. Accents
   The acute accent
   - was used instead of the grave in: célébre
   The grave accent
   - was used instead of the circumflex in: rènes
   The circumflex accent
   - was not used in: ames

4. Capitalisation
   - initial capitals were generally attributed to: Mamelus, Musulmans
   - initial capitals were not attributed to: académie (française), (le) louvre

5. Various
   - the ampersand was used
   - the hyphen was used in: c'est-là, genre-humain, grands-hommes, long-temps, non-seulement, par-tout, très-petit
   - 'entre', 'puisque' and 'quelque' were elided before *a*, *e* and *o*: quelqu'autre, puisqu'enfin, entr'eux, quelqu'ordre

491

– the adverb *tout* took the feminine form before a feminine adjective beginning with a vowel: toute entière

Modernisation of quotations

With the exception of Joinville, *Histoire de S. Louys*, the spelling, but not the punctuation, of quotations from printed sources has been modernised, except where a specific critical edition is used, in which case the spelling of the edition is followed.

PANÉGYRIQUE

DE

SAINT LOUIS

ROI DE FRANCE

Prononcé dans la chapelle du Louvre, en présence de Messieurs de l'Académie française, le 25 août 1749, par M. l'abbé d'Arty.

PANÉGYRIQUE DE SAINT LOUIS ROI DE FRANCE

Et nunc, reges, intelligite, erudimini qui judicatis terram.
Instruisez-vous, ô vous qui gouvernez et qui jugez la
terre. Ps. 2.[1]

Quel texte pourrais-je choisir parmi tous ceux qui enseignent les
devoirs des rois?[2] quel emblème des vertus pacifiques et guerrières?
quel symbole de la vraie grandeur emprunterais-je dans les livres
saints, pour peindre le héros dont nous célébrons ici la mémoire?

Tous ces traits répandus en foule dans les Ecritures lui appar-   5
tiennent. Toutes les vertus que Dieu avait partagées entre tant de
monarques qu'il éprouvait, S. Louis les a possédées. Si je le
comparais à David et à Salomon, je trouverais en lui la valeur et
la soumission du premier, la sagesse du second; mais il n'a pas
connu leurs égarements.[3] Captif enchaîné comme Manassés et   10
Sédécias, il élève à leur exemple vers son Dieu des mains chargées
de fers, mais des mains qui ont toujours été pures; il n'a pas
attendu, comme eux, l'adversité, pour se tourner vers le Dieu des

---

[1] Psalms ii.10. Quoted by Bossuet, *Politique tirée de l'Ecriture sainte*, v.i: 'Que
l'autorité royale est soumise à la raison', 1ère proposition: 'Le gouvernement est un
ouvrage de raison et d'intelligence' (i.132). Such an interpretation of the words of
the psalmist (which is not justified by the context, since by 'wisdom' the psalmist
means fear of the Lord) would undoubtedly have appealed to Voltaire.

[2] These texts were conveniently to hand in Bossuet's *Politique*, of which books
iii-v are devoted to 'la nature et les propriétés de l'autorité royale'.

[3] The most famous of David's 'égarements' is his arranging of the death of
Uriah so that he could marry Bath-sheba. David's acceptance of God's punishment
for this crime is an example of his submission (II Samuel xi-xii); see Bayle,
Dictionnaire historique et critique, art. 'David'. Bossuet praises David's penitence
(vii.vi.12; ii.93-94). Solomon's 'égarements' were the number of his wives from
prohibited races and their idolatry (I Kings xi.3-4).

miséricordes;[4] il n'avait pas besoin, comme eux, d'être infortuné.[5]
Ce Dieu qui dans l'ancienne loi voulut apprendre aux hommes   15
comment les rois doivent réparer leurs fautes,[6] a voulu donner
dans la loi nouvelle un roi qui n'eût rien à réparer; et ayant montré
à la terre des vertus qui tombent et qui se relèvent, qui se souillent
et qui s'épurent, il a mis dans S. Louis la vertu incorruptible et
inébranlable, afin que tous les exemples fussent proposés aux   20
hommes.

Si donc ce modèle des rois n'eut aucun modèle parmi les
monarques qui précédèrent le Messie; si toutes les fois que
l'Ecriture parle des vertus royales elle parle de lui; ne nous bornons
pas à un seul de ces passages sacrés, regardons-les tous comme   25
les témoignages unanimes qui caractérisent le saint roi dont vous
m'ordonnez aujourd'hui de faire ici l'éloge.

Il suffirait, Messieurs, de raconter l'histoire de S. Louis, pour
trouver dans les traits qui la composent, ce modèle donné de Dieu
aux monarques: mais pour mettre dans ce discours quelque ordre   30
qui soulage ma faiblesse, je peindrai le sage qui a enseigné l'art de
gouverner les peuples, le héros qui les a conduits aux combats, le
saint qui, ayant toujours Dieu dans son cœur, a rendu chrétien, a
rendu divin tout ce qui dans les autres grands hommes n'est
qu'héroïque.   35

Que l'Esprit saint soutienne seul ma faible voix; qu'il l'anime,
non pas de cette éloquence mondaine que condamneraient les
maîtres de l'éloquence qui m'écoutent, puisqu'elle serait déplacée;
mais qu'il mette sur mes lèvres ces paroles que la religion inspire
aux âmes qu'elle a pénétrées. *Ave Maria.*[7]   40

---

[4] St Paul uses the words 'Dieu des miséricordes' in II Corinthians i.3.

[5] On the captivity of Manasseh, see II Chronicles xxxiii. Bossuet cites him as an
example of sincere royal repentance (VII.vi.12; ii.93). For Zedekiah, see Jeremiah
xxxiv-xxxix.

[6] Bossuet has two articles on this subject (VII.vi.12-13; ii.92-94).

[7] On the likelihood that the words *Ave Maria* were added by d'Arty, see above,
p.479.

PREMIÈRE PARTIE

Je l'avoue, Messieurs, ceux qui veulent parler d'un gouvernement
sage et heureux ont dans ce siècle un grand avantage. [8] Mais
pense-t-on à quel point ce grand art de rendre les hommes heureux
est difficile? Comment prendre toujours le meilleur parti, et faire
le meilleur choix? Comment aller avec intrépidité au bien général,   45
au milieu des murmures des particuliers, à qui ce bien général
coûte des sacrifices? Est-il si facile de déraciner du milieu des lois
ces abus que des hommes intéressés font passer pour les lois
mêmes? [9] Peut-on faire concourir sans cesse au bonheur de tout
un royaume la cupidité même de chaque citoyen; [10] soulager   50
toujours le peuple et le forcer au travail; prévenir, maîtriser les
saisons mêmes, en tenant toujours les portes de l'abondance prêtes
à s'ouvrir, quand l'intérêt voudrait les fermer? [11] Si ce fardeau est
si pesant pour un prince absolu, qui a partout des yeux qui
l'éclairent et des mains qui le secondent, de quel poids était le   55
gouvernement dans les temps où Dieu donna S. Louis à la terre? [12]

Les rois alors étaient les chefs de plusieurs vassaux désunis
entre eux, et souvent réunis contre le trône. Leurs usurpations

40a, 211a, 340a   49, marginal headings

[8] A somewhat heavy-handed compliment to the reigning monarch.

[9] Voltaire is perhaps thinking of Montesquieu's defence of 'la vénalité des
charges' (*De l'esprit des lois*, v.xix; *Œuvres*, ed. A. Masson, Paris 1950-1955, i.94;
BV, no.2496: Leyde 1749).

[10] This concept is reminiscent of Mandeville's theory that private vices produce
public benefits (*The Fable of the bees*, 1714; BV, no.2300: London 1724; translated
by Mme Du Châtelet in 1736).

[11] The issue of free trade in grain was much discussed from the middle of the
century onwards (see R. Charbonnaud, *Les Idées économiques de Voltaire*, Angoulême 1907, p.138-49).

[12] The questions of political economy raised in this paragraph must have
preoccupied Voltaire from the 1730s to the 1750s, as he prepared *Le Siècle de Louis
XIV*.

étaient devenues des droits respectables. Le monarque était en effet le roi des rois, et n'en était que plus faible. La terre était partagée en forteresses occupées par des seigneurs audacieux, et en cabanes sauvages, où la misère languissait dans la servitude. 60

Le laboureur ne semait pas pour lui, mais pour un tyran avide qui relevait de quelque autre tyran; ils se faisaient la guerre entre eux, et ils la faisaient au monarque. Le désordre avait même établi des lois par lesquelles tout ordre était renversé. Un vassal perdait sa terre, s'il ne suivait pas son seigneur armé contre le souverain. On était parvenu à faire le code de la guerre civile. [13] 65

La justice ne décidait, ni d'un héritage contesté, ni de l'innocence accusée; le glaive était le juge. On combattait en champ clos pour expliquer la volonté d'un testateur, pour connaître les preuves d'un crime. Le malheureux qui succombait, perdait sa cause avec la vie; et ce jugement du meurtre était appelé le jugement de Dieu. [14] La dissolution dans les mœurs se joignait à la férocité. La superstition et l'impiété répandaient leur souffle impur sur la religion, comme deux vents opposés qui désolent également la campagne. Il n'y avait point de scandale qui ne fût autorisé par quelque loi barbare, établie dans les terres de ces petits usurpateurs, qui avaient donné pour loi la bizarrerie de leurs divers caprices. [15] La nuit de l'ignorance couvrait tout de ses ténèbres. Des mains étrangères [16] envahissaient le peu de commerce que pouvait faire, 70 75 80

79   49: pour lois la

[13] Cf. *Essai sur les mœurs*, ch.38 (*Essai*, i.443-46) and ch.50 (i.522-23); also *Lettres philosophiques*, IX (ed. G. Lanson and A.-M. Rousseau, Paris 1964, i.101-102).

[14] Voltaire describes the 'jugement de Dieu' in more detail in the *Essai sur les mœurs*, ch.22 (i.367).

[15] Cf. *Essai sur les mœurs*, ch.38: 'On ne connut guère alors de lois que celles que les plus puissants firent pour le service des fiefs. Tous les autres objets de la justice distributive furent abandonnés au caprice des maîtres d'hôtel, prévôts, baillis, nommés par les possesseurs des terres' (i.445).

[16] The Jews; see below, n.35.

et encore à sa ruine, un peuple sans industrie, abruti dans un
stupide esclavage. [17]

C'est dans ces temps sauvages, dans ces siècles d'anarchie, [18]
que Dieu tire des trésors de sa providence, cette âme de Louis,   85
qu'il revêt d'intelligence, de justice, de douceur et de force. Il
semble qu'il envoie sur la terre un de ces esprits qui veillent
autour de son trône; il semble qu'il lui dise: Allez porter la lumière
dans le séjour de la nuit; allez rendre justes et heureux des peuples
qui ignorent la justice et la félicité.   90

Ainsi Louis est donné au monde. [19] Une mère digne du trône,
au-dessus du siècle où elle est née, cultive ce fruit précieux. [20]
L'éducation, cette seconde nature, si nécessaire aux avantages de
la première, non seulement capable de déterminer la manière de
penser, mais peut-être encore celle de sentir; l'éducation, dis-je,   95
que Louis reçut de Blanche, devait former un grand prince et un
prince vertueux. Instruite elle-même de cette grande vérité, que
la crainte du Seigneur est le commencement de la sagesse, [21] elle

87   49: de ses esprits

[17] That is, serfdom (cf. *Lettres philosophiques*, IX; i.103-104).

[18] This condemnation of the middle ages and of the feudal system was a
commonplace among the *philosophes*; see, for example, d'Alembert's 'Discours
préliminaire' to the *Encyclopédie* (Paris, Neuchâtel 1751-1772), i.xx.

[19] Louis was born on 25 April 1214; he ascended the throne as a minor in 1226.

[20] Voltaire also refers to the political skills of Blanche of Castile in the *Essai sur
les mœurs*, ch.58 (i.592). Cf. Daniel: 'L'histoire fournit peu de personnes de son
sexe qui l'aient égalée dans l'habileté pour le gouvernement. Un esprit droit et
ferme, et un courage mâle à l'épreuve des événements les plus fâcheux et les plus
subits, faisaient son principal caractère' (*Histoire de France*, iv.179).

[21] Psalms cxi.10. Guillaume de Ségaud (1674-1748), a Jesuit who for part of his
career taught at the Collège Louis-le-Grand, and who achieved a certain success as
a *prédicateur*, quotes the same text with a different emphasis: 'La reine Blanche,
persuadée que la crainte du Seigneur est le fondement de la grandeur et le
commencement de la sagesse, prit à tâche de graver dans le cœur de son fils la loi
divine qu'il devait observer' ('Panégyrique de saint Louis', published posthumously
in Ségaud, *Panégyriques*, Paris 1750; also in *Les Panégyristes de saint Louis*, p.229).
In the *Essai sur les mœurs* Voltaire makes no mention of Blanche's piety.

instruisit son fils de la sainteté et de la vérité de la religion. Le
cœur du jeune Louis prévenait toutes ces importantes leçons;[22] et   100
l'on peut dire que l'éducation qu'il reçut ne fut qu'un développement continuel du germe de toutes les vertus que Dieu avait mises
dans cette âme privilégiée.

Quand Louis prend en main les rênes du gouvernement, il se
propose de mettre l'ordre dans toutes les parties dérangées de   105
l'Etat, et d'en guérir toutes les plaies.[23]

Ce n'était pas assez de commander, il fallait persuader; il fallait
des ordonnances si claires et si justes, que des vassaux qui
pouvaient s'y opposer, s'y soumissent. Il établit les tribunaux
supérieurs qui réforment les jugements des premiers juges; il   110
prépara ainsi des ressources à l'innocence opprimée.[24]

Lorsqu'il a rempli les premiers soins qu'il doit aux affaires
publiques; lorsque les travaux pénibles de la royauté ont un
intervalle, il emploie ces moments à juger lui-même la cause de la
veuve et de l'orphelin.[25] Quelles voix ne l'ont pas célébré de siècle   115
en siècle, assis sur un gazon, sous les chênes de Vincennes,[26]
rappelant ces premiers temps du monde, où les patriarches gouver-
naient une famille immense, unie et obéissante?

116   49: sous ces chênes

[22] Cf. Daniel: 'Il en était redevable, après Dieu, à l'éducation sage et chrétienne
que lui donna la reine Blanche sa mère' (iv.262).

[23] Louis's minority technically ended in 1235, but, as Daniel says, 'le gouvernement ne changea pas pour cela de face, et la reine mère n'y eut pas moins de part
qu'auparavant' (iv.36).

[24] As Voltaire was aware, Louis's legal reforms dated mainly from after his
return from the Seventh Crusade (*Essai sur les mœurs*, ch.58; i.597).

[25] Cf. Psalms cxlvi.9.

[26] The first voice was Joinville's: 'Maintes fois ay veu que le bon saint, après
qu'il avoit ouy messe en esté, il se alloit esbatre au bois de Vincennes, et se seoit
au pié d'un chêne, et nous faisoit seoir emprès de luy: et tous ceulx qui avoient
affaire à luy venoient à luy parler [...]. Et demandoit haultement de sa bouche s'il
y avoit nul qui eust partie' (*Histoire de S. Louys*, 1, p.12). Others following him
included Mézeray (i.662) and (Daniel, iv.258).

Ce roi montre de loin, à travers tant de siècles, à l'un de ses plus augustes descendants,[27] comment il faudra extirper le duel et exterminer ce monstre que ses mains pures ont attaqué les premières.[28] Et remarquons ici, Messieurs, que c'est le plus valeureux des hommes, le plus jaloux de l'honneur, qui le premier a flétri cette fureur insensée, où les hommes ont si longtemps attaché l'honneur et le courage.

Cette partie de la justice, ce grand devoir des rois, qui assure aux hommes leurs vies et leurs possessions, porte en elle-même un caractère de grandeur, qui élève et qui soutient l'âme qui l'exerce; mais quelles peines rebutantes dans ces autres détails épineux,[29] dont la discussion est aussi difficile que nécessaire, et dont l'utilité, souvent méconnue, donne rarement la gloire qu'elle mérite!

Les lois du commerce, qui est l'âme d'un Etat,[30] la proportion des espèces,[31] qui sont les gages du commerce, seront-elles l'objet

120

125

130

[27] Louis XIV. On the descent of the French monarchs from Louis IX, see below, l.436-445.

[28] The first French king to attempt to suppress the practice of duelling was Louis VII, but Louis IX was the first to try to forbid it completely. During the minority of Louis XIV severe penalties were prescribed for those who fought duels, and there were further edicts and *ordonnances* on the subject later in the reign. Louis XV continued the policy of his successor (*Encyclopédie*, art. 'Duel').

[29] Cf. *Le Siècle de Louis XIV*, ch.29: 'Une connaissance approfondie de la jurisprudence n'est pas le partage d'un souverain. Mais le roi [Louis XIV] était instruit des lois principales; il en possédait l'esprit, et savait ou les soutenir ou les mitiger à propos' (*OH*, p.972).

[30] A daring phrase to use in what is ostensibly a discourse in honour of the Christian religion, but it corresponds to Voltaire's convictions as expressed in *Le Siècle de Louis XIV* (ch.29; *OH*, p.964-71) and in the *Dialogue entre un philosophe et un contrôleur général des finances* (1750; M.xxiii.501-506).

[31] That is, the relative value of gold and silver (*Encyclopédie*, art. 'Espèces, comm.'). Under Louis IX the 'proportion' was in theory 1:12, but in practice it varied between 1:12 and 1:15, depending upon the different types of coin in use (A. Vuitry, *Etudes sur le régime financier de la France avant la Révolution de 1789*, Paris 1878, p.451-54).

des recherches du vainqueur des Anglais,[32] du défenseur des   135
croisés, du héros qui passe les mers pour aller combattre dans
l'Egypte?[33] Oui, sans doute, elles le furent;[34] il enseigne à ses
peuples qu'ils peuvent eux-mêmes faire avec les étrangers ces
échanges utiles, dont le secret était alors dans cette nation partout
proscrite et partout répandue, qui, sans cultiver la terre, en dévorait   140
la substance; il encourage l'industrie de son peuple; il le délivre
des secours funestes dont il était accablé par ce peuple errant, qui
n'a d'industrie que l'usure.[35]

Le droit de fabriquer en son nom les gages des échanges de la
foi publique, et d'en fixer le titre et le poids,[36] était un de ces   145
droits que la vanité et l'intérêt de mille seigneurs réclamaient, et
dont ils abusaient tous. Ils recherchaient l'honneur de voir leurs
noms sur ces monuments d'argent et d'or; et ces monuments
étaient ceux de l'infidélité. Leur prérogative était devenue le droit
de tromper les peuples. Que de soins, que d'insinuations, que   150
d'art il fallut pour obliger les uns à être justes, et les autres à
vendre au souverain ce droit si dangereux?[37]

152   49: dangereux!

[32] See below, l.220-244.

[33] See below, l.245-331.

[34] The *Etablissements de saint Louis*, a summary of the legislation of Louis ix
compiled shortly after his death, contains a few laws relating to commerce (printed
in Joinville, ii, p.1-72, esp. p.49).

[35] An *ordonnance* against Jews and usurers was issued in 1230 (Daniel, iv.28),
and the *Etablissements* contains an article against usurers (Joinville, ii, p.32). The
hostility to Jews evident in this passage was the commonplace attitude in Voltaire's
day.

[36] The *poids* is the standard weight of a given coin; the *titre* is the degree of
purity of the metal from which it is made (*Encyclopédie*, art. 'Espèces, comm.',
'Monnaie, polit. finances, comm.').

[37] It is estimated that in the thirteenth century some 80 *seigneurs* (barons,
bishops, etc.) had the right to mint; in practice, their money was, as Voltaire
suggests, often debased. In the years 1258-1262 Louis ix introduced several
monetary reforms designed to supplant, rather than to outlaw, 'baronial' money.
'La bonne monnaie de saint Louis' acquired a kind of legendary prestige in later

Voilà ce qui fut le plus difficile; car il ne lui coûtait pas de juger contre lui-même, quand il fallait décider entre les droits du domaine royal et les héritages d'un citoyen.[38] Si la cause entre la vigne de Naboth et celle du prince était douteuse, c'était le champ de Naboth qui s'accroissait du champ de l'oint du Seigneur.[39] 155

Du même fond de justice dont il transigeait avec les particuliers, il négociait avec les princes.[40] Ne pensons pas qu'en effet il y ait une morale pour les citoyens, et une autre pour les souverains, et que le prétexte du bien de l'Etat justifie l'ambition du monarque.[41] 160

La sagesse des hommes,[42] si souvent inique et si souvent trompée dans ses iniquités, semble permettre qu'on profite de sa puissance et de la faiblesse d'autrui, qu'on s'agrandisse sur les ruines d'un voisin qui ne peut se défendre, qu'on le force par des traités à se dépouiller, et qu'on puisse ainsi devenir usurpateur par des titres qui semblent légitimes. *Où est l'avantage, là est la gloire*, a dit un souverain réputé plus sage selon les hommes que selon Dieu.[43] *Où est la justice, là est l'avantage*, disait S. Louis.[44] 165

---

centuries (see Vuitry, p.443-70; also J.-A. Blanchet and A.-E. Dieudonné, *Manuel de numismatique française*, Paris 1916-1936, ii.115-16; iv.5-18).

[38] See the *Enseignements de saint Louis*, supposedly written by the king for his son: 'Restituez ce qui ne vous appartient point, ou ce que vos prédécesseurs pourraient avoir usurpé: il y va de votre conscience' (quoted by Daniel, iv.265).

[39] The story of Naboth's vineyard is told in I Kings xxi. The biblical term 'l'oint du Seigneur', which refers to the kings of Israel, is used in the *Enseignements* to describe the kings of France (see Daniel, iv.265).

[40] Cf. Joinville: 'Le saint roy ama tant vérité, que aux Sarrazins et infidelles propres ne voulut-il jamés mentir, ni soy desdire de chose qu'il leur eust promise' (I, p.4).

[41] Voltaire's opposition to Machiavellianism is a constant factor in his political thought; see *Traité de métaphysique*, ch.9 (1734; V 14, p.479); 'Préface' to the *Anti-Machiavel* (1740; M.xxiii.147-52); *Essai sur les mœurs*, ch.127 (i.213); *Questions sur l'Encyclopédie*, art. 'Bataillon' (1770; M.xvii.553).

[42] I Corinthians ii.5.

[43] I have been unable to trace this allusion.

[44] Louis IX may not have pronounced these actual words, but they represent the spirit of his political outlook, as revealed in the history of his reign and in the *Enseignements*.

Il connaît les devoirs du roi, il connaît ceux du chrétien. [45] Homme   170
ferme, il assure à sa famille la Normandie, le Maine et l'Anjou:
homme juste, il laisse la Guyenne aux descendants d'Eléonor de
Guyenne, qui, après tout, en étaient les héritiers naturels. [46]

Tels sont les exemples d'équité que S. Louis donne à tous les
monarques, et que renouvelle aujourd'hui le plus aimé, le plus   175
modéré de ses descendants, destiné à montrer, comme lui, à la
terre, que la grande politique est d'être vertueux. L'un prévient la
guerre en faisant le partage des provinces; l'autre, au milieu
des victoires, cède les provinces qu'il a conquises et qu'il peut
conserver. [47] Quand on traite ainsi, on est sûr d'être l'arbitre des   180
couronnes. Aussi l'Europe vit ses peuples et ses rois, les suprêmes
pontifes et les empereurs, remettre à S. Louis leurs différends. [48]
Cet honneur que l'ancienne Rome s'arrogeait à force d'injustices,
à force d'artifices et de victoires, [49] il l'obtint par la vertu.

Tant de sagesse ne peut être destituée de vigueur. Le vertueux,   185
quand il est faible, n'est jamais grand. Vous savez, Messieurs, avec

[45] In the *Essai sur les mœurs*, ch.58, Voltaire says much the same thing, but the
duties of a Christian become 'la justice': '[Louis] sut accorder une politique profonde
avec une justice exacte' (*Essai*, i.592).

[46] By the treaty of Paris (1259) Louis allowed much of the contentious inheritance
of Eleanor of Aquitaine to remain in English hands. In return he exacted homage
from the English king Henry III for these possessions, and recognition of his own
right to Normandy and other disputed territories. Joinville (I, p.14) notes that
Louis's *Conseil* opposed the conditions of the treaty, and that his decision was at
least partly due to his belief that the original cession of the territories to Eleanor's
second husband Henry II had not been unjust.

[47] An allusion to the generosity of Louis XV during the war of the Austrian
succession and in the terms of the treaty of Aix-la-Chapelle; cf. *Précis du siècle de
Louis XV*, ch.30 (*OH*, p.1474-75).

[48] This is well attested; see, for example, Daniel: '[Saint Louis] s'était acquis une
si grande réputation de droiture, que les autres princes lui mettaient souvent leurs
intérêts entre les mains dans les différends qu'ils avaient ensemble, et souscrivaient
à ses décisions' (iv.261).

[49] The best illustration of this remark is to be found in Montesquieu's *Considérations sur les causes de la grandeur des Romains et de leur décadence*, ch.6; *Œuvres*,
i.390-401.

quelle force il sut contenir dans ses bornes la puissance qu'il respectait le plus. [50] Vous savez comment il sut distinguer deux limites si unies et si différentes. [51] Vous admirez comment le plus religieux des hommes, le plus pénétré d'une piété scrupuleuse, [52] accorde les devoirs du fils aîné de l'Eglise, [53] et du défenseur d'une couronne, qui pour être la plus fidèle n'en est pas moins indépendante. Applaudi de toutes les nations, révéré dans ses Etats des ecclésiastiques qu'il réforme, [54] et à Rome du pontife auquel il résiste. [55]

Quiconque étudie sa vie, le voit toujours grand et sage avec ses voisins, ses vassaux et ses peuples.

Mais quand on parle devant vous, Messieurs, on ne doit pas oublier ce que S. Louis fit pour les sciences. Indigné que les musulmans les cultivassent, et qu'elles fussent négligées dans nos climats; qu'on y apprît d'eux l'ordre des saisons; qu'on cherchât chez eux les remèdes du corps, et quelques lumières de l'esprit; [56]

190

195

200

[50] Cf. Daniel: 'Jamais prince n'eut un plus sincère respect pour les papes, pour les évêques, pour les religieux [...]. Mais nul de ses prédécesseurs n'entreprit avec autant de fermeté que lui, de borner la puissance ecclésiastique' (iv.259).

[51] An echo of Bossuet's maxim: 'Le sacerdoce et l'empire sont deux puissances indépendantes, mais unies' (VII.v.12; ii.64). Lines 188-189 would have been clearer if Voltaire had used the word 'puissances' rather than 'limites'.

[52] Cf. Enseignements: 'Ayez toujours beaucoup de respect pour l'Eglise romaine, et pour le pape, que vous devez honorer comme votre père spirituel'; 'aimez les religieux, faites leur du bien' (see Daniel, iv.265, 266).

[53] France was so called because Clovis was supposedly the first post-Roman European monarch to embrace Christianity.

[54] Louis IX was particularly insistent on the morality and orthodoxy of the clergy; he also 'maintenait [...] fermement ses droits contre les ecclésiastiques de son royaume' (Mézeray, i.621).

[55] Louis's insistence on his own sovereignty is beyond dispute. As particular proof of his defiance of the papacy both Mézeray (i.621) and Daniel (iv.260) refer to a pragmatic sanction of 1269 forbidding the levying of certain papal taxes on the French clergy. It has since been shown that this document is a forgery; in the Essai sur les mœurs, ch.58, Voltaire himself expresses doubts about its authenticity (i.597).

[56] Cf. Essai sur les mœurs, ch.6 (i.267-68).

il ralluma, du moins pour un temps, ces flambeaux éteints pendant tant de siècles; [57] et il prépara ainsi à ses descendants la gloire de les fixer chez les Français, en les remettant entre vos mains. [58]   205

Suppléez, Messieurs, à tout ce que je n'ai point dit sur le gouvernement de S. Louis: mais faible ministre des autels, destiné à n'annoncer que la paix, pourrais-je parler ici de ses guerres? Oui, elles ont toutes été justes ou saintes. [59] O religion! c'est là ton plus beau triomphe. Celui qui ne craint que Dieu, doit être le   210 plus courageux des hommes.

SECONDE PARTIE

Si S. Louis n'avait montré qu'un courage ordinaire, c'était assez pour sa gloire: il pouvait vaincre, en se contentant d'animer par sa présence des sujets qui cherchent la mort dès qu'elle est honorée des regards du maître. Mais c'est peu de les inspirer toujours; il   215 combat toujours pour eux comme ils combattent pour lui; il donne toujours l'exemple; il fait à leur vue ce qu'à peine le courage le plus ardent, l'émulation la plus animée leur ferait hasarder à la vue de leur souverain. [60]

La journée de Taillebourg est encore récente dans la mémoire   220 des hommes; cinq cents ans d'intervalle n'en ont pas effacé le souvenir: et comment l'oublierons-nous, lorsque nous voyons aujourd'hui dans un descendant de S. Louis, le seul roi, qui depuis

[57] In the *Essai sur les mœurs* Voltaire hardly mentions this aspect of Louis's reign. Mézeray refers to the king's encouragement of learning and adds: 'Il chérissait tant les sciences qu'il eut mieux aimé, à ce qu'il disait, qu'on eut ôté de son royaume la moitié des biens qui y étaient que la seule université de Paris' (i.633).

[58] Through the mouth of the abbé d'Arty Voltaire pays a compliment to himself and his fellow members of the Académie.

[59] Voltaire may perhaps be implying that holy wars are rarely just.

[60] Cf. Daniel: 'Plus modeste et plus recueilli, au pied des autels, que le plus fervent solitaire, on le voyait un moment après à la tête d'une armée, avec la contenance d'un héros, donner des batailles, essuyer les plus rudes fatigues, affronter les plus grands périls' (iv.258).

ce jour mémorable ait vaincu en personne les mêmes peuples dont triompha son aïeul immortel? [61]   225

Votre imagination se peint ici, sans doute, ce pont devenu si célèbre, où Louis presque seul arrête l'effort d'une armée. [62] Nos annales contemporaines et fidèles attestent ce prodige; [63] et ce qui est encore plus rare, c'est que ce grand roi, hasardant ainsi une vie si précieuse, pensait n'avoir fait que son devoir. Il lui fut   230 donné de faire avec simplicité les choses les plus grandes. Il remporte deux victoires en deux jours; [64] mais il ne met sa gloire que dans le bien qui peut en résulter. Les plus grands capitaines n'ont pas toujours profité de leurs victoires: l'histoire ne nous laisse pas douter que S. Louis n'ait profité des siennes, et par la   235 rapidité de ses marches, et par des succès qui valent des batailles, sans en avoir la célébrité; et surtout par la paix, cette paix tant désirée, tant troublée par le genre humain, et qu'il faut acheter par l'effusion de son sang. Louis l'accorda, cette paix, aux ennemis

[61] An allusion to Louis xv leading the French army at the battle of Fontenoy (1745). According to Voltaire's account, Louis himself made this comparison with Louis ix on the eve of the battle (*Précis du siècle de Louis XV*, ch.15; *OH*, p.1377).

[62] At Taillebourg, on 21 July 1242. Henry iii, in league with rebellious French barons, had landed in Poitou with a small ill-equipped force and declared war. When he reached Taillebourg, on the Charente, he found it in the hands of the French, under Louis. The two armies faced each other across the bridge. The French started to cross and were at first repulsed; then 'le roi qui était accouru au bruit, les ranima par sa présence et encore plus par son exemple: il s'avança lui-même le sabre à la main, et se jetant au plus chaud de la mêlée, suivi de plusieurs seigneurs, il poussa les Anglais hors du pont, et s'en rendit le maître' (Daniel, iv.65).

[63] Voltaire means that the history of his own day provides an example of a similar incident, and so renders the 'journée de Taillebourg' credible. He is referring to the crossing of the Scheldt at Calonne by Louis xv and the dauphin just before the battle of Fontenoy (cf. *Précis du siècle de Louis XV*, ch.15; *OH*, p.1377).

[64] The first was the incident at Taillebourg. After this Henry retreated to Saintes, but the French once more forced him to flee, thus ending the Poitevin campaign.

qu'il pouvait accabler, [65] et aux rebelles qu'il pouvait punir; [66] il   240
savait de quel prix est la clémence; [67] il savait combien il y a peu
de grandeur à se venger; que tout homme heureux peut faire périr
des infortunés; et que d'accorder la vie n'appartient qu'à Dieu et
aux rois qui sont son image.

Tel on le vit en Europe, tel il fut en Asie; non pas aussi   245
heureux, mais aussi grand. Il ne m'appartient pas de traiter de
téméraires ceux qui dans ce siècle éclairé, condamnent les entreprises des croisades autrefois consacrées. [68] Je sais qu'un célèbre et
savant auteur paraît souhaiter que les croisades n'eussent jamais
été entreprises. Sa religion ne lui laisse pas penser que les chrétiens   250
d'Occident dussent regarder Jérusalem comme leur héritage. Jérusalem est la ville sainte, consacrée par les mystères de notre
rédemption, par la mort d'un Dieu, digne et saint objet des vœux
de tous les chrétiens; mais c'est le ciel où Dieu réside, qui est le
patrimoine des enfants du ciel. [69] La raison semble désapprouver   255

[65] In fact, the French army was probably not in a condition to prolong the
campaign. After the rout at Saintes, Henry retreated to Bordeaux. The next year
he and Louis agreed a truce, but they did not sign a peace treaty until 1259.

[66] Louis made peace with Henry's French allies Hugues de Lusignan and the
comte de Toulouse in 1242 and 1243 respectively.

[67] 'Un prince ne se montre jamais plus grand à ses ennemis, que lorsqu'il use
avec eux de générosité et de clémence' (Bossuet, VIII.iv.9; ii.129-30).

[68] Voltaire perhaps intends his disclaimer to make his criticism of the crusades
less obvious in what is, after all, a panegyric of St Louis. Neither Bourdaloue,
Massillon nor Fléchier breathe a word of criticism of this aspect of the reign.
Voltaire's condemnation of the crusades is much stronger in the *Essai sur les
mœurs*, ch.54-58, where he describes them as 'Cette fureur épidémique' and uses
words such as 'horde', 'vagabonds' and 'aventuriers' to describe the crusaders.

[69] Cf. Fleury: 'C'est une équivoque d'appeler la Palestine l'héritage du Seigneur,
et la terre promise à son peuple [...]. L'héritage que J. C. s'est acquis par son sang,
est son église rassemblée de toutes les nations; et la terre qu'il lui a promise, c'est
la patrie céleste' (*Histoire ecclésiastique*, book LXXXV, 'Sixième discours: Croisades').
Cf. *Essai sur les mœurs*, ch.58: 'Si la fureur des croisades et la religion des serments
avaient permis à la vertu de Louis d'écouter la raison, non seulement il eût vu le
mal qu'il faisait à son pays, mais l'injustice extrême de cet armement qui lui
paraissait si juste. Le projet n'eût-il été que d'aller mettre les Français en possession
du misérable terrain de Jérusalem, ils n'y avaient aucun droit' (*Essai*, i.594).

encore que l'Europe se dépeuplât pour ravager inutilement l'Asie; que des millions d'hommes, [70] sans dessein arrêté, sans connaissances des routes, sans guides, sans provisions assurées, se soient précipités et se soient écoulés comme des torrents dans des contrées que la nature n'avait point faites pour eux. [71] Voilà ce qu'on allègue   260 pour condamner l'entreprise de S. Louis; et on ajoute la raison la plus ordinaire et la plus forte sur l'esprit des hommes, c'est que l'entreprise fut malheureuse.

Mais, Messieurs, il n'y a ici aucun de vous qui ne me prévienne, et qui ne se dise à lui-même: il n'y a jamais eu d'action infortunée   265 qui n'ait été condamnée; et plus le siècle est éclairé, plus vous sentez que le succès ne doit pas être la règle du jugement des sages, [72] comme il n'est pas toujours dans les voies de Dieu la récompense de la vertu.

Tout homme est conduit par les idées de son siècle; une croisade   270 était devenue un des devoirs d'un héros. S. Louis voulait aller réparer les disgrâces des empereurs et des rois chrétiens. Les croisés qui l'avaient précédé avaient fait beaucoup de fautes; et c'est par cette raison-là même qu'il les fallait secourir. Les cris de tant de chrétiens gémissants l'appelaient de l'Orient, la voix du   275 souverain pontife l'excitait de l'Occident: le dirai-je enfin? la voix de Dieu parlait à son cœur. Il avait fait vœu d'aller délivrer ses

[70] In the *Essai sur les mœurs*, ch.58, Voltaire estimates that two million Europeans perished in Asia during the crusades (i.599).

[71] Cf. Daniel: 'Quelques louables que fussent ces sortes d'expéditions [...]; à les regarder toutefois par d'autres endroits, et par les règles même de la véritable prudence, il y avait de grandes raisons de douter s'il était expédient de les entreprendre, à cause des difficultés extrêmes que l'on trouvait à y réussir' (iv.95). As Voltaire notes below (l.288) the Seventh Crusade was not in fact ill-equipped.

[72] Cf. Daniel: 'Rien n'est plus injuste que la manière dont on prononce sur la conduite des princes en ces sortes d'occasions. Le succès est d'ordinaire la règle de ces jugements: règle très fausse, puisque quelquefois on réussit par des voies que la prudence défendrait, et que celles qu'elle prescrit n'ont pas toujours un succès heureux. On doit dire au contraire à la gloire de saint Louis, que jamais expédition de cette nature ne fût commencée avec plus de sagesse' (iv.118).

frères opprimés. Il ne pensait pas que la crainte d'un mauvais succès pût délier ses serments. Il n'avait jamais manqué de parole aux hommes, pouvait-il en manquer au Dieu pour lequel il allait combattre? [73]

Quand son zèle eut déployé l'étendard du Dieu des armées, [74] sa sagesse oublia-t-elle une seule des précautions humaines qui peuvent préparer la victoire? [75] Les Paul-Emiles, [76] les Scipions, les Condés et les héros de nos jours, ont-il pris des mesures plus justes?

Ce port d'Aigues-mortes, devenu aujourd'hui une place inutile, vit partir la flotte la plus nombreuse et la mieux pourvue qui ait jamais vogué sur les mers. [77] Cette flotte est chargée des mêmes héros qui avaient combattu sous lui à Taillebourg; et le même capitaine qui avait vaincu les Anglais pouvait se flatter de vaincre les Sarrazins.

Assez d'autres, sans moi, l'ont peint s'élançant de son vaisseau dans la mer, et victorieux en abordant au rivage. [78] Assez d'autres l'ont représenté affrontant ces traits de flammes, dont le secret,

280

285

290

295

[73] Voltaire shows more understanding of Louis's motives here than he does in the *Essai sur les mœurs*, ch.58 (i.593). Louis was preoccupied for many years by the fate of the Christians in the Orient, and publicly took the cross in 1244. The next four years were spent in preparations.

[74] Cf. Psalms xxiv.10.

[75] Voltaire later expresses a different view: 'De toutes ces croisades, celle que saint Louis fit en Egypte fut la plus mal conduite' (*Remarques pour servir de supplément à l'Essai sur les mœurs*, 1763; *Essai*, ii.925).

[76] Voltaire probably has in mind Lucius Aemilius Paullus Macedonicus, famed for bringing the third Macedonian war to a conclusion at the battle of Pydna; or possibly his father, Lucius Aemilius Paullus, who defeated Demetrius of Pharos in the second Illyrian war and was killed at the battle of Cannae.

[77] Aigues-Mortes was founded by Louis ix, to give him a Mediterranean port within his domains. Its approaches silted up during the late middle ages. The crusading army sailed in August 1248, taking on supplies in Cyprus before proceeding to Egypt in the spring of 1249.

[78] The first description of the landing at Damietta is Joinville's: 'Quant le bon Roy saint Loys sceut, que l'enseigne saint Denis fut arrivée à terre, il sortit de son vessel, qui ja estoit près de la rive, et n'eut pas loisir que le vesseau, où il estoit,

510

transmis des Grecs aux Sarrazins, était ignoré des chrétiens occi-
dentaux. [79] Il remporte deux victoires; il prend Damiette; il s'avance
à la Massoure. [80] Le voilà prêt à subjuguer cette contrée, que son
climat, son fleuve, ses anciens rois, ses conquérants ont rendue si
célèbre. Encore une victoire, et le vulgaire l'égale aux plus fameux   300
héros. Mais, Messieurs, il n'a pas besoin de cette victoire pour les
égaler à vos yeux, vous ne jugez pas les hommes par les événements. Quand S. Louis a eu des guerriers à combattre, il a été
vainqueur; il n'est vaincu que par les saisons, par les maladies, par
la mort de ses soldats qu'un air étranger dévore, et par sa propre   305
langueur. [81] Il n'est point pris les armes à la main: il ne l'eût pas
été, s'il eût pu combattre.

301-302   49: pour l'égaler

fust à terre: ains se gette outre le gré du Légat, qui estoit avecques lui, en la mer,
et fut en eauë jusques aux épaulles. Et s'en alla à eulx l'escu au coul, son heaume
en la teste, et son glaive au poing' (i, p.30).

[79] The *Encyclopédie* defines 'feu grégeois' as: 'espèce de feu d'artifice qui était
composé de naphte, de poix, de résine, de bitume, et autres corps inflammables'
(art. 'Feu', vi.646). Joinville describes its impact on the crusaders, almost 100 years
before the invention of gunpowder: 'Ung soir advint, que les Turcs amenèrent ung
engin, qu'ilz appelloient la perriere, ung terrible engin à mal faire [...], par lequel
engin ilz nous gettoient le feu grégois à planté, que estoit la plus orrible chose que
onques jamés je veisse. [...] La maniere du feu grégois estoit telle, qu'il venoit bien
devant aussi gros qu'ung tonneau, et de longueur la queuë en duroit bien comme
d'une demye canne de quatre pans. Il faisoit tel bruit à venir, qu'il sembloit que ce
fust fouldre que cheust du ciel, et me sembloit d'un grant dragon vollant par l'air'
(i, p.39).

[80] Voltaire has implied that the 'feu grégeois' was launched against the crusading
army as it landed, whereas Joinville makes it clear that it was used in the Saracens'
subsequent unsuccessful siege of the captured Damietta. The crusaders then chased
the Saracens as far as Al Mansurah, where there was more hard fighting, after
which they remained encamped by the Nile for some months.

[81] Joinville suggests that the king kept the crusaders encamped at Al Mansurah
for too long (i, p.60). They failed to bury the corpses of the Saracen dead, and the
resulting infection 'estoit telle, que la chair des jambes nous dessecheoit jusques à
l'os, et le cuir nous devenoit tanné de noir et de terre', resulting in further deaths
(i, p.57). During the eventual retreat to Damietta the enfeebled army was defeated
near Al Mansurah and Louis was captured, together with most of his men.

Dois-je, Messieurs, me laisser entraîner à l'usage de représenter ceux qui eurent ce grand homme dans leurs fers, comme des barbares sans vertu et sans humanité?[82] Ils en avaient sans doute; ils étaient des ennemis dignes de lui, puisqu'ils respectèrent sa vie qu'ils pouvaient lui ôter; puisque leurs médecins le guérirent dans sa prison, du mal contre lequel il n'avait pu trouver de remède dans son camp;[83] puisque enfin, comme cet illustre captif l'atteste lui-même dans sa lettre à la reine sa mère, le sultan lui proposa la paix, dès qu'il l'eut en son pouvoir.[84]

Le soldat est partout inhumain, emporté, barbare. Le saint roi avoue que les siens avaient massacré les musulmans dans la Massoure, sans distinction d'âge ni de sexe.[85] Il n'est pas étonnant que des peuples attaqués dans leurs foyers se soient vengés;[86] mais, en se vengeant et en se défendant, ils montrèrent qu'ils connaissaient le respect dû au malheur; et la générosité. Ils firent la garde devant la maison de la reine;[87] le sultan remit au roi la cinquième partie de la rançon qu'il devait payer; action aussi

310

315

320

322   49: connaissaient les respects humains et la

[82] Voltaire is probably alluding to the other panegyrists of St Louis, who do indeed describe the Saracens as 'barbares'; see above, p.483.

[83] Joinville does not mention the cure of the king, but he dwells on his own, effected by a potion administered by a 'bon Sarrazin' (I, p.64). Voltaire's source is probably Fleury; see above, p.481.

[84] The letter is quoted in full in Ménard's 'Observations' (Joinville, II, p.384-88). Joinville himself also describes the negotiations (I, p.66-68).

[85] I have been unable to verify this statement. Joinville does not mention such a massacre at Al Mansurah, but he does cite examples of misconduct at Damietta (I, p.32).

[86] Cf. *Essai sur les mœurs*, ch.58: 'Ce n'est pas que tous les soldats musulmans fussent modérés; le vulgaire en tout pays est féroce [...]; mais enfin j'avoue que je suis étonné que le soldat mahométan n'exterminât pas un plus grand nombre de ces étrangers qui, des ports de l'Europe, étaient venus sans aucune raison ravager les terres de l'Egypte' (i.596).

[87] The queen accompanied Louis on the Seventh Crusade; she gave birth to a son during their captivity. Joinville does not mention the guard.

noble[88] que celle du vaincu, qui, s'étant aperçu que les musulmans   325
s'étaient mécomptés à leur désavantage, leur envoya ce qui manquait au prix de sa délivrance.[89]

Plus il y avait de grandeur d'âme parmi ses ennemis, plus
s'accroît la gloire de S. Louis; elle fut telle que, parmi les
mamelouks, il s'en trouva qui conçurent l'idée d'offrir la couronne   330
d'Egypte à leur captif.[90]

Jamais la vertu ne reçut un plus bel hommage. Ses ennemis
voyaient en lui ce que tous les hommes admirent, la valeur dans
les combats, la générosité dans les traités, la constance dans
l'adversité. Les vertus mondaines sont admirées des hommes   335
mondains; mais pour nous, portons plus haut notre admiration:
voyons non ce qui étonnait l'Afrique, mais ce qui doit nous
sanctifier. Voyons-y cette piété héroïque, qui me rappelle à toutes
les actions saintes de sa vie, à ce grand objet de mon discours, à
celui que vos cœurs se proposent.   340

337   49: voyons dans ce qui étonnait l'Afrique, ce qui

[88] Cf. *Essai sur les mœurs*, ch.58: 'Ce nouveau soudan avait certainement de la
grandeur d'âme; car le roi Louis lui ayant offert pour sa rançon et pour celle des
prisonniers un million de besants d'or, Almoadan lui en remit la cinquième partie'
(i.595). Voltaire's source is probably either Joinville (i, p.68) or Fleury (book
LXXXIII; cf. CN, iii.552).

[89] Joinville attributes the error to a deliberate mistake on the part of those in
charge of the payment (i, p.76-77). Voltaire seems to be following Mézeray's
account of the king's probity: 'un de ses gens lui ayant dit que les émirs s'étaient
trompés au compte de dix mille livres, il les leur envoya sur le champ' (i.599).

[90] The source is Joinville: 'Et dist-on au Roy, que les Admiraulx avoient eu
grant envie, & par conseil, de faire le Roy Souldan de Babilonne. Et me demanda
ung jour le Roy, si je pensois point qu'il eust prins le Royaume de Babilonne, s'ilz
le lui eussent offert. Et je lui respondi, qu'il eust fait que foul, veu qu'ilz avoient
ainsi occis leur Seigneur. Et nonobstant ce, le Roy me dist, qu'il ne l'eust mye
reffusé' (i, p.73). In the *Essai sur les mœurs*, ch.58, Voltaire claims that Joinville
was reporting mere rumours and that his text itself was unreliable (i.595); here it
suits him to pretend to believe the story. Mézeray (i.598) and Daniel (iv.160) had
no doubt about its authenticity.

TROISIÈME PARTIE

J'ai loué le grand homme qui a gouverné des nations, qui a conduit de nombreuses armées; mais les vertus du roi et du capitaine ne peuvent être d'usage que pour ce très petit nombre d'hommes que Dieu met à la tête des peuples. De quoi nous servira, à nous, une admiration stérile? Nous voyons de loin ces 345 grandes vertus; il ne nous est pas donné de les imiter: mais toutes les vertus du chrétien sont à nous. Si le plus grand prince de son siècle a été saint, qui ne peut aspirer à l'être? Roi, il est le modèle des rois: chrétien, il est le modèle de tous les hommes.[91]

Il me semble qu'une voix secrète s'élève en ce moment au fond 350 de nos cœurs. Elle nous dit: Regardez cet homme qui est né sur le premier trône du monde. Il a été exposé à tous les dangers dont les charmes séduisent les âmes. Les plaisirs se sont présentés en foule à ses sens; les flatteurs lui ont préparé toutes les voies de la séduction: il les a évitées; il les a rejetées.[92] 355

Quel exemple pour nous! il est humble dans le sein de la grandeur; et nous, hommes vulgaires, nous sommes enflés de vanité et d'orgueil! Il est roi, et il est humble! C'est beaucoup pour les moindres particuliers d'être modestes.[93] Mais, quelle différence entre la modestie et l'humilité! Que cette modestie est 360 trompeuse! Qu'il entre d'amour-propre dans cet art de cacher l'amour-propre! de paraître ignorer son mérite pour le mieux faire

[91] Cf. Daniel: 'ce n'est point porter trop loin l'éloge de ce prince, que de dire qu'il a été aussi grand roi que grand saint; et on ne peut lui rendre cette justice, sans convenir en même temps, que l'union de ces deux qualités si difficiles à allier, en a fait un des plus grands hommes et des plus singuliers qui aient jamais été' (iv.266).

[92] Bossuet has an article on 'Les inconvénients et tentations qui accompagnent la royauté: et les remèdes qu'on y doit apporter' (x.vi.1; ii.291-96).

[93] Daniel praises Louis's 'modestie dans ses habits et dans ses équipages' and his 'humilité chrétienne, en laquelle il s'exerçait plus qu'en aucune autre vertu' (iv.260). Voltaire's praise of humility reflects his own view of man's position in society and in the universe. It is the lesson taught by *Zadig* and *Micromégas*.

remarquer! de dérober sous un voile l'éclat dont on est environné, afin que d'autres mains lèvent ce voile que vous n'oseriez tirer vous-même! [94]

O hommes, enfants de la vanité! votre modestie est orgueil. La plus pure est celle qui est la moins corrompue par la secrète complaisance du cœur: elle est alors tout au plus une bonne qualité; mais l'humilité est la perfection de la vertu.

S. Louis secourt les pauvres; tous les païens l'ont fait: mais il s'abaisse devant eux; il est le premier des rois qui les ait servis; il les égale à lui; il ne voit en eux que des citoyens de la cité de Dieu, comme lui. [95] C'est là ce que toute la morale païenne n'avait pas seulement imaginé. Il était le plus grand des rois, et il ne se croit pas digne de régner. Il veut abdiquer une couronne qu'on eût dû lui offrir, si sa naissance ne la lui avait pas donnée.

Quoi! un roi dans la force de l'âge, un roi l'exemple de la terre, ne se croit pas égal à la place où Dieu l'a mis; pendant que tant d'hommes médiocres dans leurs talents, et insatiables dans leur cupidité, percent violemment la foule où ils devraient rester, frappent à toutes les portes, font jouer tous les ressorts, boule-versent tout, corrompent tout, pour parvenir à de faibles dignités, à je ne sais quels emplois dont encore ils sont incapables! [96]

365

370

375

380

367   49: est le moins

[94] This attack on 'amour-propre' is reminiscent of La Rochefoucauld; see, for example, *Maximes*, II, IV, CCLIV.

[95] Cf. *Enseignements*: 'Ayez le cœur tendre et libéral pour les pauvres' (see Daniel, iv.264). Louis's actions of charity towards the poor are legendary. Besides founding many charitable institutions for their benefit, he frequently entertained them and served them at court, as this poem illustrates: 'Cis S. Rois chascun jour faisoit / A l'onneur du bon Roy celestre / Six vingt povres à sa court pestre, / Et très souvent devant eux sailloit, / Et les viandes leur bailloit; / Pour ce faire soufroit grant paine' ('La Vie S. Louys, Roy de France, tirée de l'histoire de France manuscrite de Guillaume Giart', in Joinville, I, p.133).

[96] The directness of this passage is probably attributable to Voltaire's own experiences at court.

La charité n'est pas moins étrangère à l'antiquité profane: elle connaissait la libéralité, la magnanimité; mais ce zèle ardent pour le bonheur des hommes et pour leur bonheur éternel, les anciens en avaient-ils l'idée?[97] Ont-ils approché de cette ardeur avec laquelle le saint roi travaillait à secourir les âmes des faibles, et à soulager tous les infortunés? 385

Toutes les vertus humaines étaient chez les anciens, je l'avoue; les vertus divines ne sont que chez les chrétiens. 390

Où est le grand homme de l'antiquité, qui ait cru devoir rendre compte à la justice divine, je ne dis pas de ses crimes, je dis de ses fautes légères, je dis des fautes de ceux qui, chargés de ses ordres, pouvaient ne les pas exécuter avec assez de justice? 395

Quel bon roi, dans les fausses religions, a vengé tous les jours sur soi-même des erreurs attachées à une administration pénible, et dont les princes ne se croient pas toujours responsables?[98]

Quels climats, quelles terres ont jamais vu des monarques païens foulant aux pieds et la grandeur qui fait regarder les hommes comme des êtres subalternes, et la délicatesse qui amollit, et le dégoût affreux qu'inspire un cadavre, et l'horreur de la maladie, et celle de la mort, porter de leurs mains royales des hommes obscurs frappés de la contagion, et l'exhalant encore, leur donner une sépulture que d'autres mains tremblaient de leur donner?[99] 400 405

Ainsi la religion produit dans les âmes qu'elle a pénétrées un courage supérieur, et des vertus supérieures aux vertus humaines.

[97] Voltaire's own answer to this question, so far as it concerns worldly happiness, is undoubtedly yes; see, for example, the *Dialogue entre Marc-Aurèle et un récollet* (1751; M.xxiii.479-82).

[98] Cf. *Enseignements*: 'Vous devez haïr le mal partout, mais encore plus dans ceux que vous avez revêtus de votre autorité, et qui en abuseraient' (see Daniel, iv.265).

[99] Joinville tells how in Palestine Louis personally supervised the burying of Christians, not flinching from carrying putrefying corpses (i, p.108).

Elle a encore sanctifié dans S. Louis tout ce qu'il eut de commun avec les héros et les bons rois.[100]   410

La fermeté dans le malheur n'est pas une vertu rare. L'âme ramasse alors toutes ses forces; elle se mesure avec ses destins; elle se donne en spectacle au monde. Quiconque est regardé des hommes, peut souffrir et mourir avec courage. On a vu des rois captifs, attachés au char de leur vainqueur, braver dans l'excès de   415
l'humiliation le spectacle des pompes triomphales. On a vu des vaincus se donner la mort, non pas avec cette rage qu'inspire le désespoir, mais avec le sang-froid d'une fausse philosophie.

O vains fantômes de vertu! ô aliénation d'esprit! que vous êtes loin du véritable héroïsme! Voir d'un même œil la couronne et   420
les fers, la santé et la maladie, la vie et la mort; faire des choses admirables, et craindre d'être admiré; n'avoir dans le cœur que Dieu et son devoir; n'être touché que des maux de ses frères, et regarder les siens comme une épreuve nécessaire à sa sanctification; être toujours en présence de son Dieu; n'entreprendre, ne réussir,   425
ne souffrir, ne mourir que pour lui: voilà S. Louis, voilà le héros chrétien,[101] toujours grand et toujours simple, toujours s'oubliant lui-même. Il a régné pour ses peuples; il a fait tout le bien qu'il pouvait faire, même sans rechercher les bénédictions de ceux qu'il rendait heureux. Il a étendu ses bienfaits dans les siècles à venir,   430
en redoutant la gloire qui devait en être le prix. Il n'a combattu que pour ses sujets et pour son Dieu.[102] Vainqueur, il a pardonné; vaincu, il a supporté la captivité, sans affecter de la braver. Sa vie

[100] Cf. Daniel: 'On ne voit guère, ou plutôt on ne voit point de héros sans ambition [...]. Celui dont je commence l'histoire [Louis IX], est d'un caractère tout différent. Il a eu les qualités de ces hommes au-dessus du commun, le courage, l'intrépidité, la grandeur d'âme, les grands projets [...]; mais le désir de sa propre gloire n'a eu aucune part en tout cela' (iv.5-6).

[101] Cf. Daniel: 'Sa religion, son zèle pour la gloire de Dieu, et pour le bien de son Etat, suppléèrent dans sa personne aux mouvements de l'ambition la plus vive, pour en faire, non pas un héros tout profane, mais un héros tout chrétien' (iv.6).

[102] Cf. Daniel: '[Louis] n'avait rien plus à cœur que l'honneur de Dieu et le bien de ses sujets' (iv.250).

a coulé tout entière dans l'innocence et dans la pénitence; il a vécu
sous le cilice, [103] il est mort sur la cendre. [104]

435

Héros et père de la France, modèle des rois et des hommes,
tige des Bourbons, [105] veillez sur eux et sur nous; conservez la
gloire et la félicité de ce royaume. C'est vous sans doute qui
inspirâtes à Charles v votre sagesse, [106] à Louis xii cet amour de
son peuple; [107] c'est par vous que François 1er fut le père des
lettres; [108] c'est vous qui rendîtes Henri iv à l'Eglise; [109] c'est à
votre exemple qu'il sut vaincre et pardonner; [110] vous avez donné

440

[103] Louis's self-chastisement was even more severe than Voltaire suggests: 'Il
s'humiliait devant Dieu [...], se traitant lui-même et se faisant traiter comme
criminel, à coups de fouet par ses aumôniers, auxquels il se faisait rudement donner
la discipline avec des chaînes de fer, portant avec cela la haire et le cilice, et châtiant
son corps par la rude abstinence des jeûnes' (Mézeray, i.631-32).

[104] Cf. Mézeray: 'Sa fin approchant, il se fit mettre par terre sur un lit de cendres,
invoqua le très saint nom du grand Dieu [...], croisa ses bras sur son estomac et
dressa sa vue au ciel' (i.630). See also Th. Besterman, 'Voltaire's notebooks:
thirteen new fragments', Studies 148 (1976), p.22: 'St Louis meurt avec la piété
d'un relligieux et la fermeté d'un héros'. Louis embarked on the Eighth Crusade
in July 1270; he sailed for Carthage, where he died of enteric fever a little under
two months later.

[105] Henri iv (1589-1610), son of Antoine de Bourbon, was descended from
Robert de Clermont, fifth son of Louis ix. Voltaire is alluding not only to Louis's
spiritual inspiration of his successors, but also to the fact that they are descended,
directly or indirectly, from him.

[106] Charles v (1364-1380), was known as 'le sage'. He was the grandson of
Philippe vi, who was the nephew of Philippe iv ('le bel'), grandson of Louis ix.

[107] Louis xii (1498-1515), was known as 'le père du peuple'. He was the great-
grandson of Charles v.

[108] François 1 (1515-1547) was the cousin and son-in-law of Louis xii, so the
line of direct succession is broken here, but it is re-established with Henri iv. On
Louis ix's encouragement of learning, see above, l.198-205.

[109] Henri iv abjured the Protestant religion on 25 July 1593.

[110] Voltaire discreetly signs his handiwork with a quotation from La Henriade,
i.1-4 (V 2, p.365-66):

> Je chante ce héros qui régna sur la France
> Et par droit de conquête et par droit de naissance;
> Qui par de longs malheurs apprit à gouverner,
> Calma les factions, sut vaincre et pardonner.

votre force et votre munificence à Louis XIV; vous avez vu votre
modération dans les victoires, égalée par celui de vos fils qui règne
aujourd'hui sur nous. [111] Puisse ce roi, votre digne successeur,   445
régner longtemps sur un peuple dont il fait l'amour, le bonheur
et la gloire; et puissent ses vertus, ainsi que les vôtres, servir
d'exemple aux nations. Ainsi soit-il.

[111] See above, l.178-180.

Minor verse of 1749

Critical edition

by

Ralph A. Nablow

À MADAME DU BOCAGE

Anne-Marie Fiquet Du Bocage (1710-1802), whom Voltaire called the 'Sapho de Normandie' (D3450), probably met him through Cideville during his stay in her native Rouen in 1731.[1] Over the years Voltaire sent her a number of poems.

According to La Harpe, the stanzas 'Milton dont vous suivez les traces' were addressed in the name of Mme Denis to Mme Du Bocage in connection with her poem *Le Paradis terrestre, poème imité de Milton* (Londres 1748).[2] The Kehl editors, perhaps following the *Journal encyclopédique*, give a slightly different account, saying that the stanzas were addressed by Mme Denis to Mme Du Bocage who had sent her a copy of the poem.

Voltaire would probably have received *Le Paradis terrestre* in 1748 (it was reviewed as early as February),[3] but it is not mentioned in his correspondence for that year. The correspondence of 1749, however, contains a number of references not only to Mme Du Bocage herself (D3891), but also to *Le Paradis terrestre* and her tragedy *Les Amazones*.[4] In a letter to Mme Du Bocage of 21 August 1749 Voltaire alludes to *Le Paradis terrestre* (D3991), and on 12 October, after Mme Du Châtelet's death, he writes: 'Hélas! madame, il n'y avait pas quatre jours que j'avais relu votre tragédie avec elle. Nous avions lu ensemble votre Milton avec l'anglais. Vous la regretteriez bien davantage, si vous

[1] See D418, and G. Gill-Mark, *Une femme de lettres au XVIIIe siècle: Anne-Marie Du Boccage* (Paris 1927), p.15; see also D3443 (23 July 1746), commentary.

[2] *Correspondance littéraire*, letter 134, *Œuvres* (Paris 1821), xi.309-10.

[3] *Mémoires de Trévoux* (February 1748), p.338-41.

[4] *Les Amazones* was first performed on 24 July 1749 with little success (see D3968, n.3). Several letters show Voltaire's anxiety that Mme Denis may be about to publish her own play and that it will meet with the same fate: 'Le bel honneur d'avoir le succez de madame du Bocage!' (D4030; see also D3970, D3975, D4028, D4030).

aviez été témoin de cette lecture. Elle vous rendait bien justice; vous n'aviez point de partisan plus sincère' (D4034).

But do these remarks and Voltaire's poem reflect his true feelings? After all, he was ambivalent towards *Paradise lost*,[5] and he must have recognised Mme Du Bocage's adaptation as being rather feeble. He would, however, have approved her bringing Milton into line with French taste, and removing the metaphysical passages.[6] Her poem was generally well received.[7] Voltaire contributed to its success, and continued to praise it to its author for years to come.[8]

The shorter poem 'En vain Milton, dont vous suivez les traces' and the quatrain 'Par le nouvel essai que vous faites briller' probably belong to approximately the same period as the longer poem.

A madame Du Bocage[9]

Milton dont vous suivez les traces
Vous prête ses transports divins;

a   JE: *Stances de madame Denis à madame Du Bocage en remerciement de ce que celle-ci lui avait envoyé un exemplaire de son poème du Paradis terrestre.*

[5] See D. Williams, *Voltaire: literary critic*, Studies 48 (1966), p.227-32.

[6] Gill-Mark, p.130.

[7] Gill-Mark, p.143-45. But cf. Raynal's *Nouvelles littéraires*, 'Les flatteurs ont donné d'abord à Mme Du Bocage plus d'éloges que n'en mérite son *Paradis terrestre*. Voici un satirique qui le réduit à sa juste valeur: Sur cet essai, charmante Du Bocage, / Veux-tu savoir quel est mon sentiment? / Je compte pour perdus, en lisant ton ouvrage, / Le paradis, mon temps, ta peine et mon argent' (CLT, i.129).

[8] See D7249 of April/May 1757, and D14083 of April 1767.

[9] First printed, followed by a *Réponse* from Mme Du Bocage, in the *Journal encyclopédique* (1758), ii.112-13 (JE), the poem did not enter Voltaire's works until κ (xiii.299-300). Both editions give the same text. Base text: κ.

Eve est la mère des humains,
Et vous êtes celle des grâces.

Comment n'eût-elle pas séduit   5
La raison la plus indomptable?
Vous lui donnez tout votre esprit;
Adam était bien pardonnable.

Eve le rendit criminel,
Et vous méritez nos louanges;   10
Eve séduisit un mortel,
Et vous auriez séduit les anges.

Sa faute a perdu l'univers;
Elle ne doit plus nous déplaire;
Et son erreur nous devient chère,   15
Dès que nous lui devons vos vers.

Eve, par sa coquetterie,
Nous a fermé le paradis;
L'amour, les grâces, le génie
Nous l'ont rouvert par vos écrits. [10]   20

---

[10] The plural alludes to the fact that in 1746 Mme Du Bocage had won the prize of the Académie de Rouen for her poem on the subject of the 'Prix alternatif entre les belles-lettres et les sciences' (see D3443, D3450).

A madame Du Bocage [11]

En vain Milton, dont vous suivez les traces,
Peint l'âge d'or comme un songe effacé;
Dans vos écrits embellis par les grâces,
On croit revoir un temps trop tôt passé.
Vivre avec vous dans le temple des muses,
Lire vos vers, et les voir applaudis,
Malgré l'enfer, le serpent et ses ruses:
Charmante Eglé, voilà le paradis.

5

A madame Du Bocage, sur son 'Paradis perdu' [12]

10

Par le nouvel essai que vous faites briller,
Vous nous contraignez tous à vous rendre les armes:
Continuez, Iris, à nous humilier;
On vous pardonne tout en faveur de vos charmes.

3   CLT: des écrits
4   CLT: ce temps si tôt passé.

[11] Manuscript: a contemporary copy in the hand of Henri Rieu, undated (St Petersburg, BV, annexes manuscrites 45, f.1*v*).
Editions: Raynal, *Nouvelles littéraires* (CLT, i.128-29: the poem is attributed to the abbé Bernis); *Almanach des muses* (1770), p.50 (AM); W72P (1771), iv.141; *Opuscules poétiques* (Amsterdam, Paris 1773), p.44; K (xiv.348). Base text: K; editions collated: CLT, AM.
[12] First printed in Kehl (xiv.357), the text reproduced here.

À MADAME DE BOUFFLERS,
QUI S'APPELAIT MADELEINE

Madeleine-Angélique de Neuville-Villeroy (1707-1787), grand-daughter of the maréchal de Villeroy, married in 1721 Joseph-Marie, duc de Boufflers, to whom she was less than faithful. [13] He died at Genoa on 2 June 1747, and on 29 June 1750 she married Charles-François de Montmorency-Luxembourg. We are not sure when Voltaire first met the duchesse de Boufflers. We know that she was appointed lady-in-waiting to the queen in 1734, that Mme Du Châtelet knew her as early as 1735 (D874, D876), and that Voltaire was at Versailles in 1742 and 1743 (D2614, D2736), but he does not mention her in his correspondence until 1761 (D9908). Thereafter this friend of his and Rousseau's (see D12300) appears time and again in Voltaire's letters.

This eight-line madrigal was probably written a respectable length of time after the death of the duchesse de Boufflers's first husband and before her remarriage: 1749 would seem a reasonable date.

According to Grimm (CLT, ix.225), the poem was addressed to Anne-Julie-Françoise de Crussol, duchesse de La Vallière, whose birthday was on St Mary Magdalene's day, but the combined evidence of Kehl and the manuscript outweighs this possibility.

The tune of the 'Folies d'Espagne' dates from the beginning of the sixteenth century (perhaps earlier) and is mentioned in a number of eighteenth-century texts (for example, *Le Mariage de Figaro*, IV.ix). [14]

---

[13] See D917, and H. Buffenoir, *La Maréchale de Luxembourg, 1707-1787* (Paris 1924), p.[5]-9. The duchesse de Boufflers is not to be confused with her nephew's wife Marie-Catherine de Boufflers-Beauvau.

[14] See A. Moser, 'Zur Genesis der Folies d'Espagne', *Archiv für Musikwissenschaft* 1 (1919), p.358-71, and O. Gombosi, 'The cultural and folkloristic background of

A madame de Boufflers,
qui s'appelait Madeleine.
Chanson sur l'air des Folies d'Espagne [15]

Votre patronne en son temps savait plaire;
Mais plus de cœurs vous sont assujettis.
Elle obtint grâce, et c'est à vous d'en faire,
Vous qui causez les feux qu'elle a sentis.

Votre patronne, au milieu des apôtres,   5
Baisa les pieds de son divin époux: [16]
Belle Boufflers, il eût baisé les vôtres,
Et saint Jean même en eût été jaloux.

a-c CLT, title absent
4 CLT: Vous inspirez des feux qu'elle
7 CLT: Belle duchesse,

the Folia', *Papers of the American musicological society*, ed. G. Reese (Richmond, Va 1946), p.88-95.

[15] Manuscripts: two secondary manuscripts : 1) undated, entitled 'De Mr de Voltaire, à Mad^e. de Boufflers pour sa feste, sur l'air, des folies d'Espagne', Yale University, Lewis Walpole Library, Du Deffand papers, f.168; 2) Bh, Rés.2025, f.133r.

Editions: K (xiv.327); CLT (ix.225-26). Base text: K.

[16] Moland's text reads 'les pieds du maître le plus doux' (M.x.532). Mary Magdalene is the unnamed 'sinner' of Luke vii.37-38; see also the article 'Marie Magdeleine' in *Questions sur l'Encyclopédie* (M.xx.32-35).

SUR LE LOUVRE

This poem joins Voltaire's other writings on Paris in 1749, and shares their context of a climate of increasing public concern over the poor state of the capital in general, and the long neglect of the Louvre in particular. [17]

The construction of the Louvre was of special interest to Voltaire. He discussed it not only in his prose works, [18] but also in one of his most important poems, the *Discours en vers sur l'homme* (1737). [19]

These four stanzas *Sur le Louvre*, composed in 1749, reflect its unfinished state, but what particularly annoyed Voltaire was the construction in the middle of the court not of a statue of Louis XIV, as had originally been planned, [20] but of patchwork buildings. This situation is described at some length in a prose satire of the same year, [21] to which Voltaire's poem is appended, and in which the Louvre passionately exclaims (p.120-21):

Enfin ces bâtiments scandaleux ont été fondés et construits en gros blocs de pierre, et avec la plus grande solidité, pour égaler leur outrage à ma durée. Paris a poussé des cris d'indignation, en voyant bouleverser le terrain de la cour de ce palais auguste, comme celui d'un champ abandonné pour y jeter les fondements de ces édifices. Ses cris ont

---

[17] See above, *Des embellissements de Paris*, p.201-205. On the architectural history of the Louvre, see Y. Christ, *Le Louvre et les Tuileries: histoire architecturale d'un double palais* (s.l. 1949).

[18] *Essai sur les mœurs*, ch.125, 174 (ii.202, 546); *Le Siècle de Louis XIV*, ch.29 (*OH*, p.970-71); the article 'Quête' (M.xx.317); see also D576, n.1.

[19] Troisième discours, 'De l'envie', l.124-128 (V 17, p.489).

[20] See Charles Perrault, *Mémoires de ma vie*, ed. P. Bonnefon (Paris 1909), p.85.

[21] *L'Ombre du grand Colbert, le Louvre, et la ville de Paris, dialogue*, by La Font de Saint-Yenne (1749), nouv. éd. (Paris 1752; BV, no.1855). On this work see above, p.202, n.8, and Y. Christ, p.79. On Voltaire and La Font de Saint-Yenne, see D583, D591, D5413.

redoublé à la vue de la solidité de leurs murs, et le public, dont les vœux tendent toujours à mon achèvement, n'a plus gardé de mesures, quand il a vu rebâtir à neuf toutes les masures voisines, et ma cour se remplir de nouvelles indécences. [22] Elles lui ont ôté tout espoir de voir jamais ce beau palais non seulement fini, mais encore visité par son roi bien-aimé, livré par ce dernier excès d'avanie, au mépris de la nation, et à la dérision de l'étranger.

It was not until 1756, Fréron tells us, that the buildings in the court were demolished. [23] As for the hope of total completion, Mercier summed up the general feeling: 'Le Louvre semble condamné à ne jamais être fini; c'en est fait'. [24] Nonetheless, *Sur le Louvre* remains an expression of hope, reflecting in a broader perspective Voltaire's desire to beautify the city of Paris.

Sur le Louvre. *1749* [25]

Monument imparfait de ce siècle vanté,
Qui sur tous les beaux-arts a fondé sa mémoire,
Vous verrai-je toujours en attestant sa gloire,
Faire un juste reproche à sa postérité?

a   MF: *Vers de M. de Voltaire, sur le Louvre*
    SY1, SY2:   *Sur le Louvre. Par M. de Voltaire*
    W52, W70L (xxiii):   *Sur le Louvre*
1   MF, SY1, SY2, W70L (xxiii):   Monuments imparfaits

[22] See La Font de Saint-Yenne (1749), p.160; (1752), p.178; cf. *Ce qu'on ne fait pas et ce qu'on pourrait faire* (M.xxiii.186).

[23] *Al* (1756), iv.68; cf. *Al* (1755), iv.323-25.

[24] Louis-Sébastien Mercier, *Tableau de Paris*, nouv. éd. (Amsterdam 1782-1788), v.208.

[25] Manuscript: a contemporary copy in the hand of Henri Rieu (St Petersburg, BV, annexes manuscrites 57, f.1*r*). This has not been seen.

Editions: *Mercure de France* (May 1749), p.27-28, (MF); La Font de Saint-Yenne (1749), p.159-60 (SY1), and (1752), p.177-78 (SY2); *La Bigarrure* (1749), ii.142-43; Raynal, *Nouvelles littéraires* (CLT, i.291); Louis-Petit de Bachaumont, *Essai sur la*

Faut-il que l'on s'indigne alors qu'on vous admire,   5
Et que les nations qui veulent nous braver,
Fières de nos défauts, soient en droit de nous dire,
Que nous commençons tout pour ne rien achever?

Sous quels débris honteux, sous quel amas rustique,
On laisse ensevelis ces chefs-d'œuvre divins!   10
Quel barbare a mêlé la bassesse gothique
A toute la grandeur des Grecs et des Romains?

Louvre, palais pompeux, dont la France s'honore,
Sois digne de ce roi, ton maître et notre appui;
Embellis ces climats que sa vertu décore,   15
Et dans tout ton éclat, montre-toi comme lui. 26

9-12   SY2:
        Mais ô! nouvel affront! quelle coupable audace
        Vient encore avilir ce chef-d'œuvre divin?
        Quel sujet entreprend d'occuper une place
        Faite pour admirer les traits du souverain?
14   SY2: de Louis ton maître et ton appui:
     SYI: et ton appui
15   SY2: Sors de l'état honteux où l'univers t'abhorre,
     W70L (xxiii), K: Embellis les climats

---

peinture, la sculpture, et l'architecture (s.l. 1752), p.123; *Le Portefeuille trouvé* (Genève [Paris] 1757), i.30; MP61, p.192; TS61, p.389; W64R, xvii.II.589; NM (1768), v.322; W52 (1770), ix.488; *Elite de poésies fugitives* (Londres 1764-1770), iv.72; W68 (1771), xviii.442; W72P (1771), iv.163; W70L (1772), xxii.419-20, and xxiii.309-10; W72P (1773), xv.287; W71 (1774), xviii.375; *Mon petit portefeuille* (Londres 1774), i.24-25; W75G, xiii.324; *Poèmes, épîtres et autres poésies, par M. de Voltaire* (Genève 1777), p.184; K, xiii.306. There are four readings of the text: (1) MF, SYI, *La Bigarrure, Le Portefeuille trouvé,* MP61, TS61, W64R, W70L (xxiii), *Elite de poésies fugitives, Mon petit portefeuille,* K; (2) CLT, Bachaumont; (3) SY2; (4) the remaining texts. Base text: W75G, the last to be revised by Voltaire. Editions collated: MF, SYI, SY2, NM, W68, W70L, K.

26 A reference to the French victory at Fontenoy in 1745; the treaty of Aix-la-Chapelle was signed in October 1748.

À M. DE LA P***

The *Elite de poésies fugitives* and the *Nouvelle anthologie française*
identify the addressee of this poem as the wealthy financier
and patron of the arts Alexandre-Jean-Joseph Le Riche de La
Popelinière, with whom Voltaire seems first to have become
acquainted in the mid 1730s, largely through the intermediary of
Thiriot. In κ the poem is wrongly addressed to Helvétius, like La
Popelinière a *fermier-général*.

Sémiramis was first published in November 1749.

---

*A M. de La P****
en lui envoyant un exemplaire de 'Sémiramis'[27]

Mortel de l'espèce très rare
Des solides et beaux esprits,
Je vous offre un tribut qui n'est pas d'un grand prix:
Vous pourriez donner mieux; mais vos charmants écrits
Sont le seul de vos biens dont vous soyez avare.   5

a   κ: A M. Helvétius,

[27] Manuscript: a contemporary copy in the hand of Henri Rieu (St Petersburg,
BV, Annexes manuscrites 57, f.1). This has not been seen.

Editions: *Mercure de France* (January 1750), p.45 (MF); *Le Portefeuille trouvé*
(Genève [Paris] 1757), i.28; MP61, p.190; TS61, p.388; OC61, p.193; W64R, XVII.II.588;
Elite de poésies fugitives (Londres 1764-1770), i.96; NM (1768), v.321; *Nouvelle
anthologie française* (Paris 1769), ii.84; W52 (1770), ix.488; W68 (1771), XVIII.481;
W72P (1771), iv.162; W70L (1772), XXIII.308; W72P (1773), XV.295; W75G, XIII.331;
Poèmes, épîtres et autres poésies, par M. de Voltaire (Genève 1777), p.193; κ,
XIV.332. Base text: W75G; editions collated: MF, NM, W52, W68, W70L, κ.

LIST OF WORKS CITED

A history of St Paul's cathedral and the men associated with it, ed. Walter R. Matthews and William M. Atkins (London 1957).

L'Abeille du Parnasse (1750-1754).

Adcock, Frank E., *Caesar as man of letters* (Cambridge 1956).

Alasseur, Claude, *La Comédie-Française au 18e siècle: étude économique* (Paris 1967).

L'Alcoran, trans. André Du Ryer (Paris 1647).

Almanach des muses (1765-1783).

Ancillon, Charles, *Mémoires concernant les vies et les ouvrages de plusieurs modernes célèbres dans la république des lettres* (Amsterdam 1709).

Andries, Lise, *La Bibliothèque bleue au XVIIIe siècle: une tradition éditoriale*, Studies 270 (1989).

The Annals of Europe (London 1740-1745).

Anselme (Pierre de Guibours) et Du Fourny, Honoré Caille, *Histoire généalogique et chronologique de la maison royale de France* (Paris 1712).

– – 3rd ed. (Paris 1726-1733).

Archives nationales, *Les Archives nationales: état général des fonds, publié sous la direction de Jean Favier* (Paris 1978).

– *État sommaire* (Paris 1891).

– *Répertoire numérique des archives de la Chambre des comptes, série P*, ed. Alexandre Bruel (Paris 1896).

Argenson, René-Louis de Voyer, marquis d', *Considérations sur le gouvernement ancien et présent de la France* (Amsterdam 1764).

– *Notices sur les œuvres de théâtre*, ed. Henri Lagrave, Studies 42-43 (1966).

Argonne, Bonaventure d', *Mélanges d'histoire et de littérature recueillis par M. de Vigneul-Marville*, 2nd ed. (Rouen, Paris 1700-1701).

Aubery, Antoine, *Histoire du cardinal duc de Richelieu* (Paris 1660).

– *L'Histoire du cardinal Mazarin* (Amsterdam 1718).

– *Mémoires pour l'histoire du cardinal duc de Richelieu* (Paris 1660).

Bachaumont, Louis Petit de, *Essai sur la peinture, la sculpture, et l'architecture* (s.l.n.d.).

– – (s.l. 1752).

– *Mémoire sur l'achèvement du Louvre. Avril 1749* (s.l. 1749).

– *Mémoire sur le Louvre. Novembre 1749* (s.l. 1749).

– *Mémoires secrets pour servir à l'histoire de la république des lettres en France depuis 1762 jusqu'à nos jours* (Londres 1777-1789).

Backer, Augustin de, *Bibliothèque de la Compagnie de Jésus*, ed. Carlos Sommervogel (Bruxelles, Paris 1890-1932).

Bakhtine, Mikhail, 'Epic and novel', *The Dialogic imagination: four essays*, trans. Michael Holquist and Caryl Emerson, University of Texas Slavic series 1 (Austin 1981).

Balcou, Jean, *Fréron contre les philosophes* (Genève 1975).

533

Barber, W. H., 'Penny plain, twopence coloured: Longchamp's memoirs of Voltaire', *Studies in the French eighteenth century presented to John Lough* (Durham 1978), p.9-21.

Barbier, Antoine-Alex, *Dictionnaire des ouvrages anonymes* (Paris 1872-1879).

Barbier, Edmond-Jean-François, *Chronique de la régence et du règne de Louis XV (1718-1763)* (Paris 1857).

Bargeton, Daniel, *Lettres* (Londres [Paris] 1750).

Batiffol, Louis, *Richelieu et le roi Louis XIII: les véritables rapports du souverain et de son ministre* (Paris 1934).

Bayle, Pierre, *Dictionnaire historique et critique* (Rotterdam 1720)

– – (Amsterdam 1734).

Bédacier, Catherine Durand, *Histoire des amours de Grégoire VII, du cardinal de Richelieu, de la princesse de Condé, et de la marquise d'Urfé. Par mademoiselle D**** (Cologne 1700).

Beijer, Agne, and Björkman, Sven, *Les Troupes françaises à Stockholm, 1699-1792: listes de répertoire* (Uppsala 1989).

Bengesco, Georges, *Voltaire: bibliographie de ses œuvres* (Paris 1882-1890).

Besterman, Theodore, 'A provisional bibliography of Italian editions and translations of Voltaire', *Studies* 18 (1961), p.263-306.

– 'A provisional bibliography of Scandinavian and Finnish editions and translations of Voltaire', *Studies* 47 (1966), p.53-92.

– 'Provisional bibliography of Portuguese editions of Voltaire', *Studies* 76 (1970), p.15-35.

– *Voltaire*, 3rd ed. (London 1976).

– 'Voltaire, absolute monarchy, and the enlightened monarch', *Studies* 32 (1965), p.7-21.

– 'Voltaire's notebooks (Voltaire 81-82): thirteen new fragments', *Studies* 148 (1976), p.7-35.

Bibliothèque annuelle et universelle (Paris 1751-1757).

Bibliothèque de Voltaire: catalogue des livres (Moscou, Leningrad 1961).

Bibliothèque nationale, *Catalogue général des livres imprimés de la Bibliothèque nationale: auteurs*, tome 214, Voltaire (Paris 1978).

La Bigarrure (1749-1753).

Blanchet, Jules-Adrien, and Dieudonné, Alfred-Edmond, *Manuel de numismatique française* (Paris 1912-1936).

Boissy, Louis de, *Paméla en France, ou la vertu mieux éprouvée* (Paris 1745).

Bolingbroke, Henry St John, 1st viscount, *A collection of political tracts* (London 1748).

Bossuet, Jacques-Bénigne, *Politique tirée des propres paroles de l'Ecriture sainte* (Bruxelles 1710).

Bottiglia, William F., *Voltaire's 'Candide': analysis of a classic*, Studies 7A (1964).

Boucher, François, *A history of costume in the West*, trans. J. Ross (London 1967).

Bouhours, Dominique, *La Vie de saint François Xavier, de la Compagnie de Jésus, apôtre des Indes et du Japon*, nouv. éd. (Paris 1754).

Bourdaloue, Louis, *Œuvres complètes* (Paris 1826).

Boyse, Samuel, *An historical review of the transactions of Europe, from the commencement of the war with Spain* in *1739*, to the resurrection in Scotland in *1745* (Reading 1747).

Brantôme, Pierre de Bourdeille, seigneur de, *Grands capitaines français: M. le maréchal de Saint-André*, in *Œuvres complètes* (Paris 1864-1882).

Brenner, Clarence D., *Dramatizations of French short stories in the eighteenth century, with special reference to the 'contes' of La Fontaine, Marmontel and Voltaire*, University of California publications in modern philology 33.1 (Berkeley 1947).

– *The Théâtre-Italien: its repertory, 1716-1793* (Berkeley 1961).

Brice, Germain, *Description de la ville de Paris, et de tout ce qu'elle contient de plus remarquable*, nouv. éd. (Paris 1752); facsimile reprint, ed. Pierre Codet (Paris, Genève 1971).

– *Nouvelle description de la ville de Paris et de tout ce qu'elle contient de plus remarquable* (Paris 1725).

Brown, Andrew, 'Calendar of Voltaire manuscripts other than correspondence', *Studies* 77 (1970), p.11-101.

Brumfitt, J. H., *Voltaire historian* (London, Oxford 1958).

Brunot, Ferdinand, *Histoire de la langue française* (Paris 1911-1967).

Buffenoir, Hippolyte, *La Maréchale de Luxembourg, 1707-1787* (Paris 1924).

Cailhava de L'Estendoux, Jean-François, *La Buona figliuola, opéra-comique en trois actes, parodie en français sur la musique du célèbre Piccini* (Paris 1771).

Cailleau, André-Charles, *Critique, scène par scène, de Sémiramis, tragédie de M. de Voltaire* (Paris 1748).

Cameron, K., *Henri III, a maligned or malignant king* (Exeter 1978).

Caussy, Ferdinand, *Inventaire des manuscrits de la bibliothèque de Voltaire conservée à la Bibliothèque impériale publique de Saint-Pétersbourg* (Paris 1913).

Cavard, André, and Olivier, J., *Les Mémoires du comte de Vordac, général des armées de l'empereur* (Paris 1702-1723).

Caylus, Anne-Claude-Philippe de Tubières-Grimoard de Pestels de Levis, comte de, *Facéties*, ed. Octave Uzanne (Paris 1879).

– *Œuvres badines complètes* (Amsterdam 1787).

Charbonnaud, Roger, *Les Idées économiques de Voltaire* (Angoulême 1907).

Charondas Le Caron, Louis, *Pandectes ou digestes du droict françois* (Paris 1637).

Chassiron, Pierre-Mathieu-Martin de, 'Dissertation sur le génie de la comédie ancienne et moderne et sur le nouveau goût du comique larmoyant', *Recueil de pièces en prose et en vers, lues dans les assemblées publiques de l'Académie royale des belles-lettres de La Rochelle* (La Rochelle 1747-1763), iii.1-49.

– *Réflexions sur le comique larmoyant, par Mr M. D. C. trésorier de France, et conseiller au présidial de l'Académie de La Rochelle, adressées à MM. Arcere et Thylorier, de la même Académie* (Paris 1749).

Chevalley, Sylvie, 'Le "Sieur Minet"', *Studies* 62 (1968), p.273-83.

Christ, Yvan, *Le Louvre et les Tuileries: histoire architecturale d'un double palais* (s.l. 1949).

Cicero, Marcus Tullius, *Rhetorica ad*

Herennium, ed. H. Caplan (Cambridge, Mass. 1954).

Clamageran, Jean-Jules, *Histoire de l'impôt en France* (Paris 1867-1876).

Clarendon, Edward Hyde, Earl of, *History of the rebellion and civil wars in England begun in the year 1641* (Oxford 1702-1704).

Clément, Jean-Marie-Benoît, and La Porte, Joseph de, *Anecdotes dramatiques* (Paris 1775).

Clément, Pierre, *Les Cinq années littéraires, ou nouvelles littéraires, etc. des années 1748, 1749, 1750, 1751, 1752* (La Haye 1754).

Clément, Pierre, and Lemoine, Alfred, *M. de Silhouette, Bouret, les derniers fermiers-généraux: études sur les financiers du XVIIIe siècle* (Paris 1872).

Colin, Jean-Lambert-Alphonse, *Les Campagnes du maréchal de Saxe* (Paris 1901-1906).

Collé, Charles, *Journal et mémoires*, ed. H. Bonhomme (Paris 1864).

Corvisier, André, *L'Armée française de la fin du XVIIe siècle au ministère de Choiseul* (Paris 1964).

Courtilz de Sandras, Gatien de, *L'Alcoran de Louis XIV, ou le testament politique du cardinal Jules Mazarin* (Rome 1695).

– *Mémoires de M. d'Artagnan, capitaine-lieutenant de la première compagnie des mousquetaires du roi* (Cologne 1700).

– – (Amsterdam 1715).

– *Mémoires de M. L. C. D. R., contenant ce qui s'est passé de plus particulier sous le ministère du cardinal de Richelieu et du cardinal Mazarin* (s.l. 1687).

– *Testament politique du marquis de Louvois* [...] *où l'on voit ce qui s'est passé de plus remarquable en France jusqu'à sa mort* (Cologne 1695).

– *Testament politique de messire Jean-Baptiste Colbert* [...] *où l'on voit tout ce qui s'est passé sous le règne de Louis le Grand, jusqu'en l'année 1684* (La Haye 1693).

Coxe, William, *Memoirs of the life and administration of Sir Robert Walpole* (London 1798).

Daniel, Gabriel, *Histoire de France, depuis l'établissement de la monarchie française dans les Gaules* (Paris 1729).

Défense des libraires hollandais contre les Mensonges imprimés de M. de Voltaire (s.l. 1750).

Desfontaines, Pierre-François Guyot, *Dictionnaire néologique à l'usage des beaux esprits du siècle*, 3rd ed. (Amsterdam 1728).

– *La Voltairomanie, avec le Préservatif, et le factum du Sr Claude-François Jore* (Londres 1739).

Desforges, *Lettre critique sur la tragédie de Sémiramis* (s.l.n.d.).

Desnoiresterres, Gustave, *Voltaire et la société française au XVIIIe siècle* (Paris 1871-1876).

Dickson, Peter G. M., *The Financial revolution in England: a study in the development of public credit, 1688-1756* (London, New York 1967).

Dictionnaire de l'Académie Française (1695).

Dictionnaire de biographie française (Paris 1933-).

Dictionnaire des journalistes, 1600-1789, ed. Jean Sgard (Grenoble 1976).

Dictionnaire des journaux, 1600-1789, ed. Jean Sgard (Paris, Oxford 1991).

Dictionnaire universel français et latin [Dictionnaire de Trévoux], 4th ed. (Paris 1743).

Dottin, Paul, Samuel Richardson, 1689-1761 (Paris 1931).

Dubourg, Victor, L'Espion chinois en Europe (1745).

Duchesne, André, Histoire généalogique de la maison de Montmorency et de Laval (Paris 1624).

Duckworth, Colin R., 'Madame Denis's unpublished Pamela: a link between Richardson, Goldoni and Voltaire', Studies 76 (1970), p.37-53.

Du Halde, Jean-Baptiste, Description géographique, historique, chronologique, politique et physique de l'empire de la Chine et de la Tartarie chinoise (La Haye 1736).

Dunoyer, Anne-Marguerite Petit, Lettres historiques et galantes (1707-1717).

Dupin, Louise-Marie-Madeleine, Le Portefeuille de madame Dupin, ed. Gaston de Villeneuve Guibert (Paris 1884).

Dupuy-Demportes, Jean-Baptiste, Lettre sur la Sémiramis de M. de Voltaire (Paris 1748).

Durand, Yves, Les Fermiers généraux au XVIIIe siècle (Paris 1971).

Dutot, Réflexions politiques sur les finances et le commerce (La Haye 1738).

Dybikowski, J., On burning ground: an examination of the ideas, projects and life of David Williams, Studies 307 (1993).

Edmundson, George, History of Holland (Cambridge 1922).

Elite de poésies fugitives, ed. A.-M.-H.

Blin de Sainmore and P.-J.-Fr. Luneau de Boisjermain (Londres 1764-1770).

Elysio, Filinto [Francisco Manoel do Nascimento], Obras completas (Paris 1817-1819).

Encyclopédie ou dictionnaire raisonné des sciences, des arts et des métiers (Paris, Neuchâtel 1751-1772).

Estat de la France, comme elle est gouvernée à présent (Paris 1650).

L'Etat de la France, éd. Jean de Bar, Nicolas Jallabert et François Pradier (Paris 1749).

L'Etat de la France, où l'on voit tous les princes, ducs et pairs, maréchaux de France et autres officiers de la couronne, ed. N. Besogne (Paris 1676).

Les Etrennes de la Saint-Jean, 2nd ed. (Troyes [Paris] 1742).

– – 3rd ed. (Troyes [Paris] 1751).

Evans, Hywel Berwyn, 'A provisional bibliography of English editions and translations of Voltaire', Studies 8 (1959), p.9-121.

Facteau, Bernard Anthony, Les Romans de Richardson sur la scène française (Paris 1927).

Fahmy, Jean Mohsen, Voltaire et Paris, Studies 195 (1981).

Filleau de La Chaise, Jean, Histoire de saint Louis (Paris 1688).

Fléchier, Valentin-Esprit, Panégyriques et autres sermons (Paris 1711).

Fleury, Claude, Histoire ecclésiastique (Paris 1720-1738).

Foncemagne, Etienne Lauréault de, Lettre sur le Testament politique du cardinal de Richelieu (s.l. 1750).

– – 2nd ed. (Paris 1764).

Fontenelle, Bernard Le Bovier de, Œuvres complètes, ed. A. Niderst (Paris 1989-).

– *Œuvres diverses* (La Haye 1736).

Fréron, Elie-Catherine, *L'Année litté-raire* (1754-1776).

– *Lettres de madame la comtesse de *** sur quelques écrits modernes* (1745-1746).

– *Lettres sur quelques écrits de ce temps* (1749-1754).

Fromm, Hans, *Bibliographie deutscher Übersetzungen aus dem Französischen 1700-1948* (Baden-Baden 1950-1953).

Furetière, Antoine, *Dictionnaire universel* (La Haye 1690).

Gay, Peter, *Voltaire's politics: the poet as realist* (Princeton 1959).

Gazette de France (1631-1792).

Gill-Mark, Grace, *Une femme de lettres au XVIIIe siècle: Anne-Marie Du Boccage* (Paris 1927).

Godard d'Aucour, Claude, *La Déroute des Paméla, comédie en un acte en vers* (Paris 1744).

Godefroy, Théodore, *Le Cérémonial de France, ou description des cérémonies, rangs, et séances observées aux couron-nements, entrées, et enterrements des rois et reines de France, et autres actes et assemblées solennelles* (Paris 1619).

Goldoni, Carlo, *Le Commedie* (Torino 1756-1758).

– *Paméla, comédie*, trans. D. Bonnel Du Valguier (Paris 1759).

Gombosi, O., 'The cultural and folk-loristic background of the Folia', *Papers of the American musicological society*, ed. G. Reese (Richmond, Va 1946), p.88-95.

Gooch, George P., *Frederick the Great* (London 1947).

Gresvik, de, *Réflexions critiques sur la comédie de Nanine, adressées à Mme D**** (Nanci 1749).

Grimm, Friedrich Melchior, *Correspon-dance littéraire*, ed. Maurice Tourneux (Paris 1877-1882).

Griselle, Eugène, *Etat de la maison du roi Louis XIII* (Paris 1912).

Guiard de Servigné, Jean-Baptiste, *Lettre à l'auteur de Nanine* (s.l.n.d.).

Guiffrey, Jules-Joseph, *Comptes des bâtiments du roi sous le règne de Louis XIV* (Paris 1881-1901).

Hamilton, Anthony, *Mémoires du comte de Grammont* (Paris 1749).

Hauser, Henri, *La Pensée et l'action économique du cardinal de Richelieu* (Paris 1944).

Havens, George R., 'Voltaire and Alexander Pope', *Essays on Diderot and the Enlightenment in honor of Otis Fellows* (Geneva 1974), p.124-50.

Hénault, Charles-Jean-François, *Nouvel abrégé chronologique de l'histoire de France*, 3rd ed. (La Haye 1747).

Herodotus, *Les Histoires*, trans. Pierre Du Ryer (Paris 1713).

Hillairet, Jacques, *Dictionnaire histo-rique des rues de Paris*, 5th ed. (Paris 1963).

Histoire secrète des amours du père La Chaise, jésuite et confesseur du roi Louis XIV (Cologne 1702).

Hurel, Augustin-Jean, *Les Orateurs sacrés à la cour de Louis XIV* (Paris 1872).

Hynes, Peter, 'From Richardson to Voltaire: *Nanine* and the novelization of comedy', *The Eighteenth century: theory and interpretation* 31 (1990), p.117-35.

Jacquinet, Paul, *Des prédicateurs du*

XVIIe siècle avant Bossuet (Paris 1863).

Joannidès, A., *La Comédie-Française de 1680 à 1920: tableau des représentations par auteurs et par pièces* (Paris 1921).

Joinville, Jean, sire de, *Histoire de S. Louys, IX du nom, roy de France* [...] *enrichie de nouvelles observations et dissertations historiques* (Paris 1668).

Josephus, Flavius, *Histoire des Juifs*, trans. Arnauld d'Andilly (Paris 1735-1736).

Journal des savants (1665-1792).

Journal encyclopédique (1756-1794).

Journal étranger (1754-1762).

Kreissman, Bernard, *Pamela-Shamela. a study of the criticisms, burlesques, parodies and adaptations of Richardson's 'Pamela'*, University of Nebraska Studies n.s. 22 (Lincoln, Nebraska 1960).

Labbé, Pierre, *Testamentum christianum* (Lyon 1643).

– *Testamentum politicum* (Lyon 1643).

La Curne de Sainte-Palaye, Jean-Baptiste de, *Lettres de divers auteurs sur le projet d'une place devant la colonnade du Louvre pour y mettre la statue équestre du roi* (s.l. 1749).

La Font de Saint-Yenne, *L'Ombre du grand Colbert, le Louvre, et la ville de Paris, dialogue* (La Haye 1749).

– – nouv. éd. (Paris 1752).

– *Remerciement des habitants de la ville de Paris à Sa Majesté au sujet de l'achèvement du Louvre* (s.l. 1749).

La Harpe, Jean-François de, *Œuvres* (Paris 1792).

– – (Paris 1821).

Lamoignon de Basville, Nicolas de,

Mémoires pour servir à l'histoire de Languedoc (Amsterdam 1734).

La Mothe [known as de La Hode], *Histoire de la vie et du règne de Louis XIV, roi de France et de Navarre. Rédigée sur les Mémoires de feu monsieur le comte de **** (La Haye 1740-1742).

Lancaster, Henry Carrington, *A history of dramatic literature in the seventeenth century, IV: the period of Racine, 1673-1700* (Baltimore 1940).

– 'The Comédie française 1701-1774: plays, actors, spectators, finances', *Transactions of the American philosophical society* n.s. 41 (1951), p.593-849.

Lanson, Gustave, *Nivelle de La Chaussée et la comédie larmoyante* (Paris 1903).

– *Voltaire*, ed. René Pomeau (Paris 1960).

La Porte, Joseph de, *Observations sur la littérature moderne* (1749-1752).

Laugier de Tassy, *Histoire du royaume d'Alger* (Amsterdam 1725).

Le Blanc, Jean-Bernard, *Lettres d'un Français* (La Haye 1745).

LeClerc, Paul, *Voltaire and Crébillon père: history of an enmity*, Studies 115 (1973).

Lecomte, Henry, *Napoléon et le monde dramatique* (Paris 1912).

Le Gendre, Gilbert-Charles, marquis de Saint-Aubin, *Des antiquités de la maison de France* (Paris 1739).

Le Gendre, Louis, *Nouvelle histoire de France, depuis le commencement de la monarchie jusqu'à la mort de Louis XIII* (Paris 1719).

Legrain, Jean-Baptiste, *Décade commen-*

çant l'histoire du roi Louis XIII (Paris 1618).

Lelong, Jacques, Bibliothèque historique de la France (Paris 1719).

Lessing, Gotthold Ephraim, Hamburgische Dramaturgie, ed. Otto Mann (Stuttgart 1958).

L'Estoile, Pierre de, Journal pour le règne de Henri III, éd. L.-R. Lefèvre (Paris 1943).

Lettre de M. D. R. à M. de S. R. sur la Zulime de M. de Voltaire, et sur l'Ecueil du sage du même auteur (Genève 1762).

Le Vassor, Michel, Histoire du règne de Louis XIII (Amsterdam 1757).

Liebrecht, Henri, Histoire du théâtre français à Bruxelles au XVIIe et au XVIIIe siècle (Paris 1923).

Livius, Titus, Histoire romaine, trans. François Guérin (Paris 1738-1740).

Loménie de Brienne, Henri-Auguste, comte de, Mémoires (Amsterdam 1719).

– – (Amsterdam 1720).

The London stage, 1660-1800 (Carbondale 1960-1968), part III: 1729-1747, ed. Arthur H. Scouten.

Longchamp, Sébastien G., and Wagnière, Jean-Louis, Mémoires sur Voltaire et sur ses ouvrages (Paris 1826).

Lough, John, Paris theatre audiences in the seventeenth and eighteenth centuries (London 1957).

Lucas, Paul, Voyage du sieur Paul Lucas au Levant (La Haye 1705).

– – (Paris 1714).

Maimbourg, Louis, Histoire de l'hérésie des iconoclastes, 2nd ed. (Paris 1675).

– Histoire de la Ligue (Paris 1633).

Mandeville, Bernard, The Fable of the bees (London 1724).

Marion, Marcel, Dictionnaire des institutions de la France aux XVIIe et XVIIIe siècles (Paris 1923).

– Histoire financière de la France depuis 1715 (Paris 1927).

– Machault d'Arnouville: étude sur l'histoire du contrôle général des finances de 1749 à 1754 (Paris 1891).

Marivaux, Pierre Carlet de Chamblain, Théâtre complet (Paris 1989).

Massillon, Jean-Baptiste, Œuvres complètes (Paris 1822-1825).

Mat-Hasquin, Michèle, Voltaire et l'antiquité grecque, Studies 197 (1981).

Melon, Jean-François, Essai politique sur le commerce, nouv. éd. (s.l. 1736).

Mémoires pour l'histoire des sciences et des beaux-arts [Mémoires de Trévoux] (1701-1767).

– Table méthodique, ed. Carlos Sommervogel (Paris 1864).

Ménage, Gilles, Ménagiana, 3rd ed. (Paris 1715).

– – (Paris 1729).

Ménard, Léon, Réfutation du sentiment de M. de Voltaire, qui traite d'ouvrage supposé le Testament politique du cardinal de Richelieu (s.l.n.d.).

Mercier, Louis-Sébastien, Tableau de Paris, nouv. éd. (Amsterdam 1782-1788).

Mercier, Roger, 'Voltaire et Paris: des rêves d'urbanisme aux "pleurs sur Jérusalem"', La Ville au XVIIIe siècle (Aix-en-Provence 1975), p.33-47.

Mercure de France (1672-1794).

Mézeray, François Eudes de, Histoire de France depuis Faramond jusqu'à maintenant (Paris 1643-1651).

Mon petit portefeuille, ed. Louis-Théodore Hérissant (Londres 1774).

Monselet, Pierre-Charles, *Fréron, ou l'illustre critique* (Paris 1864).

Montesquieu, Charles-Louis de Secondat, baron de La Brède et de, *De l'esprit des lois* (Leyde 1749).

– – ed. J. Brethe de La Gressaye (Paris 1950-1961).

– *Œuvres*, ed. André Masson (Paris 1950-1955).

Moreri, Louis, *Le Grand dictionnaire historique* (Lyon 1683).

– – (Paris 1759).

– – *Nouveau supplément* (Paris 1749).

Mornet, Daniel, *Le Romantisme en France au XVIIIe siècle* (Paris 1912).

Moser, A., 'Zur Genesis der Folies d'Espagne', *Archiv für Musikwissenschaft* 1 (1919), p.358-71.

Moureau, François, 'Autographes et documents', *Recherches sur Diderot et sur l'Encyclopédie* 6 (1989), p.175-90.

Mylne, Vivienne, *The Eighteenth-century French novel: techniques of illusion* (Manchester 1965).

Naves, Raymond, *Le Goût de Voltaire* (Paris 1938).

Nolhac, A.-M.-Pierre Girauld de, *Histoire du château de Versailles* (Paris 1911).

Nouvelle anthologie française, ou choix des épigrammes et madrigaux de tous les poètes français depuis Marot jusqu'à ce jour, ed. Claude-Sixte Sautreau de Marsy (Paris 1769).

La Nouvelle Bigarrure (1753-1754).

Le Nouvelliste du Parnasse (1730-1732).

The Occasional writer (London 1727).

Olivier, Jean-Jacques, *Les Comédiens français dans les cours d'Allemagne au XVIIIe siècle*, 1ère série (Paris 1901).

Ovidius Naso, Publius, *Opera omnia* (Lugduni Batavorum 1662).

Les Panégyristes de saint Louis, roi de France, ou les panégyriques de Bourdaloue, Massillon, Fléchier, La Rue, Ségaud, Neuville, Elisée, de Beauvais et de Gayet de Sansale (Paris 1714).

Pappas, John, 'Voltaire et le drame bourgeois', *Diderot studies* 20 (1981), p.225-44.

Patin, Gui, *Lettres* (Francfort 1683).

– – ed. J.-H. Reveillé-Parise (Paris 1846).

Perrault, Charles, *Mémoires de ma vie*, ed. Paul Bonnefon (Paris 1909).

Petronius Arbiter, *Histoire secrète de Néron, ou le Festin de Trimalcion*, trans. Guillaume de Lavaur (Paris 1726).

– *Le Satiricon*, ed. A. Ernout (Paris 1958).

Picard, Roger, 'Les mutations des monnaies et la doctrine économique en France, du XVIe siècle à la Révolution', *Revue d'histoire des doctrines économiques et sociales* 5 (1912), p.343-67.

Picciola, André, 'L'activité littéraire du comte de Maurepas', *Dix-huitième siècle* 3 (1971), p.265-96.

Pick, Robert, *Empress Maria Theresa: the earlier years, 1717-1757* (London 1966).

Pitou, Spire, 'The players' return to Versailles, 1723-1757', *Studies* 73 (1970), p.7-145.

Polybius, *Histoire*, trans. Vincent Thuillier (Paris 1727-1730).

Pomeau, René, *D'Arouet à Voltaire*, Voltaire en son temps 1 (Oxford 1985).

– *Voltaire par lui-même* (Paris 1968).

Poncet de La Grave, Guillaume, *Projet des embellissements de la ville et faubourgs de Paris* (s.l. 1756).

Pontis, Louis de, *Mémoires* [...] *contenant plusieurs circonstances des guerres et du gouvernement sous les règnes des rois Henri IV, Louis XIII et Louis XIV*, ed. Pierre-Thomas Du Fossé (Paris 1676).

Pope, Alexander, *The Dunciad, variorum. With the prolegomena of Scriblerus* (London 1729).

– *The Poems*, ed. John Butt *et al.* (London 1961-1969).

Le Portefeuille trouvé, ou tablettes d'un curieux, ed. P.-L. d'Aquin de Château-Lyon (Genève [Paris] 1757).

Proyart, Liévain Bonaventure, *Histoire de Stanislas premier*, 2nd ed. (Paris, Liège 1785).

Purdie, E., 'Some adventures of *Pamela* on the continental stage', *German studies presented to professor H. G. Fiedler* (Oxford 1938), p.352-84.

Reboulet, Simon, *Histoire du règne de Louis XIV* (Avignon 1746).

Recueil des harangues prononcées par messieurs de l'Académie française, dans leurs réceptions, et en d'autres occasions, depuis l'établissement de l'Académie jusqu'à présent, 2nd ed. (Paris 1714-1787).

Recueil des testaments politiques du cardinal de Richelieu, du duc de Lorraine, de M. Colbert et de M. de Louvois (Amsterdam 1749).

Reddaway, Thomas F., *The Rebuilding of London after the Great Fire* (London 1951).

Remontrances du Parlement de Paris au XVIIIe siècle, éd. Jules Flammermont (Paris 1888-1898).

Retz, Paul de Gondi, cardinal de, *Mémoires* (Amsterdam 1731).

– – ed. Maurice Allem and Edith Thomas (Paris 1956).

– *Œuvres* (Paris 1870-1920).

Richard, René, *Parallèle du cardinal de Richelieu et du cardinal Mazarin* (Amsterdam 1716).

Richardson, Samuel, *Pamela or virtue rewarded* (London 1741).

– – *Paméla, ou la vertu récompensée*, trans. Aubert de La Chesnay Des Bois (Londres 1742).

Richelieu, Armand Du Plessis, cardinal de, *Journal* [...] *fait durant le grand orage de la cour en l'année 1630 et 1631* (s.l. 1648-1649).

– *Lettres* [...] *où l'on voit la fine politique et le secret de ses plus grandes négociations* (Cologne 1695).

– *Maximes d'Etat, ou Testament politique*, ed. François-Louis-Claude Marin (Paris 1764).

– *Maximes d'Etat et fragments politiques*, ed. Gabriel Hanotaux (Paris 1880).

– *Testament politique* (Amsterdam 1688).

– – (La Haye 1740).

– – ed. Louis André (Paris 1947).

Ridgway, Ronald S., *Voltaire and sensibility* (Montreal, London 1973).

Robertson, John George, *Lessing's dramatic theory* (Cambridge 1939).

Robinove, Phyllis S., 'Voltaire's theater on the Parisian stage, 1789-1799', *French review* 32 (1958-1959), p.534-38.

Rollin, Charles, *Histoire ancienne* (Paris 1731-1737).

Rousseau, André-Michel, *L'Angleterre et Voltaire*, Studies 145-147 (1976).

Rousseau, Jean-Jacques, *Correspondance complète*, ed. R. A. Leigh (Geneva, Banbury, Oxford 1965-).

– *Œuvres complètes*, ed. Bernard Gagnebin and Raymond Marcel (Paris 1959-).

Rowse, Arthur L., *The Expansion of Elizabethan England* (London 1955).

Rycaut, Paul, *Histoire de l'état présent de l'empire ottoman*, trans. Pierre Briot (Amsterdam 1670).

– – (Amsterdam 1671).

Saint-Germain, Jacques, *Samuel Bernard, le banquier des rois, d'après de nombreux documents inédits* (Paris 1960).

Saintot, J.-B., *Ordre et règlement qui doit estre tenu et observé en la maison du roy, tant pour le fait et despense d'icelle, que du devoir que les officiers ont à rendre en l'exercice et fonction de leurs charges* (Paris 1651).

Sale, William Merritt, *Samuel Richardson: a bibliographical record of his literary career* (New Haven 1936).

Sauval, Henri, *Histoire et recherches des antiquités de la ville de Paris* (Paris 1724).

Scaliger, Josephus Justus, *Scaligerana, Thuana, Perroniana, Pithoeana, et Colomesiana*, ed. Pierre Desmaizeaux (Amsterdam 1740).

Scheffer, Carl Fredrik, *Lettres particulières à Carl Gustaf Tessin, 1744-1752*, ed. Jan Heidner (Stockholm 1982).

Sée, Henri, *La France économique et sociale au XVIIIe siècle* (Paris 1925).

– *Histoire économique de la France* (Paris 1948).

Ségaud, Guillaume de, *Panégyriques* (Paris 1750).

Sénéchal, Anichet, 'Jean-Jacques Rousseau, secrétaire de Mme Dupin: d'après des documents inédits avec un inventaire des papiers Dupin dispersés en 1957 et 1958', *Annales de la Société Jean-Jacques Rousseau* 36 (1963-1965), p.173-290.

Sgard, Jean, 'L'échelle des revenus', *Dix-huitième siècle* 14 (1982), p.425-33.

Straatman, Henri de, *Testament politique de Charles duc de Lorraine et de Bar, déposé entre les mains de l'empereur Léopold à Presbourg le 29 novembre 1687* (Lipsic 1696).

Sully, Maximilien de Béthune, duc de, *Mémoires* (Londres 1745).

– – nouv. éd. (Paris 1827).

Summerson, John, *Georgian London* (London 1962).

Tallemant des Réaux, Gédéon, *Les Historiettes* (Paris 1960).

Tapié, Victor-L., *La France de Louis XIII et de Richelieu* (Paris 1952).

Tate, Robert S., Jr, *Petit de Bachaumont, his circle and the 'Mémoires secrets'*, Studies 65 (1968).

– 'Voltaire, Bachaumont, and urban renewal for Paris', *Romance notes* 11 (1969-1970), p.89-94.

Tavernier, Jean-Baptiste, *Les Six voyages en Turquie, en Perse et aux Indes* (Paris 1692).

Trapnell, William H., 'Survey and analysis of Voltaire's collective editions, 1728-1789', *Studies* 77 (1970), p.103-99.

Triomphe, Paulette, *Voltaire et la question financière au XVIIIe siècle*

(Diplôme d'études supérieures, dact., Lyon s.d.).

Vaillot, René, *Avec Mme Du Châtelet, Voltaire en son temps* 2 (Oxford 1988).

Vaissière, Pierre de, *De quelques assassins* (Paris 1912).

Varillas, Antoine, *Histoire de l'hérésie de Viclef, Jean Hus, et Jérôme de Prague* (Lyon 1682).

– *La Minorité de Saint-Louis, avec l'histoire de Louis XI et de Henri II* (La Haye 1685).

Vauban, Sébastien Le Prestre, marquis de, *Projet d'une dîme royale*, ed. E. Coornaert (Paris 1933).

Vercruysse, Jeroom, 'Bibliographie provisoire des traductions néerlandaises et flamandes de Voltaire', *Studies* 116 (1973), p.19-64.

Véron de Forbonnais, François, *Recherches et considérations sur les finances de France, depuis l'année 1595 jusqu'à l'année 1721* (Bâle, Liège 1758).

Vialart, Charles, *Histoire du ministère d'A.-J. Du Plessis, cardinal duc de Richelieu* (s.l. 1649).

La Vie théâtrale à Bordeaux des origines à nos jours, t. 1: *Des origines à 1799*, ed. Henri Lagrave, Charles Mazouer and Marc Renaldo (Paris 1985).

Voltaire, *Alzire*, ed. T. E. D. Braun, 1989 (V 14, p.1-210).

– *André Destouches à Siam*, ed. John Renwick, 1987 (V 62, p.107-26).

– *Candide*, ed. René Pomeau, 1980 (V 48).

– *Les Choses utiles et agréables* (Berlin [Genève] 1769-1770).

– *Le Comte de Boursoufle*, ed. Colin Duckworth, 1989 (V 14, p.211-336).

– *Corpus des notes marginales de Voltaire* (Berlin, Oxford 1979-).

– *Correspondence and related documents*, ed. Theodore Besterman, 1968-1977 (V 85-135).

– *Dialogues et anecdotes philosophiques*, ed. Raymond Naves, 2nd ed. (Paris 1966).

– *Dialogues et entretiens philosophiques*, ed. André-Paul-Emile Lefèvre (Paris 1878).

– *Discours en vers sur l'homme*, ed. H. T. Mason, 1991 (V 17, p.389-536).

– *Le Droit du seigneur*, ed. W. D. Howarth, 1986 (V 50, p.1-202).

– *L'Ecossaise*, ed. Colin Duckworth, 1986 (V 50, p.221-469).

– *Essai sur les mœurs*, ed. René Pomeau (Paris 1991).

– *La Henriade*, ed. Owen R. Taylor, 1970 (V 2).

– *Histoire de la guerre de 1741*, ed. Jacques Maurens (Paris 1971).

– *Lettres philosophiques*, ed. Gustave Lanson and André-Michel Rousseau (Paris 1964).

– *Notebooks*, ed. Theodore Besterman, 1968 (V 81-82).

– *Œuvres*, ed. Palissot (Paris 1792).

– *Œuvres complètes*, ed. Antoine-Augustin Renouard (1819-1825).

– – ed. Clogenson (Paris 1824-1832).

– – ed. A. J. Q. Beuchot (Paris 1829-1834).

– – ed. Louis Moland (Paris 1877-1885).

– *Œuvres complètes / Complete works* (Geneva, Banbury, Oxford 1968-).

– *Œuvres historiques*, ed. René Pomeau (Paris 1957).

– *Opuscules poétiques* (Amsterdam, Paris 1773).

– *Oreste*, ed. David Jory, 1992 (V 31A, p.293-532).
– *La Philosophie de l'histoire*, ed. J. H. Brumfitt, 1969 (V 59).
– *Poèmes, épîtres et autres poésies* (Genève 1777).
– *Politique de Voltaire: textes choisis*, ed. René Romeau (Paris 1963).
– *Les Questions de Zapata*, ed. Jacqueline Marchand, 1987 (V 62).
– *Rome sauvée*, ed. Paul LeClerc, 1992 (V 31A, p.1-292).
– *Traité de métaphysique*, ed. W. H. Barber, 1989 (V 14, p.357-503).
– *Zadig*, ed. V.-L. Saulnier (Genève 1965).
Voltariana ou éloges amphigouriques de Fr. Marie Arrouet, sr de Voltaire, gentilhomme ordinaire, conseiller du roi en ses conseils, historiographe de France [...] *discutés et décidés pour sa réception à l'Académie française* (Paris 1748).
Vuitry, Adolphe, *Etudes sur le régime financier de la France avant la révolution de 1789* (Paris 1878).
Wallich, Paul, and Müller, Hans von, *Die Deutsche Voltaire-Literatur des achtzehnten Jahrhunderts* (Berlin 1921).

Wilcox, Frank H., *Prévost's translations of Richardson's novels*, University of California publications in modern philology 12.5 (Berkeley 1927).
Willens, Liliane, *Voltaire's comic theatre: composition, conflict and critics*, Studies 136 (1975).
Williams, David, *Voltaire: literary critic*, Studies 48 (1966).
Wirz, Charles, 'Institut et musée Voltaire', *Genava* n.s. 24 (1976).
– 'L'Institut et musée Voltaire en 1981', *Genava* n.s. 30 (1982).
Woodbridge, Benjamin M., *Gatien de Courtilz: étude sur un précurseur du roman réaliste en France* (Baltimore, Paris 1925).
Xenophon, *La Retraite des dix mille* [...] *ou l'expédition de Cyrus contre Artaxerxes*, trans. Nicolas Perrot d'Ablancourt (Paris 1695).
Zaborov, Piotr, 'Le théâtre de Voltaire en Russie au XVIIIe siècle', *Cahiers du monde russe et soviétique* 9 (1968), p.145-76.

INDEX

Académie des inscriptions et belles-lettres, 473n

Académie des sciences, 473n

Académie française, 192, 391, 473

Acante (*Droit du seigneur*), 33n

Acte, 390

Adam, 525

Adcock, Frank E., 393n

Aeglé, 526

Africa, 513

Agamemnon (Petronius, *Satirae*), 390

Agard, marquise (*Nanine*), 142

Agra, 251

Aigues-Mortes, 489, 510

Aiguillon, Anne-Charlotte de Crussol-Florensac, duchesse d', 326-27, 355n

Aiguillon, Marie-Madeleine de Vignerot, dame de Combalet et duchesse d', 324, 426, 427

Aiguillon, Marie-Madeleine-Thérèse de Vignerot, duchesse d', 324n

Aix-la-Chapelle, treaty of, 201, 202, 217n, 255n, 265, 282n, 283n, 292, 386n, 504n, 531n

Alasseur, Claude, 193n, 194n

Alcmène (*Amphitryon*), 72

Alemán, Mateo, *Guzmán de Alfarache*, 390

Alembert, Jean Le Rond d', 499n

Alexander VI, pope, 387

Alexandre (Fontenelle, *Dialogues*), 191

Alfrenas, d', 'gentilhomme gascon', 450

Algiers, 384v

Almanach des muses, 526

Al Mansurah, 511, 512

Amasis, 381

Ambres, Hector de Gelas de Voisins, marquis d', 452, 462

Amelot de Chaillou, Jacques, 373

Amelot de La Houssaye, Abraham-Nicolas, 320, 423n

Amiens, 224, 309

Amsterdam, 65v, 307, 351, 377

Ancillon, Charles, 424

Ancre, *see* Concini

André, Louis, 319, 320, 324, 325, 330, 333-34, 355n-65n, 393n, 394n, 397n, 398n, 400n, 402n-405n, 407n, 408n, 410n-12n, 415n, 418n-21n, 425n

Andrews (*Pamela*), 20

Andries, Lise, 184n

Andromache (*Iliad*), 72

Angélique (*Préjugé vaincu*), 22

Angennes, Charles d', marquis de Maintenon, 451, 462

Angennes, Nicolas d', 450n

Anjou, 504

Annals of Europe, 372, 414n

Anne of Austria, queen of France, 359, 365n, 402

Annebaut, Claude d', 441n

Anselme, *Histoire*, 440n, 452n, 466

Antoine de Bourbon, king of Navarre, 518n

Antoninus Pius, emperor of Rome, 385

Apollo, 380, 381

Arblade, d', 'gentilhomme gascon', 450n

Archambaud, d', 'gentilhomme ordinaire', 463

Archin, d', 461

Archives nationales (Paris), 416n, 418n, 433